Tonny Loorbach
Martijn van Tongeren

De Online Marketing Tornado

BLAUWDRUK VOOR EEN WERVELENDE ONLINE BUSINESS

De Online Marketing Tornado
Blauwdruk voor een wervelende online business

Eerste druk
April 2020

Auteurs
Tonny Loorbach & Martijn van Tongeren

Ontwerp
Peter van der Steege, Fitbrand

Portretten auteurs
Sunfield Social

ISBN 9789083052502
NUR 90010

imu.nl

INHOUDSOPGAVE

VOORWOORD

"Dit is eigenlijk een boek waarvan je hoopt dat je concurrent het niet leest"

Martin van Kranenburg

Dit is letterlijk wat ik dacht terwijl ik dit boek aan het lezen was. Dit boek staat boordevol bewezen voorbeelden, tools en tips die je direct kunt toepassen op je eigen website. Zo ongelooflijk praktisch en direct toepasbaar dat het op dit moment het meest waardevolle boek is om van meer bezoekers, boekers te maken. En van klanten, fans!

Er zijn zoveel ondernemers en marketeers die denken dat een website bouwen er makkelijk even bij kan worden gedaan. 'Het is toch niet zo moeilijk? Even een domeinnaam vastleggen, hosting is ook zo geregeld en dan wat teksten schrijven en klaar.' Maar de praktijk is anders. Een goede website is hard werken. Al zo'n 20 jaar ben ik namelijk gepakt door het spel van hoe je online van een zoeker een boeker maakt. Hoe je een website bouwt waarvan een bezoeker meteen het gevoel heeft: 'Wauw, wat een heldere en duidelijke website. Ik ben ervan overtuigd dat zij mij verder kunnen helpen.'

Jij hebt nu het boek van Tonny en Martijn in handen, omdat jij het verschil wil maken. Je een website, webshop of community op wil zetten waarin jij je bezoekers wil raken, gretig wil maken om met jou zaken te doen. Van elke bladzijde in dit boek word ik blij, want dit gaat je daarbij helpen! De eerste keer dat ik Tonny en Martijn ontmoette, merkte ik het al. Deze jongens doen wat ze zeggen, of *walk their talk* zoals de Amerikanen zouden zeggen.

Hoe mooi was het dan ook dat ik in 2019 mocht spreken op het IMU Event. Ik heb op veel congressen en events mogen spreken, maar nergens stond ik voor een zaal waarin zoveel kennishonger was. Wat een event, wat een sfeer en wat een energieboost. Dit boek doet weer hetzelfde met mij. Wat een dosis inspiratie! Zoveel nieuwe inzichten, zoveel 'oh ja, dit moet ik toch echt weer eens gaan oppakken of testen.' Ik heb enorm veel boeken gelezen over online marketing en conversie-optimalisatie, maar nog niet eerder las ik een boek dat zo duidelijk en praktisch was.

Wil je het maximale uit dit boek halen? Ja? Mooi! Dat gaat je lukken, maar dat wordt hard werken, consistent het elke dag beter willen doen, focussen en koers houden. Belangrijk is vooral dat je het boek niet alleen leest, maar er ook daadwerkelijk mee aan de slag gaat. Uiteindelijk leidt alleen het toepassen van je nieuwe inzichten en experimenteren tot betere online resultaten. Hoe langer je wacht, hoe minder je leert.

Ik ben ontzettend blij dat dit boek er is. Een praktisch boek, door jongens uit de praktijk, dat iedere ondernemer of marketeer online verder helpt! Dit boek zou verplichte kost moeten zijn. Maar beloof me, maak er wel een doeboek van! Doen is het nieuwe leren.

Martin van Kranenburg
Docent, spreker en trainer | Onlinebeinvloeden.nl

HET IMU GEHEIM

In april 2019 wilden wij onze verjaardagen op een unieke manier vieren. We huurden het AFAS Circustheater in Scheveningen af en stelden de 1.800 stoelen gratis beschikbaar. Het lukte ons om deze plekken binnen vier dagen te vullen met leergierige ondernemers. Tijdens de opening stond er een grote slide achter ons met daarop de tekst 'Ons geheim'.

Toen wij onthulden dat ons geheim simpelweg het woord 'consistentie' was voelden wij, ondanks enkele nerveuze lachgeluiden, toch een zekere teleurstelling bij het publiek. Een saaier geheim verzin je niet. Ergens is dat jammer, maar het is ook logisch. De meeste mensen houden van *instant gratification* en gaan het liefst op zoek naar magische pillen en succesformules die direct het gewenste resultaat geven.

We doen mee aan de lotto, kopen bitcoins en volgen wonderlijke diëten die ons resultaat zonder inspanning beloven, omdat we allemaal een *overnight* succes willen. Het liefst worden we vandaag nog rijk, slank, gespierd, gezond, populair, geestelijk ontwikkeld of iets anders dat we diep van binnen wensen. Is er een recept om dit binnen vijf of tien jaar te bereiken in plaats van nu meteen? Dan laten we het meestal links liggen en gaan we weer verder met hetzelfde leventje.

De drang naar deze directe voldoening en een bijbehorende hollen-of-stilstaan-mentaliteit is ook de reden dat goede voornemens vaak niet werken. We geven even kort vol gas en verliezen ons vervolgens weer in onze eerdere patronen. Boeken zoals *The secret* zijn zelfs in ons nuchtere, kat-uit-de-boom-kijkende landje populair, omdat ze de belofte geven dat je er uiteindelijk wel komt, als je maar positief denkt.

Waar vraag is, komt aanbod. Ons landje wordt daardoor overstroomd met zelfbenoemde lifecoaches en succesgoeroes die allemaal prediken de sleutel tot vrijheid en geluk in pacht te hebben. Er zijn tegenwoordig zo veel coaches, je kunt er het IJsselmeer mee dempen. We blijven maar boeken kopen die vaak ongebruikt op de plank belanden. 'Self-help' wordt dan al snel 'shelf-help'. Er zijn echter maar weinig mensen in onze geschiedenis succesvol geweest zonder het werk daarvoor te leveren. Een investering in jezelf rendeert het best wanneer je jezelf iets aan kunt leren waar je je hele leven profijt van hebt.

Resultaat behalen in welk doel je ook nastreeft is niet moeilijk als je het geduld kunt opbrengen om er structureel aan te werken. Als je een marathon wil lopen, ga je dat ook niet met één keer oefenen voor elkaar krijgen. Zoiets moet je opbouwen. Een burn-out los je niet op met een nacht goed slapen of een weekendje weg, maar vraagt om andere levenskeuzes op structurele basis. Een sixpack krijg je niet door een tiental crunches te doen en daarna als beloning een zak chips weg te werken. Consistentie is de sleutel.

Zo komt ook financiële vrijheid zelden voort uit een eenmalig succes. Sterker nog: onderzoeken laten zien dat de gemiddelde lottowinnaar één jaar na deze winst minder geld ter beschikking heeft dan voor het winnen van de lotto. Je verhoogt je uitgavenpatroon structureel terwijl je inkomsten niet structureel - maar slechts eenmalig - gestegen zijn. Financiële vrijheid komt voort uit het inrichten van je leven zodat je iedere maand iets overhoudt. Dat overschot investeer je vervolgens op een manier waardoor het groeit. Jij werkt dan niet meer voor je geld, maar je geld werkt voor jou. Een slim financieel plan heeft als uitgangsprincipe dat je iedere maand meer waard bent dan de maand ervoor.

Je hoeft niet binnen een dag, week of maand van niets naar 100% succes te groeien. Iedere maand met 1% groeien kan op termijn een ongekend effect geven. Een mooi voorbeeld van een dergelijke 'exponentiële groeifactor' beschreef ook Gary Keller in zijn boek *The one thing*. Hij liet zien wanneer je begint met een dominosteen van vijf centimeter en iedere volgende dominosteen 50% groter maakt, je bij de 57e dominosteen al zo hoog bent dat je de maan aantikt. Als je dit moeilijk vindt om in te beelden, maak dan eens een rekensom op papier. Kijk wat er gebeurt als je het getal '1' opschrijft en dit twintig keer op rij verdubbelt. Je zult zien dat je binnen twintig verdubbelingen al boven het miljoen uitkomt.

Misschien dat onze jongere lezers niet weten wat dit betekent, maar er wordt weleens gezegd dat wie voor een dubbeltje geboren is, nooit een kwartje wordt. Dankzij een onlinemarketingstrategie zoals je in dit boek leert, is dat gelukkig niet waar. Je kunt er namelijk voor zorgen dat het dubbeltje dat je overhoudt aan een gemiddelde bezoeker op je website, op termijn een kwartje wordt. Dat gaat niet altijd in één dag. Vaak is het een proces van constante verbetering om steeds betere resultaten te behalen. Tony Robbins noemt dit binnen de persoonlijke ontwikkeling 'CANEI'. Dit staat voor **C**onstant **A**nd **N**ever **E**nding **I**mprovement.

Het grote geheim achter het succes van onze eigen websites (zoals imu.nl) is precies deze consistentie en de exponentiële groei die daaruit voortvloeit. Dit enerzijds door het constant vergroten van ons bereik en anderzijds door de constante optimalisatie van onze processen om meer leads, klanten, winstmarge, fans en ambassadeurs uit ons bereik te halen. Al sinds 2010 gebruiken wij bijvoorbeeld dezelfde website met dezelfde onlinemarketingstrategie. Wij meten en testen alles en proberen het simpelweg iedere maand iets beter te doen.

> *"We are what we repeatedly do. Excellence then is not an act, but a habit"*
>
> Aristoteles

Ze zeggen wel dat je krijgt wat je kreeg als je doet wat je deed. Ergens klopt dat, maar wij vinden eerder dat je uiteindelijk iets beters krijgt als je structureel dezelfde dingen op de juiste manier blijft doen. Dankzij de onlinemarketingstrategie die we in dit boek tot in detail aan je zullen onthullen, zijn wij in staat geweest om onze IMU - de Internet Marketing Unie - uit te bouwen.

Wat startte als een kleine zelfstandige met een laptop aan een gammele IKEA-keukentafel is uitgegroeid tot een miljoenenbedrijf en toonaangevende autoriteit op het gebied van online marketing in Nederland. Sinds 2010 hebben wij miljoenen bezoekers naar onze websites getrokken, honderdduizenden downloads van onze e-books gerealiseerd, tienduizenden deelnemers aan webinars en seminars mogen verwelkomen en duizenden cursussen verkocht. Daarnaast hebben wij naast de IMU nog vijf andere succesvolle onlinemarketing- en softwarebedrijven opgezet. Allemaal voortgekomen uit die ene website.

"Het is onze missie om ondernemers te faciliteren in vrijheid"

Tonny & Martijn

Afgezien van dit schaamteloze resumé van zelfpromotie is het onze missie om ondernemers te faciliteren in hun vrijheid. Wij hebben namelijk gemerkt dat het model uit dit boek bij ons persoonlijk gezorgd heeft voor zowel financiële als geestelijke vrijheid en dat willen we graag overdragen. Ondernemers hebben ons de afgelopen tien jaar gefaciliteerd in onze vrijheid, onder andere door onze producten te kopen en ons voldoening te geven. Door dit terug te geven maken we de cirkel rond.

Vrijheid betekent niet per se dat je niets wil doen. We zeggen weleens dat ondernemers de enige gekkies zijn die 80 uur per week voor zichzelf werken om te voorkomen dat ze 40 uur per week voor iemand anders moeten werken. Wij zullen ook de laatsten zijn die beweren dat we een 4-urige werkweek hebben of alleen maar met onze laptop op het strand zitten. We zijn namelijk dol op hard werken en dat zullen we ook altijd willen blijven doen. En als we op vakantie zijn, dan zijn we ook echt op vakantie. Wie neemt er sowieso een laptop mee naar het strand? Je wil toch dat je bedrijf gewoon volautomatisch doorloopt, ook als jij er even tussenuit bent?

Te vaak zien wij dat ondernemers beginnen als een vrije artiest waarbij creativiteit en inspiratie gepaard gaan met een onstuitbare energie. Al snel worden ze slaaf van hun eigen bedrijf. Ze worden geleefd en raken uitgeput. Ze missen de schaalbaarheid, automatisering en het eigenaarschap over een gedegen online proces. Het doel is niet dat je gerund wordt door je bedrijf, maar dat jij je bedrijf runt.

"Everything that is truly great and inspiring, is created by the individual that could labor in freedom"

Albert Einstein

Vrijheid betekent in onze nederige opinie dat je iets doet waar je energie van krijgt, waar je blij van wordt, wat je voldoening geeft en nog mooier: waarmee je een positieve impact maakt op de levens van anderen. De slogan van de IMU luidt daarom 'In vrijheid verbonden'. Wij geloven dat vrijheid voortkomt uit verbondenheid met gelijkgestemden. Met andere mensen die dezelfde doelen hebben als jij. Alleen ga je misschien sneller, maar samen kom je verder. In een documentaire over ons bedrijf (te vinden op YouTube of op onze over-ons-pagina) spraken we in dit kader ook wel over 'vrijheid zonder eenzaamheid'.

Je kent misschien het gezegde dat je moet delen om te vermenigvuldigen, maar wij hebben altijd een dubbel gevoel bij dit principe. Hoewel het zeker waar is, vinden wij dat je ook gewoon kunt delen simpelweg omdat je zelf genoeg hebt. Zonder het geïmpliceerde winstbejag dus. Wij nemen graag de verantwoordelijkheid voor het geven van het goede voorbeeld met dit boek.

We hebben ons model tien jaar lang geoptimaliseerd, daar tienduizenden uren aan besteed en jij kunt dat nu via dit boek in hapklare brokken van ons overnemen. We hebben niets achtergehouden. Voor ons deed het eerlijk gezegd tijdens het schrijven vaak een beetje 'pijn' om dit allemaal weg te geven. Maar, een echt waardevol cadeau geven moet altijd een beetje pijn doen.

In de online marketing tornado komen deze ingrediënten voor echte vrijheid bij elkaar. Je tornado zal op consistente basis als een magneet werken voor de juiste doelgroep en deze opzuigen in een volautomatische marketingmachine waar ze worden getransformeerd in leads en klanten. Vervolgens neemt je tornado je klanten mee in een wervelende ervaring naar diehard fans en ambassadeurs van je merk. Dit model zorgt voor jouw vrijheid als ondernemer, maar zal tegelijkertijd een grote positieve impact maken op de levens van anderen en je bedrijf vele malen groter maken dan dat jij als ondernemer ooit alleen kon zijn.

DE ONLINE MARKETING TORNADO

ZES FASEN VAN DE TORNADO

Fase 6: Community building

Van fan naar ambassadeur. Maak de stap van klantenservice naar klantgeluk door je klanten te verbinden in een online community. Creëer een stroming en maak meer impact op de levens van anderen. Breng magie in je marketing door je fans te transformeren naar ambassadeurs van jouw merk.

Fase 5: Membership

Van klant naar fan. Tijd om exponentieel te groeien door een sneeuwbaleffect in je omzet. Ga van eenmalige naar wederkerende inkomsten door een lidmaatschapsmodel te gebruiken en maak fans van je klanten. Elimineer financiële stress, ervaar de kracht van stapelen en word een 'monsterbedrijf'.

Fase 4: Affiliate marketing

Van eenpitter naar leger. Schaal je bezoekersaantal, leads en klanten razendsnel op met de ideale werknemers. Werf en train een leger aan affiliates die je bedrijf op commissiebasis promoten en zorg voor een viraal effect in je onlinemarketingstrategie.

Fase 3: Sales

Van lead naar klant. Cashflow is als benzine voor je onderneming. Zorg voor effectieve betaalprocessen en voorkom de meestvoorkomende conversiekillers. Breng je omzet in een stroomversnelling met neuromarketingtechnieken en upselling om je orderwaarde en winstmarge te verhogen.

Fase 2: Conversie

Van bezoeker naar lead. Verdien en verzilver de onverdeelde aandacht van je bezoekers. Zorg voor een effectieve website met conversiegericht design. Gebruik conversiepagina's en attention grabbers om leads 'op te zuigen' en transformeer deze via je marketingfunnel automatisch naar warme leads.

Fase 1: SEO

Van zoeker naar be-zoeker. Niet op zoek naar, maar gevonden worden dóór je doelgroep. Je bedrijf moet een aantrekkingskracht hebben voor de juiste koopgerichte bezoekers. Een goede vindbaarheid in Google (SEO) is onmisbaar en vormt het fundament van je onlinemarketingstrategie.

DEEL 1
De bezoekers-magneet

1. VIER SOORTEN BEZOEKERS

Bezoekers zijn het eerste ingrediënt voor een succesvolle online strategie. Je kunt een schitterende website of webshop maken, maar zonder bezoekers heb je daar natuurlijk niks aan. Niemand zal deze website zien en je zult ook geen leads en klanten voor je diensten krijgen. Datzelfde geldt uiteraard voor je socialmediaprofielen en alle andere vormen van online aanwezigheid, maar voor het gemak zullen we het in dit boek met name over je website hebben.

> *"Build it and they will come is not a strategy, it's a prayer"*
>
> Steve Blank

Je kunt op talloze manieren aan bezoekers komen. We onderscheiden vier vormen:

1. Je kunt ze **kopen** met *paid media*. Dit doe je door te adverteren en vanuit die advertentie te linken naar je website. Denk bijvoorbeeld aan advertenties op Google, Facebook, Instagram, YouTube of LinkedIn. Denk ook aan adverteren op andermans website of in een nieuwsbrief. Aangezien we in dit boek inzoomen op je onlinemarketingstrategie, laten we traditionele media zoals televisie, radio, kranten en tijdschriften even achterwege. Adverteren op de websites van kranten en nieuwsplatformen of adverteren in podcasts behoren wel tot de mogelijkheden.

2. Je kunt ze **lenen** met *borrowed media*. Dit doe je door je marketingboodschap te verspreiden op een platform dat je niet zelf in bezit hebt. Denk bijvoorbeeld aan het plaatsen van een post op Facebook, Instagram, LinkedIn, Pinterest of Twitter of het gebruiken van een nieuwsbrief van een bedrijf met dezelfde doelgroep als de jouwe. Je leent als het ware het publiek dat het externe platform of een ander bedrijf al verzameld heeft. Ook kun je denken aan handelsplatformen zoals bol.com, Marktplaats of Amazon. Ook hier leen je de bezoekersstroom van platformen voor het verkopen van je producten.

3. Je kunt ze **verdienen** met *earned media*. Deze term heeft betrekking op alle media-aandacht geproduceerd door derden, zoals consumenten, journalisten of bloggers. Het is *user generated content* (niet door jouzelf, maar door de markt geschreven). Dit kan zowel positief als negatief zijn. Denk bijvoorbeeld aan een nieuwsitem over je bedrijf, een aanbeveling of gebruikerservaring van een blogger of vlogger, of een conversatie op een extern forum over je bedrijf of product. Earned media is in tegenstelling tot paid media volledig gratis exposure. Ook mond-tot-mond reclame valt hieronder, zij het in digitale vorm. Wanneer iemand jouw nieuwsbrief doorstuurt naar een kennis, is dat een vorm van earned media.

4. Je kunt ze **beheren** met *owned media*. Dit omvat alle media- en bezoekersstromen die je zelf in beheer hebt. Denk aan je eigen website, blog, forum, ledenomgeving, podcast, nieuwsbrief (e-maillijst) en in bepaalde mate je volgers op social media. Owned media worden vaak vergeleken met contentmarketing. Je hebt volledige invloed op het produceren en distribueren van de content op mediakanalen die je in je eigen beheer hebt.

Als je naar deze vier vormen kijkt, dan valt je misschien op dat er enige overlap zit tussen borrowed media en owned media. Bijvoorbeeld bij het publiceren van content op een socialmediaplatform: hoewel jij volledige controle hebt op de content (*owned*) en een vaste schare volgers bereikt (*owned*) zal je content idealiter ook een doelgroep bereiken die nog niet bekend met je is (*borrowed*).

Daarnaast heb je geen controle over het bereik van jouw content. Het organische bereik van content op socialmediaplatformen neemt namelijk al jaren af, steeds vaker moet je betalen om je eigen volgers te bereiken. Zo hebben wij met onze IMU-fanpagina meer dan 40.000 fans op Facebook, maar om deze te bereiken zullen wij toch echt de portemonnee moeten trekken. Een gemiddelde post op een Facebook bedrijfspagina bereikte in 2016 zelfs nog maar minder dan 2% van de eigen achterban. Recentere data over organisch bereik is helaas niet openbaar, maar wij zien dat het alleen maar verder afneemt.

Ook op andere socialmediaplatformen zoals Instagram en LinkedIn zul je gemerkt hebben dat je posts altijd wel een deel van je achterban bereiken (*owned media*), maar lang niet iedereen. Om die te bereiken zul je moeten betalen (*paid media*) of het algoritme van het socialmediaplatform (*borrowed media*), in combinatie met deelacties van je achterban, moeten gebruiken om je boodschap verder te verspreiden (*earned media*). Wanneer jouw bestaande achterban jouw post namelijk veel deelt (of er simpelweg een reactie of een duimpje op geeft), dan zal het algoritme van het socialmediaplatform dat oppakken en je post verder verspreiden.

Door deze ontwikkelingen wisselen socialmediaplatformen elkaar nogal eens af, omdat ze zelf ook afhankelijk zijn van het bereik en daarmee de voldoening van hun gebruikers. Als je geen voldoening meer haalt uit het plaatsen van posts op een socialmediaplatform, simpelweg omdat je weinig bereik hebt, dan zul je er op een bepaald moment mee stoppen of naar een ander platform overstappen.

Socialmediaplatformen kunnen echter niet bestaan zonder *user generated content*. Zo zijn er al talloze platformen verdwenen (R.I.P. Hyves) en is het altijd onzeker of je de door jou opgebouwde fanbase vast kunt houden. Daarom is het altijd slim om meerdere bezoekersstromen te onderhouden en voorzichtig te zijn met hoge (financiële) investeringen in het opbouwen van een fanbase. Heb je enkele jaren geleden een vermogen uitgegeven aan het kopen van likes voor je fanpagina op Facebook? Dan ben je daar nu wellicht minder blij mee.

> ***"Waar social media komen en gaan, zal Google altijd blijven bestaan"***

Ook Google is in de kern borrowed media. Hoewel jij je eigen website en content beheert (*owned*), leen je bezoekers van Google. Deze bezoekers waren immers in eerste instantie naar Google gegaan en daar hebben ze vervolgens pas op jouw website in de zoekresultaten geklikt (*borrowed*).

De nuance hier zit hem echter in de mate van consistentie. Content op social media wordt maar een zeer beperkte tijd verspreid voordat het wegzakt en door niemand meer gezien wordt. We hebben het dan over dagen, en in sommige gevallen zelfs over uren. Vraag jezelf eens af: hoeveel views, likes en reacties krijg jij op een post op social media in de eerste 24 uur en hoe verloopt dat daarna?

Websitecontent kan echter jarenlang een vaste positie in Google behouden en iedere maand weer nieuwe bezoekers opleveren. Je kunt dit zien als virtueel vastgoed. Je hebt een goede plek met je zaak in een drukke online winkelstraat. Je bent echter wel afhankelijk van het algoritme van Google en natuurlijk van de concurrentie. De kans dat je daalt in de zoekresultaten of dat een concurrent je inhaalt is altijd aanwezig, daarom mogen we het niet 100% als owned media zien. In dit deel gaan we je echter leren hoe je die Google-posities verovert én vasthoudt. Wij vinden namelijk dat onze Google-posities gewoon 'van ons' zijn en zo zou jij het als ondernemer ook moeten benaderen.

ZICHTBAAR OF VINDBAAR?

Social media worden steeds populairder, onder gewone gebruikers maar zeker bij ondernemers. Nederland (en in nog hogere mate België) is vaak traag als het gaat om ontwikkelingen op het gebied van online marketing, zeker in vergelijking met de Amerikanen.

Enkele jaren geleden kon je nog niet aan een ondernemer duidelijk maken dat het nut had om op social media aanwezig te zijn ('Wat heeft mijn klant er nu aan dat ik elke keer foto's plaats van wat ik doe en wat er op mijn bord ligt?'). Tegenwoordig zie je dat veel ondernemers zelfs al beginnen met het posten op social media, nog voordat ze überhaupt een product of website hebben.

Het krijgen van likes maakt dusdanig veel dopamine (het gelukshormoon) aan in ons brein dat dat al snel iets wordt waar we naar hunkeren. Sommige onderzoeken stellen zelfs dat het krijgen van een like hetzelfde effect op ons heeft als seks. Onderzoeken laten bijvoorbeeld zien dat mensen die hun telefoon meenemen naar de slaapkamer (en hun genot op dat kleine schermpje vinden), zelfs minder seks hebben. Een post met veel likes en reacties op social media voldoet zodoende aan een directe behoeftebevrediging en geeft ondernemers de illusie dat ze hun bedrijf hebben uitgebouwd. Vaak is dat echter niet het geval, zeker als je de eerder genoemde vergankelijkheid in acht neemt.

Naast deze vergankelijkheid (de korte duur van je bereik) en het gebrek aan controle op je bereik kleeft er nog een nadeel aan het halen van bezoekers uit social media. Dat nadeel ligt in de intensiteit van aandacht van je bezoekers. Om dat nadeel tastbaar te maken, kijken we even naar online advertenties.

Een gemiddelde internetgebruiker ziet tegenwoordig (bewust en onbewust) duizenden advertenties per dag. De onderzoeken hiernaar variëren van 3.000 tot 10.000 advertenties per dag en een gemiddelde van 1.700 banneradvertenties.

Hierdoor worden we steeds immuner voor advertenties en krijgen ze minder grip op ons. In de psychologie wordt gesproken over een natuurlijke *attention wall* die ons beschermt tegen al die prikkels. Twee situaties om je het verschil tussen de ene en de andere advertentie duidelijk te maken:

Situatie 1: Ik houd van hardlopen en vind dat het tijd wordt voor een paar nieuwe hardloopschoenen. Ik besluit naar Google te gaan en daar te zoeken op het zoekwoord 'hardloopschoenen'. Ik krijg een zoekresultatenpagina (SERP) te zien met daarop ook enkele advertenties van webshops die hardloopschoenen verkopen. Ik klik op een advertentie en kom uit bij een webshop die de schoenen verkoopt waar ik naar op zoek was. De kans dat ik een paar hardloopschoenen ga kopen is groot.

Situatie 2: Ik houd van hardlopen en dat kan Facebook uit mijn profiel eenvoudig opmaken. Hardlopen staat in mijn profiel bij mijn interesses en ik ben aangesloten bij de Nike-fanpagina. Ook heb ik weleens resultaten uit mijn Runkeeper app op mijn tijdlijn gedeeld in de hoop wat likes te scoren voor mijn records. Aangezien ik in het klantprofiel van de schoenenverkoper (bijvoorbeeld Nike) pas, krijg ik tijdens het scrollen op mijn tijdlijn een advertentie voor Nike hardloopschoenen te zien (toevallig voor mensen van mijn geslacht en leeftijd).

Situatie 2 noemen wij interruptie-marketing. Hoewel de inhoud van de advertentie binnen mijn interesses valt, was ik hier niet bewust naar op zoek. Ik word geïnterrumpeerd door deze advertentie, terwijl ik eigenlijk op zoek was naar een andere vorm van afleiding. Ik was bijvoorbeeld moe of verveeld en wilde wat kattenfilmpjes kijken. De kans dat ik een paar hardloopschoenen ga kopen bestaat, maar is vele malen lager dan in de eerste situatie.

Dit voorbeeld laat goed zien dat er een verschil zit tussen geïnterrumpeerde en intrinsiek gemotiveerde (be)zoekers. Voordat je veel tijd, geld en energie spendeert aan het zoeken naar je doelgroep, door middel van advertenties of het zenden van je boodschap aan wie het maar wil lezen met socialmediaposts, is het zaak dat je in eerste instantie gevonden wordt door de mensen die al bewust naar jou op zoek zijn. De ene bezoeker is namelijk de andere niet.

De conversieratio (het percentage mensen dat je product koopt) zal bij deze laatste groep namelijk vele malen hoger liggen. (Koop)gerichte bezoekers stellen je in staat om veel sneller een winstgevend bedrijf op te zetten dan breed georiënteerde bezoekers.

We zagen dit ook bij een experiment met onze eigen opt-in-pagina. Dit is een pagina die wij gebruiken voor het uitbreiden van onze e-maillijst. Dit is ons bestand met e-mailadressen waar wij nieuwsbrieven en promoties naartoe sturen. Op zo'n aanmeldpagina bieden wij een gratis weggever aan in ruil voor een naam en e-mail-adres, in dit voorbeeld is dat een gratis e-book. Hierover leggen we je in verdere hoofdstukken alles uit.

Afbeelding 1.1 - Inschrijvingen uit verschillende bronnen

Wij adverteren in zowel Google als Facebook en leiden deze advertenties naar identieke opt-in-pagina's. Van onze bezoekers uit Google schrijft maar liefst 76,3% zich in voor de e-maillijst, terwijl dat bij bezoekers uit Facebook slechts 33,7% is. Hoewel 33,7% een zeer hoge opt-in-ratio is voor verkeer vanuit een Facebookadvertentie, valt deze in het niet bij Google. Voor ons is het zodoende geen moeilijke opgave om te kiezen waar wij ons budget aan willen uitgeven.

We trokken hiervoor al de vergelijking met een goede positie in Google en een goede positie met je zaak in een winkelstraat. Als je Google vergelijkt met Facebook, dan is Facebook een grote winkelstraat waar Jan en alleman doorheen loopt. Als je stoelen verkoopt komen er weliswaar veel mensen langs, maar weinig mensen die stoelen nodig hebben. Google is dan jouw woonboulevard: de mensen die er zijn, zijn in ieder geval op zoek naar meubels. Voor de offline wereld gaat eigenlijk alleen de vergelijking met een woonboulevard op, maar bedenk dat Google voor elke niche een eigen boulevard heeft. En jij wil absoluut op die boulevard staan.

In onze salestrainingen stellen wij weleens: 'Het beste ingrediënt voor een succesvolle hamburgertent is een nabije, uitgehongerde menigte'. Het is een kwestie van het juiste aanbod, voor de juiste doelgroep, op precies het juiste moment: wanneer ze er naar op zoek zijn.

Specifiek zijn is de sleutel tot succes in marketing en dat begint al in Google. Wanneer iemand in Google zoekt op 'welke aandelen zijn het populairst?', dan betekent dit niet vanzelfsprekend dat deze persoon bereid is om een financiële investering te doen om antwoord te krijgen op deze vraag. Wellicht zoekt deze persoon alleen wat basistips om zelf op gang te komen. Zoekt deze persoon echter op een term als 'cursussen om te leren beleggen' dan is die kans al een stuk groter. Die zoekopdracht impliceert namelijk de bereidheid om te investeren in een cursus.

In het voorbeeld van de hardloopschoenen: op welke zoekopdracht in Google zou je dan het liefst gevonden worden? 'Schoenen', 'hardloopschoenen' of 'hardloopschoenen kopen'? Veel website-eigenaren zijn geneigd om zoekwoordenonderzoek te doen en te kiezen voor het woord 'schoenen', omdat dit woord het grootste zoekvolume heeft. Op het woord 'hardloopschoenen kopen' zal de concurrentie veel minder zijn, waardoor je sneller naar boven komt in de gratis resultaten en minder betaalt per klik bij een advertentie in Google. Ook zullen deze bezoekers eerder tot aankoop overgaan, omdat je website of webshop specifiek aansluit op de zoekopdracht en het woord 'kopen' al in de zoekopdracht zit.

Social media kunnen je bedrijf zeker snel en exponentieel laten groeien, maar vergeleken met bezoekers uit Google kun je het toch zien als schieten met hagel of een soort spaghettimethode: je gooit een bord spaghetti tegen de muur en je kijkt wat er blijft plakken.

> *"Social media is hot, but Google is God"*
>
> Martin van Kranenburg

VALUE-FIRST MARKETING

Naast de afname van de impact van advertenties zien we nog een interessante trend. Er komen steeds meer *adblockers* die advertenties blokkeren en content centraal zetten. Platformen zoals Nu.nl vervangen bijvoorbeeld steeds vaker hun advertenties voor gesponsorde content. Denk hierbij aan het vervangen van een banneradvertentie door een waardevol artikel. In plaats van een advertentie met de tekst 'Hardloopschoenen in de aanbieding' geef je bezoekers een artikel met tips of zaken waar je op moet letten bij de aanschaf van hardloopschoenen. Binnen zo'n artikel kun je dan verwijzen naar het aangeraden product.

> *"Try not to become a man of success but rather, try to become a man of value"*
>
> Albert Einstein

Adverteerders moeten steeds vaker content rondom hun diensten produceren in plaats van enkel een verkooptekst. In plaats van eenzijdige interruptie draait online marketing steeds meer om het leveren van bruikbare content, precies op het moment dat de doelgroep er zelf naar op zoek is. We noemen dit ook wel *value-first marketing*. Zoekmachineoptimalisatie (SEO) is hierdoor van levensbelang voor een ondernemer. Wanneer iemand in Google zoekt, wil je namelijk waardebeleving voorrang geven op een puur commerciële aanbieding.

Maar wat houdt SEO dan precies in? **SEO** staat voor **S**earch **E**ngine **O**ptimization (zoekmachineoptimalisatie dus in het Nederlands). Het is de kunst van het optimaliseren van je website om zo hoog mogelijk in de gratis resultaten van Google te komen. We noemen dit ook wel de organische resultaten. Zoekmachineoptimalisatie is eigenlijk een rare term, want wij optimaliseren de zoekmachine niet, dat doet Google. Beter zou het zijn als we het vindbaarheidsoptimalisatie zouden noemen, maar de markt heeft nu eenmaal anders besloten.

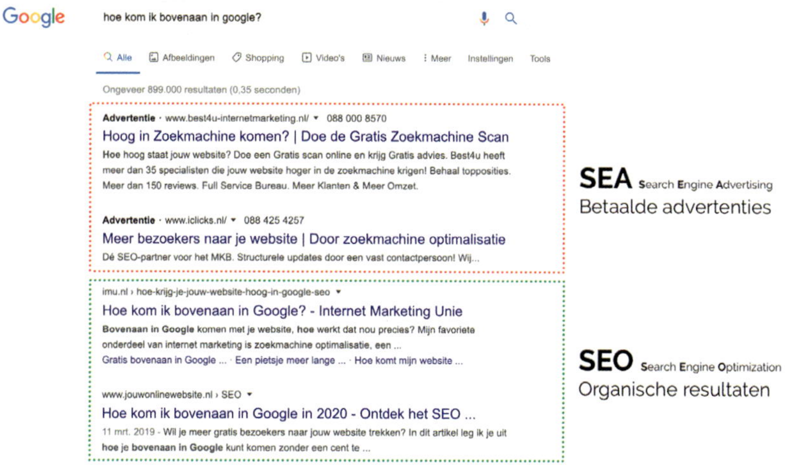

Afbeelding 1.2 - Advertenties en organische resultaten in Google

De resultaten die aan de bovenkant staan zijn Google Ads-resultaten. Dit is het advertentieprogramma van Google, hier moet je voor betalen (per klik op je advertentie). We noemen dit *Search Engine Advertising* (SEA). Zowel SEO als SEA helpen je aan (koop)gerichte bezoekers, maar aangezien SEO gratis bezoekers oplevert, geniet dat toch de voorkeur. Daarnaast bestaan organische resultaten vaak uit informatieve pagina's en betaalde resultaten vaak uit productpagina's.

DE EERSTE, DE BESTE?

Naast gerichte bezoekers heeft een hoge positie in Google een extra voordeel, namelijk de autoriteit die deze positie met zich meedraagt. De nummer één in Google wordt vaak gezien als de marktleider of als de beste website rondom het gebruikte zoekwoord. Niet voor niets insinueert het spreekwoord 'de eerste, de beste' dat wij een eerste optie vaak als de meest logische keuze ervaren.

Hier zie je een voorbeeld van hoe een belangrijke positie autoriteit uitstraalt. Omdat Google een van onze bedrijven (Huddle BV) het meest relevant vindt bij het zoekwoord 'community software', ervaren bezoekers ons al snel als de grootste, bekendste en de beste. Hoewel we niet helemaal bovenaan staan (er staat een advertentie boven ons), valt onze bedrijfsinformatie en met name het felle gele logo veel meer op.

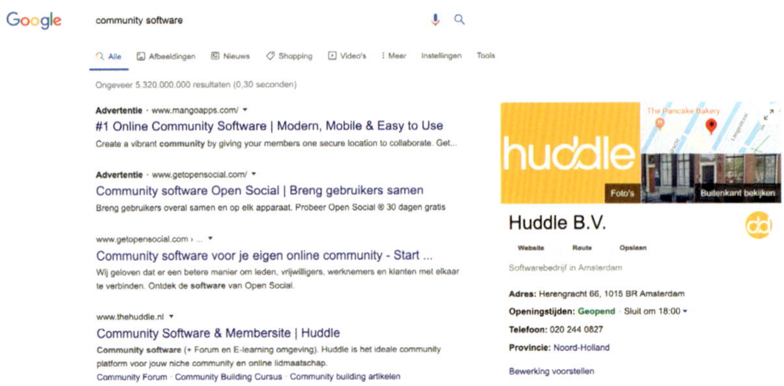

Afbeelding 1.3 - Bedrijfsresultaat in Google

Ook als het om media-aandacht gaat is een goede vindbaarheid in Google een krachtig wapen. Door je contentstrategie af te stemmen op actuele onderwerpen in de media, kun je jezelf heel aantrekkelijk maken voor *media exposure*. Op afbeelding 1.4 zie je bijvoorbeeld hoe Marlous, een gebruiker van onze Phoenix websitesoftware, overweldigd werd door media-aandacht na het plaatsen van een blog over haar expertise in combinatie met een actueel maatschappelijk thema.

Afbeelding 1.4 - Media-aandacht door goede vindbaarheid in Google

In dit geval ging het om nek- en armklachten door overmatig gebruik van telefoon en tablet. Ook bekende traditionele media zoals radiozenders, tijdschriften en het NOS-journaal onderzoeken dit soort onderwerpen en vissen toonaangevende personen (kennisleiders) uit de zoekresultaten.

Op deze manier dient een contentstrategie meerdere doelen:

1. **Owned media**: plaats de content op je eigen website en eigen mediakanalen
2. **Borrowed media**: gebruik de content om bezoekers uit Google en social media te lokken
3. **Earned media**: laat anderen naar je content verwijzen

Precies om deze reden zullen wij ondernemers altijd aanraden om een waardestrategie als basis te nemen. Hier hangt ook het principe van wederkerigheid mee samen. Wederkerigheid is een van de zeven beïnvloedingstechnieken van Robert Cialdini, auteur van het beroemde boek *Influence* en de toonaangevende autoriteit op het gebied van beïnvloeding. Kort samengevat betekent het: hoe meer je geeft, hoe meer je terugkrijgt. Iemand die van jou iets waardevols heeft ontvangen, is eerder geneigd om je daarvoor te belonen.

BE CONSISTENT, OR NON-EXISTENT

We zeiden eerder al: 'waar social media komen en gaan, blijft Google altijd bestaan'. Stel dat Google ooit eens ingehaald zou worden, dan zal een vervangende zoekmachine op grotendeels dezelfde principes gebaseerd zijn. Denk aan principes zoals relevantie, populariteit, actualiteit, uniciteit en kwaliteit. Je zit dus altijd goed met een waardevolle contentstrategie.

Waardevolle content is tijdlozer dan een advertentie, zeker wanneer het op je eigen website staat en het dus niet wegzakt zoals op social media. Waardevolle content kan na publicatie tientallen jaren voor je blijven werken en constant nieuwe bezoekers en leads van informatie voorzien.
Met een goede SEO-strategie bovenop je contentstrategie genereer je een consistente bezoekersstroom vanuit Google richting je website. Het is vooral de consistentie tegenover de vergankelijkheid van advertenties en social media die op lange termijn het verschil maakt. Consistentie, of nog beter gezegd, continuïteit is het basisbeginsel van de economie en tevens de eerste prioriteit in je ondernemerschap. Zonder continuïteit houd je op te bestaan.

SEO is naar onze mening het onmisbare fundament onder je onlinemarketingstrategie. Dat is het voor ons ook altijd geweest. Wij zien onze website als onze 'thuisbasis' en voeren van daaruit een value-first strategie. We geven zoveel mogelijk waardevolle content in de vorm van blogs, onze kennisbank, video's, podcasts, e-books en webinars. Dankzij onze content halen we op maandelijkse basis grote hoeveelheden gratis, gerichte bezoekers uit Google.

SEO staat onterecht bekend als moeilijk, saai en langetermijnwerk. Ook hoor je vaak dat de topposities in Google al vergeven zouden zijn aan de websites die er als eerste bij waren om de beste domeinnamen te claimen, of anders aan de grote bedrijven met SEO-budgetten waar je als kleine zelfstandige niet tegenop kunt.

Niets is echter minder waar, want Google heeft niet stilgezeten in de afgelopen jaren. Door de snelheid van indexeren en corrigeren is SEO al lang geen langetermijnspel meer. Daarnaast is Google veranderd. Het was een statische zoekmachine waarin kwantiteit de hoofdrol speelde en bedrijven met grote linkbuilding-budgetten de dienst uitmaakten. Tegenwoordig is het een organische zoekmachine waarin kwaliteit leidend is en juist de kennisleiders en vakinhoudelijke specialisten naar voren komen.

SEO is zeker niet dood, met de komst van onder andere *voice search*, semantiek en *artificial intelligence* is het juist levendiger dan ooit. Als je structureel de juiste dingen doet, blijft Google voor je werken. In afbeelding 1.5 zie je bijvoorbeeld het verschil in gratis bezoekers op imu.nl tussen de eerste helft van 2018 en de eerste helft van 2019. Maar liefst 58,79% groei, terwijl de website al sinds 2010 bestaat.

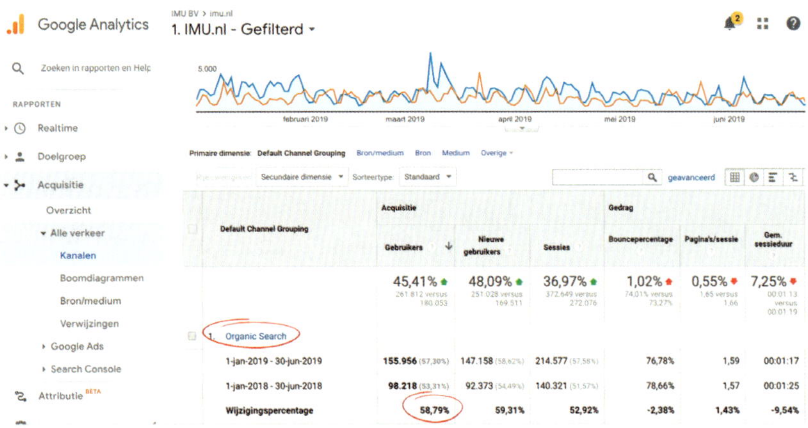

Afbeelding 1.5 - Stijging gratis bezoekers uit Google op imu.nl

Nu we je een referentiekader voor het aantrekken van verschillende soorten bezoekers hebben gegeven en je hebben gewezen op het belang van een goede SEO-strategie, is het tijd om je te laten zien hoe je dit dan precies aanpakt. In de rest van dit deel leer je stap voor stap hoe je jouw website inricht en optimaliseert om de topposities in Google te veroveren en deze ook vast te houden.

2. SCOREN OP ZOEKWOORDEN

Tijd voor de praktische kant: het daadwerkelijk scoren in Google op zoekopdrachten die voor jouw bedrijf relevant zijn. Waarom Google en niet ook in andere zoekmachines? Google is de grootste zoekmachine ter wereld. In 2019 heeft Google een wereldwijd marktaandeel van 88,47% en in Nederland en België ligt dat zelfs op 95,65%. De missie van Google is: 'Alle informatie ter wereld organiseren en universeel toegankelijk en bruikbaar maken'.

"The best place to hide a dead body is the second page of Google search"

Om de grootste zoekmachine te blijven moet Google zijn gebruikers de meest relevante, unieke, actuele en kwalitatieve resultaten geven. Wanneer je in Google zoekt en steevast resultaten krijgt die niet relevant zijn, dan kost je dat veel tijd en het levert je frustratie op. Je moet immers langer zoeken. Zijn alle resultaten hetzelfde? Dan leidt dat ook tot frustratie. Krijg je verouderde informatie te zien? Dan kan dat zelfs schade aanrichten. Krijg je een artikel met slechte informatie (bijvoorbeeld een tekst die volgepropt is met het zoekwoord waar je op zocht, maar zonder daadwerkelijke informatie), dan geeft dat jou ook geen fijne gebruikerservaring.

Te veel slechte gebruikerservaringen met Google kunnen ervoor zorgen dat je voortaan een andere zoekmachine probeert die jou wel de gewenste resultaten geeft en dat moet Google voorkomen. Je doet er daarom goed aan om met je website te focussen op dezelfde waarden. Past jouw website namelijk niet in het plaatje van Google, dan zal je ook niet snel getoond worden. Zeker niet als er een concurrent is die wel aan deze waarden voldoet.

Je kunt deze waarden verdelen in twee categorieën:

1. **On page-factoren** zijn alle factoren op je website die bijdragen aan de zoekmachinevriendelijkheid. Denk bijvoorbeeld aan content (relevantie), interactie (actualiteit) en broncode (de leesbaarheid van je site voor de *Google bots*).

2. **Off page-factoren** zijn alle factoren buiten je website om die bijdragen aan de autoriteit van je website. Denk aan *backlinks* en vermeldingen op social media, maar bijvoorbeeld ook aan de uniciteit van je content (is het uniek of een kopie?).

We beginnen bij de basis. In eerste instantie zal je website **relevant** moeten zijn bij een zoekopdracht. Wanneer iemand in Google bijvoorbeeld zoekt op 'appeltaart recept' is het logisch dat er websites tevoorschijn komen met recepten voor appeltaart, en niet websites over de geschiedenis van de paperclip. Google vist alle relevante webpagina's eruit die die relevant zijn aan deze zoekwoordcombinatie en rangschikt ze vervolgens.

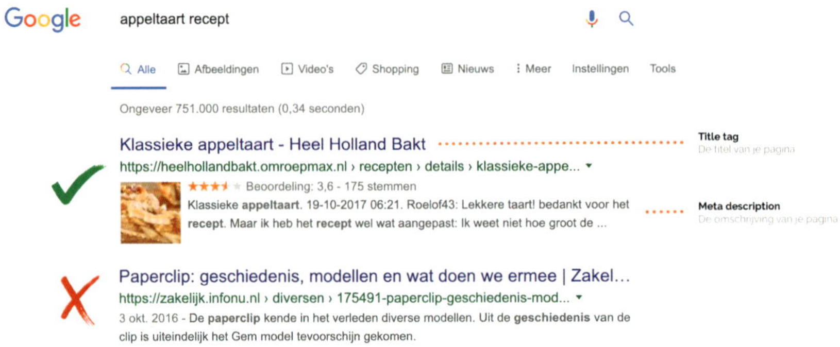

Afbeelding 2.1 - Relevante en minder relevante zoekresultaten in Google

Om het voor nu simpel te houden kunnen we stellen dat het belangrijk is dat de woordcombinatie 'appeltaart recept' überhaupt voorkomt op je website. Komt het vaker voor? Dan gaat de relevantie al omhoog. Komt het op sleutelposities voor? Dan zal dat je nog relevanter maken.

De basisgedachte hier is dat Google uit alle webpagina's diegenen moet vissen die relevant zijn aan deze zoekwoordcombinatie én deze vervolgens moet rangschikken. Een artikel dat helemaal in het teken staat van een appeltaartrecept is immers relevanter voor een zoeker dan bijvoorbeeld een artikel over SEO waarin de auteur simpelweg de woordcombinatie 'appeltaart recept' als voorbeeld voor een zoekwoord heeft gebruikt. De woordcombinatie komt dan wel voor, maar het is niet van belang.

ZOEKWOORD-CHECKLIST

Het is van belang dat het zoekwoord waar je op wil scoren op sleutelposities voorkomt in je content. Hiervoor hebben we een zoekwoord-checklist. Dit is een lijst met plekken in je content waar het zoekwoord moet staan om goed gevonden te worden. Deze checklist kun je voor elke pagina op je website gebruiken. Bij SEO en met name zoekwoordoptimalisatie geldt de regel dat hoe verder naar voren een woord staat, hoe meer waarde het van Google krijgt.

> *"Hoe verder naar voren een woord staat, hoe meer waarde het van Google krijgt"*

Het is dus aan te raden om je content van boven naar beneden te optimaliseren. Per pagina focus je in eerste instantie het liefst op één belangrijk zoekwoord of onderwerp. Als je namelijk met één pagina op te veel verschillende zoekwoorden tegelijk gevonden wil worden, zul je merken dat dit ten koste gaat van je relevantie per zoekwoord. In het voorbeeld van het appeltaartrecept, welk artikel is relevanter:

1. Een artikel met enkel één of meerdere appeltaartrecepten
2. Een artikel met de historie van de appeltaart, alle soorten appels, de voordelen van appeltaart serveren, tips voor waar je appeltaart kunt kopen en bijgevoegd ook een appeltaartrecept

Het tweede artikel lijkt misschien waardevoller, maar het is minder bruikbaar voor je bezoeker. Naast de vertroebeling van je zoekwoordrelevantie speelt ook de gebruikerservaring een rol. Als je met het tweede artikel een toppositie in Google scoort, kan het zijn dat veel bezoekers op je website in de zoekresultaten klikken, maar dat zij relatief snel terugkeren naar Google omdat je artikel niet aansluit bij hun verwachtingen. Als zij vervolgens op het resultaat onder jou klikken en daar wel een tijd verblijven (of überhaupt niet terugkeren naar Google), dan zal Google dit registreren en de resultaten op termijn wisselen omdat je concurrent blijkbaar relevanter is. Het is aan te raden om zo relevant mogelijke content voor elke zoekopdracht te maken. Daarom beginnen we deze checklist met de focus op één specifiek zoekwoord.

ZOEKWOORDEN-CHECKLIST

Geef een **relevante title tag** op met daarin het zoekwoord.

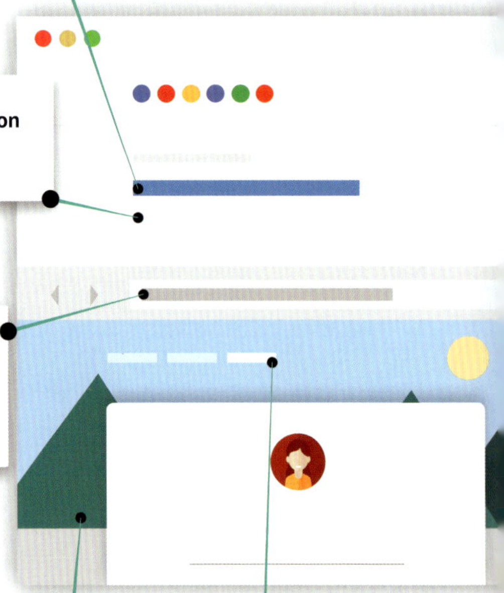

Geef een **relevante meta description** op met daarin het zoekwoord.

Werk met een **zoekmachinevriendelijke URL** met daarin het zoekwoord.

Verwerk je **zoekwoord in** de bestandsnaam en alt-tag van je **uitgelichte afbeelding.**

Toon een **broodkruimelspoor** op je pagina met daarin het zoekwoord.

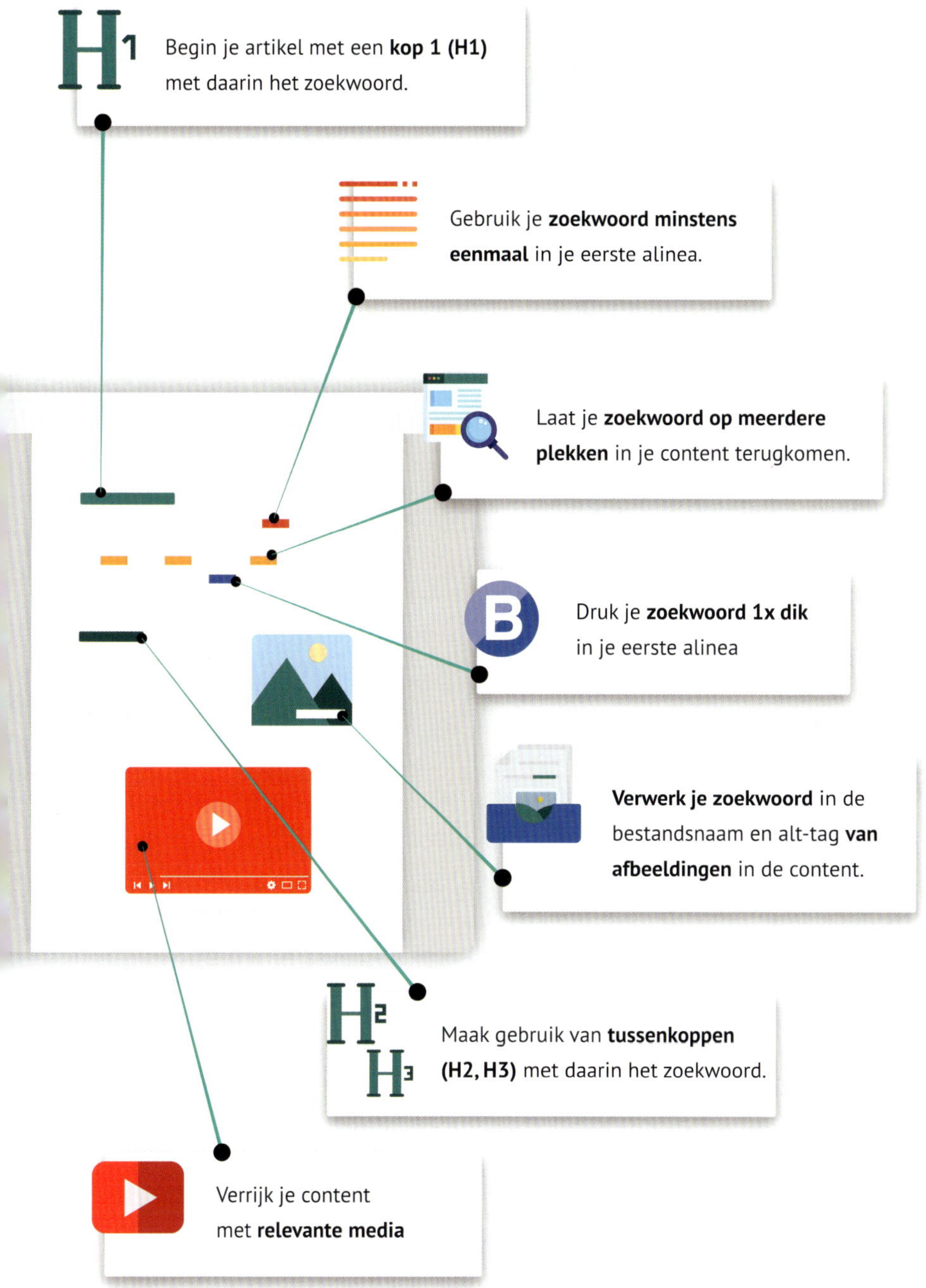
Begin je artikel met een **kop 1 (H1)** met daarin het zoekwoord.
Gebruik je **zoekwoord minstens eenmaal** in je eerste alinea.
Laat je **zoekwoord op meerdere plekken** in je content terugkomen.
Druk je **zoekwoord 1x dik** in je eerste alinea
Verwerk je zoekwoord in de bestandsnaam en alt-tag **van afbeeldingen** in de content.
Maak gebruik van **tussenkoppen (H2, H3)** met daarin het zoekwoord.
Verrijk je content met **relevante media**

Brede zoektermen. Naast het verwerken van je specifieke zoekwoord kun je uitbreiden met brede zoektermen rondom dit zoekwoord. Als je gevonden wil worden op 'aangeraden aandelen', kun je die woordcombinatie exact zo plaatsen. Wanneer je echter 'deze aandelen worden door kenners aangeraden' in de tekst plaatst, hebben we het over een zogenaamde brede zoekterm. Alle woorden staan er wel in, maar er staan andere woorden tussen. Dit is veel logischer voor Google dan meerdere malen het exacte keyword. Constant dezelfde bewoording oogt namelijk al snel onnatuurlijk. Googles semantische zoekmachine is tegenwoordig slim genoeg om dergelijke zinnen te ontleden en te begrijpen. Wees dus niet bang om vrijuit te schrijven. Je doet er goed aan om hier tijdens het toepassen van de checklist rekening mee te houden.

LSI keywords & synoniemen. Naast brede zoektermen kun je nog een stapje verder gaan. *Latent semantic indexing keywords* (LSI) zijn verwante zoekwoorden en synoniemen die je onderaan in Google kunt vinden. Deze vind je bij vrijwel iedere zoekopdracht in Google. Bijvoorbeeld wanneer we zoeken op 'aangeraden aandelen'.

Afbeelding 2.2 - LSI keywords onderaan op Google-resultatenpagina

Google geeft je op een presenteerblaadje de verwante zoekwoorden waar door gebruikers veel op wordt gezocht en die je dus zou kunnen opnemen in je artikel. Net als brede zoektermen is Google heel goed in staat om synoniemen en verwante zoekwoorden in je tekst te herkennen. Zelfs spelfouten haalt Google moeiteloos uit je tekst en uit de zoekopdrachten van gebruikers. Latent semantisch (verborgen semantiek) is meteen een kleine voorloper van de rest van dit boek als we het over semantiek en de toekomst van SEO hebben.

Ga niet spammen. Hoewel we met deze checklist het idee kunnen geven dat je jouw content moet herschrijven naar een relevante, geoptimaliseerde pagina voor een specifiek zoekwoord, willen we je op het hart drukken om dit met mate te doen en niet te gaan keywordspammen. Dit wordt ook wel *keyword stuffing* genoemd en het betekent dat je een tekst te vol hebt gepropt met een bepaald zoekwoord. Daarmee haal je vaak het leesgemak uit je content en dat gaat ten koste van de gebruikerservaring. Deze zogenoemde SEO-teksten maken je content vaak saaier en statischer, waardoor je minder gemakkelijk een emotie bij je lezer weet te raken. Hierdoor behaal je minder reacties, deelacties en andere vormen van conversie. Daarnaast word je er door Google voor afgestraft.

In de software Google Search Console geeft Google richtlijnen weer. Search Console kun je tevens gebruiken om de prestaties van je website in Google bij te houden en te verbeteren.

Afbeelding 2.3 - Richtlijnen voor keyword stuffing en andere vormen van Black Hat SEO in Google Search Console

Slimmeriken hebben door de jaren heen talloze trucs gebruikt om meer zoekwoorden in hun content te verwerken. Denk bijvoorbeeld aan het plaatsen van een lijst met relevante zoekwoorden onderin de website of zelfs een stuk content in een witte kleur op een witte achtergrond. Deze tekst kan je bezoeker dan niet lezen, maar Google (in de broncode) wel. Deze en andere trucs vallen onder de noemer *Black hat SEO*, het zijn de SEO-technieken die in strijd zijn met de policy van Google. Alle technieken die binnen de policy vallen en aangeraden worden noemen we *White hat SEO*.

> *"A SEO Expert walks into a bar bars tavern alehouse pub public house alcohol beer liquor whiskey..."*
>
> Tom Walsham

De beste manier om je pagina's en blogartikelen te schrijven, is om deze niet te schrijven met SEO in je achterhoofd. Dergelijke pagina's zijn van mijlenver te herkennen en lezen een stuk minder prettig voor je bezoeker. Google vindt de leesbaarheid en bruikbaarheid van je pagina het belangrijkste. Schrijf daarom eerst je pagina of artikel voor je bezoeker. Kijk vervolgens met onze checklist of je een aantal verbeterslagen kunt maken om vervolgens beter vindbaar te worden in Google op de zoekterm waar je de pagina voor optimaliseert.

LANG LEVE DE LONG TAIL!

De checklist die we tot dusver hebben behandeld is met name geschikt voor zogenaamde *short tail* zoekopdrachten. Dit zijn alle zoekopdrachten in Google bestaande uit een, twee of drie zoekwoorden. Deze zoektermen kun je redelijk bewust toepassen op alle tactische plekken binnen je pagina en zodoende heel bewust optimaliseren. De zogenoemde *long tail* zoekopdrachten zijn de zoekopdrachten van vier woorden en langer en daar ligt met name de echte winst. Twee voorbeelden van zoektermen:

Short tail: Aangeraden aandelen
Long tail: Welke aandelen raden experts momenteel aan?
Long tail: Welke aandelen kan het het beste kopen?

Short tail: Bovenaan in Google
Long tail: Hoe krijg ik mijn website bovenaan in Google?
Long tail: Tips om snel bovenaan in Google te komen

Het is interessant om te zien hoe short tail en long tail zoekopdrachten in Google zijn verdeeld. 70% van alle zoekopdrachten per jaar in Google bestaat uit long tail zoekopdrachten. Slechts 30% bestaat dus uit short tail zoekopdrachten. Met de komst van *voice search*, waarbij je aan de Google app op je telefoon of bijvoorbeeld aan je Google Home speaker in huis een vraag stelt (in plaats van deze in te typen), zal dat percentage vermoedelijk steeds hoger worden. We spreken namelijk vaak met meer woorden en met name met volledige zinnen dan wanneer we typen. Typen doen we vaak in telegramstijl.

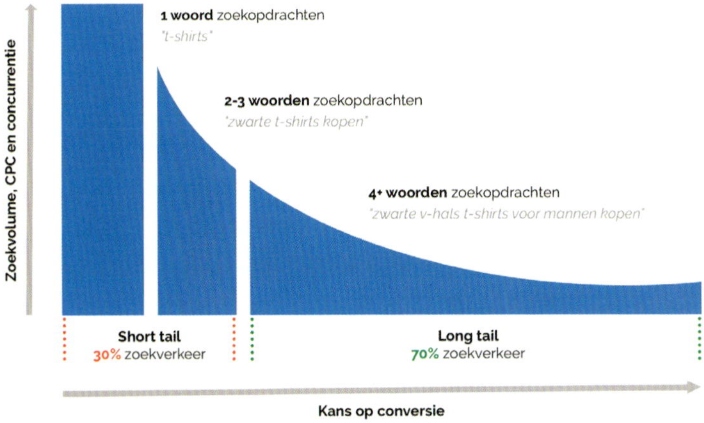

Afbeelding 2.4 - Short tail en long tail zoekopdrachten

Het is interessant om je te realiseren dat je concurrentie zich in veel gevallen op de 30% short tail zoekopdrachten richt. Dat komt veelal omdat website-eigenaren met een bewuste SEO-strategie de Google Keyword Planner en verwante *keyword tools* gebruiken voor hun zoekwoordonderzoek. Deze tools geven enkel informatie over de short tail. De long tail geeft Google niet vrij, met name omdat deze teveel uiteen loopt. Deze informatie kun je alleen krijgen door te raden en het uit te proberen.

Veel website-eigenaren missen hierdoor de zoekwoordcombinaties in jip-en-janneketaal. Zo zullen mensen in onze markt die geen verstand van SEO hebben niet in Google zoeken naar 'SEO' of 'SEO tips'. Ze kennen de afkorting SEO namelijk niet. Zij zullen als leek eerder zoekopdrachten intypen zoals 'hoe krijg ik mijn website bovenaan in Google?'. Dat klinkt misschien wat kinderachtig, maar een groot percentage van je doelgroep zoekt op een dergelijke manier in Google.

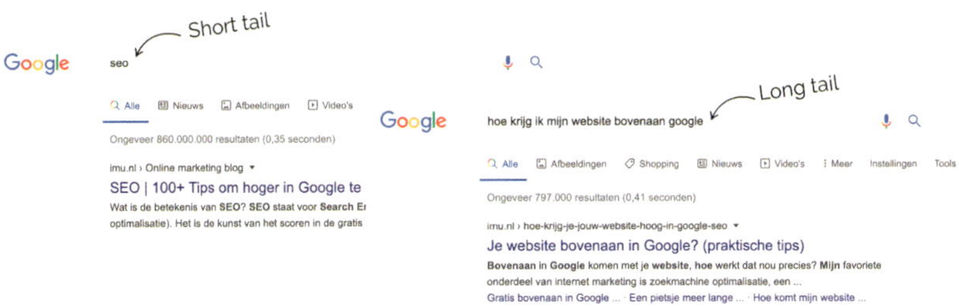

Afbeelding 2.5 - Long tail zoekopdracht in Google

Zeker voor een beginnende website is de long tail ideaal om op hele korte termijn al gratis bezoekers naar je website te krijgen. Een specifiek product voor een specifieke doelgroep is veelal de sleutel tot succes. Hoe specifieker je bent, hoe gemakkelijker je kunt scoren in Google (je hebt minder concurrentie) en hoe hoger je conversie zal liggen.

Als we het voorbeeld van de hardloopschoenen uit het begin van dit hoofdstuk er nog eens bij halen: iemand die zoekt op 'hardloopschoenen kopen' (short tail) is een relatief koopgerichte bezoeker. Maar stel nou dat er iemand zoekt op 'roze hardloopschoenen Nike voor vrouwen' (long tail) en in de zoekresultaten vervolgens kan kiezen tussen twee webshops:

1. Een webshop met alle soorten schoenen, waaronder ook hardloopschoenen
2. Een webshop die specialiseert in dames hardloopschoenen van Nike

Welke van deze twee webshops zal voor deze zoeker dan het meest relevant zijn? Specialisme leidt tot relevantie en relevantie leidt tot goede vindbaarheid en een hoge conversie.

Terugkomend op het begin van dit deel waar we het over gerichte bezoekers uit Google via SEO of SEA hadden, kun je dit als een extra voordeel van SEO zien. Adverteren in Google (SEA) doe je namelijk veelal op short tail zoekopdrachten en daarmee bereik je dus niet de volledige markt.

De meeste long tail zoekopdrachten worden afgekeurd in Google Ads-campagnes, omdat het zoekvolume per woord te laag is. In dat geval loont het om een goede contentstrategie te hebben waarmee je inhoudelijk sterke artikelen over specifieke onderwerpen publiceert. Google is inmiddels slim genoeg om naast brede zoektermen en synoniemen ook de betekenis van de woorden uit je content te halen (semantiek). Hier gaan we straks nog wat dieper op in.

Een voorbeeld van iemand die zich goed kan verplaatsen in haar potentiële bezoeker en daarom goed optimaliseert voor de long tail zoekopdrachten is Maaike de Boer van Wijzeroverdebasisschool.nl. Haar website zit boordevol tips voor ouders met kinderen op de basisschool. Je vindt er onder andere oefeningen en boeken voor hulp bij rekenen en spelling.

In de zomerperiode kelderen haar bezoekersaantallen, omdat er dan veel minder wordt gezocht op schoolgerelateerde zoektermen. Haar doelgroep bestaat in die periode nog steeds: ouders met kinderen die op de basisschool zitten, maar die vieren op dat moment vakantie.

Zij besloot om in die periode artikelen te schrijven over de fase waar deze ouders op dat moment in zaten. Eén van de dingen die zij - ook uit eigen ervaring - wist, is dat veel ouders met hun kinderen in de auto op vakantie gaan. Idealiter heb je iets om de kinderen mee te vermaken. Niet iedere ouder wil bovendien dat hun kinderen acht uur lang met een tablet of smartphone voor hun neus zitten. Dus schreef zij een artikel met 31 leerzame en leuke spelletjes voor in de auto.

Afbeelding 2.6 - Scoren op long tail zoekopdrachten door wijzeroverdebasisschool.nl

Door haar opgebouwde autoriteit en waardevolle website behaalde ze al snel een toppositie voor de zoekterm 'spelletjes in de auto', waar kennelijk veel op gezocht werd. Binnen enkele dagen ontving ze duizenden bezoekers op haar blog.

> *"Marketing is telling the world you're a rock star. Content marketing is showing the world you are one"*
>
> Robert Rose

3. RIJKE CONTENT

Het internet is een multimediale omgeving en je doet er goed aan om dat ook binnen je website te hanteren. We gaan daarom nu wat verder dan alleen het plaatsen van zoekwoorden en kale tekst. Om beter te scoren in Google raden we je aan om te werken met rijke content.

"Give them quality. That is the best kind of advertising"

Milton Hershey

Hoe rijker een pagina op je website is, hoe waardevoller zowel je lezer als Google deze zal vinden. Met rijk bedoelen we dan de verschillende soorten media die je aanbiedt, zoals tekst, afbeeldingen, audio, video, pdf, infographics, polls, reacties, interne links, uitgaande links of social media shares. Hoe meer van deze factoren jij verwerkt in een artikel, hoe waardevoller dat artikel wordt. Ga maar bij jezelf na, lees jij liever een artikel met alleen maar een lange lap tekst of vind je het fijner als de tekst visueel wordt ondersteund met afbeeldingen?

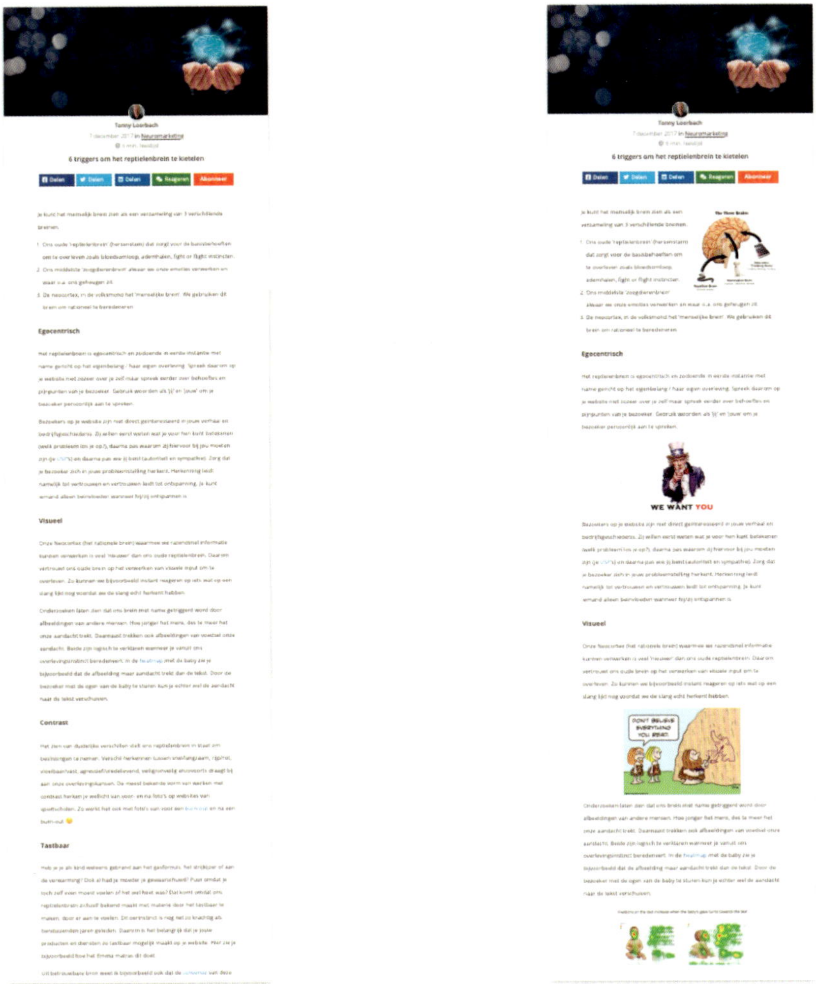

Afbeelding 3.1 - Kale tekst tegenover rijke content

Je zult bezoekers met verschillende mediavoorkeuren op je website ontvangen. De ene bezoeker houdt van lezen, de andere van kijken en weer een ander van luisteren.

Als je jouw content in zowel tekst, video (bijvoorbeeld een ingesloten YouTube-video) en audio (bijvoorbeeld een audioplayer met de ingesproken tekst van het artikel) aanbiedt, voldoe je aan meer voorkeuren. Richt je website altijd zo waardevol mogelijk in voor je bezoekers, dan beloont Google je vanzelf.

SCOREN MET AFBEELDINGEN

Afbeeldingen plaatsen is de simpelste vorm om je content te verrijken. Het maakt je content visueel aantrekkelijker wanneer het niet een lange saaie lap tekst is. Ook zorg je voor meer overzicht en uitleg door met relevante afbeeldingen te werken. Naast het voordeel van verschillende soorten media en de gebruikerservaring voor je lezer, brengen afbeeldingen ook extra SEO-voordelen met zich mee. Je kunt in een afbeelding namelijk op maar liefst drie plekken je zoekwoord verwerken.

1. De bestandsnaam. Stel je maakt een foto van een voetbalveld, dan is de bestandsnaam bijvoorbeeld 'IMG057.jpg'. Aan een dergelijke naam kan Google niet afleiden dat het om een voetbalveld gaat. Google is dan afhankelijk van de content om de afbeelding heen om te raden wat de afbeelding precies voorstelt. Als je de afbeelding in plaats daarvan 'voetbalveld-in-amsterdam.jpg' noemt, heb je wel een goede, beschrijvende bestandsnaam. Wanneer iemand in Google afbeeldingen zou zoeken op 'voetbalveld in amsterdam', dan komt jouw afbeelding al snel naar boven. Zo hebben wij in het voorbeeld uit afbeelding 3.2 het woord 'reptielenbrein' in de bestandsnaam van de afbeelding verwerkt.

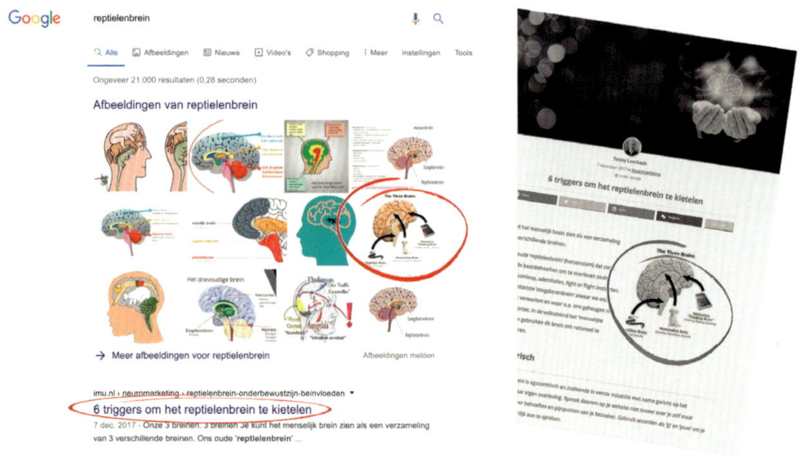

Afbeelding 3.2 - Scoren met afbeeldingen in Google

2. Titel en alt tag. Na het uploaden van je afbeelding in je CMS (zoals WordPress of Phoenix), kun je een titel en een *alt tag* opgeven. De titel verschijnt in een titelveld wanneer je met je muis boven het object gaat hangen. Alt tags zijn alternatieve titels die verschijnen als een afbeelding niet goed geladen wordt. Beide titels komen in de broncode van je pagina als je de afbeelding gebruikt.

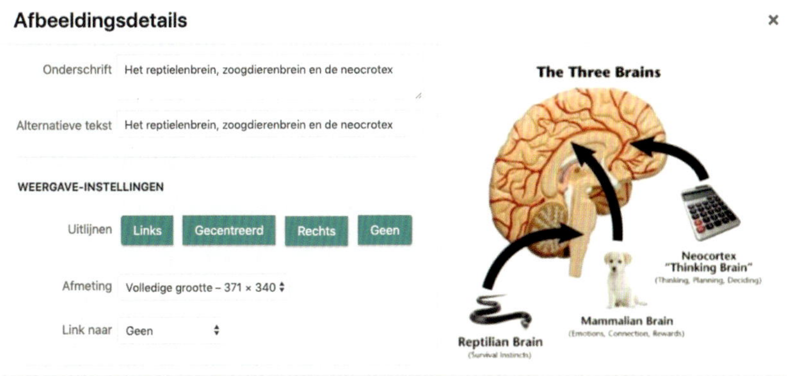

Afbeelding 3.3 - Onderschrift en alternatieve titel voor afbeelding opgeven in CMS

3. Onderschrift. Onder een afbeelding kun je een omschrijving van de afbeelding als onderschrift plaatsen. Ook hierin kun je jouw belangrijkste zoekwoorden nog eens plaatsen. Google ziet dit onderschrift namelijk niet als onderdeel van je content, maar als beschrijving van je afbeelding. Dit draagt zowel bij aan je score in Google afbeeldingen als aan je algemene vindbaarheid op deze zoekwoorden.

Neil Patel, een bekende auteur op het gebied van online marketing, publiceerde in een van zijn onderzoeken dat onderschriften onder afbeeldingen, buttons en andere media maar liefst drie keer vaker worden gelezen dan de gewone content. Naast SEO is dit dus zeker een plek waar je iets belangrijks voor je (scannende) lezer wil plaatsen. Daarom hebben we dit boek ook zo visueel mogelijk gemaakt. Misschien heb jij ons boek tot dusver ook wel deels gescand en alleen alle onderschriften bij alle mooie plaatjes gelezen?

VIDEO SEO

Naast afbeeldingen wordt video als zeer waardevol ervaren door Google en dan met name natuurlijk YouTube-video's. Dit komt omdat YouTube eigendom is van Google. Het toevoegen van relevante YouTube-video's aan je content maakt je content rijker en zorgt ervoor dat je nog beter scoort.

Daar komt bij dat YouTube-resultaten ook in Google getoond worden. Dit moet je niet zien als concurrentie van YouTube, Google herkent namelijk de verbondenheid tussen beiden. Hier zie je dat wij dankzij ons YouTube-resultaat naast de nummer 1-positie ook de nummer 2-positie in handen hebben.

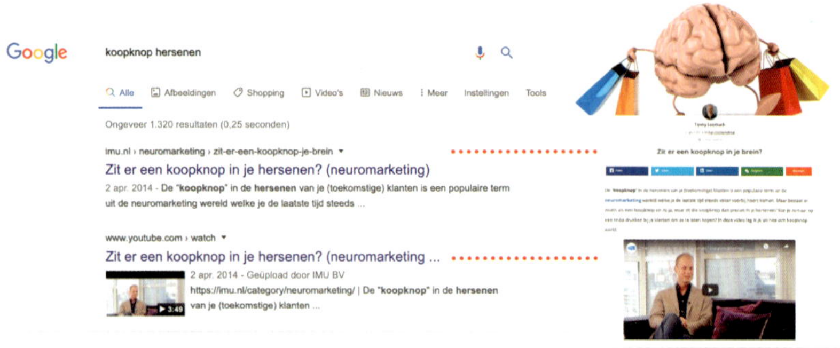

Afbeelding 3.4 - Scoren met YouTube-video's in Google

In het kader van rijke content en het bedienen van je bezoekers met de media van hun voorkeur, hebben we een extra handige tip. Wij willen onze bezoekers zo lang mogelijk op onze website houden. Ook de tijd die een bezoeker (vanuit Google) op onze website doorbrengt is een factor waar Google rekening mee houdt. Dat legden we eerder al uit door middel van het voorbeeld van het relevante artikel met een appeltaartrecept versus een monsterartikel met alle mogelijke informatie over appeltaarten.

We noemen dit de *dwell time* en wanneer deze tegenvalt, kan Google hieruit concluderen dat je website niet als waardevol genoeg bevonden wordt om een tijdje te blijven hangen. Bezoekers die ervoor kiezen om video's te bekijken willen wij daarom op hun wenken bedienen met een fijne, afleidingsvrije video-omgeving. Daarom hebben wij ons YouTube-kanaal met al onze video's in onze website geïntegreerd. Als een bezoeker op één van de video's klikt, opent er een pop-up met de video. De bezoeker blijft dus op de website en wordt niet weggestuurd naar YouTube. Dat noemen we *native marketing*, we bedienen de bezoeker op het platform waarop hij al zit.

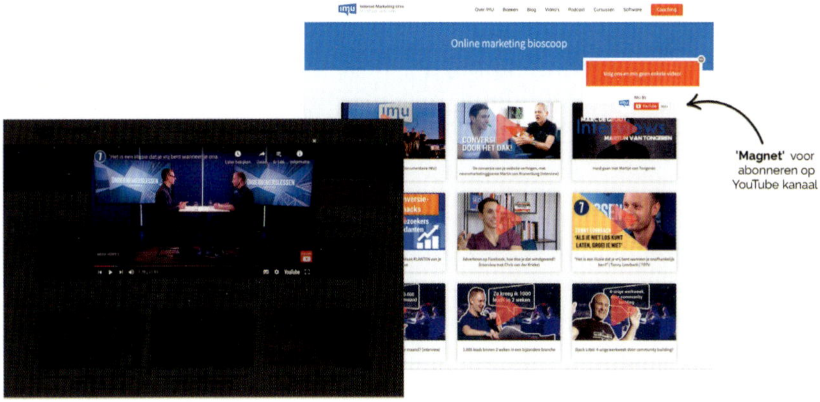

Afbeelding 3.5 - Video-omgeving op imu.nl

Wanneer we de bezoeker wegsturen naar YouTube, zijn we de controle over de bezoeker kwijt en daarmee vaak ook een eventuele conversie (zoals een aanmelding op onze e-maillijst of de aankoop van een product). De kans is groot dat een bezoeker na een uitstapje naar YouTube verleid wordt om ook andere video's dan die van ons te bekijken en onze website daardoor al snel weer vergeten is.

Door onze kijkers binnen de website te houden, worden onze video's beter bekeken. Sommige mensen gaan letterlijk *bingewatchen* en kijken talloze video's achter elkaar. Die extra videoweergaven (*views*) zorgen ervoor dat deze video's ook hoger scoren in de zoekresultaten op YouTube zelf. YouTube is na Google de grootste zoekmachine ter wereld en het loont om ook daar goed gevonden te worden.

Zo'n videopagina levert ons daarnaast ontzettend veel extra YouTube-abonnees op, omdat er een zogenoemde *magnet* (een soort post-it) in beeld staat met de tip om te abonneren op ons YouTube-kanaal. Extra abonnees zijn ook weer goed voor meer views op alle nieuwe video's die je uploadt. Aangezien deze magnet de meest opvallende *call-to-action* (CTA) op deze pagina is en omdat deze zeer specifiek aansluit op de inhoud van de pagina, is de conversie hierop extra groot. Zo bouwen we op een volautomatische manier aan een grotere achterban op een verwant platform.

4. AUTORITEIT IN GOOGLE

We hebben tot dusver gekeken naar de optimalisatie per webpagina voor specifieke zoekwoordcombinaties en de verrijking daarvan met verwante zoekwoorden en andere vormen van media. Dit om de relevantie van die pagina voor de zoekterm te vergroten. Nu zullen we naast relevantie ook kijken naar de autoriteit van je website en webpagina's.

"Websites don't link to other websites. People point to other people's work"

Lyndon Antcliff

Larry Page en Sergey Brin, de oprichters van Google, wilden zich met hun plannen voor een zoekmachine in 1996 onderscheiden van de concurrentie door niet alleen naar de relevantie van webpagina's ten opzichte van een zoekopdracht te kijken, maar ook naar de kwaliteit. Wanneer je namelijk alle webpagina's op het internet doorspit (*crawlt*) en opslaat (*indexeert*) in een database, heb je een vergaarbak om uit te putten zodra er een zoekopdracht wordt geplaatst.

De zoekmachine moet dan alleen nog de zoekopdracht matchen aan een relevante pagina. Maar wanneer er meerdere pagina's even relevant zijn, hoe bepaal je dan in welke volgorde deze pagina's in de zoekresultaten worden getoond? Welke pagina bevat de hoogste kwaliteit?

Larry en Sergey raakten hiervoor geïnspireerd op hun eigen campus. Zij constateerden dat *papers* (wetenschappelijke publicaties), bijvoorbeeld van professoren binnen hun vakgebied, in autoriteit stegen wanneer deze aanbevelingen vanuit andere papers kregen. Papers worden niet alleen beoordeeld op de originaliteit van hun inhoud, maar ook op de hoeveelheid verwijzingen en citaten van en naar de betreffende paper. In de academische wereld is dit zo belangrijk dat er zelfs een eigen wetenschappelijke meting voor is ontwikkeld om dit in kaart te brengen: bibliometrie.

Dit was voor Larry en Sergey het missende ingrediënt. Naast relevantie zouden zij ook kijken naar de populariteit en autoriteit van een webpagina en deze bepalen op het aantal links dat naar een webpagina verwijst, de zogenoemde *backlinks*. In eerste instantie noemden zij hun zoekmachine dan ook BackRub. Dit omdat hun algoritme met name keek naar het aantal backlinks, meer dan naar de keyword-dichtheid (hoe vaak het zoekwoord voorkomt). Later pas kozen zij de naam Google, een verbastering van het begrip 'googol', de aanduiding voor een 1 met honderd nullen (10^{100}).

Elke backlink werd in de begindagen van Google gezien als een 'stem' voor jouw website. Deze stemmen bepaalden samen je websitepopulariteit en die was af te lezen aan je *Google PageRank*. PageRank geeft een URL (pagina, document of afbeelding) een cijfer op basis van de backlinks naar die URL toe en is vernoemd naar Larry Page.

Hoe gewichtiger of relevanter de link is, hoe zwaarder deze meetelt voor de uiteindelijke score. Krijg je een backlink van een grote toonaangevende website op jouw vakgebied, dan weegt deze zwaarder dan een van de buurvrouw die net haar eigen webshop is begonnen. De originele PageRank-formule is door de Google-oprichters beschreven in hun paper *The Anatomy of a Large-Scale Hypertextual Web Search Engine*. PageRank was altijd een rapportcijfer van 0 tot 10. Deze werd alleen bepaald door het aantal en de waarde van je backlinks. Google zelf hanteerde achter de schermen echter een eigen PageRank tussen 0 en 10.000 en keek daarbij naar meerdere factoren.

Tegenwoordig is je PageRank niet meer te achterhalen, omdat Google deze informatie niet meer vrijgeeft. Mogelijk ook omdat het totale algoritme zo compleet veranderd is door de jaren heen, dat het nu voor jouw uiteindelijke plek op de zoekresultatenpagina minder belangrijk is geworden. In plaats van PageRank kun je wel een indicatie van je populariteit, of beter gezegd je autoriteit, krijgen met de *MOZ Toolbar*. Als je die installeert, kun je per pagina op een website de domeinautoriteit (van je domeinnaam) en de linkautoriteit (van die specifieke webpagina) zien. Je ziet ook het aantal backlinks naar de betreffende pagina. De spamscore geeft aan in hoeverre je pagina links naar externe websites bevat. Aangezien wij op imu.nl in onze footer relatief veel links vermelden (onder andere naar onze partners) hebben we een kleine spamscore. Zo'n lage score is echter niet schadelijk voor je SEO.

Afbeelding 4.1 - Moz Toolbar geeft domein- en linkautoriteit aan

In de tijd van BackRub bestond het web uit ongeveer 10 miljoen documenten. Inmiddels zijn we meer dan 20 jaar verder in de evolutie van Google en heeft Google meer dan 130 triljoen webpagina's geïndexeerd. Hoewel backlinks nog steeds belangrijk zijn, is Google erin geslaagd om een veel ingenieuzer algoritme te hanteren voor de indexering van webpagina's.

Om de relevantie van een webpagina te bepalen, wordt er naar veel meer factoren gekeken dan enkel de zoekwoorddichtheid. Om de populariteit van een pagina te bepalen, is Google geëvolueerd door niet alleen te kijken naar het aantal backlinks, maar onder andere ook naar de kwaliteit en spreiding van deze links, social media shares, reviews, check-ins, interactie op je website, klik- en bezoekersgedrag maar bijvoorbeeld ook naar de samenhang van alle webpagina's binnen je website.

HET SEO-SPINNENWEB

Om een eerste begrip te krijgen van hoe een dergelijke samenhang tussen pagina's eruit ziet, kun je jouw website in eerste instantie zien als een boek met verschillende pagina's. Elke pagina heeft zijn eigen inhoud en is dus ook los te optimaliseren voor Google voor een zoekwoord waar je met die specifieke pagina graag op gevonden wil worden.

Een boek wordt qua vorm bij elkaar gehouden door een rug, maar inhoudelijk door een inhoudsopgave en index waarin alle verwijzingen naar de verschillende hoofdstukken, pagina's en begrippen zitten. Dergelijke verwijzingen wil je ook binnen je website hebben. Er moet een samenhang zijn tussen de pagina's. Het collectief is namelijk altijd sterker dan het individu. Probeer alle pagina's binnen je website daarom als een soort spinnenweb met elkaar te verbinden.

Afbeelding 4.2 - Een spinnenweb van pagina's op een website

Links geven waarde door in de vorm van *link juice*. Link juice kun je zien als het 'lekken van waarde' van de ene pagina naar de andere. Als je bijvoorbeeld tien linkjes op je homepage plaatst dan lekt je homepage link juice naar de tien achterliggende pagina's.

Het is hierbij wel belangrijk dat een backlink door Google gevolgd mag worden. We maken bij links van de ene webpagina naar de andere namelijk onderscheid in *(do) follow* en *no follow* links. Follow betekent dat Google op de link mag 'klikken' en de content die erachter zit mag indexeren. Bij follow wordt er dus ook link juice doorgegeven. No follow betekent dat Google de link niet mag volgen en de achterliggende pagina niet via die link mag indexeren. Google moet de link dus negeren en enkel zien als gebruiksobject, niet als *ranking factor*. Er wordt zodoende ook geen link juice verstrekt en dus draagt de link niet bij aan de achterliggende pagina.

Je homepage wordt niet minder waard (de MOZ-score is een goede indicator van de waarde van de pagina), maar geeft waarde door. Wanneer deze tien pagina's ieder op zich ook weer naar tien pagina's linken, dan wordt de link juice nog verder doorgegeven aan de honderd achterliggende pagina's.

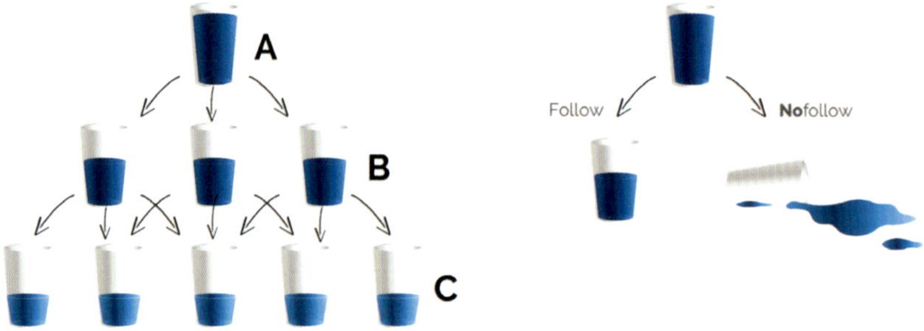

Afbeelding 4.3 - Link juice sijpelt door naar gelinkte pagina's zolang dit via follow links gebeurt

We noemen dit ook wel 'Champagne SEO', omdat je het kunt vergelijken met een champagnetoren. Giet er champagne in en het sijpelt door naar alle onderliggende glazen. Zo werkt het ook met je website. Voeg er waarde aan toe in de vorm van nieuwe content of backlinks van andere websites en deze waarde zal doorsijpelen in de achterliggende pagina's. Link je van pagina A naar pagina B en van daaruit weer door naar pagina C, dan zal pagina C wel minder link juice ontvangen dan pagina B. Er blijft wel telkens iets aan de strijkstok hangen.

De pagina's waar de meeste link juice naar doorsijpelt, zullen de meeste waarde krijgen. Deze pagina's vormen de hotspots of kruispunten binnen je spinnenweb. Dit geldt zowel voor interne als externe links, al zijn de externe links (backlinks) wel wat krachtiger. Een backlink wordt namelijk gezien als een stem van iemand anders op jouw website en een interne link als een eigen stem op jezelf. Niettemin hebben interne links een enorm sterk effect op SEO. Ook zorgen deze links voor een betere structuur voor Google om te doorgronden en je website beter te begrijpen.

SMART CONTENT

Hoe werkt zo'n SEO-spinnenweb dan in de praktijk? Een goed voorbeeld hiervan is Wikipedia. Je zult het met ons eens zijn dat Wikipedia het goed doet in de zoekmachines. Op vrijwel iedere informatieve zoekopdracht scoren zij in de top tien van de zoekresultaten. Je ziet op Wikipedia dat de teksten vaak vol zitten met klikbare woorden. Wanneer je op zo'n woord klikt, word je doorgestuurd naar een andere pagina op Wikipedia met meer informatie over het betreffende onderwerp. Dit noemen we interne links, ofwel links binnen je eigen website. In afbeelding 4.4 zie je een voorbeeld op onze website:

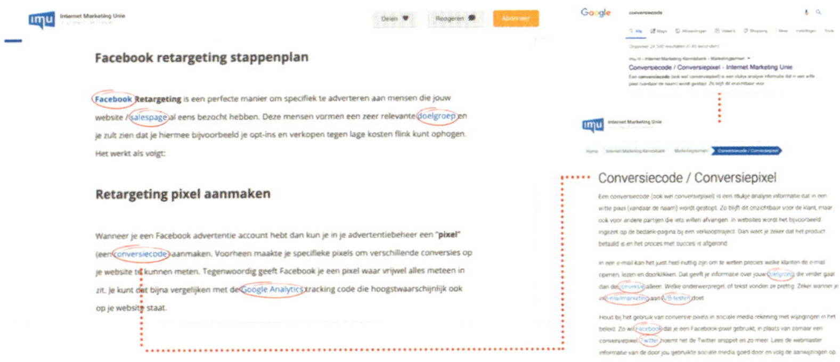

Afbeelding 4.4 - Interne links in een artikel op imu.nl

Je ziet dat er enkele blauwe woorden in de tekst staan, wanneer je hierop klikt ga je naar een ander artikel op onze website over dat betreffende woord. Dit kun je zien als een aanbeveling voor de artikelen achter deze interne links. Onze website bevat talloze artikelen over online marketing. Elke keer als daarin bijvoorbeeld het woord 'conversiecode' voorkomt, dan wordt dat een interne link naar ons artikel over het gebruik van een conversiecode. Door al deze links krijgt het achterliggende artikel een steeds hogere populariteit. Hierdoor zijn we met dit artikel in Google gestegen naar de nummer 1-positie.

Google kijkt ook naar de tekst in de link, dat noemen we de *anchortekst* (het woord 'conversiecode' in dit voorbeeld). De anchortekst draagt bij aan je ranking op die betreffende zoekwoorden. Google associeert deze tekst namelijk met de achterliggende pagina. Adobe stond zo bijvoorbeeld lange tijd bovenaan in Google als je zocht op 'klik hier'. Veel websites plaatsen bij hun pdf-downloads namelijk de tekst 'klik hier om Adobe Reader te downloaden'. De tekst 'klik hier' is dan vaak de klikbare anchortekst en dus associeert Google die woordcombinatie met de website van Adobe.

Aangezien het spinnenweb dynamisch werkt en zich constant uitbreidt en herstructureert naarmate er content op de website bijkomt of afgaat, is de website altijd in beweging. Stilstand is achteruitgang in de ogen van Google en dus zullen verouderde resultaten naar verloop van tijd ook dalen in Google. Door er constant opnieuw naar te blijven linken geef je aan Google aan dat je het artikel nog steeds aanbeveelt.

Wij hebben dit op onze website geautomatiseerd. Dit betekent dat wij niet zelf al die woorden klikbaar maken telkens als we een nieuw artikel toevoegen. Dat zou monnikenwerk zijn, zeker als je het na iedere toevoeging aan je website ook met terugwerkende kracht zou moeten doen op alle andere pagina's. Wij hebben daarom in onze (Phoenix) websitesoftware ingesteld welke woorden klikbaar moeten zijn en naar welke artikelen die woorden moeten linken. We noemen dit *smart content*.

Let erop dat je niet gaat linkspammen wanneer je zoiets doet. Link per artikel maximaal twee keer naar dezelfde bestemmingspagina en houd een gezonde balans tussen tekst en links. Je wil geen pagina bomvol met links waardoor er geen gewone tekst overblijft. Je linkprofiel moet natuurlijk blijven.

Interne links hebben een sterk effect op je positie in Google. Ook zorgen deze links voor een betere structuur voor Google om te doorgronden en je website beter te begrijpen. Menu's, een broodkruimelspoor of een lijst met gerelateerde artikelen in je blogs kun je ook zien als interne links.

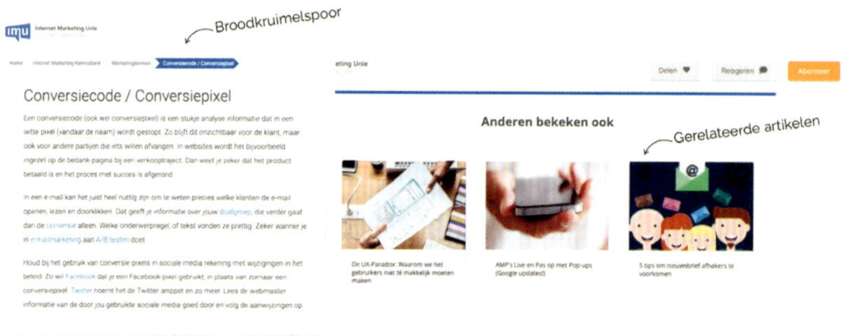

Afbeelding 4.5 - Lijst met gerelateerde artikelen in een blog

Let er bij gerelateerde artikelen op dat deze niet onder ieder blog of bij ieder artikel binnen dezelfde blogcategorie gelijk zijn (zoals de meeste WordPress plug-ins doen). Focus op relevantie en dynamiek. Onze smart content module indexeert daarom onze hele website en stemt gerelateerde artikelen specifiek op de content van het betreffende artikel af.

TURBO SNIPPETS

Een extra voordeel van het gebruik van interne links is dat dit je gemakkelijk nieuwe content laat schrijven. In het voorbeeldartikel hoeven wij niet de moeite te nemen om nog eens uit te leggen wat een conversiecode is, omdat we dat in een ander artikel al hebben gedaan. Eerder in dit boek hebben we je al aangeraden om je artikelen zo specifiek mogelijk te houden (het voorbeeld van het appeltaartrecept) en dat wordt een stuk eenvoudiger als je het op deze manier aanpakt.

Wat wij echter willen voorkomen, is dat een lezer door alle interne links dusdanig afgeleid raakt dat er weinig meer van lezen komt. Het uitlezen van een artikel is voor ons belangrijk, omdat een reactie van de lezer of een deelactie op social media waardevol is voor zowel onze SEO-strategie als de binding met onze lezers en zo ook mogelijke klanten.

Wanneer een lezer met zijn muis boven een linkje op onze website hangt, tonen wij daarom eerst een zogenaamde *turbo snippet*. Dit geeft een snelle uitleg over de achterliggende pagina van elke interne link. Hierdoor krijgt een lezer informatie zonder dat hij weg hoeft te klikken van de pagina.

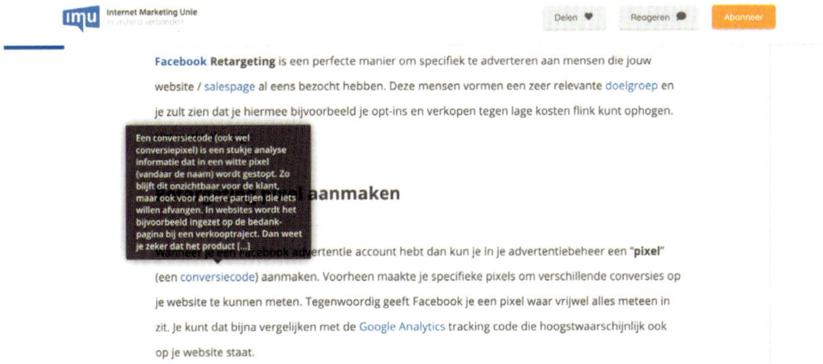

Afbeelding 4.6 - Turbo snippets in een artikel op imu.nl

Hierdoor behoud je de SEO-waarde van een interne link, maar houd je tevens de focus van je lezers binnen een artikel. Een lezer zal namelijk alleen nog doorklikken als de achterliggende content onbekend of uitnodigend genoeg is. Het is natuurlijk zonde als je een lang en waardevol artikel hebt geschreven en je lezers vervolgens niet tot het einde lezen.

INDEXEREN KUN JE LEREN

Naast interne links binnen je website kun je nog een stap verder gaan door ook interne links binnen een pagina te maken. Heb je bijvoorbeeld een lang artikel geschreven met veel tussenkoppen (H2, H3, H4)? Plaats dan in je artikel een inhoudsopgave van dat artikel met zogenoemde anchorlinks waarmee je direct naar een tussenkop kunt 'springen'.

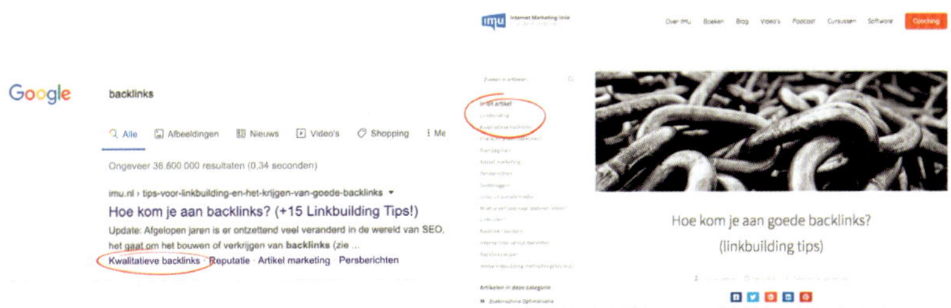

Afbeelding 4.7 - Inhoudsopgave in een artikel en bijbehorende sitelinks in Google

Je ziet in ons voorbeeld een inhoudsopgave binnen het artikel. Wanneer je op een titel klikt, kun je rechtstreeks naar dat onderdeel in de tekst. Ook dit is een vorm van interne links waarmee je de structuur van een pagina voor zowel Google als een bezoeker duidelijk maakt. Sowieso is dit prettig voor je lezers, maar het zorgt ook voor SEO-waarde. Google kan zo namelijk ook segmenten van je tekst indexeren, omdat er een directe link naartoe is. Ook worden deze veelal als sitelinks onder de titel (*title tag*) en omschrijving (*meta description*) in Google geplaatst, waardoor je nog meer opvalt.

HOE 'HOT' IS JOUW WEBSITE?

Dit hoofdstuk zoomt tot dusver in op de autoriteit van je website. Autoriteit kun je echter ook opvatten als de 'populariteit' van je website. Naast backlinks en interne links zijn er meerdere factoren waar je in deze categorie rekening mee kunt houden.

Sinds 2010 krijgt social media bijvoorbeeld meer impact op de zoekresultaten. Google rolde hiervoor de *social signals update* uit. Dit is een logische ontwikkeling van de zoekmachine, want als iemand je website via social media aanbeveelt aan zijn connecties is dat een extra populariteitsindicator voor Google. Bezoekers vertrouwen websites en pagina's die veel gedeeld worden op social media en hechten meer waarde aan de content.

> *"Google only loves you when everyone else loves you first"*
>
> Wendy Piersall

Daarnaast draait social media veelal om de actualiteit en ook dat is een van de waarden van Google. Wanneer een website of een specifieke webpagina veel gedeeld wordt, is dat een indicatie dat het over een actueel onderwerp gaat. Google kijkt daarnaast ook naar reviews, check-ins en reacties.

Reacties op je artikelen zijn naast binding met je lezer ook waardevol voor je SEO-strategie. Wanneer een artikel op je website veel reacties krijgt, ziet Google dat als een populariteitsindicator. Elke reactie is weer een stukje user generated content en dus ook weer een vorm van earned media.

Reacties zijn ook ideaal voor long tail zoekopdrachten, omdat lezers vaak in hun eigen (zoek)woorden vragen stellen. Ook kunnen reacties weer automatisch voorzien worden van interne links. Een handige manier om veel reacties op je blog te krijgen is door bijvoorbeeld te werken met live Q&A sessies waarbij je vragen beantwoordt die je kijkers als reacties op je blog plaatsen.

Afbeelding 4.8 - Live uitzending van 2 'broekies' en een stormloop aan interactie

5. HET CONTENT KANON

Naast ons blog hebben wij ook een kennisbank toegevoegd aan onze website. Deze is op onze website te vinden in de footer. Een kennisbank is een soort encyclopedie over je vakgebied. We noemen dit ook wel een content kanon.

"Stop selling. Start helping"

Zig Ziglar

Het content kanon is bedoeld om grote hoeveelheden informatie op een gestructureerde manier aan te bieden aan zowel je bezoekers, als Google. Een content kanon is gevuld met basiskennis en tijdloze achtergrondinformatie. Iemand met een bedrijf in bloemschikken schrijft bijvoorbeeld op zijn blog over zijn nieuwste creaties en seizoensgebonden inspiratie, maar gebruikt zijn kennisbank meer als basiscursus bloemschikken waarin alle termen en basistechnieken worden uitgelegd. Iemand met een blog over veganisme zal een kennisbank bijvoorbeeld gebruiken voor het overzichtelijk plaatsen van tijdloze recepten en achtergrondinformatie over veganistisch voedsel.

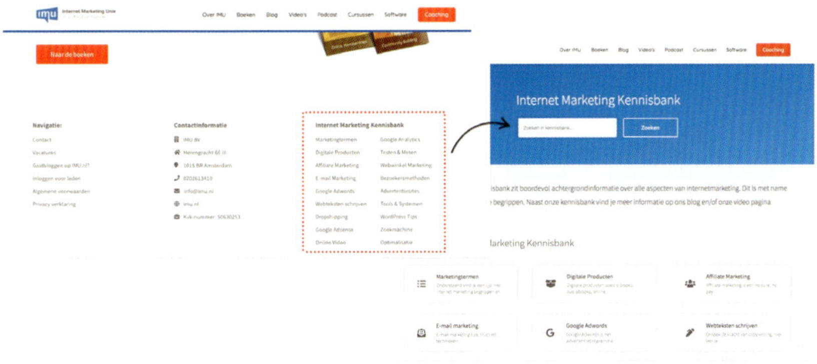

Afbeelding 5.1 - Kennisbank alias 'content kanon' op imu.nl

De artikelen in onze kennisbank zijn bedoeld om bezoekers uit Google te krijgen die zoeken naar achtergrondinformatie met betrekking tot online marketing. Copywriting (het schrijven van gedragsbeïnvloedende tekst) is bijvoorbeeld een van de belangrijke thema's in ons vakgebied en in afbeelding 5.2 zie je hoe zo'n categorie gevuld is met relevante artikelen.

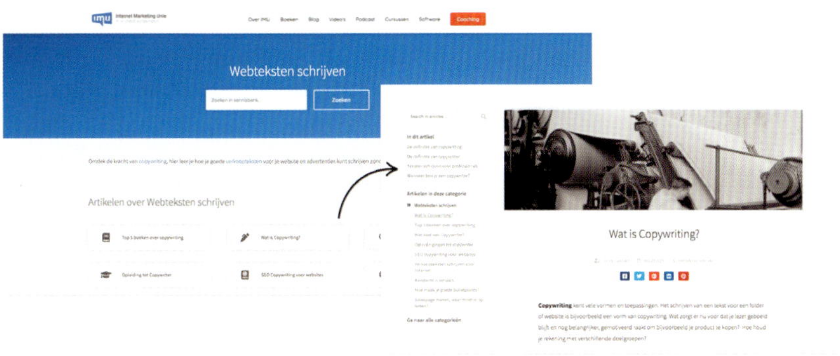

Afbeelding 5.2 - Categorie-overzicht en artikel binnen de kennisbank

Een onderwerp zoals 'Wat is copywriting?' is iets wat wij niet snel op ons blog zouden plaatsen. Het is niet actueel of inspirerend, maar meer basisinformatie. Zo hebben we honderden vergelijkbare onderwerpen die ons blog zouden 'vervuilen' en de nieuwswaardige content laten ondersneeuwen. Het feit dat wij dergelijke content minder inspirerend vinden, betekent echter niet dat onze doelgroep er niet naar zoekt. Dit leerden we al bij de long tail zoekwoorden. Je doelgroep is niet de expert die jij als ondernemer bent en vergeet dus vooral niet om ook de leek te bedienen.

Afbeelding 5.3 - Scoren met kennisbankartikel in Google

Hier zie je dat we in Google een eerste positie scoren op het zoekwoord 'copywriting'. Let op de groene URL en het broodkruimelspoor: Google herkent de SEO-structuur van de kennisbank en toont in plaats van de URL een broodkruimelspoor met zowel de hoofdcategorie (Internet Marketing Kennisbank) als de subcategorie (Webteksten schrijven).

Een kennisbank is ideaal voor het toevoegen van grote hoeveelheden informatie. Deze artikelen bevatten ook weer interne links waardoor Google je websitestructuur beter kan doorgronden en je content beter laat scoren. Ook helpt het mee om Google je website als een autoriteit en waardevolle speler in je markt te laten zien, net zoals dat het geval is voor Wikipedia. Eerder hebben we je al aangeraden om altijd vanuit een waardestrategie te werken (*value-first*). Bij dezen voegen we daar een bonusopdracht aan toe: zorg ervoor dat jij de MVP, oftewel de *most valuable player* in jouw markt bent. Wanneer je bezoekers van je houden, dan zal Google dat ook doen.

UITGELICHTE ANTWOORDEN

We zagen net al de zoekopdracht 'copywriting' en ons resultaat op de eerste plek in de traditionele versie van Google. Het voordeel van Googles modernere, semantische zoekmachine (hierover straks meer) is dat hij aan een zoekopdracht veelal kan ontleden wat de zoekintentie van de gebruiker is. Aangezien het hier om een begrip (jargon) uit het vakgebied online marketing gaat, geeft Google eerst de definitie van dit begrip weer. Deze uitgelichte resultaten noemen we *featured snippets*.

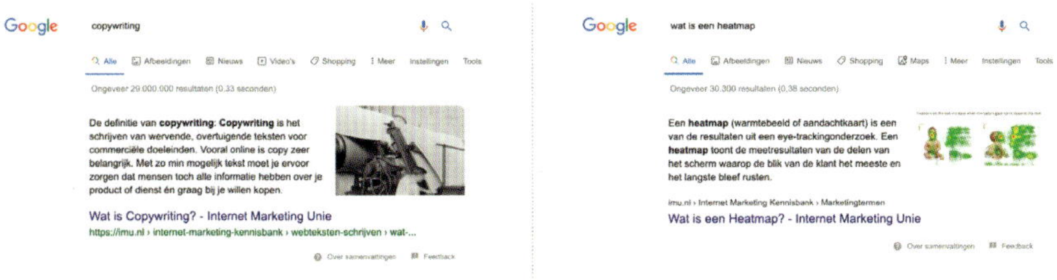

Afbeelding 5.4 - Featured snippet in Google met content uit het artikel op imu.nl

In dit voorbeeld haalt Google de definitie uit het artikel in onze kennisbank en toont dat, inclusief link naar onze site, bovenaan in Google. Een enorm SEO-voordeel natuurlijk. Een ander belangrijk verschil met de traditionele versie van Google is dat je de zoekmachine tegenwoordig daadwerkelijk vragen kunt stellen, waarbij Google zowel de vraag begrijpt als het antwoord weet. Zo kan Google antwoorden uit de content op jouw website halen.

Heb je weinig achtergrondinformatie over je vak te bieden, dan is alleen het toevoegen van een begrippenlijst met alle definities van alle begrippen en jargon binnen je vakgebied al aan te raden. Het voorbeeld van de heatmap komt voort uit een dergelijke begrippenlijst in onze kennisbank.

Een begrippenlijst geeft je website op eenvoudige wijze meer massa (de hoeveelheid content en pagina's), achtergrondinformatie, interne links en daardoor ook meer autoriteit in jouw niche. Houd je zelf niet van schrijven? Dan kun je dit ook laten doen. Wij laten bijvoorbeeld basisinformatie voor de kennisbank door freelancers schrijven. Dat doen we bijvoorbeeld voor de begrippenlijst, omdat dit objectieve definities zijn (zonder opinie) van begrippen in ons vakgebied.

Let er bij het inkopen van content wel altijd op dat je niet puur voor kwantiteit maar voor kwaliteit gaat. Aan inhoudsloze artikelen met veel woorden heb je namelijk niks. Je bezoeker moet er ook iets aan hebben. Laat daarom opiniestukken wel door specialisten schrijven.

6. DE SEMANTISCHE ZOEKMACHINE

We hebben nu zowel naar de factor relevantie (content en zoekwoorden) als naar de factor autoriteit (backlinks en interne links) gekeken. In dit hoofdstuk voegen we daar de factor techniek aan toe. Daar waar het eerste deel van dit hoofdstuk keek naar de (visuele) 'voorkant' van je website, zullen we nu kijken naar de (codetechnische) 'achterkant' van je website.

"The ultimate search engine would understand everything in the world. It would understand everything that you asked it and give you back the exact right thing instantly. You could ask 'what should I ask Larry?' and it would tell you"

Larry Page (2006)

Om een zoekopdracht zoals 'wat is een heatmap?' uit het vorige hoofdstuk te kunnen begrijpen, gebruikt Google een zogenoemde semantische zoekmachine. Semantiek staat voor de betekenis van woorden. Google moet dus niet alleen een woord lezen en kijken of dat woord voorkomt op een website, maar eerder de betekenis van het woord en de context waarin het is geplaatst begrijpen. Sinds de *Hummingbird update* maakt Google hiermee de stap van content naar context.

Eerder zagen we al dat je er goed aan doet om, naast het zoekwoord waarop je gevonden wil worden, ook brede en verwante zoektermen toe te voegen aan je content. Daarna gingen we een stapje verder door naar de langere zinnen (long tail zoekopdrachten) te kijken. Hieronder zie je een voorbeeld van zo'n long tail zoekopdracht in Google:

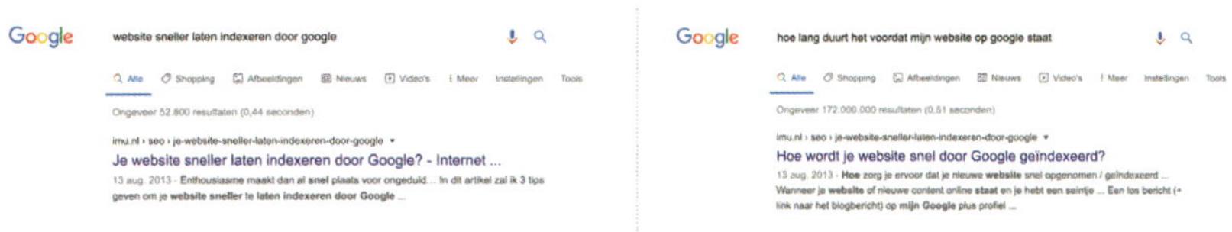

Afbeelding 6.1 - Long tail zoekopdrachten en semantiek in Google

Wanneer wij vervolgens een vergelijkbare vraag aan Google stellen met een totaal andere woordkeuze, dan zien we dat exact dezelfde webpagina op de eerste positie in de zoekresultaten wordt getoond. Google snapt dus wat onze zoekopdracht betekent en ook welke informatie er in dit betreffende artikel te vinden is. Google is in dit geval zelfs zo slim geweest om de titel en de meta description van ons artikel aan te passen zodat het beter aansluit op de zoekopdracht.

Deze techniek, die op het randje van kunstmatige intelligentie balanceert, wordt *conversational search* genoemd. Dit is belangrijk voor Google, omdat het merendeel (70%) van alle zoekopdrachten momenteel al uit long tail zoekopdrachten bestaat.

Naast vragen typen in het zoekvenster, is het tegenwoordig ook mogelijk om zoekopdrachten in te spreken met Google Voice Search. Dit zorgt voor nog langere zoekopdrachten. Het is - mede dankzij deze ontwikkeling - zelfs zo dat tussen de 16% en 20% van alle dagelijkse zoektermen nog niet eerder gegeven is. Deze zoektermen zijn dus ook voor Google helemaal nieuw. Om zo relevant mogelijke resultaten aan zijn gebruikers te blijven leveren, moet Google daarom evolueren. In plaats van enkel te kijken naar de letterlijke woorden uit de zoekterm die op webpagina's verschijnen, moet Google dus ook kijken naar de betekenis van die woorden: *semantic search*.

Stel je loopt langs de grachten in Amsterdam en je vraagt via je telefoon aan Google: 'waar is de dichtstbijzijnde kapper?' Zo'n zoekopdracht kan door Google beter begrepen worden door te weten waar jij je bevindt en door 'dichtstbijzijnde' te interpreteren als een zoekopdracht voor de database van Google Maps. Vervolgens verschijnt een lijst met kapsalons bij jou in de buurt, zonder dat het woord 'kapper' in de omschrijving staat. Het 'oude' Google zou je echter een lijst met websites voorschotelen die de zoekterm 'dichtstbijzijnde kapper' netjes hebben ingevuld, volgens onze zoekwoord-checklist. Dat zouden ook websites van kappers kunnen zijn die helemaal niet in de buurt liggen of bijvoorbeeld een reisblog van een student over de zoektocht naar een kapper in een vreemd land.

Wat dit betekent voor jou en de SEO-strategie van je website is dat je ervan uit kunt gaan dat Google begrijpt dat iemand die bijvoorbeeld zoekt naar 'ingrediënten appeltaart' best doorgestuurd mag worden naar een pagina die 'appeltaart recept en benodigdheden' heet. Dat is een groot voordeel voor jou als website-eigenaar, want het betekent dat je het optimaliseren op statische zoekwoorden nog meer los kunt laten. Hoewel onze zoekwoord-checklist een goede basis van je on-page-optimalisatie geeft en nog lange tijd belangrijk zal blijven, is die zeker in de toekomst niet heilig.

LEESBAARHEID

Om te profiteren van de semantische zoekmachine (en überhaupt om goed te scoren in Google), moet je website om te beginnen een nette code hebben. Google leest namelijk de broncode van je website. Om je een heel simpel voorbeeld te geven van hoe code werkt, kijken we wat er gebeurt wanneer we bijvoorbeeld een stukje tekst opmaken. Wanneer wij enkel het woord 'pannenkoek' zouden typen, dan kan de HTML-code van deze tekst er als volgt uitzien:

<p>pannenkoek</p>

Dit is schone code, er wordt enkel met een markering het begin van een alinea *<p>* en het einde van een alinea *</p>* aangegeven. Deze codering voegt dus al wel iets van begrip toe voor de zoekmachine, wat niet van toepassing is op het menselijke oog. Maar stel nu dat we dat woord wat verder opmaken door het een ander letter-type te geven, dik te drukken en een gele letterkleur te geven. We krijgen dan zo'n HTML-code:

<p><strong><span style="font-family: 'book antiqua', palatino; color: #ffff00; font-size: 16px;">pannenkoek</span></strong></p>

Je ziet dat de code nu al wat meer vertroebeld is. Hoewel we als lezer nog steeds dat ene simpele woord 'pannenkoek' zien (weliswaar in een andere opmaak), is de code al vele malen langer geworden. Dit komt omdat de code voor de vormgeving (ook wel de CSS) nu is opgenomen in de broncode.

Om deze reden zorgen professionele webdesigners ervoor dat de vormgeving van je website in een ander bestand wordt opgenomen waar vervolgens naar wordt verwezen. Dit is echter maar een klein voorbeeld van hoe broncode snel kan vertroebelen wanneer je bij de inrichting van je website enkel rekening houdt met het visuele eindresultaat. Alle designelementen en functies die je aan een webpagina toevoegt bevatten code en zo kan een webpagina met slechts één alinea tekst toch een hele behangrol aan code bevatten waar Google doorheen moet spitten.

GOEDKOOP IS DUURKOOP

Om je code schoon te houden moet je uitkijken met gratis of goedkope thema's voor bijvoorbeeld WordPress (het meest gebruikte website CMS ter wereld). Een thema is een design voor je WordPress website en hoewel er hier vele duizenden van beschikbaar zijn, bestaan er weinig die een schone code bevatten. Veel thema-designers houden namelijk geen rekening met de leesbaarheid van de code, maar focussen enkel op de vormgeving. Zoekmachine-optimalisatie en webdesign zijn twee totaal verschillende vakgebieden. Realiseer je dat een webdesigner niet vanzelfsprekend ook een SEO-specialist of een conversiespecialist is.

Veel goedkopere websitebuilders en CMS-systemen richten zich op gebruiksgemak en vormgeving, maar houden veelal geen rekening met zoekmachinevriendelijke code. Een *drag & drop websitebuilder* waarmee iedere leek zijn website bij elkaar kan slepen is commercieel gezien ideaal. Het gebruiksgemak is hoog en daardoor is de klantenservice minder belastend. Ook verkoopt een simpel systeem met een tastbaar eindresultaat vele malen makkelijker dan software waarvoor je als gebruiker eerst door een steile leercurve heen moet. Het nadeel van dit soort systemen is dat er een spreekwoordelijke ijsberg van code onder het oppervlak schuil gaat.

Door een systeem zoals WordPress te gebruiken heb je in de basis een nette, zoekmachinevriendelijke code. Je loopt wel een aantal risico's wanneer zelf plug-ins (uitbreidingen) gaat installeren:

1. **Vertroebeling van je code:** Wanneer je een plug-in installeert, voeg je functionaliteit en de daarvoor nodige code toe. Vaak zijn dat omvangrijke scripts (zoals JavaScript, jQuery). Hierdoor zal je SEO-waarde onderuit gaan. WordPress is in de basis namelijk enkel bedoeld om te bloggen en elke functionaliteit die je toevoegt (met een plug-in) is eigenlijk een 'hack' op de kernfunctionaliteit. Ook thema's houden veelal geen rekening met de leesbaarheid van de code, maar focussen op vormgeving.

2. **Langere laadtijd:** Wanneer je een plug-in installeert op je website, voeg je als het ware een flinke hoeveelheid code aan je website toe. Hoe meer plug-ins je gebruikt en hoe gecompliceerder deze plug-ins zijn, hoe langer het zal duren voordat je site geladen is. Dit is zeker het geval wanneer je bijvoorbeeld vijf plug-ins van vijf verschillende bouwers gebruikt die allen eenzelfde soort code gebruiken om te functioneren. Je hebt deze code dan in vijfvoud in de broncode

van je website zitten. Wanneer je alles door dezelfde ontwikkelaar had laten bouwen, dan was dat wellicht veel efficiënter geweest.

3. **Fouten en veiligheid:** Omdat letterlijk iedereen een plug-in kan aanbieden, is de kwaliteit van de code bij plug-ins niet vanzelfsprekend. De kans dat plug-ins fouten bevatten is daardoor relatief groot. Ook kunnen plug-ins met elkaar 'botsen', omdat ze niet door dezelfde ontwikkelaar zijn gebouwd en hierdoor niet goed op elkaar aansluiten. Plug-ins die back-ups van je website maken zijn daarnaast vaak favoriet als ingangen voor hackers.

SEMANTIC MARKUP

Aangezien Google de exacte context en betekenis van woorden wil leren begrijpen, maar nog lang niet zo ver is, kan Google onze hulp goed gebruiken. Zo kunnen wij precies aan Google (en Bing en Yahoo) aangeven wat een stuk code precies betekent. Dat kunnen we op dit moment het beste doen door middel van *semantic markup*. Dit is extra informatie die je toevoegt aan de HTML-tags van je website, waarmee je een zoekmachine die de site 'leest' bij de hand kunt nemen.

De standaard hiervoor is de *schema.org* markering. Dit zijn kleine en eenvoudige stukjes code waarmee we aangeven wat een element precies betekent, bijvoorbeeld als het gaat om adresgegevens.

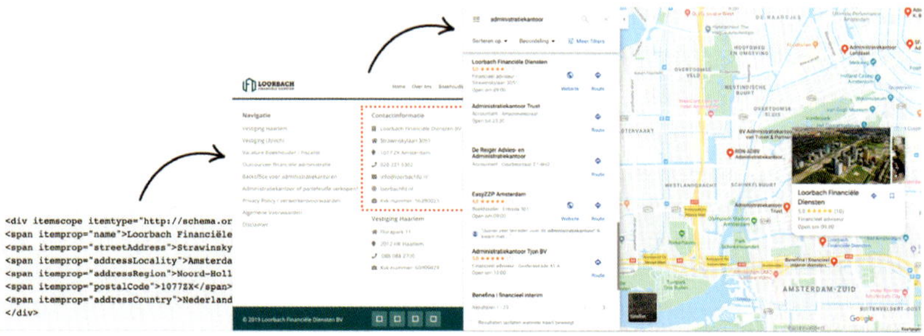

Afbeelding 6.2 - Adresgegevens met semantic markup en weergave in Google Maps op de website van loorbachfd.nl

Dit is een voorbeeld van een stukje code met semantic markup op de website van Loorbach Financiële Diensten (familie van, uiteraard). Google snapt hierdoor de tekst en kan het in context plaatsen. Hierdoor scoren we sneller in Google Maps, maar zal de site ook eerder getoond worden bij lokale zoekopdrachten (zoals iemand die op 'administratiekantoor' zoekt vanuit de omgeving Amsterdam). Voor mobiele websitebezoekers is het dankzij de markup bovendien mogelijk om het telefoonnummer te bellen, alleen al door erop te klikken.

Dit ziet er geenszins spectaculair uit, maar het effect van die verborgen code is dat Google nu precies weet wat je adres is en het niet meer hoeft te gokken. Hierdoor zal Google je adres relatief vaker weergeven in bijvoorbeeld Google Maps, maar zal het jouw site ook hoger laten scoren voor mensen die bij jou in de buurt zijn. Herinner je nog het voorbeeld van de zoekopdracht 'waar is de dichtstbijzijnde kapper'? Bij een dergelijke zoekopdracht is Google erbij gebaat om de exacte adressen van alle kapperszaken te weten, zodat het die direct op een kaart kan tonen aan de zoeker.

Een ander groot SEO-voordeel dat je met semantic markup kunt behalen, zijn de zogenaamde *rich snippets* (verrijkte zoekresultaten). Neem bijvoorbeeld een blog met recepten zoals ah.nl. In de broncode zie je dat er verschillende labels zijn gebruikt om de bereidingstijd en ingrediënten te definiëren. Deze worden in de zoekresultaten door Google al aangegeven.

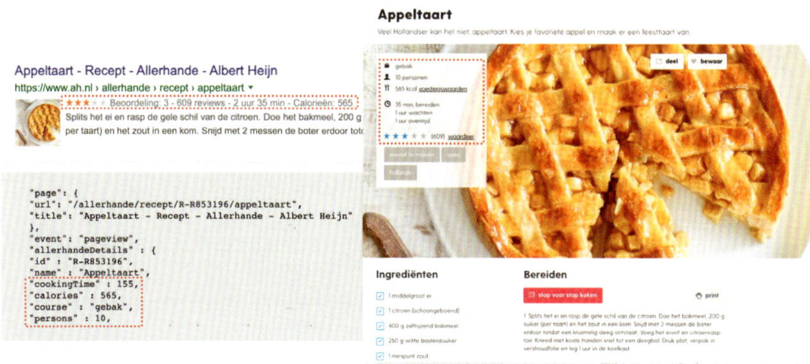

Afbeelding 6.3 - Rich snippet met recept voor appeltaart van Albert Heijn

Google gebruikt ook rich snippets voor nieuws, reviews, artikelen, evenementen, video, muziek, films, tv-series, boeken, vacatures, podcasts en meer. Google noemt dit structured data.

7. MOBIELE SEO

De opkomst van mobiel internet is niet te stuiten. Steeds meer mensen maken gebruik van hun mobiele telefoon om zoekopdrachten uit te voeren, sites te bezoeken en zelfs aankopen te doen in webshops. Op een wereldpopulatie van 7.476 miljard mensen in 2017 hadden 4.917 miljard mensen een mobiele telefoon (66%). De mobiele revolutie is de meest ingrijpende revolutie van deze tijd.

"We don't live in a mobile first world, we live in a mobile only world"

Larry Page

Veel websites ontvangen momenteel al meer dan 50% van hun bezoekers (en zoekverkeer) via mobiele apparaten, meer dan de helft dus. Ook Google ziet dat mobiele zoekopdrachten explosief gestegen zijn in de afgelopen jaren. In oktober 2015 werden er voor het eerst meer zoekopdrachten in Google via mobiele telefoons geplaatst dan via desktops. Ondertussen komt meer dan 60% van de zoekopdrachten in Google vanaf mobiele apparaten.

Om deze reden zal je website in ieder geval *mobile responsive* moeten zijn. Dat houdt in dat het formaat van je website zich aanpast bij vertoning op kleinere schermen. Afgezien van SEO is dat ook noodzakelijk voor de gebruiksvriendelijkheid van je website op mobiele apparaten.

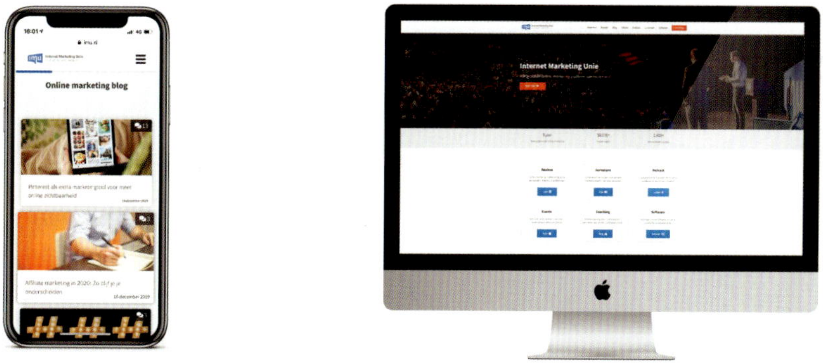

Afbeelding 7.1 - Mobile first design voor imu.nl

Aangezien het merendeel van je bezoekers via mobiele apparaten zal komen, is het tegenwoordig raadzaam om een stapje verder te gaan en *mobile first* te gaan werken. Je website moet in de basis specifiek geoptimaliseerd zijn voor mobiele apparaten. Vanuit de mobiele variant kun je dan opschalen naar een groter scherm. Naast SEO heeft dit een nog grotere impact op je conversie, hierover zullen we in het volgende deel meer uitleggen. Larry Page (oprichter van Google) gaf in 2015 al aan dat je de mobiele versie van je website de uitgangspositie zou moeten zijn.

ACCELERATED MOBILE PAGES

De laadtijd van je website is essentieel voor je SEO-strategie en dit is door de mobiele revolutie nog belangrijker geworden. Google gaf onlangs aan dat het merendeel van alle websites wereldwijd te traag is voor de mobiele gebruiker. Zeker omdat de meeste mobiele gebruikers op een 3G-verbinding surfen. Na onderzoek gedaan te hebben, kwam Google erachter dat 53% van de mobiele gebruikers een website wegklikt als die er langer dan 3 seconden over doet om te laden. Google is hiervoor met een oplossing gekomen: *Accelerated Mobile Pages* (AMP).

AMP's zijn razendsnelle, aangepaste HTML-varianten van webpagina's. Deze zijn bedoeld om webpagina's met rijke content (met tekst, afbeeldingen, video's en dergelijke) supersnel te laden op een mobiel apparaat. De AMP's krijgen voorrang in de mobiele zoekresultaten. Google heeft hiervoor een eigen *open source framework* uitgerold en een handleiding online gezet waarin zij de richtlijnen van een AMP uiteen zetten.

Een pagina op je website bestaat uit HTML-code. Deze code bevat veelal een hoop elementen die het laden traag maken. Denk hierbij aan (externe) JavaScripts, iFrames (zoals wanneer je een YouTube-video of Facebook-element insluit), maar ook plaatjes en video's. Deze vervuilende scripts en elementen worden in AMP-pagina's door Google vervangen door aangepaste AMP-elementen.

AMP's geven een enorm SEO-voordeel, net als de featured snippets. Je ziet in afbeelding 7.2 dat AMP-resultaten bovenaan staan en een extra aanduiding hebben in de vorm van een klein icoontje van een bliksemschicht.

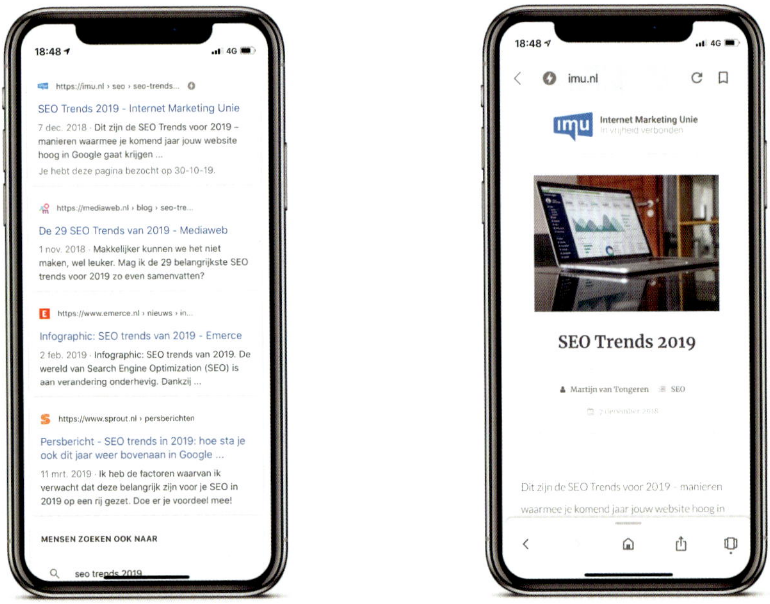

Afbeelding 7.2 - Resultaat in Google voor AMP-variant van een artikel op imu.nl

In onze Phoenix-software maken wij van elk artikel automatisch een extra AMP-variant. Zo hebben wij bijvoorbeeld een blogbericht op https://imu.nl/seo/seo-trends-2019/ en een AMP-variant op https://imu.nl/seo/seo-trends-2019/amp

Deze AMP-pagina's bieden we aan bij Google. Die pagina's worden vervolgens door Google opgeslagen en aangeboden aan mensen die mobiel zoeken. Met een AMP-pagina kun je op mobiele apparaten een hogere positie scoren dan dat je in de reguliere zoekresultaten scoort, zeker wanneer je concurrent deze niet heeft. AMP-resultaten staan immers bovenaan.

TAKE AWAYS UIT DIT HOOFDSTUK

- (Koop)gerichte en intrinsiek gemotiveerde bezoekers uit Google zijn waardevoller voor je bedrijf dan geïnterrumpeerde bezoekers uit social media.
- Kies voor een value-first marketingstrategie door met een waardevolle contentstrategie te werken en profiteer van het wederkerigheidsprincipe
- Continuïteit is het basisbeginsel van de economie en hetzelfde geldt voor je marketingstrategie.
- Een goede positie in Google kun je zien als virtueel vastgoed.
- Gebruik de zoekwoord-checklist om je pagina's voor specifieke zoekwoorden te optimaliseren en houd rekening met brede zoektermen, synoniemen en latent semantic indexing keywords.
- Staar je niet blind op de 30% short tail zoekopdrachten in Google, maar let ook op 70% long tail. Hierop vind je meer volume, minder concurrentie en een hogere conversie.
- Verrijk je content met verschillende mediavormen zoals tekst, afbeeldingen, video, audio, pdf, uitgaande links en reacties om meer waarde toe te voegen.
- Backlinks vormen de basis van het algoritme van Google en dragen bij aan de autoriteit en populariteit van je website en individuele pagina's.
- Gebruik interne links (met turbo snippets) om de verschillende artikelen op je website aan elkaar te verbinden en een SEO-spinnenweb te creëren.
- Vergroot je populariteit door naast backlinks en interne links naar je artikel ook het aantal reacties en shares op social media te stimuleren.
- Maak gebruik van een kennisbank (content kanon) om op een gestructureerde manier grote hoeveelheden informatie op je website te plaatsen en featured snippets te scoren.
- Bereid je website voor op de semantische zoekmachine van Google door je code schoon te houden en te verrijken met semantic markup.
- Zorg voor een mobile-first strategie en daarmee een optimale weergave van je website op mobiele apparaten en profiteer van het AMP-project van Google.

"SEO is not something you do anymore. It's what happens when you do everything else right"

Chad Pollitt

DEEL 2
De rode loper

8. AAN BEZOEKERS HEB JE NIKS...

We hebben in het vorige hoofdstuk gefocust op het aantrekken van de juiste bezoekers naar je website. Al zo lang wij ondernemers online marketing leren, hebben we gemerkt dat veel website-eigenaren ook niet verder kijken dat dit. Zij staren zich blind op het vergroten van de bezoekersstroom uit Google of bijvoorbeeld social media. Hoe meer bezoekers, hoe meer resultaat... Toch?

"Every aspect of marketing is entirely useless unless it produces conversions"

Jeremy Smith

Dat is echter niet altijd de meest logische aanpak. Wanneer je bezoekers na het bezoeken van je website weer weggaan zonder iets gedaan te hebben en dus weinig of zelfs geen resultaat opleveren, is het verspilde moeite om steeds meer bezoekers naar je website te sturen. Duizend keer niks is nog steeds hetzelfde als tien keer niks.

Je hebt niks aan die toplocatie met je zaak in een drukke winkelstraat als mensen alleen de deur bij je platlopen om naar het toilet te gaan en niets kopen. Je blijft dan energie steken in iets wat niet werkt en je komt dan al snel in de buurt van Einsteins definitie van waanzin: 'Steeds hetzelfde doen en andere resultaten verwachten'.

Een website moet je niet zien als een statisch visitekaartje met wat informatie over je bedrijf dat enkel bezocht wordt door mensen die je bedrijf al kennen. We zien dat soort websites maar al te vaak. Ze zijn snel in elkaar geknutseld door de handige buurjongen of door de stagiair en houden geen rekening met het feit dat een website ook iets moet opleveren. Het hebben van een website is dan ook niet een doel op zich. Een website is een marketingmiddel dat je gebruikt om enerzijds nieuwe bezoekers aan te trekken en deze anderzijds zo geautomatiseerd mogelijk om te zetten in klanten.

Dit noemen we een conversie en staat voor het omzetten (converteren) van een bezoeker naar een iemand die actie onderneemt. In dit deel laten we je zien hoe je meer leads, klanten en andere resultaten uit je websitebezoekers haalt. Dit vak noemen we conversie-optimalisatie, al dan niet *conversion rate optimization* (CRO). Binnen een serieuze onlinemarketingstrategie is dit een onmisbaar thema.

Het is noodzakelijk dat je website zodanig is ingericht, dat hij de nieuwe bezoekers in het meest optimale pad naar de gewenste conversie leidt. Als je conversie niet op orde is, verlies je vanzelfsprekend alle tijd, geld en energie die je in het aantrekken van bezoekers steekt. Falen in deze 'voorbereiding' is zodoende het voorbereiden van falen.

> *"Je moet eerst de rode loper uitleggen voordat je de deuren open zet"*

Niet elke bezoeker op je website wordt een lead of een betalende klant. Je kunt er wel voor zorgen dat de conversieratio van je website op structurele basis stijgt. Een conversie kan van alles zijn, bijvoorbeeld:

- een verkoop van je product
- een aanmelding voor je webinar of evenement
- een inschrijving op je nieuwsbrief (opt-in)
- een aanvraag van een offerte voor je dienst
- een ingevuld contactformulier
- een reactie of social media share op je artikel
- een abonnee op je YouTube- of podcastkanaal

DE EXPONENTIËLE GROEIFACTOR

'Je kunt je business makkelijker verdubbelen door je conversieratio te verdubbelen, dan door je bezoekersaantal te verdubbelen' zo luidt een beroemde uitspraak van Jeff Eisenberg.

We halen onze webshop met hardloopschoenen uit het vorige deel even terug voor een rekenvoorbeeld om deze uitspraak te demonstreren. Stel je voor dat je de omzet van deze webshop wil verdubbelen. Je krijgt momenteel 200 gratis bezoekers per dag uit Google waarvan er gemiddeld 4 een paar hardloopschoenen van €49,- kopen. Je conversieratio is op dat moment 2%. Dit is tevens het landelijk gemiddelde van webshops in Nederland. Stel dat je na inkoop- en verzendkosten een marge overhoudt van €25,- per verkocht paar. Je omzet is dan €196,- per dag en je winstmarge €100,-. Iedere bezoeker op je website levert je gemiddeld €0,50 op. We noemen dit ook wel de *revenue per visitor* (RPV).

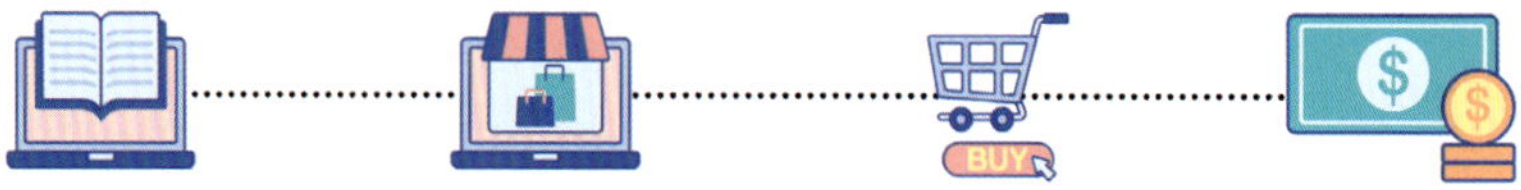

Afbeelding 8.1 - Conversieproces in webshop

Als je aan de bezoekerskraan wil draaien om de omzet van deze webshop te verdubbelen, dan moet je van 200 bezoekers per dag groeien naar 400 bezoekers per dag. Dit is niet onmogelijk, maar kost wel veel inspanning (en vaak ook veel tijd). Wanneer je namelijk al op de hoogste positie in Google staat, kun je simpelweg niet verder omhoog. Je zult dan moeten uitbreiden naar meerdere zoektermen, waarvan het niet vanzelfsprekend is dat deze ook klanten opleveren. De ene bezoeker is de andere niet. Ook als er wel nog plekken in Google te winnen zijn, ben je afhankelijk van je contentstrategie en het verkrijgen van backlinks. Beiden kosten tijd en energie en in de meeste gevallen ook geld. Je eigen uren zijn namelijk ook geld waard.

Maar stel dat je bezoekersaantallen hetzelfde blijven. En dat niet 2, maar 4 op de 100 bezoekers een paar hardloopschoenen van €49,- bij je koopt. Je conversieratio groeit dan naar 4%. Hoewel je nog steeds dezelfde 200 bezoekers per dag op je website hebt, verdien je nu ineens €392,- per dag. Je winstmarge stijgt van €100,- naar €200,- en zodoende is iedere bezoeker op je webshop ineens €1,- waard. Een conversiestijging van 2% naar 4% betekent niet een stijging van 2%, het betekent een verdubbeling van je inkomen en dus eigenlijk 100% groei.

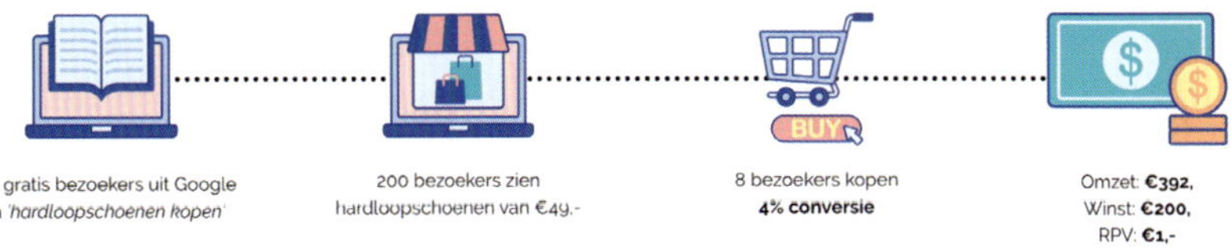

Afbeelding 8.2 - Conversiestijging leidt tot verdubbeling van omzet

Dat is makkelijk verdiend, maar we geven toe dat dit erg kort door de bocht is. Het is logisch dat je twee keer zoveel verdient als je twee keer zoveel klanten hebt. Je bezoekers kwamen in dit voorbeeld namelijk gratis uit Google. Laten we daarom kijken hoe dit uitpakt als het om gekochte bezoekers uit advertenties (*paid media*) gaat in plaats van gratis bezoekers uit Google (*owned / borrowed media*).

Stel dat je die 200 bezoekers per dag met Google Ads naar je website trekt door te adverteren op het zoekwoord 'hardloopschoenen kopen'. Je betaalt hiervoor een *cost per click* (CPC) van €0,40 per klik op je advertentie. Deze 200 bezoekers kosten je dan €80,-. Je hebt een conversie van 2% en dat resulteert in 4 klanten. Gemiddeld kost het je dan €20,- om een klant aan te trekken. Dit noemen we de *cost per action* (CPA). Deze klanten leveren je een omzet van €196,- en een winstmarge van €100,- op. Na aftrek van de advertentiekosten blijft daar echter €20,- van over. Dat is 10,1% van je omzet en gemiddeld €0,10 winst per bezoeker (RPV).

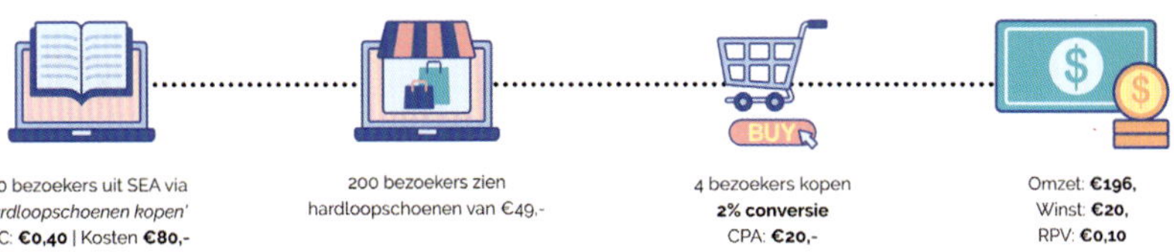

Afbeelding 8.3 - Conversieproces naar bezoekers uit SEA

Dit is in principe een voorbeeld van een winstgevend proces. Gekscherend noemen wij zoiets wel eens een 'geldprintmachine'. Voor iedere €0,40 die je in deze machine gooit komt er €0,50 weer uit.

Maar stel nou dat je (door middel van de technieken die je leert in dit hoofdstuk) in staat bent om je conversieratio te verdubbelen van 2% naar 4%. Je geeft dan nog steeds €80,- uit voor 200 bezoekers, maar je hebt nu 8 klanten in plaats van 4. Nu kost het gemiddeld dus nog maar €10 om een klant aan te trekken (CPA). Deze klanten leveren jou nu €392,- omzet en een winstmarge van €200,- op. Na aftrek van de advertentiekosten blijft daar €120,- van over. Dat is 30% van je omzet en gemiddeld €0,60 winst per bezoeker (RPV).

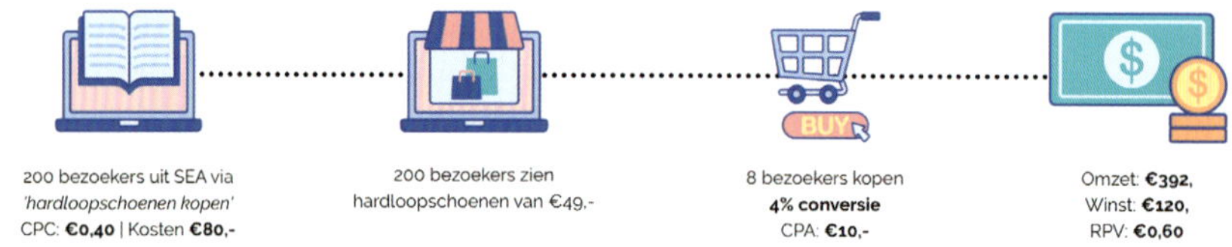

Afbeelding 8.4 - Conversieverdubbeling leidt tot verzesvoudiging van de winst

In dit voorbeeld zie je dat een verdubbeling van je conversieratio zorgt voor een verdubbeling van je omzet, maar nog belangrijker: voor een verzesvoudiging van je winst. Deze exponentiële factor laat de kracht van conversie-optimalisatie zien, zeker wanneer je marketing- en advertentiekosten gelijk blijven.

Een goede of slechte conversieratio kan letterlijk het verschil betekenen tussen een winstgevend en een verlieslijdend bedrijf. Zo kan het voorkomen dat twee identieke bedrijven met hetzelfde product, dezelfde marge en dezelfde bezoekersaantallen, enorm verschillen in wat er onder de streep overblijft.

Ondernemers en helaas ook veel webdesigners kijken vaak wel naar hoe een website eruit ziet, maar niet naar hoe het conversieproces van die website is ingericht. We zeiden het eerder al: een gemiddelde webdesigner is niet vanzelfsprekend ook een SEO-specialist. Daar voegen we nu aan toe dat een webdesigner ook niet automatisch een conversie-specialist is. In de volgende hoofdstukken laten we je stap voor stap zien hoe je jouw website optimaliseert voor maximale resultaten.

9. DE DRIE V'S VAN AANDACHT

De gemiddelde aandachtsspanne van de mens is op het laagste punt aller tijden en dat merken we met name online. Het internet groeit zonder plafond: iedere dag komen er honderdduizenden webpagina's, video's en andere online content bij. In 1995 werd er elke 24 uur zo veel content geproduceerd, dat je er een mensenleven voor nodig had om het te consumeren. Tegenwoordig is dat iedere seconde. We worden geconfronteerd met meer content dan we ooit kunnen consumeren.

"The average millennial attention span is now 9 seconds, which means you might not catch the end of th..."

Trevor Carss

Het internet groeit maar onze tijd, 24 uur per dag, blijft gelijk. Hierdoor neemt onze aandacht in rap tempo af. Alles moet korter, sneller en prikkelender. We zijn letterlijk *addicted to the urgency*, verslaafd aan urgentie en directe behoeftebevrediging. Smartphones en socialmediaplatformen, waardoor we constant verbonden zijn met alles om ons heen, versterken dit alleen maar. De beroemde rode bolletjes en notificaties op je telefoon spelen hier perfect op in.

De *fear of missing out (FOMO)* bepaalt ons leven en we kunnen deze volgende stap in de menselijke evolutie al bijna aanmerken als *fomo sapiens*. Mensen worden meer gedreven door de onrust om iets te missen dan door de rust om ergens bewust hun volledige aandacht aan te geven. Volgens een onderzoek van Microsoft hebben internetgebruikers tegenwoordig een lagere aandachtsspanne dan een goudvis. Een goudvis houdt maximaal 9 seconden zijn aandacht erbij, terwijl een mens na 8 seconden al afhaakt.

Afbeelding 9.1 - Aandacht in de 21ste eeuw in één plaatje samengevat

Daar waar we vroeger nog uitgebreid na konden praten over de televisiereclames ('Heb je die van die Melkunie-koeien met dat bommetje gezien?') en zelfs naar onze favorieten uit konden kijken, moeten online marketeers tegenwoordig advertenties maken die de kijker binnen een seconde weten te boeien en op mobiele apparaten laten stoppen met scrollen. Een effectieve advertentie of socialmediapost houdt tegenwoordig rekening met een kijker die op het toilet zit en al dusdanig verveeld is geraakt van zijn eigen productie dat hij besluit om zijn Facebook-tijdlijn maar weer eens door te scrollen op zoek naar de 'shit' van anderen.

Online marketing is samen te vatten als de strijd om aandacht. Wij hanteren de drie v's van aandacht:

1. Aandacht **v**erdienen
2. Aandacht **v**asthouden
3. Aandacht **v**erzilveren (conversie)

Aandacht geeft bestaansrecht en impact. Dit weet iedere politicus, maar ook iedere ondernemer die hiervoor het synoniem 'focus' gebruikt. Vrijwel iedere ondernemer heeft daar een schreeuwend tekort aan, maar weet stiekem dat onverdeelde aandacht de sleutel tot succes is. Eigenlijk elke timemanagement- of productiviteitstraining is samen te vatten met dit ene woord: aandacht. Het boek *Focus* van Mark Tigchelaar is wellicht één van de meest waardevolle cadeaus die je jezelf als ondernemer kunt geven.

> *"If you don't like something, just take away its only power: your attention"*
>
> Onbekend

Laten we om te beginnen eens stilstaan bij het **verdienen** van aandacht. Wanneer je boodschap de aandacht van je doelgroep überhaupt niet weet te pakken, dan zul je deze aandacht ook niet kunnen vasthouden of omzetten in een concrete actie. Je hebt slechts 2,6 seconden de tijd om een nieuwe bezoeker ervan te overtuigen om op je website te blijven. Een eerste indruk wordt op basis van visuele aspecten zelfs al binnen 50 milliseconden gevormd.

Gemiddeld 55% van de bezoekers blijft minder dan 15 seconden op een website. Daaruit kun je al afleiden dat het merendeel van bezoekers op websites niks oplevert. Binnen 15 seconden kun je namelijk zelden iets kopen, een offerte aanvragen, op een artikel reageren of je ergens voor aanmelden.

Het is daarom voor jouw website essentieel om direct de aandacht en interesse van je bezoeker te wekken. Begint jouw website bijvoorbeeld met de tekst 'Welkom op mijn website' of alleen je bedrijfsnaam? Dan ben je al een kostbare seconde verloren. Je bezoekers hebben nog geen idee wat je precies doet en wat jij voor hen kan betekenen. Wij zeggen weleens voor de grap dat je alleen 'Welkom' bovenaan je site mag zetten als je deurmatten verkoopt. We zien dit soort websites in de praktijk heel vaak, ze staan vol met inhoudsloze bla-bla teksten zoals:

'Welkom op de website van X, wij zijn al sinds negentienhonderdzoveel een gerenommeerd familiebedrijf, we hebben kwaliteit en service hoog in het vaandel staan en het is onze missie om te zorgen voor een optimale afstemming van de communicatie tussen de markt en onze dienstverlening terwijl we blablabla'.

Wij noemen dit soort teksten 'happy talk' of in onze eigen minder frivole variant 'bullshit bingo'. Je ratelt maar lekker door in de ruimte zonder echt iets te zeggen. Dit doen we vaak om onze website een beetje inhoud te geven of omdat ons tekstje precies lang genoeg moet zijn om netjes naast een afbeelding te passen. Dit soort teksten voegt niets toe voor een bezoeker. Het zegt ook niks over wat je doet en wat jou uniek maakt. Welk bedrijf - waar ook ter wereld - hecht er geen waarde aan kwaliteit en service? En wanneer dat het geval zou zijn, denk je dat zo'n bedrijf dat dan expliciet op hun website zou vermelden?

Je moet het voor je bezoeker zo gemakkelijk en snel mogelijk maken om te snappen wie je bent, wat je doet en waarom deze bezoeker hiervoor precies bij jou moet zijn. Daarvoor schrijf je het liefst kortere, rijke teksten die veelzeggend zijn in plaats van lange, inhoudsloze teksten.

> *"I have made this letter longer than usual, only because I have not had the time to make it shorter"*
>
> Blaise Pascal

De aandacht van je bezoeker grijp je idealiter direct bovenaan de pagina, zonder dat hij naar beneden hoeft te scrollen. We noemen dit *above the fold* (boven de vouw) en in afbeelding 9.2 zie je hier een voorbeeld van. Jarenlang geloofden onlinemarketingspecialisten dat bezoekers puur en alleen op basis van alle informatie boven de vouw besluiten om op een website te blijven of niet.

Tegenwoordig is dat echter niet meer zo zeker omdat bezoekersgedrag, mede door de komst van smartphones, is veranderd. Mensen scrollen van nature sneller om een pagina te scannen en soms zelfs nog voordat ze de bovenkant van een pagina goed bekeken hebben. Om zeker van je zaak te zijn doe je er nog steeds goed aan om je bezoekers boven de vouw te verleiden om je pagina verder te lezen.

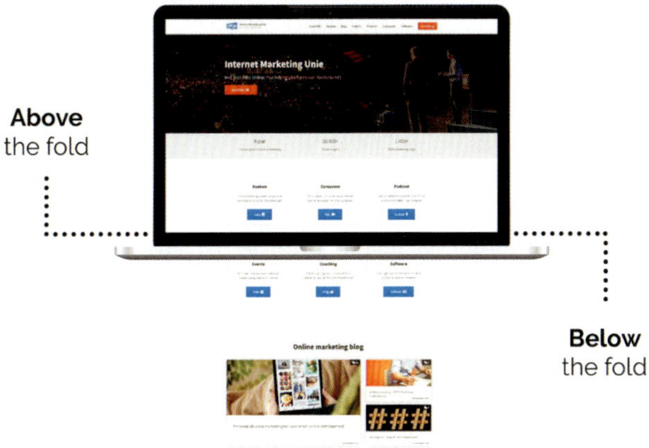

Afbeelding 9.2 Above en below the fold

MARKETING IS HERKENNING

Bezoekers op je website en consumenten van je content zijn onbewust afgestemd op een inwendige radiozender. En ja, jij bent dat ook terwijl je dit boek aan het lezen bent. We noemen deze radiozender 'WII FM'. Dit staat voor '**W**hat's **I**n **I**t **F**or **M**e?'

Ons oerbrein is van nature egocentrisch ingesteld. Dat betekent dat wij in eerste instantie aan onszelf denken en pas daarna aan anderen. Dat is natuurlijk niet leuk om te horen en menig mens zal zeggen dat dit voor hem of haar anders is, maar egocentrisme vormt nu eenmaal de kern van een menselijk brein. Onze eigen overleving is essentieel en pas als deze veilig gesteld is, kijken we naar anderen.

Relevantie is de bakermat van zoekmachine-optimalisatie en het aantrekken van gerichte bezoekers, maar het vormt ook de eerste stap in conversie-optimalisatie. Iemand die specifiek in Google heeft gezocht naar 'roze Nike hardloopschoenen voor dames' zal op de wenken van haar egocentrische brein bediend worden wanneer zij bij een webshop belandt met de headline: 'Wij zijn de nummer 1 specialist in roze hardloopschoenen van Nike voor vrouwen.' Er is dan 1-op-1 herkenning. Wanneer zij bij een webshop belandt met de titel 'Welkom bij de schoenengigant, voor alle vormen en maten' dan zal zij minder herkenning voelen. Het aanbod sluit dan minder goed aan op haar specifieke vraag.

Niemand houdt van tijd verspillen. Daarom willen bezoekers op je website direct weten: 'Heb ik hier persoonlijk iets aan?' Als dat niet duidelijk is in de eerste seconden, dan verlaten veel bezoekers je website. Daarom spreken wij bewust van aandacht verdienen in plaats van aandacht grijpen. Een gevatte advertentietekst of headline kan dusdanig veel nieuwsgierigheid opwekken dat iemand getriggerd wordt om ernaar te kijken. We noemen dat *clickbait*. Dit betekent alleen nog niet dat die aandacht ook terecht was en de content achter de advertentie of headline ook relevant is.

Wij hanteren daarom de stelregel 'marketing is herkenning'. Het gaat erom dat je doelgroep zichzelf of hun uitdaging herkent in je verhaal en je aanbod. Een nieuwe bezoeker op je website moet in één oogopslag kunnen zien wat je doet en het liefst waarom hij daar specifiek voor bij jou moet zijn.

"Vertel je bezoekers niet wie je bent, maar wat ze aan je hebben!"

Dat kan zo simpel zijn als bij fietsenwinkel.nl. De naam zegt al wat ze doen en de ondertitel 'De grootste fietsenwinkel van Nederland' geeft meteen een *unique selling point* (USP). Zo'n zinnetje kun je zien als een stukje *framing* om de autoriteit van de website te vergroten. Met framing kun je de nadruk leggen op een onderdeel van je boodschap en de interpretatie daarvan veranderen. Koop jij bijvoorbeeld liever een zak chips met 5% vet of eentje die 95% vetvrij is? Net zoals we in het deel over SEO zeiden dat 'de eerste' vaak de beste is, wordt ook 'de grootste' vaak als de meest logische keuze ervaren. Wij gebruiken dit ook op onze eigen homepage.

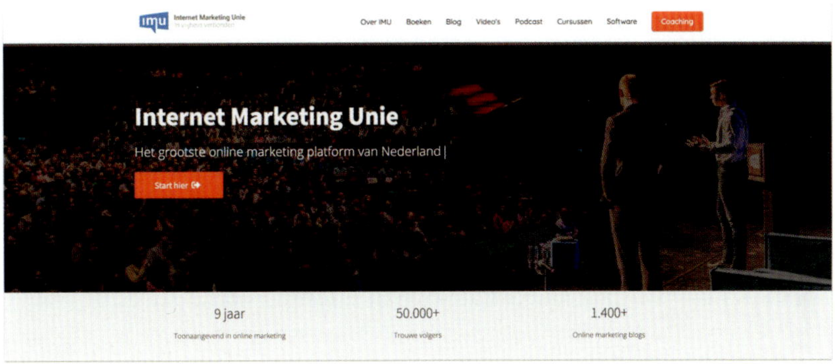

Afbeelding 9.3 Homepage imu.nl met titel, ondertitel en directe call-to-action

ECOSYSTEEM VAN AFLEIDINGEN

Als je de aandacht van je bezoeker eenmaal verdiend hebt, dan is het vervolgens zaak om die aandacht ook **vast te houden**. Zeker online is de kans dat je bezoeker afgeleid raakt en zijn aandacht verliest erg groot. Het internet is wat dat betreft een ecosysteem van afleidingen waarin aandacht zeer vluchtig is. Afleiding is de nummer één vijand van aandacht en daarmee ook je grootste conversiekiller.

Een recent onderzoek uit de VS toont een interessante ontwikkeling op het gebied van afleiding. Onder twee groepen studenten werden iPads uitgedeeld met daarop een korte tekst (witte achtergrond, zwarte letters) met verschillende weetjes. In groep A was dit enkel de tekst, maar in groep B waren er in de tekst enkele woorden blauw gekleurd en onderstreept zodat ze eruit zagen als hyperlinks op een website. Je kon hier echter niet op klikken.

Afbeelding 9.4 iPads met schone content versus content met de illusie van hyperlinks

Na een korte studietijd kregen beide groepen een overhoring om te testen wat zij uit de tekst hadden onthouden. Wat bleek? De studenten uit groep A (zonder links) scoorden significant beter op de overhoring dan groep B. Alleen al de illusie van een klikbare link (iets wat je brein herkent) leidt ons dusdanig af dat de intensiteit van onze concentratie afneemt. Hierdoor verplaatsen we informatie minder goed van ons kortetermijn- naar ons langetermijngeheugen, waardoor je dus minder onthoudt.

Nicholas Carr, auteur van het boek *Het ondiepe* beschrijft ditzelfde fenomeen. Een afleiding zo klein als het trillen van je telefoon of het geluid van een binnenkomend WhatsApp-bericht verlaagt de intensiteit van je concentratie en daarmee de diepte van je denken.

Enfin, we lieten ons even afleiden om de neuropsychologie in te duiken, maar we keren snel weer terug naar de optimalisatie van je website. Wanneer je de inzichten uit dit iPad-onderzoek toepast op je website, dan doe je er goed aan om je bezoeker zo min mogelijk af te leiden. Eén linkje is al voldoende om de aandacht van je lezer te verminderen, zelfs al klikt je bezoeker er niet op. Zodoende zit er ook een verschil tussen een pagina op je website die geoptimaliseerd is voor je SEO-strategie (vol interne links) en een pagina die geoptimaliseerd is voor je conversiestrategie (vrij van links).

Stel dat je een homepage hebt met daarop twee knoppen. Dan heeft iedere knop ongeveer 50% kans dat er op geklikt wordt. Maar zet jij tien knoppen op jouw website, dan maakt elke knop ineens nog maar 10% kans op een klik. Dat is heel kort door de bocht, want niet iedere knop is misschien even groot, opvallend of aantrekkelijk, maar je snapt het idee. Hoe meer opties je aan een bezoeker geeft, hoe kleiner de kans dat die bezoeker op de knop klikt die jij wil.

Hoe meer aandacht je van een bezoeker vraagt voor verschillende website-elementen, hoe meer je bezoeker zijn aandacht moet verdelen en hoe minder aandacht er per element overblijft. Wat wij vaak zien bij website-eigenaren, is dat ze huiverig zijn om iets weg te laten en daardoor alle pagina's op hun website zo vol mogelijk proppen. We noemen dit fenomeen ook wel 'horror vacui'. Dit is een term uit de kunstgeschiedenis en betekent letterlijk de vrees voor de lege ruimte, de angst voor het vacuüm. Schilders die geen enkel plekje van het doek leeg durfden te laten. Niet 'less is more' maar 'more is more'. Dat levert niet altijd de mooiste kunstwerken op. Hetzelfde geldt voor websites.

Afbeelding 9.5 Angst voor de lege ruimte op een website

Naast het elimineren van afleiding op de verschillende pagina's binnen je website, is het raadzaam om je website en eventuele webshop te splitsen. Veel webshopeigenaren hanteren geen aparte website voor hun contentmarketing- en SEO-strategie, maar breiden hun webshop bijvoorbeeld uit met social media, blogs en interne links. Hoewel dit beter is voor je SEO-strategie, sloopt het je conversie. Een website is een informatie-omgeving en een webwinkel is een verkoopkanaal. Deze werelden moet je niet mengen. Er zit namelijk ook een enorm verschil in het soort bezoekers dat je aantrekt.

Wanneer je bijvoorbeeld op vakantie wil maar je weet nog niet waar naartoe, dan ben je een informatiegerichte zoeker. Stel, je overweegt om naar Curaçao te gaan, dan zal je na een zoekopdracht bijvoorbeeld naar Wikipedia of allesovercuracao.nl gaan. Je bent oriënterend. Dit soort zoekers vormen verreweg het grootste aandeel.

Heb je al besloten om naar Curaçao te gaan, dan surf je eerder rechtstreeks naar klm.com of booking.com omdat je al een koopgerichte zoeker bent. Op KLM en Booking wil je enkel informatie vinden over tickets en hotels. Alleen de specificaties daarvan zijn relevant en helpen je bij je aankoopbeslissing. Als zij tussen hun aanbod ook informatie, weetjes en blogs tonen, dan leidt dit je aandacht af en raak je uit het bestelproces. Ze zouden hun conversie flink omlaag halen.

> *"Een verwarde geest koopt niet"*

Probeer van een website geen webwinkel te maken en van een webwinkel geen website. Daarom is het raadzaam om naast je webshop ook een website te starten. De website gebruik je dan voor je content marketing en daarmee je SEO-strategie zoals beschreven in het eerste deel van dit boek.

Een mooi voorbeeld zien we op wijzeroverdebasisschool.nl. De website wordt gebruikt als blogomgeving met een waardevolle contentmarketing- en SEO-strategie. Vanuit de website wordt er verwezen naar shop.wijzeroverdebasisschool.nl waar de webshop met producten te vinden is. De webshop is vrij gemaakt van afleiding en bevat geen zaken als interne links, socialmediaknoppen of andere storende elementen die een koper af kunnen leiden tijdens het bestelproces.

Afbeelding 9.6 - De website en webshop van wijzeroverdebasisschool.nl zijn gescheiden

Als alles belangrijk is, dan is niks belangrijk. Dat geldt zowel voor je to-do-lijst als voor de elementen op je website. Als jij niet kiest, dan wordt er voor je gekozen. Hoe meer keuzes jij overlaat aan je bezoeker, hoe minder keuzes hij überhaupt maakt. In de psychologie staat dit ook wel bekend als 'de keuzeparadox', maar in de volksmond noemen wij het 'keuzestress'. Dit is een woord dat je als website-eigenaar eigenlijk op een poster boven je bureau moet hebben hangen.

DE BESTE KEUZE?

Nu we stil hebben gestaan bij het verdienen en vasthouden van de aandacht van je bezoekers, nemen we een voorproefje op het omzetten van die aandacht in een concrete actie. We noemen dat het **verzilveren**. In de volgende hoofdstukken gaan we hier dieper op in. We beginnen met de grootste vijand voor het nemen van een frictieloze actie: keuzestress. Verschillende wetenschappers onderzochten de invloed van keuzestress op het koopgedrag van mensen. Barry Schwartz publiceerde hierover zelfs een boek getiteld *The paradox of choice*.

Een sprekend onderzoek is *The Jam Experiment* van Sheena Iyengar en Mark Lepper. Zij stonden op verschillende dagen in een supermarkt om in een kraampje verschillende smaken jam te verkopen. Op de eerste dag bevatte hun kraampje maar liefst 24 verschillende soorten jam. Op de tweede dag boden ze slechts zes verschillende soorten jam aan. Van iedereen die bij het kraampje was blijven staan om even te kijken of te proeven, werd bijgehouden of ze uiteindelijk een potje jam kochten.

Hoewel de kraam met 24 soorten jam meer bekijks trok (meer bezoekers), kocht slechts 3% van deze bezoekers een potje jam. De kraam met zes verschillende soorten jam trok minder bezoekers, maar was goed voor een conversiepercentage van maar liefst 30%. Dat is een vertienvoudiging van het resultaat. Tien keer meer verkopen met vier keer minder aanbod.

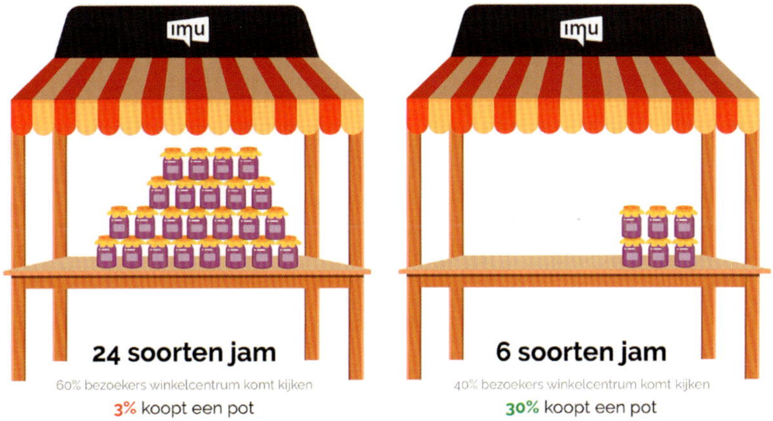

Afbeelding 9.7 - Resultaten van het jam-experiment van Sheena Iyengar en Mark Lepper

Hoe kan dat? Daniel Kahneman toonde met zijn beroemde onderzoek (waarvoor hij een Nobelprijs won) aan dat mensen een aangeboren verliesaversie *(loss aversion)* hebben. Wij hebben een grotere angst om iets te verliezen dan dat we de ambitie hebben om iets te winnen. We kiezen daarom sneller voor behoud van wat we hebben in plaats van een mogelijk verlies dat gepaard gaat met verandering.

> *"Mensen zijn liever bekend ongelukkig, dan onbekend gelukkig"*
>
> Richard de Leth

Als een consument keuzestress ervaart (niet weten wat de beste keuze is), dan resulteert dat in een soort kiespijn: angst om de verkeerde keuze te maken en het gevoel van potentieel verlies dat hiermee gepaard gaat. Kiespijn leidt tot controleverlies en dat triggert ons *fight*, *flight* en *freeze* instinct. Vaak leidt dit ertoe dat we op dat moment überhaupt geen keuze maken. We verlaten de winkel en we gaan er later nog eens rustig over nadenken. We noemen dit ook wel 'beslissingsverlamming'.

Dit experiment laat goed zien hoe de materie die we tot dusver behandeld hebben in dit hoofdstuk bij elkaar komt. De winnaar in dit experiment moest het niet hebben van de grootste hoeveelheid bezoekers (aandacht verdienen), en ook niet van het aantal mensen dat een tijdje bleef rondkijken (aandacht vasthouden), maar van de beste conversieratio (aandacht verzilveren*)*. Die hogere conversieratio werd bereikt door de aandacht van de bezoeker minder te vertroebelen door het aanbod te minimaliseren.

Was één keuze dan niet beter geweest dan zes keuzes? Ja en nee. We weten dit niet, omdat het geen onderdeel uitmaakte van de test. Binnen ons vakgebied geldt de regel dat je nooit aannames moet doen, maar altijd in de praktijk moet testen wat juist is. *'Assume'* makes an *Ass* of *u* and *me*.

Wanneer je iemand echter maar één keuze geeft, dan noemen we dat een 'Hobsons choice'. Eén keuze staat gelijk aan geen keuze. Hiermee ontneem je jouw klant alsnog een gevoel van controle in de vorm van keuzevrijheid. Het 'Hobsons +1 effect' laat ons zien dat we deze stress weg kunnen nemen door een tweede, slechtere keuze toe te voegen.

Zo zie je in afbeelding 9.8 bijvoorbeeld een pop-up op onze website. Naast de aangeraden keuze (de oranje call-to-actionbutton) hebben wij een tweede keuze toegevoegd met 'Nee dankje, ik blijf liever onderaan in Google...'. Hoewel het een flauw grapje is, geeft het wel een overduidelijk slechtere keuze aan en bevordert dit het aantal kliks op de oranje button wel degelijk. Een dergelijke kleine tekst onder een knop noemen we 'microcopy'.

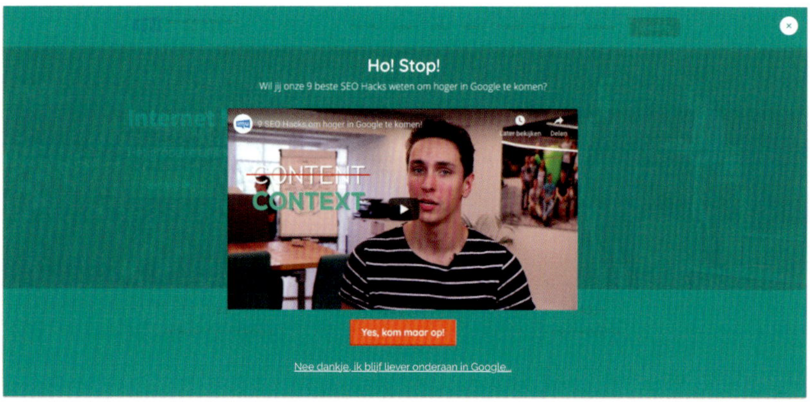

Afbeelding 9.8 Microcopy met minder goede keuze onder de primaire CTA

Een ander mooi voorbeeld van dit effect is deze uitstalling van Green juice. Het is hier overduidelijk wat de beste keuze is. Die staat namelijk vooraan (dat maakt al een verschil), is uitgelicht (groen kader eromheen), is groter en bevat specifieke informatie ter bevestiging van de beste keuze. Er staat letterlijk boven dat het de beste aanbieding is, er is een sticker met korting toegevoegd en er is een extra zin toegevoegd om aan te geven dat 83% van de mensen de eerste optie kiest.

Afbeelding 9.9 Aangeraden keuze op de website van superfood.nl

Deze informatie over 83% van de klanten noemen wij de 'social learning theorie'. In een notendop betekent dit dat mensen - bij volledige keuzevrijheid - geneigd zijn om te kiezen wat de meeste andere mensen kiezen. Grappig genoeg schuilt er een paradox in die 83%. Dit getal klopt namelijk alleen wanneer het erbij vermeld staat. Wanneer het zou worden weggelaten, zou dat percentage lager uitvallen.

De oplettende kijker heeft gezien dat de korting op de tweede optie veel oninteressanter is dan de korting op de eerste optie. Bij de tweede optie is de prijs per portie bewust boven de €1,- gehouden om het contrast met optie twee nog groter te maken. We noemen zo'n slechte keuze als afleiding het *decoy effect*.

De social learning theorie vindt zijn oorsprong in verliesaversie. Wanneer we twijfelen over de beste keuze en bang zijn om de verkeerde keuze te maken, dan kiezen we idealiter voor de meest veilige optie, oftewel: de optie die iedereen kiest.

Hunkemöller maakt hier op een creatieve manier gebruik van door in de webshop bij goed verkopende producten een kleine pop-up te tonen met de tekst: 'Goede smaak hoor! Dit is ook een van onze favorieten!'. Het lijkt maar een detail, maar het draagt enorm bij aan het vertrouwen van de bezoeker dat dit product een goede keuze is. Het is vergelijkbaar met een verkoper in een fysieke kledingwinkel die je adviseert bij je keuze. Vraag ons overigens niet hoe we van dit specifieke voorbeeld afweten.

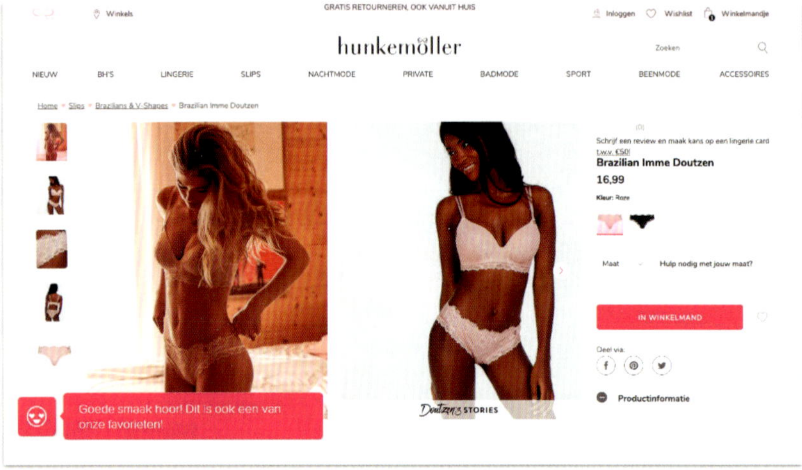

Afbeelding 9.10 - Hunkemöller helpt een handje met kiezen

De verliesaversie van je websitebezoekers kun je ook op een andere manier gebruiken om je conversieratio verder te verhogen. Zo hebben wij enige tijd geleden een experiment gedaan om het verschil tussen zogenoemde 'winsttaal' en 'verliestaal' duidelijk te maken. De helft van de bezoekers op onze website kreeg een pop-up te zien met daarin winsttaal (download Winnen in Google en krijg...). De andere helft toonden wij een pop-up met verliestaal (download Winnen in Google en voorkom...). Het resultaat was verbluffend. De pop-up met verliestaal zorgde voor een stijging van 327%!

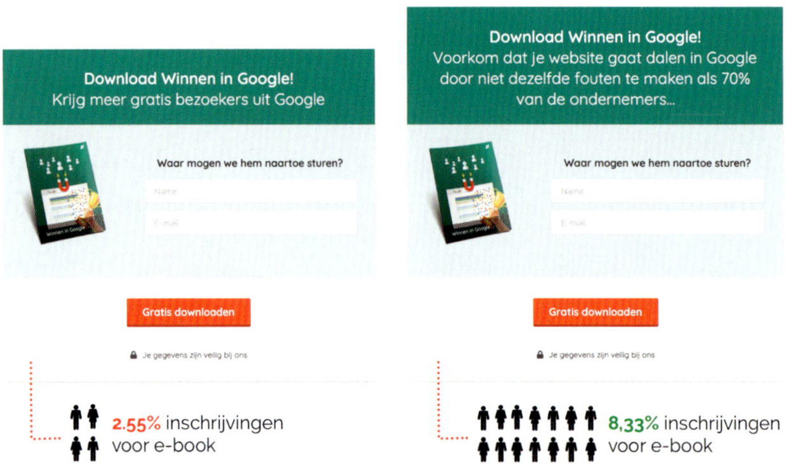

Afbeelding 9.11 - Pop-ups met winsttaal en verliestaal

Verlies weegt zwaarder dan winst en daarom kopen mensen ook eerder aspirines dan vitamines. In dit geval is de aspirine de versie met verliestaal, deze geneest de pijn van het verlies. De versie met winsttaal is de vitamine, die geneest niks maar voegt extra genot toe.

Een confronterende vraag die je jezelf kunt stellen na het lezen van zo'n onderzoek is in hoeverre mensen een vrije wil hebben en bewuste keuzes maken. Wilden die bezoekers bij pop-up A het boek sowieso niet hebben? Of hebben wij hen niet effectief genoeg tot actie aangezet? Je mag er in ieder geval niet van uitgaan dat een bezoeker op je website zelf de tijd en expertise heeft om een weloverwogen keuze te maken.

INTERNETPANNENKOEKEN...

Verliesaversie en het uitblijven van een concrete beslissing begint niet bij je websitebezoeker of klant, maar bij jou als ondernemer. Veel ondernemers kiezen ervoor om een zo breed mogelijke doelgroep te bedienen. In principe is iedereen die op je website komt een potentiële klant. Dan wil je niet iemand mislopen, omdat je iets op je website zet waardoor diegene zich niet aangesproken voelt. Toch?

Daarom houden we onze websiteteksten graag zo algemeen mogelijk. Wanneer je een ondernemer vraagt wie zijn doelgroep is, dan krijg je vaak het antwoord: 'Het is eigenlijk voor iedereen wel geschikt!'. 'Iedereen' is geen handige doelgroep. Jeff Bezos (eigenaar van Amazon) is hier de uitzondering die de regel bevestigt, maar ook hij begon ooit met uitsluitend boekverkoop voordat Amazon uitgroeide tot '*the everything store*'.

Hierbij speelt FOMO een grote rol. We hebben vaak een grotere angst om een mogelijke klant te verliezen, dan dat we de kans vergroten om de ideale klant te winnen. Maar als je tegen iedereen praat, praat je meestal tegen niemand. Heb jij wel eens geprobeerd om op een feestje gewoon te gaan praten in de ruimte zonder het tegen iemand te hebben? Je zal zien dat niemand zich aangesproken voelt. Maar kijk je iemand aan of voelt iemand zich aangesproken over het onderwerp waarover je vertelt, dan zal je merken dat je de aandacht krijgt en een gesprek kunt voeren.

Wij noemen dit type ondernemers ook wel 'internetpannenkoeken'. Het zijn ondernemers met heel veel breedte, maar heel weinig diepgang. Ze werken aan talloze projecten tegelijk en daardoor hebben ze nergens hun onverdeelde aandacht op. Omdat ze alles doen, zijn ze overal gemiddeld in.

Consumenten zijn meestal niet op zoek naar het gemiddelde in de vorm van allrounders, maar naar specifieke hulp van een specialist voor hun probleem of behoefte. Je moet kiezen om gekozen te worden: wanneer jij niet voor een doelgroep kiest, dan zal er ook geen doelgroep voor jou kiezen. Voor wie ben jij er en misschien nog wel belangrijker: voor wie ben jij er niet?

> *"It is in the moment of decision that your destiny is shaped"*
>
> Tony Robbins

Een van de meest gehoorde succesquotes aller tijden luidt: 'Succes is een keuze'. Wij denken dat het eerder andersom is: keuze is een succes. Door te kiezen voor een specifiek product voor een specifieke doelgroep, kun je veel onrust en angst bij je bezoekers weghalen. Zeker wanneer jij jezelf als de absolute specialist voor deze doelgroep laat gelden en je daarmee het vertrouwen kunt winnen.

Stel dat je pijn hebt in je schouder en je besluit om naar de apotheek te gaan. Bij binnenkomst zie je meteen twee grote schappen met twee soorten zalfjes staan. Schap nummer één bevat een wondermiddel dat alle mogelijke pijnklachten in je lichaam verhelpt en goed nieuws: het is nog in de aanbieding ook. Schap nummer twee bevat een zalf die specifiek tegen pijn in de schouder is voor mensen van jouw geslacht en leeftijd. Het is niet in de aanbieding. Welke zul je eerder aanschaffen?

Je zult waarschijnlijk uit schap twee kiezen. We noemen dit het ambiguïteit-effect. Hierbij wordt een beslissing beïnvloed door gebrek aan informatie. Het effect betekent dat mensen de neiging hebben om eerder te kiezen voor een optie waarbij de kans op een gunstige afloop bekend is, dan een optie waarbij die kans onbekend is. Hierdoor is men geneigd om uit opties met een gelijk resultaat te kiezen voor de bekendste, al dan niet de meest herkenbare optie. FOMO is de angst om iets mis te lopen, maar ook de angst om de verkeerde keuze te maken. Voor angst is echter maar één medicijn en dat is vertrouwen.

> *"Angst klopte op de deur, vertrouwen deed open en zag niemand staan..."*
>
> Martin Luther King

Hoe bouw je dan nog meer aan vertrouwen, naast het gevoel van herkenning bij je doelgroep? Daarvoor kunnen we ons voorbeeld nog iets uitbreiden. Stel je voor dat er naast deze twee schappen een persoon in een witte jas staat die ogenschijnlijk veel weg heeft van een dokter. Wanneer je deze persoon uitlegt wat precies je kwaal is en hierna het advies voor het zalfje uit schap nummer twee krijgt, welke ben je dan (nog meer) geneigd om aan te schaffen?

Het 'wittejassensyndroom' en de autoriteit die wij toekennen aan een expert geeft ons rust en met name vertrouwen. Het mooiste voorbeeld daarvan komt uit een conference van Herman Finkers:

Mijn opa lag op sterven, en op een gegeven ogenblik zei de dokter:
'Ja, hij is overleden.'
Waarop mijn opa zijn ogen opensloeg, en zei:
'Ik bin nog neet dood heur.'
Waarop mijn oma zei:
'Holdt oe stil Wilm, dokter zal t toch wal better wetten as ie.'

Een specialist geniet meer autoriteit dan de alleskunner. De diagnose van de dokter kun je ook op je website gebruiken. In afbeelding 9.12 zie je bijvoorbeeld de website van Kirsten Nelis. Zij helpt mensen onder andere om te herstellen van een burn-out. In plaats van al haar bezoekers met hetzelfde aanbod te confronteren, biedt zij een burnout-test aan. Hiermee kan een bezoeker zijn of haar kenmerken en klachten opgeven en vervolgens een diagnose en bijbehorend recept op maat van Kirsten verwachten. Iemand zal zich veel persoonlijker aangesproken voelen door een dergelijk advies.

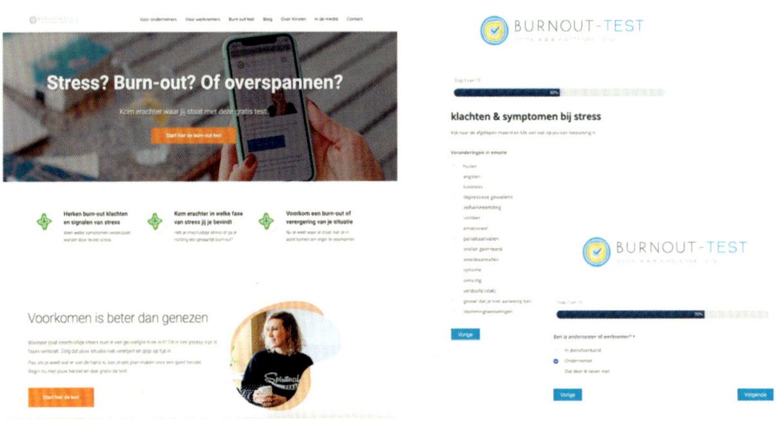

Afbeelding 9.12 - Test voor het verstrekken van een advies op maat op kirstennelis.nl

10. CONVERSIEGERICHT WEBDESIGN

Nu je weet hoe aandacht werkt in een online wereld, gaan we de vertaalslag naar de praktijk maken door deze inzichten te verwerken in een effectief webdesign. Je weet ondertussen dat je een bezoeker binnen 2,6 seconden moet overtuigen om op je website te blijven. Het belangrijkste hierbij is dat deze bezoeker je website vertrouwt. Hoe doe je dat?

> *"Great web design without functionality is like a sports car with no engine"*
>
> Paul Cookson

Britse onderzoekers kwamen erachter dat de eerste indruk van een website voor 94% gebaseerd is op design. Feedback over een slechte eerste indruk bevatte vaak argumenten zoals te veel tekst, te *corporate* uitstraling, lastig om te navigeren, niet duidelijk wat er van mij als bezoeker verwacht wordt of simpelweg dat de website er 'lelijk' uitzag. Een slechte eerste indruk van het design resulteerde er ook in dat mensen het bedrijf achter de website minder vertrouwden. Slechts 6% van de feedback van de eerste indruk ging over de echte content die op de websites stond.

Een andere studie van B.J. Fogg, waarbij deelnemers langere tijd op een website verbleven om hun mening over de betrouwbaarheid van de site te vormen, komt op een soortgelijke conclusie. 74,6% van hen beoordeelden de betrouwbaarheid van de website op basis van het design en hoe toegankelijk de informatie op de website voor hen was. Design is dus een eerste belangrijke factor voor vertrouwen. Een creatief en uniek design (wat vrijwel iedere website-eigenaar graag wil, want iedereen wil uniek zijn) werkt veelal conversieverlagend. Wij noemen dit de 'creativiteit-effectiviteitparadox'.

"Een complexe website oogst bewondering, maar een eenvoudige website oogst klanten"

Dat komt omdat creativiteit vaak gepaard gaat met complexiteit. Iets creatiefs wijkt af van iets bestaands en dus is er bij de bezoeker geen sprake van herkenning. Wanneer je bezoeker bijvoorbeeld gewend is dat het menu rechtsboven in een website te vinden is, dan zullen ze het niet waarderen als dat niet zo is en ze het moeten zoeken. In de psychologie wordt dit het *baby duck syndrome* genoemd. Bezoekers en gebruikers van systemen hebben de neiging om vast te houden aan het eerste design dat zij leren en beoordelen andere of nieuwe designs op hun overeenkomst met het origineel. Dat resulteert erin dat bezoekers vaak een voorkeur hebben voor het bekende en een afkeer hebben van het onbekende (zoals ook bij verliesaversie).

Wij hebben dat door de jaren heen ook in de ontwikkeling van onze eigen softwarediensten gemerkt. Bij ieder herdesign merkten wij dat de eerste indruk van bestaande gebruikers vaak een opstandige was. Mensen houden niet van verandering, vroeger was alles beter. Marketingprofessor John Gourville schreef hierover enige tijd geleden dat veel innovaties het niet halen, omdat 'klanten op irrationele wijze het oude product overwaarderen, terwijl bedrijven op irrationele wijze het nieuwe product overwaarderen'. Herkenning is het sleutelwoord en dat komt overeen met het vorige hoofdstuk waarin herkenning het belangrijkste ingrediënt is voor het verdienen van aandacht. Wij hanteren de regel:

"Herkenning leidt tot vertrouwen en vertrouwen leidt tot ontspanning"

Je hebt ontspannen bezoekers met vertrouwen nodig als je wil dat die overgaan tot actie op je website. Daarom wil je ervoor zorgen dat je in het design van je website gebruik maakt van standaarden die over het hele internet gebruikt worden zodat de herkenning zo hoog mogelijk is.

Het is natuurlijk prachtig, al die sierlijke lettertypes met krulletjes, flashy effectjes en knoppen die je zelf hebt laten ontwerpen. Maar werken ze? Wordt een klikbare button op je website door je bezoeker wel als zodanig herkend? Steve Krug, auteur van *Don't make me think* zegt met zijn boektitel eigenlijk al genoeg: zet je bezoeker niet aan het denken. Verspilt je bezoeker namelijk ook maar een miliseconde aan het uitvogelen van je website, gaat dat al ten koste van het consumeren van de inhoud. Zo schrijft hij bijvoorbeeld over de zogenoemde *affordance* (herkenning van de werkwijze) van functionele elementen op je website.

Hij laat in zijn boek zien hoe verschillende soorten knoppen herkend of juist niet herkend worden. In het rechterveld van de afbeelding zie je het woord 'Toegang' staan, waarbij de bezoeker zich afvraagt of dat iets is waarop geklikt kan worden. Het is geen herkenbare link, maar past misschien wel heel mooi in het design. In het middelste veld is de tekst 'Toegang' omkaderd en is het kader ingekleurd, waardoor het al meer op een button lijkt. De bezoeker hoeft daardoor maar kort na te denken ('Ik gok dat dit een knop is') en klikt erop. In het linkerveld zie je de beste variant: de knop is interactief en zo duidelijk klikbaar dat de bezoeker überhaupt niet hoeft na te denken. Daarom wordt er ook direct op geklikt.

Afbeelding 10.1 Herkenbaarheid van call-to-actionbuttons volgens Steve Krug

DE WEBDESIGN LIFEHACK

Nu hebben we het nog enkel gehad over iets kleins als de knoppen op je website. Zo zijn er standaarden voor alle mogelijke elementen op je website. Daar kun je zelf jaren van je leven in verliezen om te testen wat nu het beste werkt, maar gelukkig is er een manier om die leercurve over te slaan en direct gebruik te maken van de inzichten van de beste experts ter wereld op dit gebied.

Google heeft hiervoor de beste webdesigners en gedragswetenschappers in dienst. Zij doen hier al jaren onderzoek naar en hebben een eigen designstijl ontwikkeld die zij 'material design' noemen. Dit gebruiken zij op al hun eigen diensten en veel grote partijen zoals Apple, Adobe, Microsoft en Twitter gebruiken eenzelfde standaard. Deze diensten gebruiken jouw websitebezoekers waarschijnlijk dagelijks en voelen daardoor erg vertrouwd.

Google heeft het makkelijk gemaakt voor webdesigners om dit design tot in detail over te nemen door de *Material Design Guide* gratis online te zetten.

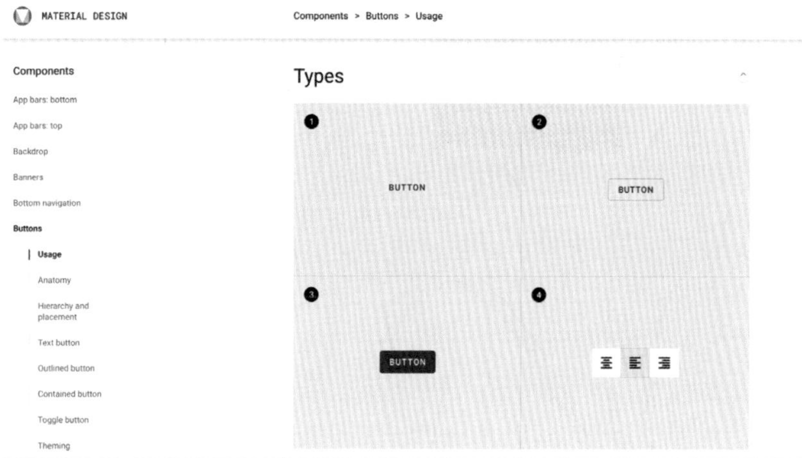

Afbeelding 10.2 Material Design Guide door Google

Wij verwerken material design en enkele afgeleiden daarvan sinds 2017 standaard in onze Phoenix websitesoftware. Youri Meuleman, internetondernemer en een van onze gebruikers merkte wat deze designstandaard met je conversie kan doen. Toen hij overschakelde van de oude versie van onze software (nog zonder material design) naar de nieuwe, zagen we een opmerkelijk verschil.

Op zijn belangrijkste verkooppagina (conversiepagina) behaalde hij een conversieratio van 5,87%. Na de overstap op material design steeg dit naar 8,96%. Zijn conversieratio steeg met ruim 52%, door enkel het design aan te passen. De content, indeling en prijs van het product op de pagina bleef verder ongewijzigd. Een bizar verschil en (zeker op jaarbasis) een enorme groei van zijn omzet. Dit voorbeeld laat zien hoe belangrijk iets 'simpels' als je designstandaard kan zijn.

DE WEG VAN DE MINSTE WEERSTAND

Wanneer je jouw design en positionering (voor welke doelgroep je er bent) op orde hebt, dan heb je de eerste horde, oftewel de eerste conversiekiller, overkomen. Je bezoeker haakt dan in ieder geval niet direct af op basis van de eerste indruk en daarmee win je de eerste seconden. Vervolgens is het zaak om je website ook te laten werken voor je bezoeker.

We kijken dan niet meer zozeer naar het design, maar eerder naar de *user experience* (UX) of *usability* van je website. Hoe makkelijk kan een bezoeker door de website navigeren? Hoe duidelijk is het voor een bezoeker waar hij op moet klikken? Hoe eenvoudig komt je bezoeker bij zijn doel?

Afbeelding 10.3 Design versus user experience

Een websitebezoeker reageert (kijkt en klikt) impulsief en kiest de weg van de minste weerstand om het liefst zo recht en makkelijk mogelijk op zijn doel af te gaan. Daar moet je jouw bezoekers mee helpen en dat betekent dat je jouw website hierop moet inrichten.

Traditioneel maken website-eigenaren gebruik van *user centered design*. Hierbij staat de user (gebruiker) centraal. Denk hierbij aan een traditionele website met een (uitklap)menu, zijbalk en tal van verschillende opties om direct op te klikken. Zo kan de bezoeker op elke pagina naar ieder mogelijk onderdeel van de website navigeren. Alle informatie of beter gezegd, alle paden er naartoe zijn altijd in beeld en direct beschikbaar. Vrij verwoord zeg je hiermee tegen je bezoekers: 'Hier heb je al onze informatie bij elkaar, kijk zelf maar wat je interessant genoeg vindt om op te klikken...'

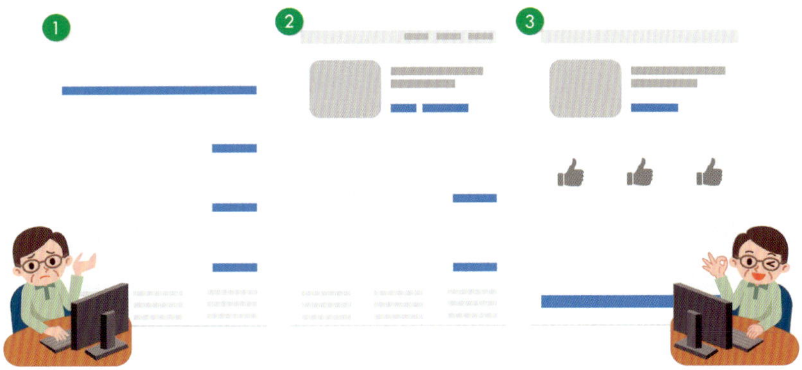

Afbeelding 10.4 Van user centered naar conversion centered design

We herkennen drie manieren om jouw website in te richten, zoals te zien is in afbeelding 10.4.

Versie 1: Dit is wat we bedoelen met user centered design. Deze traditionele omgekeerde L-vorm (de header met het menu en de zijbalk) is op iedere pagina gelijk, alleen het contentgedeelte bevat per pagina een andere inhoud. Hoewel een dergelijk ingedeelde website als 'goed bedoeld' voelt, slaat het veelal de plank mis. Een bezoeker wil namelijk geen overvloed aan opties en de keuzestress die dit met zich meebrengt (zoals je ondertussen weet). Een bezoeker wil niet zelf op onderzoek uit hoeven gaan.

Versie 2: Het werkt vaak beter om je belangrijkste informatie al direct voor je bezoeker uit te lichten. Zoals een uitgelicht contentblok boven je content met daarin je primaire aanbod en je call-to-action. Dit trekt de aandacht en geeft een duidelijk instappunt voor een nieuwe bezoeker.

Op imu.nl gebruiken wij een dergelijke opzet op de homepage. Bovenaan op onze homepage staat een pakkende titel, ondertitel en een knop met de tekst 'Start hier'. Deze knop wijst naar onze gratis e-books, deze fungeren namelijk als startersgidsen en zijn het instappunt van onze marketingfunnels (waarover later meer). Onder de hero unit staan onze diensten, recente blogs en verdere handige informatie.

Versie 3: Nog beter werkt het wanneer jij als website-eigenaar de beste keuze voor je bezoeker al hebt gemaakt en vervolgens ook alle andere afleiding elimineert. Zet je hele pagina in het teken van één concreet aanbod inclusief call-to-action en daarbij redenen en voordelen voor je bezoeker om die actie te nemen. Je elimineert dan alle afleiding en er is voor je bezoeker geen enkele sprake van *information overload* of keuzestress meer. We noemen dit *conversion centered design*. De conversie (call-to-action) staat centraal en de hele pagina is ingericht om de bezoeker die actie te laten ondernemen.

We zagen dit in de praktijk ook goed terug bij een van onze experimenten. Voor de website van het administratiekantoor Loorbach Financiële Diensten hebben we getest wat het verschil zou zijn van een dergelijke optimalisatieslag.

Op de oude versie van de homepage (zie afbeelding 10.5) gaven wij een bezoeker zes verschillende keuzes. Dit kun je zien als zes instappunten voor de verschillende diensten (conversiepaden) op de website zoals boekhouding voor ZZP'ers, webshops of voor horeca. Om een bezoeker met keuzestress toch te helpen hebben wij de eerste keuze (het eerste blokje) een andere kleur gegeven zodat deze meer opvalt.

Op de nieuwe homepage hebben wij deze zes keuzes verruild voor één keuze. We spreken een bezoeker direct aan op zijn primaire behoefte en geven een bijbehorende call-to-action. Onder deze hero unit met call-to-action hebben wij wat specifieke voordelen (unique selling points) van de dienstverlening geplaatst zoals de tijd- en geldbesparing door automatisering en het zelf kunnen inscannen van bonnetjes. De schoenendoos met bonnetjes die ieder kwartaal naar de boekhouder moet en altijd onvolledig is, vormt namelijk een grote frustratie van de doelgroep.

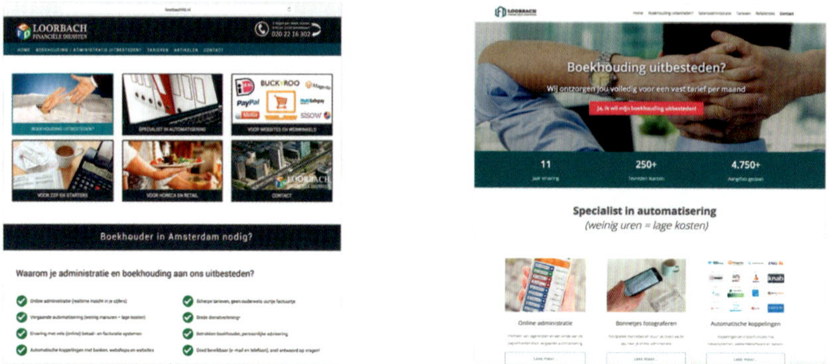

Afbeelding 10.5 Van user centered design naar conversion centered design op loorbachfd.nl

De resultaten waren verbluffend. De tweede versie van de homepage was goed voor een verdrievoudiging van de conversieratio. Drie keer zoveel leads (ingevulde contactformulieren en telefoontjes) op precies hetzelfde aantal bezoekers. Als je er rekening mee houdt dat een ondernemer gemiddeld 15 jaar bij dezelfde boekhouder blijft, dan snap je de absurde impact van deze verbetering.

Hierbij gebiedt de eerlijkheid ons wel om te zeggen dat het lastig is om deze stijging zuiver aan de verandering van het aantal keuzes te wijten, omdat ook het logo en de designstijl gewijzigd is (en we weten hoe belangrijk het design is in relatie tot vertrouwen).

Hoe specifieker je durft te zijn bij het kiezen van je doelgroep, hoe specifieker je ook kunt adverteren en scoren in Google. Vervolgens kun je deze bezoekers specifiek wijzen op datgene dat zij zoeken (*aandacht verdienen*), het vertrouwen wekken dat ze hiervoor bij jou moeten zijn (*aandacht vasthouden*) en ze helpen om deze keuze direct te maken (*aandacht verzilveren in eén conversie*).

In het geval van loorbachfd.nl zie je dit aangeraden proces mooi samen gevangen in één beeld. Een bezoeker die specifiek gezocht heeft op 'boekhouding uitbesteden amsterdam' komt op een website waar deze zoekopdracht direct beantwoord wordt met een aansluitend aanbod: 'Boekhouding uitbesteden?'. Ook de call-to-action komt overeen met de zoekopdracht: 'Ja, ik wil mijn boekhouding uitbesteden'. We laten onze autoriteit zien door onze ervaring (de witte doktersjas) en gebruiken letterlijk het woord 'specialist' om de specialisatie van de dienstverlening aan te geven. Een bezoeker weet wat we doen en waarom zij daarvoor bij ons zouden moeten zijn.

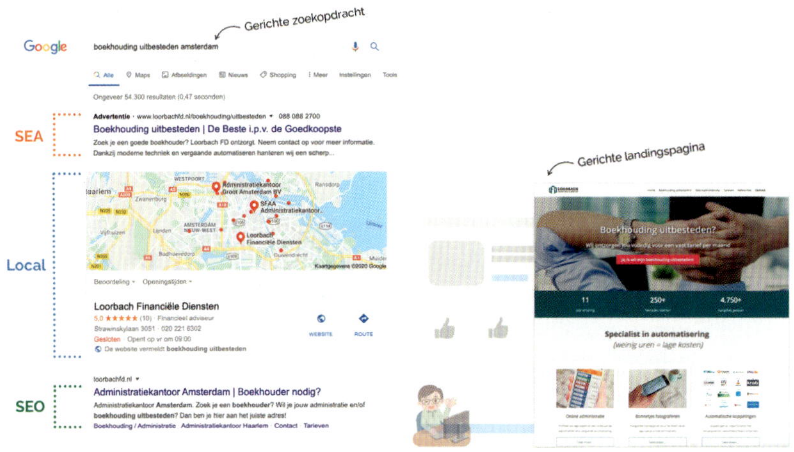

Afbeelding 10.6 Van gerichte bezoeker uit Google naar conversiegerichte website

ENERGY FLOWS, WHERE ATTENTION GOES

Wanneer je website is ingericht op basis van conversion centered design, dan staat je call-to-action (CTA) op iedere pagina centraal. Vervolgens is het zaak dat je die CTA zo goed mogelijk laat opvallen zodat de bezoeker hierop focust. Hiervoor gebruiken wij *attention driven design*, dat betekent dat je de aandacht van je bezoeker door middel van je design de juiste kant op stuurt.

Om de aandacht van je bezoeker de juiste kant op te sturen, moet je het juiste deel van het brein prikkelen. Wij gebruiken hierbij de theorie van Paul MacLean (1992), zoals hij deze beschreef in *The Triune Brain in Evolution*. Hij spreekt van drie breinen, die allemaal bij de mens aanwezig zijn:

1. Ons oude **reptielenbrein**, ook wel de hersenstam. Dit brein zorgt voor de basisbehoeften om te overleven zoals je bloedsomloop, ademhaling, spijsvertering en *fight or flight* instincten.
2. Ons middelste **zoogdierenbrein**, ook wel het limbisch systeem. Hier verwerken we onze emoties en bewaren we onder andere ons geheugen. De impulsen die het reptielenbrein ontvangt, worden verder verwerkt in het zoogdierenbrein.
3. Ons nieuwste **menselijke brein**, ook wel de neocortex. We gebruiken dit brein voor rationeel redeneren, bewuste bewegingen, abstract denken en taal.

Hoe ouder het brein, hoe meer impact het brein op ons gedrag heeft. Niet voor niets wordt ons oerbrein (de combinatie van brein 1 en 2) ook wel met ons onderbewustzijn vergeleken. Dit brein is veel ouder dan ons nieuwe menselijke brein. Wanneer je een film van 50 minuten zou maken waarin je de evolutie van ons brein toont, komt de neortex pas in de laatste tienden van seconden in beeld.

Het is daarom zaak om het oerbrein van je bezoekers te kietelen en daarmee hun aandacht en gedrag te beïnvloeden. We geven je een aantal technieken die je hiervoor kunt gebruiken. Eerder leerde je al dat ons oerbrein egocentrisch is ingesteld. Om op dat gedeelte van het brein in te spelen is het belangrijk dat je bezoeker zich aangesproken voelt (*WII FM*), daar hebben we het al uitvoerig over gehad.

Naast egocentrisch is ons brein visueel ingesteld. Onze neocortex (het rationele brein) - waarmee we razendsnel informatie kunnen verwerken - is veel nieuwer dan ons oerbrein. Daarom vertrouwt het op ons oude brein voor het verwerken van visuele input om te overleven. Zo kunnen we bijvoorbeeld *instant* reageren op iets wat op een slang lijkt, nog voordat we de slang echt herkennen. Ons oerbrein verwerkt in 13 milliseconden een afbeelding en het verwerkt visuele informatie überhaupt 60.000 keer sneller dan tekst. John Median beschreef in zijn boek *Brain Rules* dat mensen na 72 uur nog maar 10% onthouden hebben van informatie die via spraak is overgebracht. Dit percentage steeg naar 65% wanneer er een afbeelding werd bijgevoegd (zoals een powerpointslide).

Emotie gaat boven ratio en dus wil je zorgen voor een visuele suprematie op je website. Dit betekent dat afbeeldingen de overhand hebben op tekst. Onderzoek wijst uit dat bezoekers op websites het eerst naar foto's van mensen kijken. We bedoelen dan echte foto's en dus geen illustraties. Daarbij is het veelal zo dat hoe jonger de mens, hoe meer aandacht wij eraan schenken. Babyfoto's trekken dus de meeste aandacht. Deze worden gevolgd door foto's van aantrekkelijke vrouwen die zowel door mannen als vrouwen gewaardeerd worden. Dat klinkt ontzettend seksistisch en dat is het ook, maar onderzoeken bevestigen dit wel. Behalve andere mensen, trekken ook afbeeldingen van voedsel onze aandacht. Beiden zijn logisch te verklaren als je vanuit ons overlevingsinstinct redeneert.

Moet je dan je hele website volproppen met babyfoto's, modellen of voedselwaar? Nee, je wil immers niet op elk detail van je website de aandacht focussen. Je kunt deze wijsheid wel gebruiken voor je advertenties en een specifiek onderdeel op je pagina waar je die aandacht wil hebben. Usabilityspecialist James Breeze analyseerde hoe advertenties met babyfoto's werden bekeken (*eye tracking*) en publiceerde zijn resultaten onder de noemer *You look where they loo*k. In zijn *heatmap* (warmtebeeld of aandachtkaart) zie je bijvoorbeeld dat de afbeelding meer aandacht trekt dan de tekst. Door de bezoeker met de ogen van de baby te sturen kun je wel de aandacht naar de tekst verschuiven.

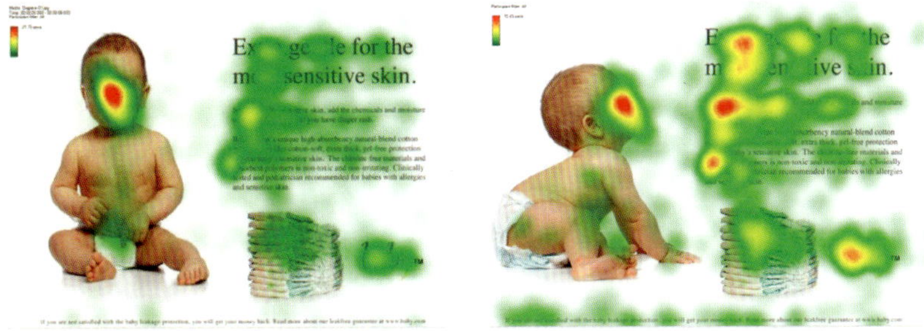

Afbeelding 10.7 Heatmap van James Breeze uit zijn publicatie *You look where they look*

In dit voorbeeld zie je al hoe belangrijk het is om je tekst visueel te ondersteunen en zeker ook om een heatmap aan je website toe te voegen zodat je weet waar je bezoekers daadwerkelijk naar kijken. Je kunt dit met de software van Hotjar eenvoudig op je website installeren.

Ga er niet van uit dat een bezoeker je zorgvuldig geschreven tekst leest. Je kunt de aandacht van je bezoeker wel sturen met zogenoemde *visual cues* (visuele aanwijzingen). Het voorbeeld van de baby noemen we *gaze cueing*. Bezoekers op je website kijken als eerste in de ogen van andere mensen en wanneer die ogen ergens naartoe kijken, dan zullen we dit voorbeeld volgen. Een andere vorm van het gebruik van een visuele aanwijzing is bijvoorbeeld gebruik maken van pijlen. Hier zie je hoe we beide technieken op een oude versie van tonnyloorbach.nl hebben verwerkt:

Afbeelding 10.8 Gaze cueing door Tonny voor het sturen van bezoekers naar de call-to-action

Je ziet in afbeelding 10.8 in de linker versie een Tonny die enigszins verliefd naar een kleinere versie van zichzelf kijkt. Om maar niets aan het toeval over te laten en geen enkel risico te lopen dat de bezoeker de CTA mist, houdt deze mini-Tonny ook nog eens een grote rode pijl vast. Hoewel dit zeer effectief werkt om deze knop onder aandacht te brengen, had deze beter op een andere plek kunnen staan. Nu leidt het effect de aandacht namelijk af van de content en stuurt het de bezoeker al naar de CTA nog voordat die weet waar de actie precies voor dient. Daarnaast past de opbouw (van links naar rechts) niet meer in ons moderne design waarin we van boven naar beneden werken. Rechts zie je een betere uitvoering waarop een digitale Tonny naar de CTA kijkt.

Afbeeldingen maken je boodschap en producten tastbaar zoals je hier ook ziet bij de digitale boekcover. Tastbaarheid is een trigger in ons oerbrein. Snel kunnen herkennen hoe iets zou kunnen voelen of smaken is essentieel voor ons overlevingsmechanisme. Hierover zullen we je meer tips geven in het volgende hoofdstuk van dit boek over de opbouw van landingspagina's.

Om je website visueler te maken, kun je werken met *stock photos*. Dit zijn algemene foto's en illustraties die je kunt kopen. Het nadeel van stock photos is alleen dat ze de persoonlijkheid uit je website halen. Daarom raden we je aan om zoveel mogelijk met eigen foto's te werken.

Naast egocentrisme, visuele suprematie, emotie en tastbaarheid reageert ons oerbrein met name snel op contrast. Doordat we duidelijke verschillen zien, stelt het reptielenbrein ons in staat om snel te beslissen. Verschil herkennen tussen snel/langzaam, rijp/rot, vloeibaar/vast, agressief/vredelievend, veilig/onveilig vergroot onze overlevingskansen. De bekendste vorm van werken met contrast herken je wellicht van voor- en nafoto's op websites van sportscholen. Let in afbeelding 10.9 bijvoorbeeld eens op dat guitige kereltje aan de linkerkant.

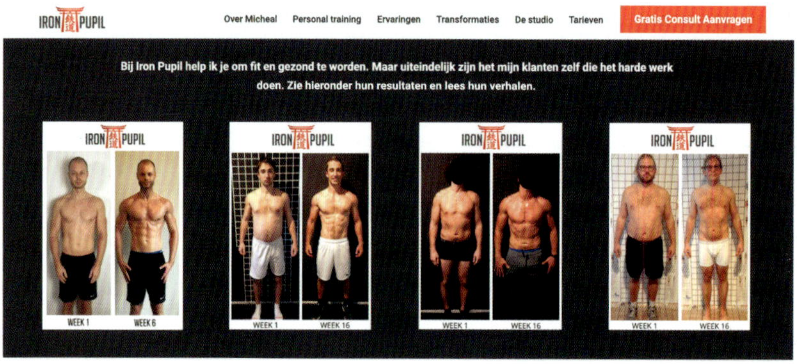

Afbeelding 10.9 - Contrast op website van personal trainer ironpupil.com

Contrast kun je in verschillende vormen gebruiken om de aandacht van je bezoeker te grijpen en te richten. Denk bijvoorbeeld aan een kleurcontrast. Naar welk potje jam kijk jij als eerste in afbeelding 10.10? We noemen dit het *Von Restorff effect* en in iets populairdere naamgeving het isolatie-effect. Door één specifiek element op je pagina een opvallende contrasterende kleur te geven, zal het als eerste opvallen. Dit kun je bijvoorbeeld doen met je CTA-knop. We zien vaak dat webdesigners zich aan een bepaalde huisstijl willen houden en daarom een hele pagina in dezelfde kleurtonen vormgeven. Knoppen in dezelfde kleur als je huisstijl, vallen echter niet meer op.

Afbeelding 10.10 Von Restorff effect en de knijp-met-je-ogen-test

Wij gebruiken daarom altijd een primaire en een secundaire huisstijlkleur en laten deze het liefst met elkaar contrasteren. De secundaire kleur is bedoeld voor alle website-elementen die actiegericht zijn. Hier zie je bijvoorbeeld hoe wij op een pagina de CTA-button met een felle kleur extra op laten vallen. We gebruiken hiervoor onze zelf gecreëerde maar uitermate handige 'knijp-met-je-ogen-test'. Wanneer je een pagina zo wazig mogelijk zou zien, kun je dan nog steeds in één oogopslag zien waar de CTA-button staat? We noemen dit 'CTA-dominanti*e*'. Aartjan van Erkel beschrijft dit in zijn boek *Verleiden op internet* als het vraagstuk van 'Waar is de banaan?'. Beeld je bezoekers in als een stel hongerige apen die op zoek zijn naar een banaan.

In plaats van een andere kleur of een afbeelding kun je ook het patroon van je pagina breken door eenmalig een ander lettertype te gebruiken voor de belangrijkste boodschap. In afbeelding 10.11 zie je bijvoorbeeld op onze website hoe wij een combinatie van visuele suprematie (afbeelding), een *visual cue* (pijltje) en een ander lettertype gecombineerd hebben. Het handgeschreven lettertype is niet geschikt voor de hele pagina, maar valt wel extra op bij eenmalig gebruik.

Afbeelding 10.11 Interruptie-afbeelding en interruptie-tekst breekt het patroon voor de lezer

Zo'n grote afbeelding die je content breekt noemen we een interruptie-afbeelding en wanneer we dit met enkel tekst doen (zoals bij een grote tussenkop) noemen we het interruptietekst. In het voorbeeld zie je ook nog een andere vorm van CTA-dominantie. In het menu op deze pagina is de laatste menuknop (de CTA) oranje gemaakt waardoor die meer opvalt. We noemen dit een geprioriteerde navigatie, omdat het in één oogopslag duidelijk is welk item de prioriteit heeft.

Er zijn talloze manieren om een element op je website te laten contrasteren met de rest van de content. Dat kan met afbeeldingen, pijlen, kleuren, lettertypes en vormen, maar ook met het overlappen van content. We hadden het eerder al over de beruchte rode bolletjes op de apps op je mobiele telefoon en hoe moeilijk het is om die te weerstaan. Dat komt deels omdat deze overlappen met het app-icoon. Als ze netjes onderdeel van het app-icoon waren geweest, vielen ze minder op.

Zo vinden veel mensen het bijvoorbeeld frustrerend wanneer alle boeken op een plank op volgorde van grootte staan, op één na. Of in de sportschool als er 1 dumbell op de verkeerde plek staat. En zo hebben we bij het schrijven van ons boek ook gemerkt dat één van ons er zeer slecht tegen kan als er net één
laatste
woord op een volgende regel of pagina
valt.

Een element dat perfect uitgelijnd in je paginaontwerp past, zal ook minder aandacht krijgen dan een element dat buiten de kaders valt. Hier zie je hoe een *magnet* met CTA op onze videopagina overlapt met de rest van de paginacontent. Alle video's zijn netjes uitgelijnd, maar omdat de magnet er overheen ligt, 'stoort' het ons en dus valt het op. Zonder wrijving geen glans.

Afbeelding 10.12 Magnet voor abonneren op YouTube contrasteert door overlapping

Wij laten een dergelijke magnet na ongeveer drie seconden in beeld 'vliegen' en daar hebben we meerdere redenen voor. Ten eerste doen we dit omdat we weten dat een bezoeker gemiddeld 2,6 seconden op de site blijft om te besluiten of hij blijft. Deze tijd is een onrustige tijd in het brein van je bezoeker, omdat deze alle mogelijke prikkels tegelijk binnen krijgt en verwerkt. Omdat deze storm van prikkels na drie seconden is gaan liggen, tonen wij op dat moment één specifieke nieuwe prikkel in de vorm van onze magnet, die krijgt dan de onverdeelde aandacht.

Ten tweede doen wij dit omdat beweging ons oerbrein prikkelt en onze zintuigen op scherp zet. We gebruiken dan met name een subtiele beweging. Verplaats jezelf eens 100.000 jaar terug in de tijd, dat je nog een jager-verzamelaar bent. Wanneer je door het bos loopt en een tijger op je af ziet sprinten, dan weet je oerinstinct genoeg. Dat wordt vluchten, vechten of bevriezen waarbij de laatste twee niet de voorkeur genieten. Wanneer de beweging echter subtieler is (je zag bijvoorbeeld wat blaadjes bewegen in een struikje verderop), dan maakt dit je alerter. Zo'n ritseling kan namelijk een tijger zijn die voor jou in een hinderlaag ligt.

> *"Motion provides meaning"*
>
> Google

Beweging prikkelt dus onze zintuigen en richt onze aandacht op wat beweegt. Ook Google hanteert in zijn handleiding voor Material Design de stelregel '*motion provides meaning*'. Alles wat beweegt krijgt in de ogen van een bezoeker meer betekenis. Dat kan zelfs een afbeelding zijn van iets dat ooit bewogen lijkt te hebben.

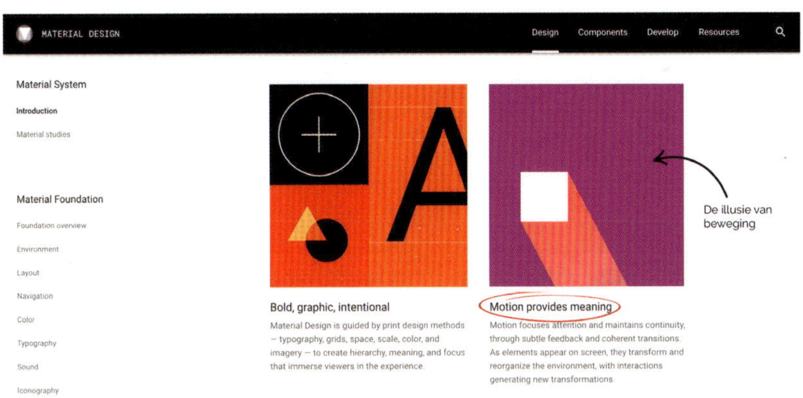

Afbeelding 10.13 Motion provides meaning volgens de Material design guide van Google

Nu we hebben gekeken naar methoden om de aandacht van je bezoeker te sturen, gaan we een stapje verder door dit verschillende keren op dezelfde pagina te doen. Zeker op een wat langere pagina doe je er namelijk goed aan om de aandacht van je lezer niet eenmalig te sturen, maar om die regelmatig te herpakken. Verdeel je pagina daarom in hapklare blokken met visuele ondersteuning.

Een combinatie van tekst en een bijpassende afbeelding noemen we *split content*. Voor de scannende lezer is dat ideaal. Lange lappen tekst ogen namelijk saai, vermoeiend, onoverzichtelijk en nodigen niet uit tot lezen. Ook hier kun je beweging goed gebruiken. Laat bepaalde elementen van je pagina bijvoorbeeld in beeld 'vliegen' of geef ze een subtiele animatie wanneer een lezer erlangs scrolt.

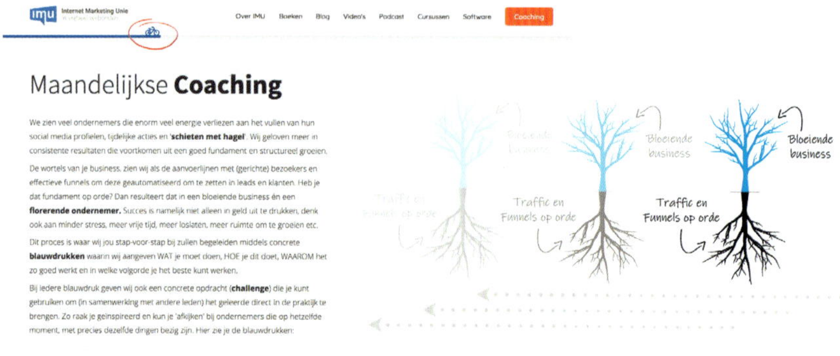

Afbeelding 10.14 Binnenvliegende elementen en een progress bar op imu.nl

Wanneer je jouw lezer wil motiveren om je pagina helemaal uit te lezen en de onderkant te halen waar je de call-to-action staat, dan kun je slim gebruik maken van een *progress bar* (voortgangsbalk). Dit is een bewegend element (in dit voorbeeld een fietsje) dat aan je bezoeker aangeeft hoe ver hij is gevorderd op je pagina. Een progress bar geeft een bezoeker een gevoel van controle. Daarnaast zijn mensen van nature erg gevoelig voor een begin en eind en kan ons brein niet goed omgaan met onafgeronde taken.

Wil je nog iets verder gaan en bepaalde woorden of zinnen in je content meer aandacht geven? Maak dan gebruik van geanimeerde teksteffecten. Denk bijvoorbeeld aan bewegende markeer- en omcirkeleffecten zodra de bezoeker erlangs scrolt. Zo focust de lezer specifiek op dat gedeelte van je content. In dit voorbeeld wordt er de illusie gewekt dat iemand met een groene pen een cirkel om de korting zet. Ook een typend effect kan een vergelijkbaar resultaat geven. In plaats van de tekst direct te tonen, wachten wij tot een bezoeker dit gedeelte van de pagina in beeld krijgt. Vervolgens verschijnt de tekst op dezelfde manier als wanneer het op dat moment ingetypt wordt.

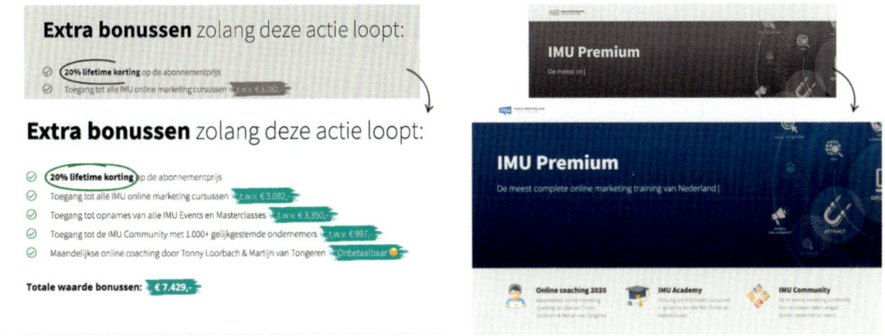

Afbeelding 10.15 Teksteffecten op imu.nl om de aandacht van de lezer te grijpen

MOBILE FIRST DESIGN

Last, but not least sluiten we dit hoofdstuk af met de optimalisatie van de mobiele versie van je website. Mobiel verkeer neemt snel toe en in de meeste branches krijgen websites meer bezoekers via mobiele apparaten dan via laptops en desktops. Dat hebben we ook in het SEO-hoofdstuk al even aangestipt.

De evolutie van webdesign en de mobiele revolutie gingen eigenlijk hand in hand met elkaar. Daar waar we vroeger zo veel mogelijk informatie op een computerbeeldscherm wilden weergeven, was dat op mobiele apparaten simpelweg niet mogelijk. Zelfs als je het probeerde, kwam je erachter dat het onmogelijk werd om een juiste knop aan te klikken. Tenzij je heel kleine vingertjes had.

Het werd al snel noodzakelijk om een *mobile responsive* website te maken die zichzelf aanpaste aan de schermgrootte. Doordat mensen steeds meer tijd op mobiele apparaten doorbrengen, verandert dit ook het gebruikersgedrag op grotere schermen. Google gaf in de eerste versie van de Material Design guide al duidelijk aan wat het verschil is tussen een responsive website (links op afbeelding 10.16) en een website die specifiek vormgegeven is voor een mobiel apparaat.

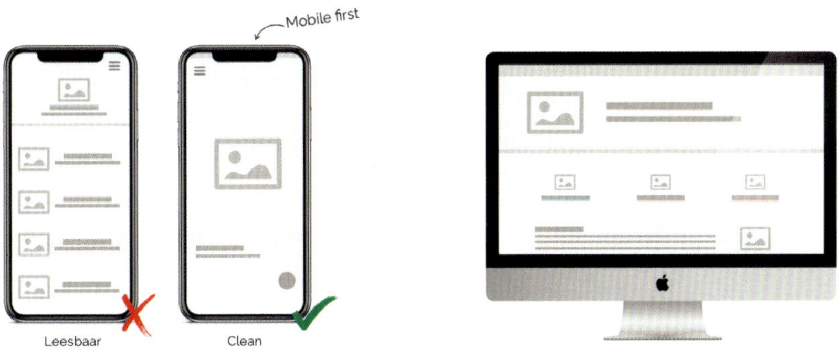

Afbeelding 10.16 Het verschil tussen mobile responsive design en mobile first design

De designtrend werd dan ook om een rustiger en cleaner design te hanteren, met de focus op één specifiek element in het scherm. Verder geen poespas aan de linker- of rechterkant. We zien dat ons gedrag op desktops nu ook geëvolueerd is, omdat we meer tijd spenderen op mobiele apparaten dan op desktops. Oude websites met universele zijbalken komen steeds minder voor. Websites moeten niet meer *mobile responsive*, maar eerder *mobile first* zijn. Je begint met het bouwen van een mobiele versie van je website en die laat je op grotere schermen meeschalen in plaats van andersom.

Een interessante nieuwe trend die is ontwikkeld door de mobiele revolutie, is dat zowel op desktop als op mobiel mensen tegenwoordig meer scrollen dan dat ze navigeren. Websitebezoekers waren van oudsher navigatie-georiënteerd: hun ogen bewogen van links naar rechts over het scherm en er werd geklikt op menu-items om door de website te navigeren.

Tegenwoordig gaan onze ogen van boven naar beneden en scrolt meer dan de helft van de bezoekers omlaag voordat zij ergens op klikken. Een *pagination* (pagina-nummering) maakt daarom al snel plaats voor een *infinite scroll* (oneindig kunnen scrollen). Zodra je aan de onderkant van een pagina komt, wordt een volgende hoeveelheid elementen ingeladen. Dit fenomeen noemen we *lazy loading*.

Afbeelding 10.17 De dood van de zijbalk

Om ondernemers op deze trend te wijzen en stiekem om er wat extra aandacht mee te verdienen, hebben wij deze trend wel eens gedoopt tot de 'dood van de zijbalk'. We zien dat website-elementen in een zijbalk steeds minder aandacht krijgen. Zodoende is het raadzaam om een call-to-action zoals een banner of een aanmeldformulier voor een aanbod eerder onder, dan naast je content te plaatsen.

Ook Google kondigde in februari 2016 al aan dat zij de advertenties (SEA) uit de rechter zijbalk zou verwijderen en voortaan enkel nog bovenaan en onderaan de zoekresultaten zou tonen. Dit in navolging van een eerder persbericht uit oktober 2015 waarin Google voor het eerst aangaf dat er meer zoekopdrachten via mobiele apparaten binnenkwamen dan via de traditionele grotere schermen.

Door de enorme toename van internetgebruik op mobiele apparaten, hebben we onszelf aangeleerd om (vrijwel direct) na het laden van een pagina te beginnen met scrollen. Daarom moeten onze websites tegenwoordig scrollbestendig zijn. Je wil er dus voor zorgen dat mensen een goed beeld krijgen van jouw website wanneer ze van boven naar beneden scrollen.

Om te beginnen is het daarom handig als je menu *sticky* is. Dit betekent dat je menubalk met logo en menu-items op mobiele apparaten vast in beeld staat. Wanneer dat niet zo is, verdwijnt deze al bij een eerste scroll en kan je bezoeker niet gemakkelijk meer navigeren. Wat je echter nog liever vast in beeld hebt staan, is je primaire call-to-action per pagina.

Stel je voor dat je een (conversie)pagina voor je product of dienst hebt gemaakt met veel informatie, afbeeldingen, video's, klantreacties en productkenmerken. Die zal in een mobiele variant een stuk langwerpiger uitpakken dan op je laptop. Je bezoeker moet dus flink scrollen om alles te lezen. Wanneer je CTA-button (in dit geval je betaalknop) enkel bovenaan, onderaan of ergens middenin de content staat, dan moet je bezoeker hem zoeken. Je wil je bezoeker alleen niet aan het werk zetten. Zo zie je in de mobiele versie van de webshop van Coolblue bijvoorbeeld dat de bestelknop altijd vast onderaan in beeld staat.

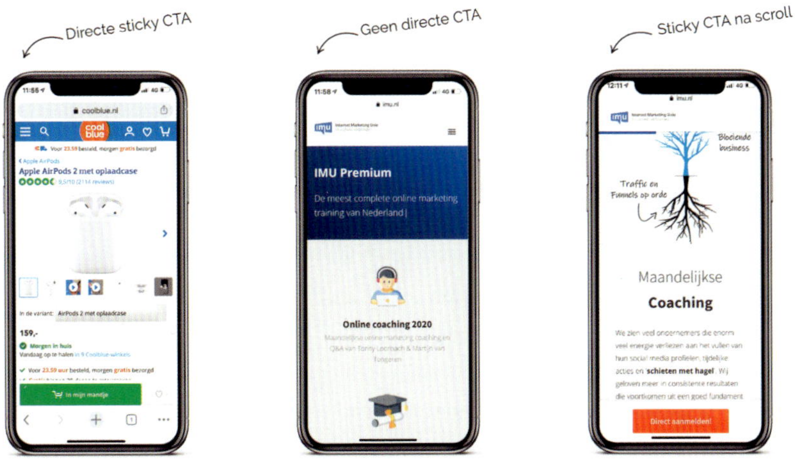

Afbeelding 10.18 Sticky CTA bij CoolBlue en sticky CTA na scroll op imu.nl

Deze button staat onderaan in het mobiele scherm, omdat dat de plek is waar je duim naartoe gaat als je ergens op wil klikken. Onderzoek wijst uit dat mensen hierdoor sneller geneigd zijn om op de knop te klikken en dit zal je al een flinke conversiestijging op mobiele apparaten geven.

Maar stel dat je jouw bezoeker niet direct (nog voordat hij je content heeft gelezen) wil confronteren of afleiden met een bestelknop. Het kan heel goed zijn dat je eerst de onverdeelde aandacht van je lezers nodig hebt om een behoefte op te wekken en ze warm te maken voor je aanbod. Als jouw bezoekers voordat ze gaan lezen direct al op je betaalknop klikken, worden ze zonder jouw context geconfronteerd met de prijs en krijgt je pagina ook bij de eerste indruk al een commerciële lading.

Wat in dit geval beter werkt, is dat je jouw bestelknop pas vast in beeld zet vanaf het moment dat je lezer deze (al scrollende en lezende) voor het eerst in beeld gekregen heeft. Dit kan bijvoorbeeld halverwege je content zijn of zelfs pas helemaal onderaan. Wanneer een lezer na het zien van de bestelknop nog heen en weer blijft scrollen om verschillende stukken van je content (na) te lezen, dan blijft de knop wel constant in beeld. Zo kan je lezer alsnog op ieder moment meteen bestellen.

Naast een aangepaste weergave van je website op mobiele apparaten zijn er nog drie andere aspecten onmisbaar voor een optimale conversie op mobiele apparaten:

1. Snelheid
2. Snelheid
3. Snelheid

Een trage website is moordend voor je resultaat. Eerder stipten we dit ook al even aan in het deel over SEO en het gebruik van Accelerated Mobile Pages van Google. Voor conversiepagina's en productpagina's in je webwinkel kun je die echter niet gebruiken. Daarom moet je de snelheid van je pagina's zelf nauwlettend in de gaten houden. Zeker op mobiele apparaten is snelheid de absolute sleutel tot succes. Walmart ontdekte bijvoorbeeld dat iedere seconde winst in de laadtijd van de pagina's, de conversieratio met maar liefst 2% verhoogde.

> *"Don't make me think? Don't make me wait!"*
>
> Steve Krug & IMU

Wanneer je de scrolltrend die we zojuist benoemden combineert met de mobiele revolutie, dan mag je concluderen dat je met een specifieke landings- of conversie-pagina, die geoptimaliseerd is voor de scannende, mobiele bezoeker het beste af bent. Daarover gaat het volgende deel.

11. WEB VAN LANDINGSPAGINA'S

Werken met landingspagina's is de logische conclusie als je de trends uit de vorige hoofdstukken naast elkaar zet. Wanneer je bezoeker van boven naar beneden leest, meer scrolt dan navigeert, nauwelijks afleiding kan verdragen, en een mobile first design wil zien, kom je uit op een landingspagina als ideale manier om bezoekers effectief om te zetten in conversie.

"Conversion rate optimization really isn't about optimizing web pages, it's about optimizing decisions and the page itself is a means to an end but not an end itself"

Michael Lykke Aagaard

Een landingspagina is simpelweg een pagina waar een bezoeker op 'landt' nadat hij bijvoorbeeld op een advertentie of een Google-resultaat heeft geklikt en je website binnenkomt. In zekere zin is dus iedere pagina op je website een landingspagina, want je bezoeker moet altijd op een pagina binnenkomen. Hierdoor is het woord vaak verwarrend.

Wij spreken eerder van een conversiepagina, omdat het meer zegt over het doel van de pagina. Idealiter is dit één pagina met één doel. Hoe meer keuze je aan een bezoeker geeft, hoe minder keuze een bezoeker maakt. De hele pagina staat in het teken van één concrete call-to-action en begeleidt een bezoeker hier van boven naar beneden naartoe. Alles wat niet bijdraagt aan of afleidt van dit beslissingsproces, hoort niet thuis op de pagina.

Landingspagina's worden ook wel *squeezepages* genoemd, omdat ze bedoeld zijn om leads en klanten uit een bezoekersstroom te wringen, net zoals je een natte handdoek uitwringt. Deze term wordt meestal gebruikt voor een opt-in-pagina, dat is een pagina die bedoeld is om namen en e-mailadressen te verzamelen en een e-maillijst (nieuwsbrief) op te bouwen. Verschillende soorten conversiepagina's zijn bijvoorbeeld:

- Verkooppagina's (ook wel salespages) voor je producten en diensten
- Opt-in-pagina's voor je e-maillijst
- Inschrijfpagina's voor webinars en evenementen
- Aanvraagpagina's voor offertes, demo's en *product samples*
- Contactpagina's voor leads
- Betaalpagina's voor het afrekenen van producten
- Upsellpagina's voor extra aanbiedingen
- Productpagina's in je webshop
- Quiz- en enquêtepagina's voor marktonderzoek en leadsegmentatie
- Vacaturepagina's voor het krijgen van sollicitanten
- Blogpagina's voor het krijgen van reacties en social media shares
- Videopagina's voor het krijgen van (YouTube)views en abonnees

Op een conversiepagina wil je elke vorm van afleiding elimineren. Laat daarom bijvoorbeeld menuknoppen (naar externe pagina's), een zijbalk, een footer, socialmediaknoppen en links in de tekst achterwege. De enige links en knoppen die op de pagina mogen staan, moeten leiden naar het doel van de specifieke pagina (bijvoorbeeld naar het invullen van een offerteformulier, het downloaden van een gratis weggever of het klikken op de koopknop).

Anchorlinks zijn de uitzondering. Net als bij een inhoudsopgave in je artikelen zijn dit links die je bezoeker naar een andere plek binnen dezelfde pagina verwijzen. Zo kun je bijvoorbeeld wel met een (sticky) menu bovenaan je pagina werken wanneer dit gevuld is met anchorlinks. Je bezoeker heeft dan meer overzicht en controle om door de verschillende onderdelen van je pagina te navigeren, maar blijft wel op dezelfde pagina. Dit noemen we een *onepager*.

We raden je aan om je website als een web van conversiepagina's te zien. Iedere pagina op je website zou idealiter één specifiek doel moeten hebben. Wanneer een pagina überhaupt geen doel heeft of geen concrete actie oplevert, dan is die overbodig. Je kunt die dan voorzien van een doel, of de pagina simpelweg verwijderen. Je homepage is vaak de uitzondering, aangezien dit een knooppunt is van belangrijke instappaden.

In het vorige hoofdstuk lieten wij zien hoe we de website van Loorbach Financiële Diensten omgezet hebben naar *conversion centered webdesign*. Hier zie je hoe daar vervolgens een conversiepagina aan toegevoegd wordt om de specifieke bezoekers uit Google om te zetten in resultaat.

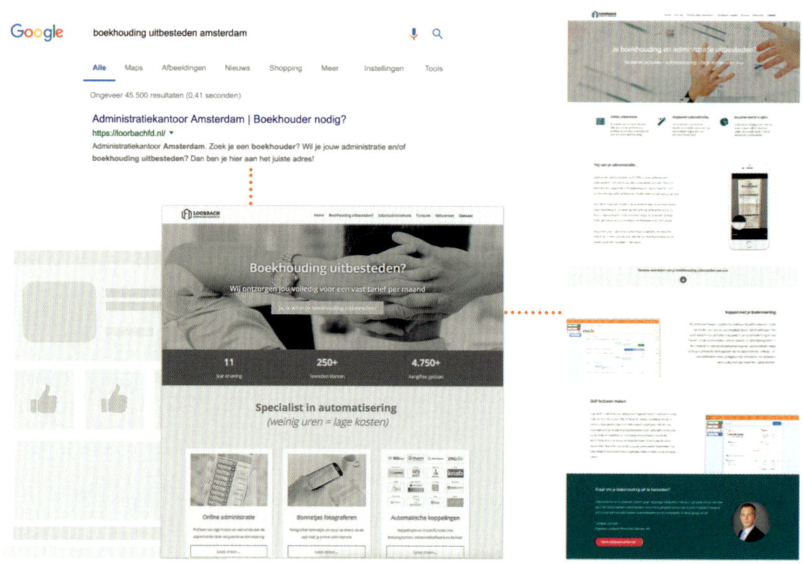

Afbeelding 11.1 Van Google naar conversion centered homepage naar specifieke conversiepagina

VAN A NAAR BETER

Om een bezoeker op je conversiepagina zover te krijgen dat hij daadwerkelijk overgaat tot actie, is het belangrijk om de juiste emotie op te roepen. Het in beweging brengen van je bezoeker gaat zelfs al schuil in het woord 'emotie': dit stamt af van het Latijnse woord 'emovere'. 'Movere' betekent bewegen en 'emovere' betekent energie in beweging. Dit herken je ook in de Engelse taal: 'you move me' betekent dat je 'emotioneel geraakt', al dan niet 'in beweging gebracht' bent.

"Informatie leidt tot analyse, emotie leidt tot actie"

Je conversiepagina speelt in op twee emotionele toestanden van je bezoeker.

De *steady state emotion* van je bezoeker omvat de huidige situatie van je doelgroep. Mensen binnen je doelgroep ervaren in hun huidige situatie bepaalde behoeften, uitdagingen, pijnpunten en angsten die betrekking hebben op jouw dienstverlening.

In het voorbeeld van de webshop met hardloopschoenen zien we de *steady state* van de bezoeker als een persoon (in ons voorbeeld waarschijnlijk een vrouw) met een uitdaging of probleem (ik wil hardlopen maar heb geen schoenen), een bijbehorende behoefte (de juiste hardloopschoenen), een eventuele angst (ik weet niet welke hardloopschoenen voor mij het best zijn) of zelfs pijn (ik heb al meerdere malen een miskoop gedaan).

De *target state emotion* van je doelgroep is de gewenste situatie van je doelgroep waarin ze vrij zijn van hun uitdaging. In het voorbeeld van de webshop kun je dat zien als het bezitten van die gewenste hardloopschoenen, maar je kunt ook verder kijken naar het resultaat van het resultaat. Een *target state emotion* kan hier ook betekenen dat je klant lekker aan het hardlopen is en het comfort ervaart van de juiste schoenen, of zelfs het resultaat daarna in de vorm van blessure- en pijnvrij kunnen hardlopen.

Klanten zijn niet zozeer geïnteresseerd in de (technische) specificaties en kenmerken van je product, maar eerder in het tastbare eindresultaat van je product voor hen en in hoeverre daar een succesgarantie op zit. Zij willen geen boormachines, maar gaten. In het geval van de hardloopschoenen zoeken zij geen schoenen, maar eerder de uitstraling ervan (trots op hun mooie schoenen, goed voor het ego en de sociale status) of bijvoorbeeld een fijne hardloopervaring en de impact daarvan op hun leven.

Je aanbod op de pagina moet als brug dienen tussen deze twee emotionele staten. Het helpt je klant van A (huidige situatie) naar Beter (gewenste situatie).

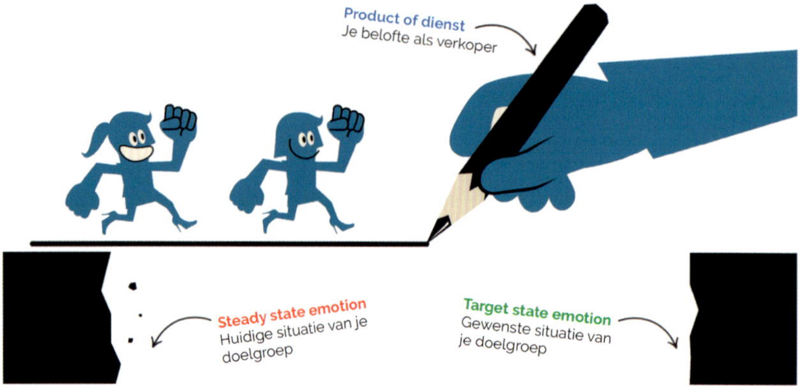

Afbeelding 11.2 Steady en target state emotion

Op je conversiepagina is het belangrijk dat je een bezoeker eerst aanspreekt op zijn *steady state emotion*. Zorg voor een gevoel van herkenning bij je lezer. Hij moet het idee hebben dat hij op de juiste plek is en dat jij zijn probleem begrijpt. Autoriteit is een waarde die hier goed op aansluit zoals je in het voorbeeld van de dokter in de apotheek hebt kunnen lezen. Dit komt onder andere voort uit je eigen bewijslast (je staat van dienst) en uit de bewijslast van anderen (klantervaringen).

Vervolgens bied je jouw oplossing aan en daarmee impliceer je dat je lezer, met jouw oplossing, in zijn *target state emotion* zal belanden. Je aanbod is dus een belofte op een tastbaar eindresultaat. Hoe meer vertrouwen je weet te creëren in de succesgarantie op dit resultaat, hoe groter de kans is dat je bezoeker overgaat tot een conversie.

> *"Selling is convincing, marketing is applying to their pain"*
>
> Keith Cunnigham

ABT - ALWAYS BE TESTING

Conversie-optimalisatie is een vak waarin er geen plaats bestaat voor raden. Meten is weten en de kleinste details kunnen een verschil maken tussen een winstgevend of een verlieslijdend bedrijf. Dat stipten we eerder in dit deel al aan in onze rekensom voor exponentiële groei en daarom is het slim om je conversiepagina's te testen op resultaat.

De simpelste vorm daarvan is een zogenoemde A/B-test waarin je twee varianten van je pagina met elkaar vergelijkt. We noemen dit *splittesten*. Beide varianten staan tegelijk online en ontvangen ieder de helft van je bezoekersstroom. Vervolgens kijk je welke pagina een hogere conversieratio heeft. Hier zie je een hypothetisch voorbeeld met het verschil tussen een roze en een groene bestelknop op een verkooppagina. Door de helft van je bezoekers naar de roze en de andere helft naar de groene te sturen, kun je exact meten welke variant meer resultaat oplevert.

Afbeelding 11.3 Splittesten van een conversiepagina

Hoe gaat zoiets in zijn werk? Bij een conversiepagina hoort veelal een bedankpagina. Dit is de pagina waar een bezoeker op uitkomt na de conversie. Dat kan bijvoorbeeld een pagina zijn waarop je de bezoeker bedankt voor zijn inschrijving (opt-in, evenement of webinar), aanvraag (offerte) of aankoop (product).

Je kunt meten hoeveel bezoekers je conversiepagina bezoeken en hoeveel daarvan vervolgens ook uitkomen op je bedankpagina. Stel dat je 100 unieke bezoekers op je conversiepagina hebt en 4 op je bedankpagina, dan heb je een conversieratio van 4%. Dit kun je zelf eenvoudig bijhouden door Google Analytics op je website te plaatsen en in je account een doel in te stellen waarin je zowel de URL van de conversiepagina als de URL van je bedankpagina opgeeft.

Vervolgens kun je een splittest voorbereiden. Hiervoor dupliceer je eerst je conversiepagina zodat je twee identieke pagina's hebt. Vervolgens pas je op de kopie het onderdeel dat je wil testen aan. Bij een A/B-test is het raadzaam om maar één aspect van je pagina te veranderen. Wanneer je meerdere factoren tegelijk aanpast, weet je niet welke verantwoordelijk was voor de verandering in conversie.

Je hebt nu beide pagina's klaar voor de test. Met Google Optimize kun je Google de opdracht geven om deze twee pagina's tegen elkaar te testen. Je voert ze in en Google geeft je vervolgens een code die je op je pagina's kunt plaatsen. Deze code zorgt ervoor dat je bezoekers automatisch verdeeld worden over je beide pagina's. In Google Optimize zelf zie je vervolgens de resultaten van je splittest.

Om nog betere resultaten te behalen met je landingspagina's (en om hele verschillende testvarianten te maken), raden we je aan om de strijd aan te gaan met je collega's of als je die niet hebt met vrienden of andere ondernemers. Je laat de variant van je pagina dan door iemand maken die misschien een objectievere blik op jouw aanbod heeft of een opzet kiest waar je zelf niet aan had gedacht. Je zult zien dat dit je een hele andere kijk op je doelgroep geeft en dat het wonderen voor je onderneming zal doen.

Zo wilden wij toch echt wel eens weten wie van ons tweeën een conversieverhogend hoofd heeft. Halen we allebei evenveel inschrijvingen? En hoe zit dat met de doelgroep? Trekken we beide mensen van dezelfde leeftijd, geslacht, regio of beroepsgroep aan? Daarom namen we allebei een identieke videoadvertentie op om een van onze gratis e-books te promoten. De resultaten wilden we hier graag publiceren, maar Tonny heeft zijn veto uitgesproken dat het resultaat van deze test in de IMU-doofpot moest belanden.

Afbeelding 11.4 Twee identieke advertenties door twee verschillende sprekers

> *"Take a risk and keep testing, because what works today won't work tomorrow, but what worked yesterday may work again"*
>
> Amrita Sahasrabudhe

12. ANATOMIE VAN EEN CONVERSIEPAGINA

Hoe breng je jouw bezoeker praktisch gezien van A naar B en dus van steady state emotion naar target state emotion? Om de juiste emotie op te roepen bij je lezer, kun je gebruik maken van vakgebieden zoals gedragspsychologie en neuromarketing. Wanneer je dit toepast in je webteksten, spreken we van copywriting. Vrij vertaald is dit het schrijven van gedragsbeinvloedende tekst.

"Write copy, make money"

Andy Maslen

Een bekende formule die je hiervoor kunt gebruiken is het AIDA-model, deze letters staan voor:

1. **A**ttention (grijp de aandacht)
2. **I**nterest (wek een interesse op)
3. **D**esire (wek een behoefte op)
4. **A**ction (zet aan tot actie)

Hoewel dit stappenplan zeer effectief is voor het schrijven van converterende webteksten, gaan we een stapje verder op het gebied van online overtuigen. Dit doen we aan de hand van de 'TIPS-formule'. Deze formule beschrijft Andy Maslen in zijn boek *Persuasive copywriting*. Wij zullen deze formule demonstreren met eigen voorbeelden en een aantal aanvullende inzichten.

TIPS - TEMPT

We beginnen bij de T van Tempt. Daar waar de 'attention' uit de AIDA-formule enkel aanzet tot het grijpen van de aandacht van je lezer (op welke manier dan ook), gaat 'tempt' iets verder. Het grijpt niet alleen de aandacht, maar *verleidt* je bezoeker om je pagina oprecht te willen lezen. Eerder hadden we het al over *clickbait*. Hoewel dat werkt om de aandacht te grijpen, betekent dit niet dat je bezoeker ook verder zal lezen. Een gemotiveerde lezer is waardevoller dan enkel een nieuwsgierig aagje.

Het prikkelen van je bezoeker om je pagina te gaan lezen, is het primaire doel van deze eerste stap. De eerste indruk maak je op basis van de bovenkant van je pagina. Dat is het eerste wat je bezoeker ziet. Alle pagina-elementen die je gebruikt, hebben als doel nieuwsgierigheid op te wekken en te bevestigen dat je bezoeker op de juiste plek is gekomen. Daarbij speelt design een rol, maar natuurlijk ook de titel (*headline*) van je content. Onderzoek wijst uit dat 80% van je bezoekers je headline leest en slechts 20% van je bezoekers de rest van de pagina.

Om ervoor te zorgen dat een lezer door je headline verder wil lezen, is het belangrijk dat de lezer zich direct aangesproken voelt. Hier hebben we in hoofdstuk 9 al uitgebreid bij stilgestaan door te wijzen op het belang van herkenning. Je wil met je headline idealiter rekening houden met de *steady state emotion* van je bezoeker. Schrijf dus een headline die aansluit op de primaire behoefte, pijn, angst of uitdaging van je doelgroep. Je headline verkoopt je 'copy' (content) en je copy verkoopt je product. Een van de meest beroemde headlines in de copywritingwereld is de volgende:

> *"They laughed when I sat I down at the piano but when I started to play..."*

Dit is een headline die met name nieuwsgierigheid opwekt om de pagina eronder te gaan lezen, maar er zit ook een diepere emotionele lading in. Iemand die piano wil leren spelen zal een verlangen hebben om zichzelf en luisteraars met zijn nieuw aangeleerde vaardigheden te verbazen. Tegelijkertijd zal deze persoon wellicht de angst hebben om te falen en daar verschillende zelfbeperkende overtuigingen bij voelen. Denk aan een gedachte als 'ben ik wel getalenteerd genoeg?' of 'niet iedereen kan dit leren'. Deze headline insinueert dat de persoon in kwestie niet bekend stond als een muzikaal talent.

Een gouwe ouwe, en tevens lekkere foute Amerikaanse headline uit de allereerste verkooppagina van de IMU in 2010 laat ook goed zien hoe je nieuwsgierigheid en mysterie kunt combineren met de behoeften van de bezoeker en de belofte van een tastbaar eindresultaat. Dit 'ideale systeem' ben je overigens op dit moment aan het lezen, we hebben dit door de jaren heen uitgebouwd tot de strategie in dit boek.

"Ik Werkte Jarenlang Op De Achtergrond Aan Het Ideale Systeem Om Moeiteloos & Volledig Geautomatiseerd Elke Markt Op Het Internet Te Veroveren ..."

Afbeelding 12.1 Headline op allereerste verkooppagina van de IMU in 2010

Waarom staan die aanhalingstekens om de headline heen? Onderzoek wijst uit dat teksten waar aanhalingstekens omheen staan eerder worden gelezen en dat ze gemiddeld 28% meer herinneringswaarde hebben. Daarom worden headlines en tussenkoppen op conversiepagina's maar ook in andere (web)content vaak tussen aanhalingstekens gezet.

Waarom begint ieder woord met een hoofdletter? In het betreffende tijdperk van deze pagina lieten veel onderzoeken zien dat headlines met dergelijk hoofdlettergebruik beter werkten. Ook de felrode (contrasterende) kleur droeg bij aan de impact. Hoewel het nog steeds beter zou kunnen werken, zijn wij hier persoonlijk vanaf gestapt. Dit in het kader van de professionaliteit en de daarbij behorende betrouwbaarheid die voortkomt uit het design (zoals het vorige hoofdstuk bewees).

Een headline hoeft niet altijd mysterieus of psychologisch te zijn om zijn werk te doen. Een headline hoeft een bezoeker namelijk alleen maar te overtuigen om met de juiste intentie (een oprechte interesse) verder te gaan lezen. Niet meer en niet minder. Daarom kun je vaak ook al heel goed werken met een meer beschrijvende headline.

Een afbeelding zegt meer dan duizend woorden en afbeeldingen pakken ook sneller onze aandacht dan tekst. Met een afbeelding kun je ook gemakkelijker een emotie opwekken. Daarnaast kun je duidelijk maken waar je website over gaat.

Afbeelding 12.2 Header met afbeelding bovenaan conversiepagina

Een video zegt soms nog meer dan duizend afbeeldingen. Oké, dat is overdreven, maar het vormt een mooi bruggetje naar het besef dat je met een video nog makkelijker emotie op kunt wekken dan met een afbeelding. Ook kan een videoheader je aanbod direct demonstreren. Op de conversiepagina's van onze verschillende mastermind- en coachingprogramma's tonen wij met een achtergrondvideo in de header direct de sfeer. Zo krijgt een bezoeker binnen enkele seconden een beeld van een dergelijke mastermind en proeft hij als het ware de sfeer aan tafel.

Afbeelding 12.3 Headers met video-achtergrond geven de sfeer weer

Pas wel op met het plaatsen van een videoheader op je pagina. Wanneer je dit bestand namelijk op je eigen server uploadt, dan loop je al snel het risico dat je website trager laadt. Dat gaat ten koste van je score in Google en van de gebruikerservaring van je website. Wij gebruiken daarom videodiensten zoals YouTube en Vimeo om onze videoheaders in te sluiten in de website.

Iemands emotie bepaalt zijn volgende gedrag. In de psychologie noemen we dit de *affect heuristic*. Wanneer je in staat bent om met je header een emotie op te wekken, dan zal je lezer deze emotie meenemen tijdens het lezen van de rest van je conversiepagina.

Zo heb je een blije lezer na een videoheader met blije mensen, maar je kunt ook aan andere emoties denken. Verkoop je lekkernijen? Dan wil je een hongergevoel opwekken. Dat werkt hetzelfde als met honger naar de supermarkt gaan, dat is zelden goed voor je portemonnee. Verkoop je mooie reizen? Dan wil je de innerlijke avonturier of wereldreiziger in je lezer losmaken. Verkoop je dieetprogramma's of iets op het gebied van gezondheid? Dan wil je direct iets fris en gezonds uitstralen.

Help je mensen om te stoppen met roken? Dan wil je wellicht geen blijheid opwekken, maar eerder een schokeffect (hoeveel roken je in een mensenleven kost), een pijnemotie (het lukt je niet om te stoppen) of zelfs een angst (wat gebeurt er als je er niet mee stopt?).

Nu klinkt het heel misselijkmakend om te zeggen dat je iemands pijn of angst moet gebruiken om een product te verkopen. Wat we echter bedoelen is dat je deze emoties gebruikt om een connectie met je doelgroep te maken, zodat je boodschap meer impact maakt. Zolang jij als ondernemer volledig achter je product staat en ervan overtuigd bent dat je klant beter af is met jouw product dan zonder, dan mag je die klant best wat beter helpen om jouw product in handen te krijgen. Het gaat om het resultaat.

Naast een headline of pakkend beeld, kan ook autoriteit of een belofte op resultaat meteen in je header al bijdragen aan de verleiding om je pagina serieus te lezen. Dit overlapt min of meer met de volgende fase in de TIPS-formule waar we het over *influence* hebben.

Enkele kengetallen over de expertise, ervaringsdeskundigheid en succesratio van je dienstverlening kunnen bijdragen aan je autoriteit (*influence*), maar kunnen je lezer ook bevestigen dat hij op de juiste plek is beland: bij een specialist voor het oplossen zijn probleem.

Ook een aantal overzichtelijke unique selling points of speerpunten van je aanbod kunnen dit effect geven. Je bezoeker ziet dan in één oogopslag wat je te bieden hebt en met name wat de sterkste eigenschappen en voordelen van je aanbod zijn.

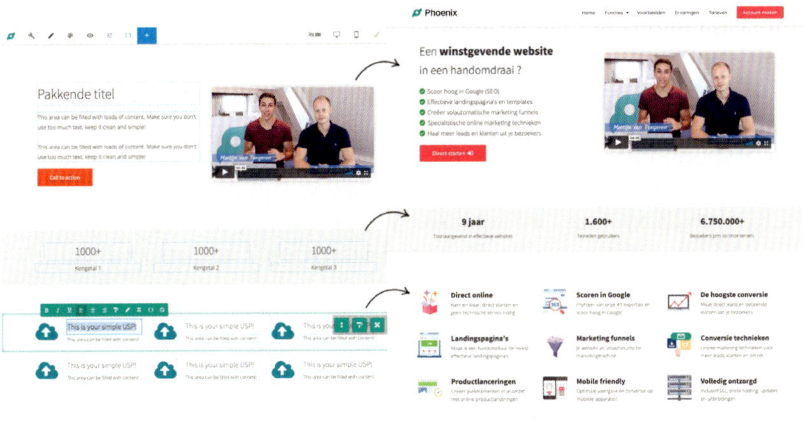

Afbeelding 12.4 Header met kengetallen en unique selling points.

Om een effectieve conversiepagina te maken, raden we je aan om je pagina van boven naar beneden (*mobile first*) in rijen op te bouwen. In onze Phoenix Pagebuilder werken wij met *rows* en specifieke elementen per *row*. Bouw eerst de structuur en verhaallijn van je pagina op in dit soort rijen. Bepaal het doel en de globale inhoud van iedere rij voordat je met de inhoud en details aan de slag gaat.

Ieder element op je pagina moet een doel hebben en als je dat doel weet, is het ook makkelijker om de volgorde te bepalen. Zit er een rij tussen waar je niet een duidelijk doel aan kan verbinden? Bijvoorbeeld een groot stuk tekst waarvan je niet precies weet op welke wijze dit bijdraagt aan de (aankoop)beslissing van je lezer? Vorm het dan om of haal het weg. Steve Krug, die we eerder al aanhaalden met zijn boek *Don't make me think* beschrijft het zeer elegant:

> *"Remove 50% of your copy, then delete half of what's left"*
>
> Steve Krug

TIPS - INFLUENCE

Tijd voor de volgende stap in de formule: het *beïnvloeden* van je bezoeker. Dat klinkt manipulatief (en dat is het eigenlijk ook), maar het is uiteraard goed bedoeld. Heb je de aandacht van je bezoeker verdiend, dan wil je natuurlijk geloofwaardig overkomen en vertrouwen opbouwen voordat je met jouw aanbod op de proppen komt. We kopen sneller van iemand die we vertrouwen.

Zo is een *influencer* op social media niet per se iemand met veel bereik, maar met name iemand die dit bereik in beweging weet te krijgen. Influencers kunnen bakken met geld verdienen via sponsordeals. Wanneer een bekende sporter een gezondheids- of fitnessproduct aanraadt, dan zullen veel volgers dit advies zonder twijfel opvolgen. Deze sporter is de autoriteit en ervaringsdeskundige, ofwel de 'held' op dit gebied. Een held komt voor in vele vormen. Je kunt de autoriteit zijn (de grootste of de meest gelauwerde), het voorbeeld (je bent niet de expert of de grootste in de markt, maar je behaalt wel de gewenste resultaten), de vriend (je hebt de gunfactor) of een combinatie van deze drie. Dit principe noemen we gekscherend ook wel het halo-effect.

Stel jezelf de vraag: waarom zou je lezer naar jou moeten luisteren? Herkenning is ook hier weer een krachtige emotie om ontspanning en vertrouwen op te wekken. Je lezer wil zich begrepen voelen. Vertel bijvoorbeeld iets over jezelf en de uitdagingen die je hebt overwonnen. We zeggen weleens dat je hier niet zozeer de foto (het eindresultaat), maar de film (de weg er naartoe) wil laten zien. Door je verhaal te vertellen (ook wel *storytelling*), roep je vaak extra emotie en met name sympathie op bij je lezer. Verhalen worden ook beter onthouden dan losse feiten.

Afbeelding 12.5 Persoonlijke ervaring delen op conversiepagina

Met jouw verhaal laat je zien dat je weet én begrijpt met welke uitdagingen je bezoeker op je pagina is gekomen (de *steady state emotion*). Je impliceert dat jij hier de oplossing voor hebt gevonden (de *target state emotion*). Je zegt hiermee tegen je bezoeker: 'Ik was zoals jij nu bent en ik kan je helpen om te worden wie ik nu ben'. We noemen dit ook wel het *self-relevance effect*. Mensen houden van mensen die net zo zijn als zij. Je hoeft hier geen complete autobiografie neer te zetten, maar te vermelden wat relevant is voor je lezer. Onthoud namelijk dat het egocentrische brein van je lezer nog altijd afgestemd is op WII FM (*What's In It For Me?*).

> *"You can't sell anything if you can't tell anything"*
>
> Beth Comstock

Hier zit ook het verschil met de tweede stap van de AIDA-formule. *Interest* laat je een interesse opwekken door iets over jezelf te vertellen, *influence* verandert het beeld dat de lezer van je heeft ten positieve en creëert draagvlak voor het latere aanbod. Dit kun je ook zien als het verschil tussen zelfpromotie (kijk mijn fitte lichaam eens) en beïnvloeding (jij kunt net zo'n fit lichaam krijgen als ik).

Afbeelding 12.6 Probleem en belofte van oplossing op conversiepagina

Leent jouw product zich totaal niet voor een persoonlijk verhaal over jou als ondernemer? Dan kun je natuurlijk ook iets over je bedrijf plaatsen om je autoriteit en geloofwaardigheid te vergroten.

Afbeelding 12.7 Autoriteit door merk, auteur en ervaringsdeskundigheid op conversiepagina

Voor meer geloofwaardigheid kun je jouw expertise laten bevestigen door anderen. Dat doe je door *social proof* (sociale bewijslast) toe te voegen. *Social proof* is een van de zeven beïnvloedingswapens van Robert Cialdini (van het boek *Influence*) en tevens een van de krachtigste technieken die je kunt toepassen om je conversie te verhogen. Zeg je namelijk iets over jezelf, dan is dat al snel opscheppen (kijk hoe goed ik ben). Zegt een ander echter hetzelfde (kijk hoe goed hij is), dan is dat bewijslast.

Social proof kun je op verschillende manieren toevoegen. De bekendste is het plaatsen van testimonials. Dit zijn positieve klantervaringen over je product, je bedrijf of jou als persoon. Die kun je bijvoorbeeld als tekst op je conversiepagina plaatsen.

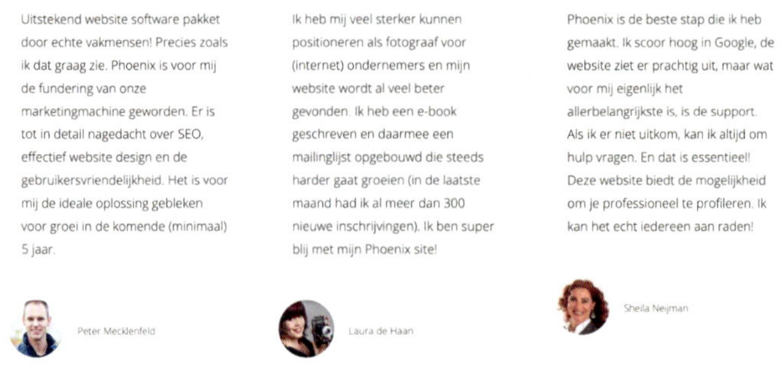

Afbeelding 12.8 Testimonials voor social proof op conversiepagina

Een andere optie is om gebruik te maken van externe platformen voor het verzamelen van reviews. Webshops gebruiken vaak systemen zoals Trustpilot of Feedback Company, maar je kunt ook de reviewsectie in Google of je Facebook fanpagina gebruiken. Het voordeel van Google is dat deze direct in de zoekresultaten zichtbaar zijn wanneer iemand je bedrijf even opzoekt. Dit wordt veel gedaan door bezoekers die overwegen om je product te kopen. Met een tool zoals *EmbedSocial.com* kun je reviews van Google, Facebook en uit je klantenservice verzamelen en op je conversiepagina weergeven.

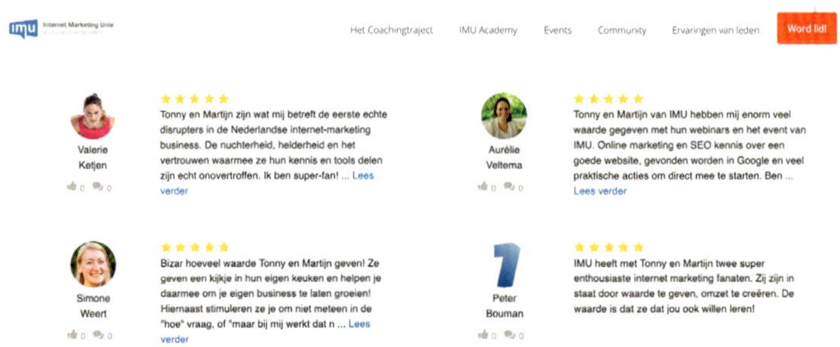

Afbeelding 12.9 Google-recensies op conversiepagina via EmbedSocial.com

Plaats je testimonials altijd in groepen. Een groep van bijvoorbeeld drie testimonials van verschillende mensen (in verschillende situaties) die verschillende voordelen van je product benoemen geeft meer geloofwaardigheid dan een enkele. We noemen dit het *cheerleader effect*.

Heb je geen reacties van individuen? Dan werkt het ook om de logo's van (bekende) bedrijven waarvoor je al hebt gewerkt of bekende media waar je al in bent verschenen te tonen. Ook die dragen bij aan je betrouwbaarheid en bewijzen je expertise.

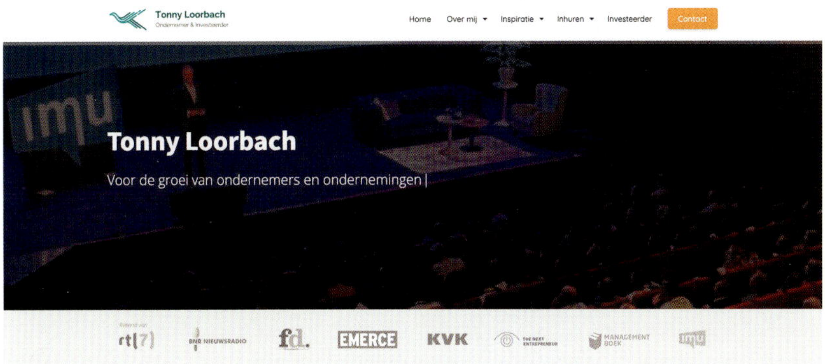

Afbeelding 12.10 Autoriteit door associatie met bekende merken

Een andere vorm van *social proof* is om te vermelden hoeveel klanten je al hebt kunnen helpen. We noemen dit het *bandwagon effect*. Beeld jezelf een grote kar in waarop een orkest speelt en door de straten van een dorp rijdt. Vaak loopt daar een mensenmassa achteraan. Eerder in dit boek lieten we door middel van de *social learning* theorie al zien dat mensen als ze volledig vrij zijn in hun keuze, vaak kiezen wat de meeste andere mensen ook kiezen.

Zo kun je naast de hoeveelheid mensen die je blij hebt gemaakt, ook enkele voorbeelden van je bepaalde successen laten zien. Denk bijvoorbeeld aan gerealiseerde projecten of voorbeelden die vergelijkbaar zijn aan het product dat je op je pagina aanbiedt. We noemen dit de *hot hand fallacy* en dit houdt in dat mensen geloven dat de kans op succes hoger is wanneer iemand daarvoor meerdere malen succes heeft gehad. Dit werkt hetzelfde in een casino. Iemand die meerdere potjes op rij wint met roulette, dobbelen of een ander kansspel, krijgt van omstanders vaak meer vertrouwen. Omstanders zijn zelfs geneigd om in te zetten op, of mee te wedden met deze speler.

TIPS - PERSUADE

Door naar de volgende stap in de formule. Nadat je een bezoeker hebt verleid (*tempt*) om je pagina te lezen en je een solide basis van betrouwbaarheid (*influence*) hebt gelegd, wordt het tijd om je feitelijke aanbod te gaan presenteren. Daar waar je eerst een connectie hebt gemaakt met de *steady state emotion* van je bezoeker (uitdagingen en behoeften), sorteer je nu langzaam voor richting de *target state emotion* (de oplossing voor het verlossende eindresultaat).

Overtuig je bezoeker van de waarde van je aanbod of dienstverlening door alle voordelen, *unique selling points* en met name het eindresultaat van je product duidelijk te maken. Prikkel bijvoorbeeld de nieuwsgierigheid van je lezer met pakkende *bulletpoints*. Dit is veelal een opsomming met opvallende icoontjes, zoals de groene vinkjes in dit voorbeeld van onze aanmeldpagina voor een webinar. Opsommingen pakken meer aandacht dan reguliere tekstblokken en zijn makkelijker te consumeren, zeker voor de scannende websitebezoeker.

Afbeelding 12.11 Begineffect en recentheidseffect in opsomming op aanmeldpagina voor een webinar

Houd bij je opsommingen rekening met het zogenoemde seriële-positie-effect, ook wel de *peak-end rule*. Dit is een fenomeen dat ontdekt is door de Duitse psycholoog Hermann Ebbinghaus. Het betekent dat hoe correct we de lijst onthouden afhankelijk is van de positie van de items. Woorden aan het begin en aan eind van de lijst worden doorgaans het best onthouden. Het beter onthouden van het begin van de lijst heet het begineffect (*primacy effect*) en hetzelfde principe voor het einde van de lijst heet het recentheidseffect (*recency effect*),

Net zoals ons oerbrein gevoelig is voor egocentrisme, emotie, visuele suprematie, contrast en tastbaarheid, is dat ook het geval voor een begin en eind. Daarom herinneren wij ons vaak ook alleen de eerste en de laatste hap van die overheerlijke chocoladetaart en niet de happen daar tussenin.

Benoem wat je klant of inschrijver krijgt, zoals in het voorbeeld in afbeelding 12.11 de zin: 'De beste technieken anno 2018 om hoger in Google te scoren'. Benoem ook wat je klant misloopt als hij niet tot conversie overgaat, zoals in dit voorbeeld de zin: 'Het einde van het ... tijdperk, mis jij de boot of loop je voorop?'

In plaats van een tekstuele opsomming kun je de voordelen ook op andere manieren weergeven. In afbeelding 12.12 zie je bijvoorbeeld hoe wij de verschillende modules van onze software en coachingsprogramma's ondersteunen met een icoon. Dit soort icoontjes kun je aanschaffen via Flaticon.com of vergelijkbare sites. Het maakt je content visueel aantrekkelijker en voor een lezer wordt het duidelijker wat je bedoelt.

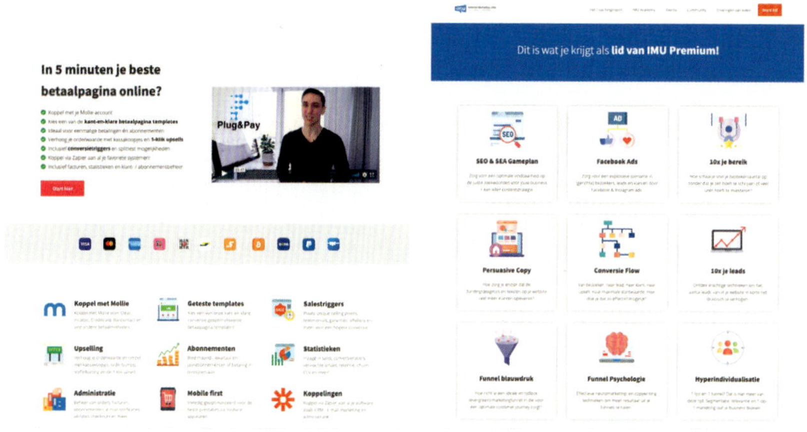

Afbeelding 12.12 Voordelen van software en coachingsprogramma visueel ondersteund met iconen

Ondersteun alle benoemde aspecten van je aanbod het liefst met testimonials die specifiek ingaan op het betreffende aspect. Hoe specifieker je deze kunt maken, hoe geloofwaardiger en dus ook effectiever ze zijn. Dit noemen we ook wel *conjunction fallacy*.

Bijvoorbeeld: 'Het product van X heeft mij helpen afvallen' zal minder impact op een lezer maken dan 'Dankzij X viel ik in 3 weken al 2,7 kg af zonder dat ik de toetjes over hoefde te slaan'. Hier zie je bijvoorbeeld een specifieke ervaring van een van onze softwaregebruikers die de productlanceringenmodule in de Phoenix-software heeft gebruikt.

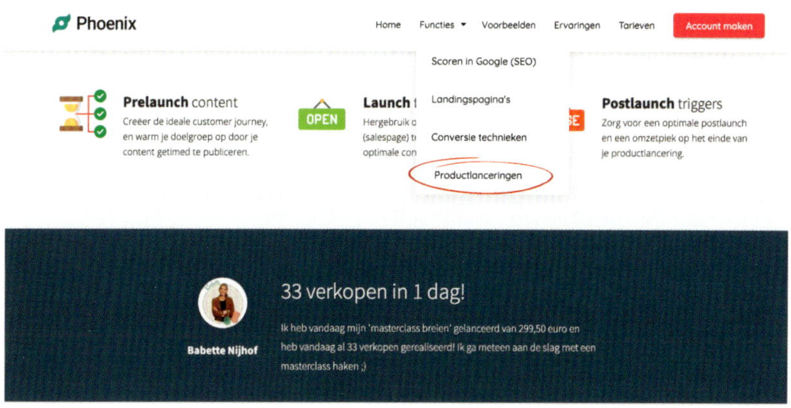

Afbeelding 12.13 Specifieke testimonial over productlanceringenmodule in Phoenix-software

Ook details zoals de naam, foto, leeftijd en woonplaats maken een testimonial geloofwaardiger. Details die iets zeggen over het gebruik van je product dragen daar ook aan bij. Zo vermeldde de webshop van het Emma matras voorheen bij alle testimonials of het om een zij- of rugslaper ging en wat het gewicht van de persoon in kwestie was. Wanneer we onszelf herkennen in een ander, schept dat direct een betere band en het verhoogt ons vertrouwen. In de psychologie noemen we dit de *ingroup bias* en dat betekent we ons meer verbonden voelen met andere mensen die dezelfde kenmerken hebben. Zo voelen Ajax-fans zich verbonden met andere Ajax-fans en moeten Apple-gebruikers minder hebben van mensen met een Android-telefoon.

Fietsenwinkel.nl gaat zelfs nog een stapje verder door ook slechte reviews op de site te laten staan. Een aantal minder goede reviews verhoogt al je geloofwaardigheid (te perfect vertrouwen we vaak niet). In dit geval zie je echter specifieke eigenschappen van de ontevreden klant. Bezoekers van de site met dezelfde eigenschappen ('te lang voor de fiets zijn') zullen dit waarderen en in plaats van een miskoop een geschiktere fiets bestellen.

Afbeelding 12.14 Specifieke en goudeerlijke gebruikerservaringen op fietsenwinkel.nl

Heb je je als kind weleens gebrand aan het gasfornuis, het strijkijzer of aan de verwarming? Ook al had je moeder je gewaarschuwd? Puur omdat je toch zelf even moest voelen of het wel heet was? Dat komt omdat ons reptielenbrein zichzelf bekend maakt met materie door het tastbaar te maken, door eraan te voelen. Dit oerinstinct is nog net zo krachtig als tienduizenden jaren geleden. Daarom is het belangrijk dat je jouw producten en diensten zo tastbaar mogelijk maakt op je website. In afbeelding 12.15 zie je bijvoorbeeld hoe het Emma matras dit doet.

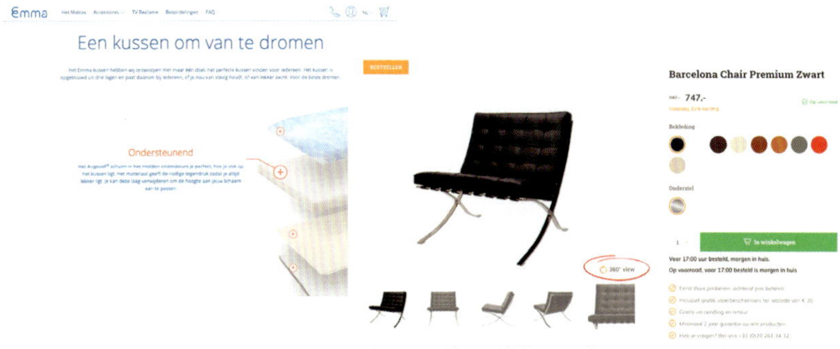

Afbeelding 12.15 Tastbaarheid op de websites van het Emma matras en Barcelonachair.nl

Van de eigenaar van de webshop barcelonachair.nl hebben wij vernomen dat de conversie van deze specifieke productpagina drastisch omhoog ging op het moment dat er 360-graden-foto's toegevoegd werden waarmee de bezoeker volledig rondom het product kan kijken. De conversieratio steeg met maar liefst 26%, terwijl het product eerder al in alle mogelijke hoeken gefotografeerd op de pagina stond. Door de optie van handmatig 'draaien' eraan toe te voegen, steeg het gevoel van tastbaarheid onder de kopers. Ook het label met 'bestseller' is een conversieverhogend element, het draagt bij aan de *social learning theorie* en het *bandwagon effect* (iedereen doet dit, dus ik doe het ook).

Aangezien het verhogen van de tastbaarheid van het product dusdanig goed werkte, is deze webshop nog een stapje verder gegaan door naast de eigen 'gelikte' productfoto's ook foto's van klanten toe te voegen. Juist omdat het minder perfect is verhoogt het de betrouwbaarheid. Greenjuice doet hetzelfde om de tastbaarheid van het product te verhogen. We zeggen weleens 'zonder wrijving geen glans' en dit is een ideale manier om dat principe met *social proof* te combineren.

Afbeelding 12.16 Foto's van klanten verhogen de tastbaarheid en betrouwbaarheid van producten

TIPS - SELL

We zijn aangekomen bij de vierde en laatste stap van onze formule en daarmee maken we een soort ABC-tje compleet. Van A (Tempt) naar Beter (Persuade) naar C (Close). Wellicht dat je de beroemdste salesuitspraak aller tijden uit de film *Glengarry Glen Ross* met Alec Baldwin kent: '**A**lways **B**e **C**losing'.

Voorzie je pagina altijd van een duidelijke call-to-action om je aanbod te claimen. Ook als het niet om een productaankoop gaat, maar bijvoorbeeld om een gratis weggever (opt-in) of een offerte- of contactaanvraag, wil je deze call-to-action nog steeds 'verkopen'. Je wil je lezer zoveel mogelijk redenen geven om de actie direct te ondernemen. Een (geïnteresseerde) lezer die zijn beslissing uitstelt, komt in de meeste gevallen namelijk niet meer terug en dat is een enorme conversiekiller.

Toon als call-to-action bijvoorbeeld productinformatie zoals de titel, een korte samenvatting, een afbeelding, de prijs en een opvallende (!) knop naar je betaalpagina.

Afbeelding 12.17 Duidelijke call-to-actionknop op conversiepagina

Werk je met meerdere producten of meerdere varianten van je product, dan kun je werken met een *pricing table*. Hierbij is het belangrijk dat je elke vorm van verwarring of keuzestress voorkomt. We hebben al uitgelegd dat keuzestress leidt tot kiespijn en het uiteindelijk uitblijven van een keuze.

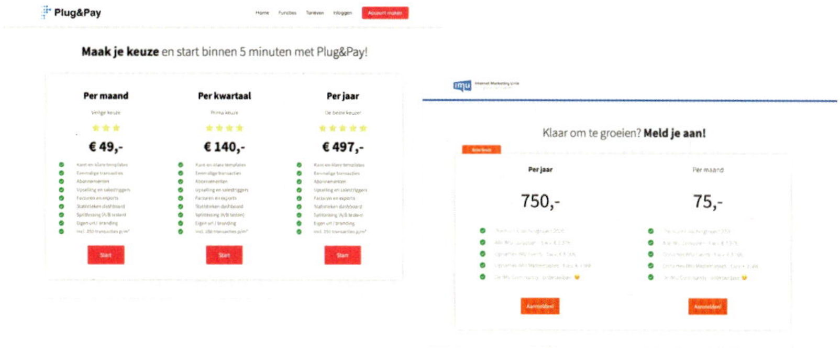

Afbeelding 12.18 Pricing tables op conversiepagina's

Een aantrekkelijke en vooral duidelijke CTA die voor je bezoeker makkelijk te vinden is, vormt de eerste drempel die je moet overwinnen in het behalen van een goede conversie. Eerder hebben we al laten zien hoe je de CTA gemakkelijker vindbaar kunt maken door middel van een sticky menu of zelfs een getimede versie daarvan op mobiele apparaten.

Vervolgens wil je de kans dat je bezoeker direct gebruik maakt van je CTA zo groot mogelijk maken. Dit kun je bijvoorbeeld doen door urgentie toe te voegen. Wanneer verkoop je iemand het gemakkelijkst een brandblusser? Juist, nadat je zijn stoel in brand hebt gezet.

Met de eerste drie fasen van de TIPS-formule heb je als het goed is een brandend verlangen naar jouw aanbod opgewekt bij je lezer. Nu moet je dat verlangen blussen. De jeuk die is ontstaan moet nu gekrabd worden en daar kan je bezoeker vaak net dat extra zetje in de rug voor gebruiken. De meest gebruikte en vaak ook de meest effectieve manier om urgentie op te wekken, is om te werken met schaarste. Schaarste kun je toevoegen in de vorm van tijdelijke bonussen en/of kortingen, een beperkte voorraad of bijvoorbeeld een afteller die de deadline van je aanbod duidelijk maakt.

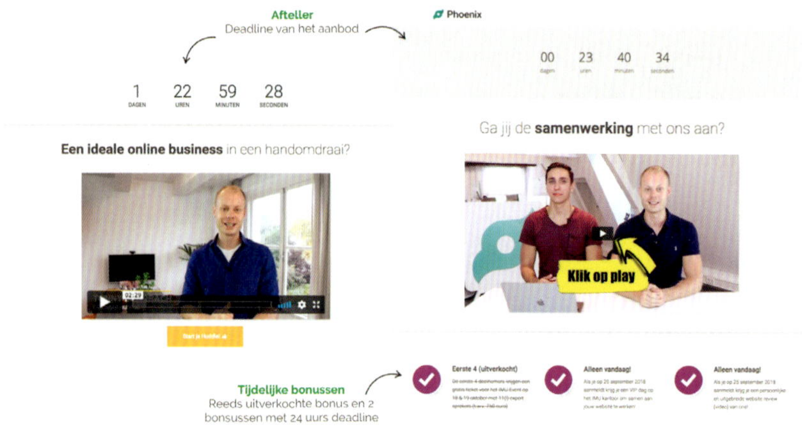

Afbeelding 12.19 Aftellers en tijdelijke bonussen op actiepagina's

Onderzoek wijst uit dat de gemiddelde webshop een conversiestijging van maar liefst 27,1% laat zien wanneer er schaarste wordt toegevoegd aan de productpagina. Naast urgentie is het in de fase van *sell* belangrijk om de laatste bezwaren van je bezoeker weg te nemen. Dit kun je bijvoorbeeld doen met een sectie met veelgestelde vragen, een garantiemelding, extra testimonials of zelfs een live chat met een verkoper.

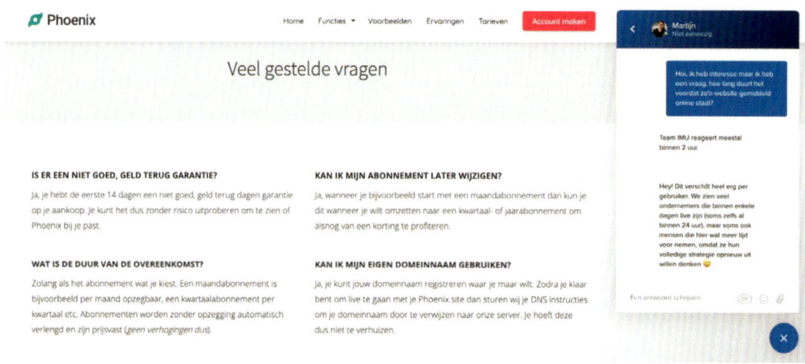

Afbeelding 12.20 Veelgestelde vragen en livechat op bestelpagina

DE DRIE V'S VAN VERLEIDING

Eerder in dit deel hebben we het gehad over de drie v's van aandacht: **v**erdienen, **v**asthouden en **v**erzilveren. Deze vormen de rode draad in het vak conversie-optimalisatie. Het verzilveren van aandacht in de vorm van het verleiden van je bezoeker tot een conversie kun je ook weer opdelen in drie v's:

1. Vooruitzicht (*target state emotion*)
2. Volgzaamheid (*social proof*)
3. Verliesaversie (pijn bij mislopen)

Met het **vooruitzicht** doelen we op het schetsen van het eindresultaat van je product. Hoe gaat het leven van je klant veranderen wanneer hij jouw aanbod aanneemt? Dat kan iets heel simpels zijn als het voorbeeld dat we gebruikt hebben voor het kopen van hardloopschoenen en de uitstraling en het comfort dat deze aankoop met zich meebrengt. Het kan echter ook dieper liggen op een psychologisch niveau wanneer je bijvoorbeeld een coach of trainer bent en iemand van een probleem afhelpt.

Met **volgzaamheid** bedoelen we dat je (toekomstige) klant zich realiseert dat er al veel andere gelijkgestemden gebruik hebben gemaakt van je aanbod en daar positief over zijn. Hiermee vergroot je de betrouwbaarheid en met name de succesgarantie van je aanbod.

Met **verliesaversie** doelen we op alle aspecten die er bij je (toekomstige) klant aan bijdragen om je aanbod te willen claimen. Wanneer je klant een bepaalde mate van verlies voelt door je aanbod niet te claimen, of zelfs helemaal mis te lopen, dan zal dat je conversie verhogen.

Een handig ezelsbruggetje van salesbrain.com om dit proces en tevens de praktische kant van de vier stappen van de TIPS-formule te onthouden, is deze:

1. **Diagnose** the pain (zorg voor herkenning van het probleem van je bezoeker)
2. **Differentiate** your claims (maak duidelijk hoe jij hierin onderscheidend bent)
3. **Demonstrate** the gain (laat zien wat het eindresultaat van je product is en hoe het werkt)
4. **Deliver** to the primal brain (trigger een urgente koopemotie)

Deze fasen en de TIPS-formule kun je in principe op al je online uitingen toepassen. Of het nu om een advertentie, nieuwsbrief, webinar, video of een marketingfunnel gaat. Het is dezelfde wijn, maar dan in andere zakken. Zo kun je ook alle fasen van deze formule in een video stoppen en werken met een zogenaamde *video salespage* voor je aanbod.

Het nadeel van een *video salespage* is echter dat veel bezoekers je video niet of niet helemaal bekijken voordat ze op je call-to-actionbutton klikken (vaak direct onder de video). Je zorgvuldig opgebouwde video om je kijker mee te nemen in je verhaal en langs de nodige fases te leiden, valt dan in het water en dat gaat ten koste van je conversieratio.

Wij werken daarom op video salespages (zeker tijdens tijdelijke salesacties) vaak met een zogenoemde *button appear* functionaliteit. In de wandelgangen bij de IMU noemen wij dit ook wel de 'magische-verschijn-button'. We zijn niet zo goed in het verzinnen van pakkende namen.

Met deze functie kunnen wij de CTA-button pas na enkele minuten laten verschijnen, nadat een bezoeker op onze pagina op de video heeft geklikt. Onze video begint dan te spelen en een kijker kan niet voor- of achteruit spoelen. Zodoende consumeert een kijker ons verhaal in de juiste volgorde. Pas zodra wij in de video het product aanbieden, verschijnt de button waarmee je dit aanbod kunt kopen.

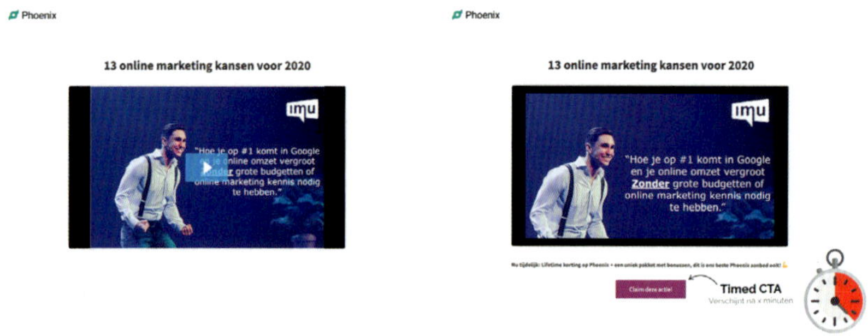

Afbeelding 12.21 Magische button verschijnt pas enige tijd na het starten van de video

Zo bedienen wij alleen de serieus geïnteresseerde kijkers met een aanbod en houden we de pagina verder commercievrij. Zeker wanneer we een contentrijke video (*value-first*) online zetten is dit een handige methode. We kunnen een kijker eerst waardevolle informatie geven en daarmee het vertrouwen van deze kijker in onze expertise vergroten. Daarnaast leidt deze vorm van wederkerigheid ook tot een extra gunfactor (hoe meer je geeft, hoe meer men je ook terug wil geven).

Dit proces - waarbij je een lead eerst verder opwarmt voordat je een product onder de neus schuift - kun je ook volledig automatiseren. Hiervoor gebruik je idealiter een *marketingfunnel* en daarover gaat het volgende hoofdstuk.

13. DE MARKETINGFUNNEL

Onderzoek wijst uit dat gemiddeld slechts 2% van nieuwe bezoekers op een website of webshop bereid is om bij het eerste bezoek een aankoop te doen. Dat betekent dus dat 98% niet bereid is. In deze 98% zitten veel potentiële klanten als je ze weet op te warmen.

"You can't just place a few "Buy" buttons on your website and expect your visitors to buy"

Neil Patel

Stel je voor: je loopt door een drukke winkelstraat en bent in gedachten verzonken. Out of the blue krijg je ineens de Volkskrant onder je neus geschoven door een nét iets te enthousiaste verkoper: 'Hallo! Wilt u een gratis Volkskrant?' Als je ooit ja hebt gezegd op die vraag, dan weet je dat je vervolgens tien minuten nodig hebt om die jongen weer van je af te schudden. Niets vervelender dan mensen die meteen een product onder je neus stoppen als je er niet naar op zoek was.

Veel ondernemers doen dit ook op hun website. Ze confronteren een bezoeker direct met hun product, maar dat is niet voor elke bezoeker logisch. Stel dat een vrouw in Google zoekt naar 'roze Nike hardloopschoenen voor dames' en vervolgens op een pagina komt waar ze direct roze Nike hardloopschoenen voor dames kan kopen. Dan was zij ernaar op zoek en is het logisch dat ze op een pagina komt waar het product direct aan haar verkocht wordt. Wie de schoen past, trekke hem aan.

Maar zoekt ze naar 'Hoe krijg ik minder last van mijn voeten bij het hardlopen?', dan is een website die meteen een aanbieding voor roze Nike hardloopschoenen toont niet gepast. Zelfs als die specifieke hardloopschoenen haar probleem kunnen oplossen. Zij is op dat moment nog niet in de juiste modus om die schoenen aan te schaffen. Ze staat nog niet in de startblokken.

Komt zij echter op een pagina terecht met informatie over hoe de juiste schoenen ervoor kunnen zorgen dat je minder last krijgt van je voeten bij het hardlopen, dan gaat de deur naar het aanschaffen van een nieuw paar schoenen al op een kier. Maar om ervoor te zorgen dat ze die roze Nike hardloopschoenen daadwerkelijk gaat aanschaffen, moet er nog wat meer gebeuren. De kans is namelijk dat ze het op het lopen zet en de website verlaat, in plaats van een aankoop te doen.

Als er geen climax is, dan is er veelal meer voorspel nodig. Dat betekent dat je de route naar je product - de *customer journey* - moet verlengen. Wie A zegt, wil namelijk vaak ook B zeggen (weleens geprobeerd bij de tandarts? Die van Martijn kon er niet om lachen). Consistentie is één van de zeven beïnvloedingswapens van Cialdini. In zijn boek *Influence* beschrijft hij een onderzoek van Freedman & Fraser uit 1966 waarin een aantal huiseigenaren de vraag kregen om een bord in hun tuin te plaatsen met daarop de tekst 'Drive Safely' om de verkeersveiligheid in hun buurt te vergroten. Niet geheel verbazingwekkend wilde slechts 17% van de gevraagde mensen dit doen.

In de volgende testgroep werden huiseigenaren gevraagd om een klein stickertje met 'Drive Safely' op hun raam te plakken. Vrijwel iedereen stond dit toe. Twee weken later kregen deze mensen het verzoek om nu ook een bord in hun tuin te plaatsen. In dit geval stemde 76% van de mensen daarmee in.

Dit komt door onze behoefte om consistent te blijven aan onze eerdere beslissingen. Dit is ook de reden waarom de betere telefonische verkopers hun leads altijd eerst een paar vragen stellen waarop ze eigenlijk altijd 'ja' antwoorden. Als je al enkele malen 'ja' hebt gezegd, is de kans groter dat je vervolgens ook 'ja' zegt tegen het aanbod. Je zit dan al in de positieve flow en je hebt al (tijd en energie) geïnvesteerd in het gesprek.

Om een bezoeker om te zetten in een betalende klant is er vertrouwen nodig en vertrouwen moet je winnen. Veelal is dat een proces in verschillende fasen waarin je op een consistente manier een steeds sterkere band opbouwt met je doelgroep. In afbeelding 13.1 zie je een vertrouwensfunnel bestaande uit zes fasen die overeenkomen met de zes delen uit dit boek.

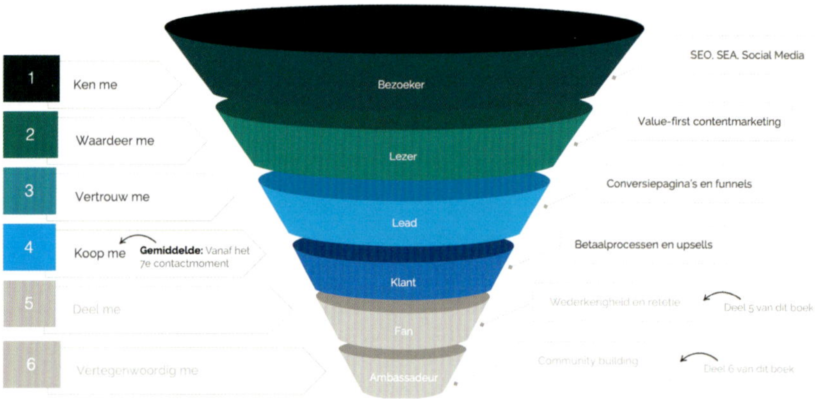

Afbeelding 13.1 De vertrouwensfunnel

Gemiddeld zijn mensen pas bereid om iets van je te kopen bij het zevende contactmoment. Een contactmoment kan van alles zijn. Het bezoeken van je website, het zien van een advertentie op social media, het lezen van een e-mail, het zien van een video, het luisteren naar een podcast, het volgen van een training, het bespreken van je bedrijf met een kennis of zelfs het denken aan je bedrijf zonder dat iemand weet waarom. In de psychologie heet dit het *mere exposure effect*. Dit betekent dat mensen geneigd zijn een voorkeur te ontwikkelen voor dingen waarmee ze bekend zijn. Of anders verwoord: bekend maakt bemind. Je wil er daarom voor zorgen dat je mensen meer dan één keer 'aan kunt raken' voordat je ze jouw product aanbiedt. Dit kun je het beste doen door te werken met een marketingfunnel.

Het begin van je funnel is het eerste moment waarop iemand met je bedrijf in aanraking komt. Het eind van je funnel is de uiteindelijke transactie. Je funnel heeft als doel om van een lead een betalende klant te maken en fungeert dus als brug tussen die twee fases. Met een funnel warm je je leads op om je product te kopen, waardoor wij deze vorm van marketing ook wel 'magnetronmarketing' noemen. Dit is een proces dat je kunt automatiseren: vanaf het moment dat iemand bij je binnenkomt (het begin van je funnel) tot het moment dat ze overgaan tot conversie (het eind van je funnel).

In huize IMU gebruiken wij regelmatig de spreuk 'ik zit kniediep in de funnel' wanneer iemand een goed verhaal vertelt of als iemand van plan is om een product aan te schaffen, omdat er goede marketing voor is gedaan. Door bezoekers op een e-maillijst te verzamelen, kun je ze 'in je funnel stoppen' zoals wij dat gekscherend op kantoor noemen. Vanaf het moment dat iemand bij je op de e-maillijst staat, kun je ze nogmaals terugsturen naar je website of kun je ze door middel van informatie opwarmen om geïnteresseerd te raken in je product. Verzamel je mensen niet op een e-maillijst, dan heb je geen idee of ze ooit nog terugkomen op je website.

Een aloud gezegde in de online marketingwereld is: 'The money is in the list'. Hoewel er in deze tijd steeds meer vormen zijn om volgers op te bouwen, is dit citaat in onze ogen nog steeds de gouden basisregel van online marketing. Je eigen e-maillijst is waardevoller dan volgers op welk platform dan ook, omdat dit een bezoekersstroom is die jij zelf beheert in plaats van eentje die je leent of koopt. Je eigen e-maillijst is daarmee een vorm van owned media en één van de meest waardevolle onderdelen van je bedrijf.

Al sinds de start van de IMU bouwen wij structureel aan onze e-maillijst. Dit is altijd de ruggengraat van ons bedrijf geweest en hier hebben we verreweg het merendeel van onze omzet mee behaald. We schatten dat zo'n 80% van onze jaaromzet uit e-mailmarketing voortkomt. Vroeger werd ons zelfs wel eens gevraagd waar wij nu eigenlijk ons geld mee verdienen. Dat was geen vreemde vraag, omdat wij op onze website geen producten toonden maar enkel naar onze gratis e-books verwezen. Die kon je downloaden door je in te schrijven op onze lijst. Pas daarna brachten wij via e-mailmarketing onze producten onder de aandacht.

> *"Never forget social media is for reach, but email is for revenue"*
>
> Bryan Eisenberg

Zo doen we het tegenwoordig nog steeds. De startknop op onze homepage verwijst nog steeds naar onze e-booksectie. Dat is de start van onze marketingfunnels. Eerder benoemden wij al de kracht van een value-first strategie en de wederkerigheid die hieruit voortvloeit. Deze strategie staat ook wel bekend als *sacrifice early profits*, oftewel offer je directe inkomsten op zodat je via een marketingfunnel aan een doelgroep met je bezoekers kunt bouwen

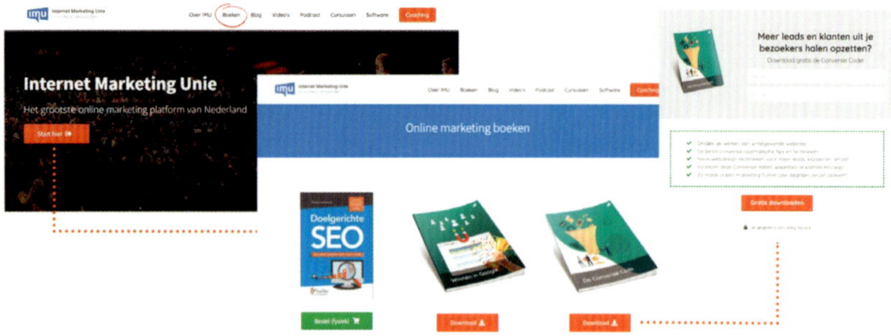

Afbeelding 13.2 IMU homepagina met CTA naar gratis e-books en bijbehorende opt-in page

DE WEGGEVER

Je wil zoveel mogelijk mensen uit je doelgroep op je e-maillijst verzamelen als laagdrempelige eerste stap, zodat je ze mee kunt nemen in je funnel. 'Meld je aan voor onze nieuwsbrief' is daarom een zin die je vrijwel dagelijks tegenkomt op websites. Maar op hoeveel nieuwsbrieven heb jij je de laatste maand ingeschreven? Wie wil er in deze tijd nog een nieuwsbrief ontvangen? In 1996 was dat misschien leuk, maar nu krijg je waarschijnlijk meer e-mails in je inbox dan je wil lezen. Een nieuwsbrief is niet iets waar je mensen blij mee maakt en het woord zelf wordt vaak direct geassocieerd met spam.

Waar kun je jouw bezoekers dan wel blij mee maken? Geef bijvoorbeeld iets waardevols weg zoals een e-book, video, audio of waardebon in ruil voor hun naam en e-mailadres. Dit noemen we wel een *giveaway* of een *tripwire* aanbod. Je verleidt je bezoeker hiermee om dieper betrokken te raken bij alles wat jouw bedrijf te bieden heeft. Je laat je bezoeker als het ware 'struikelen' over iets onweerstaanbaars, waardoor ze de eerste stap in je funnel zetten.

In afbeelding 13.3 zie je bijvoorbeeld een van onze gratis weggevers in de vorm van het e-book *Winnen in Google* dat eerder in dit boek ook al voorbij kwam. In onze e-books, geven we veel onlinemarketingtips zodat we onze lezers (vaak ondernemers) kunnen laten zien welke expertise wij in huis hebben, waar de kansen op het gebied van online marketing liggen en hoe wij daarbij van dienst kunnen zijn. Daarnaast laten we lezers in het e-book op een subtiele manier kennis maken met onze software en onlinemarketingdiensten, zonder dat we dit *pushen* of direct commercieel aanbieden.

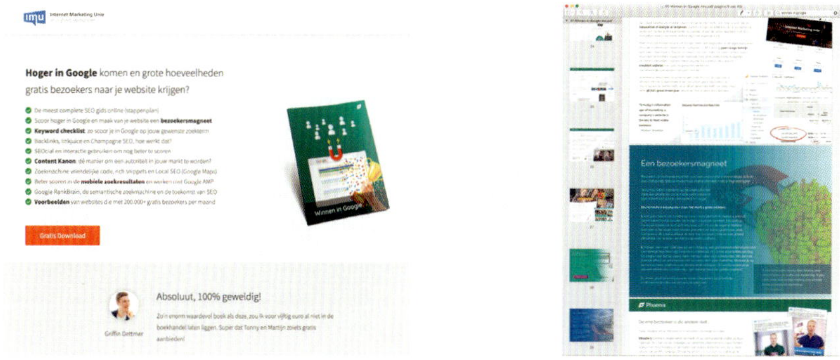

Afbeelding 13.3 Het gratis e-book *Winnen in Google* als weggever voor het opbouwen van een e-maillijst

Door eerst iets gratis weg te geven, bouw je een gevoel van wederkerigheid op. Hoe meer je geeft, hoe meer de ontvanger geneigd is om je iets terug te geven. In de 21ste eeuw kom je als bedrijf eigenlijk niet meer weg zonder e-mailmarketingstrategie. Of je nu fysieke producten verkoopt, een dienstverlener bent of in een traditionele branche actief bent. Een marketingfunnel met een passende weggever zal je bedrijf enorm laten groeien. Je laat zeker potentiële klanten links liggen als je hier niks mee doet.

Een mooi voorbeeld van een onderneming waarbij je niet direct aan online marketing of funnels denkt, is het hoveniersbedrijf Mecklenfeld Tuinen van Peter Mecklenfeld. In 2014 had hij acht man personeel, merkte hij dat zijn groei stagneerde en dat er steeds meer gaten in de planning kwamen.

Hij ging daarom online op zoek naar nieuwe manieren om aan leads en klanten te komen. Hij kwam onder andere uit bij Werkspot. Met de klanten die daaruit kwamen kon hij de gaten in zijn planning opvullen, maar hij kwam er al snel achter dat de klanten die via dat kanaal binnenkwamen vaak veel energie kostten en uiteindelijk veel te weinig opleverden. Hierdoor is hij gaan zoeken naar manieren waarop hij niet meer afhankelijk hoefde te zijn van externe platformen.

Peter kwam in 2015 met ons in contact en had toen zelf nog weinig verstand van online marketing. Hij volgde daarom het *monkey-see, monkey-do* principe: wat zij doen, dat ga ik ook doen. Hij maakte net als ons een gratis e-book. In plaats van online-marketingtips schreef hij *25 Tuininspiratie tips* en zette deze in combinatie met een advertentie online en wachtte rustig af. In twee weken tijd had hij meer dan duizend downloads van zijn e-book!

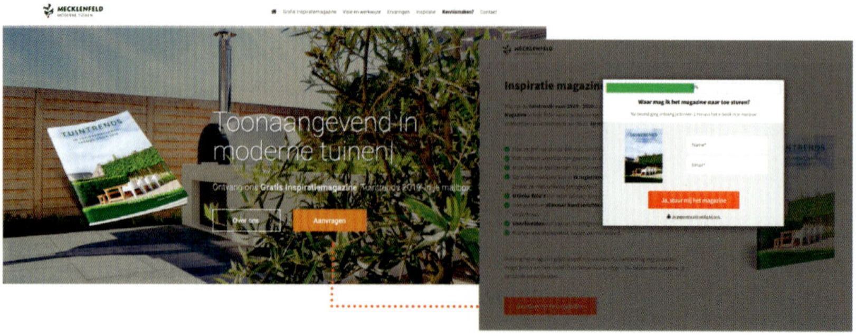

Afbeelding 13.4 Een opvolger van het eerste gratis e-book van Peter op Mecklenfeldtuinen.nl

Het doel was natuurlijk om zo veel mogelijk klanten uit deze duizend lezers te halen, maar hoe doe je dat als je maatwerk tuinen verkoopt? Dat is uiteindelijk niet iets wat je online kunt verkopen. Het doel van zijn funnel was daarom om bij mensen aan tafel te komen, zodat hij daar een aanbod kon doen voor hun tuin. Hij bood de mensen die zich hadden ingeschreven daarom een gratis adviesgesprek aan.

In twee weken tijd had Peter 44 aanvragen voor het adviesgesprek gekregen, wat eigenlijk 44 offerte-aanvragen waren. Uniek in zijn branche. Vervolgens kwam hij bij de mensen thuis, en wat bleek? Meerdere mensen hadden zijn inspiratieboek (of zoals hij het zelf heel nuchter noemt: 'een Word document met plaatjes') geprint. Van deze mensen kreeg hij vervolgens te horen: 'Hoe jij praat is precies zoals je in je boek overkomt!' Er was dus al sprake van een connectie voordat het gesprek begon.

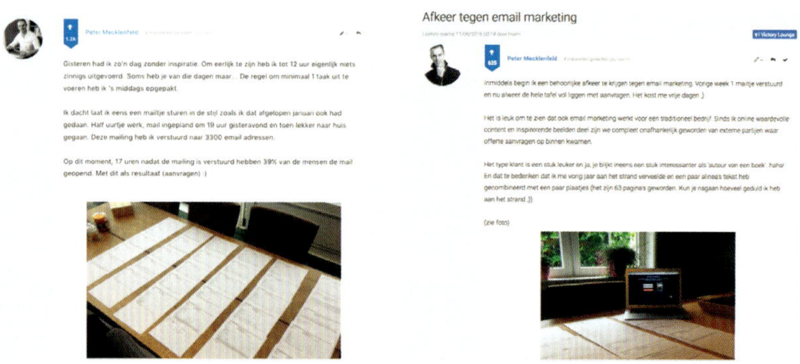

Afbeelding 13.5 Peter begint een afkeer voor e-mailmarketing te krijgen

Peter kwam erachter dat het type klant dat via zijn eigen e-book kwam, veel beter bij hem paste dan de klanten die hij via externe platformen kreeg. Normaliter kreeg hij veelal offerteaanvragen van mensen die dat bij talloze hoveniers tegelijk deden en enkel prijzen wilden vergelijken. Mensen die een aanvraag deden na het downloaden van zijn e-book deden dit echter op basis van wat ze als voorbeeld gezien hadden: precies het type tuin dat Mecklenfeld Tuinen kan realiseren.

Door het succes van zijn funnel hoeft hij nu nooit meer zijn klanten via externe platformen te halen. En hoewel hij in 2015 dacht dat de rek er qua omzet en bedrijfsgrootte wel uit was, vertelde hij ons in 2018 dat zijn bedrijf zowel qua omzet als personeelsbestand is verdubbeld. Ook leuk om te weten is dat Peter alle technieken uit het SEO-deel van dit boek toepast en daarmee ondertussen meer dan 100.000 bezoekers per maand naar zijn website trekt.

Er zijn legio manieren om e-mailadressen van mensen op een kwalitatieve manier te verzamelen. Dit kan via een gratis pdf of een gratis video(serie), maar je kunt bijvoorbeeld ook werken met een quiz, een winactie, of een kortingscode als je een webshop hebt. Probeer creatief te zijn en na te denken wat goed past bij jouw potentiële klant. Wat is een goed startpunt om interesse te krijgen in jouw product of dienst? En wat vinden zij interessant genoeg om te 'kopen' met hun naam en e-mailadres?

OPT-IN-PAGINA'S

Een van de meest effectieve manieren om veel e-mailadressen te verzamelen is het gebruik maken van een opt-in-pagina. Dit is een conversiepagina waarop je bezoeker niets anders kan doen dan het achterlaten van gegevens. Eerder leerde je immers al dat een conversiepagina idealiter maar één specifiek doel heeft. Dat betekent dat een opt-in-pagina afleidingsvrij is en dus ook geen menu, zijbalk, externe links, footer of andere vormen van afleiding heeft.

Net als een product op een verkooppagina zul je ook je weggever moeten 'verkopen' aan je bezoeker. Bezoekers vullen niet zomaar hun gegevens in. Je wil er daarom op je opt-in-pagina voor zorgen dat je bezoekers niet hoeven te twijfelen over het invullen van het opt-in-formulier, omdat ze al overtuigd zijn van de waarde van je weggever. Je moet ze hebberig maken.

Binnen een opt-in-pagina gebruik je daarvoor dezelfde elementen als een landingspagina met de TIPS-formule, maar omdat het hier gaat om een gratis product kan dit wel een stuk simpeler en in een andere volgorde. Anders dan bij een verkooppagina is het aan te raden om de weggever en bijbehorende call-to-action alvast boven de vouw te laten zien. Zo ziet een bezoeker namelijk direct wat er te halen valt (*what's in it for me?*), voordat hij hoeft te scrollen. Daarnaast wil je natuurlijk zorgen voor een pakkende headline en een aantal uitgelichte voordelen of USP's van de weggever.

Afbeelding 13.6 TIPS-formule op opt-in-pagina van *Winnen in Google*

Voor de twijfelende bezoeker die verder scrolt, is het nog steeds relevant om wat achtergrondinformatie over jezelf of je bedrijf te geven. Dit verhoogt je autoriteit en betrouwbaarheid. Daarnaast kun je extra informatie geven zodat je lezer overtuigd raakt dat je weggever te waardevol is om te laten liggen. Denk hierbij aan het plaatsen van meer testimonials, afbeeldingen en video's. Zorg er vervolgens wel voor dat het laatste gedeelte van de pagina altijd een call-to-action bevat, zodat een bezoeker die aan het eind van je pagina komt niet meer hoeft te zoeken naar de downloadknop.

> *"Hoe meer gegevens je van een bezoeker vraagt, hoe lager de conversie van je opt-in-pagina"*

Pas wel op met hoeveel gegevens je vraagt. We zien namelijk in de praktijk vaak dat ondernemers uitgebreide opt-in-formulieren voor NAW-gegevens plaatsen en soms zelfs direct een telefoonnummer vragen. In 2014 deed de universiteit van Wisconsin een splittest op een pagina waar studenten zich konden aanmelden voor een informatiepakket voor één van hun studies. De test ging om de invloed van het telefoonnummerveld. Wat bleek? De pagina waar werd gevraagd om het telefoonnummer zorgde voor 52% minder inschrijvingen dan de pagina zonder het veld voor een telefoonnummer.

Ons advies voor een opt-in-pagina is daarom om zo min mogelijk gegevens te vragen. Vaak heb je aan alleen een naam (en niet voornaam en achternaam, want dat zijn twee velden) en een e-mailadres al voldoende. De naam vraag je om in je funnel persoonlijkere mails te kunnen sturen. Hallo 'Voornaam' komt een stuk persoonlijker over dan 'Hallo'.

Misschien is het je in onze voorbeelden van opt-in-pagina's al opgevallen dat de invulvelden voor naam en e-mailadres niet direct zichtbaar zijn. Die worden pas getoond op het moment dat iemand heeft geklikt op de CTA-knop en dat is niet zonder reden.

De Russische psycholoog Bluma Zeigarnik deed onderzoek naar de veronderstelling dat onafgemaakte taken beter onthouden worden dan afgemaakte taken. Dit kwam voort uit de constatering dat obers veelal exact onthouden welke gasten wat geconsumeerd hebben, zolang zij nog niet afgerekend hebben. Na het afrekenen weten ze echter niet meer wat die specifieke gasten geconsumeerd hebben. De taak is afgerond en die informatie is daardoor niet meer relevant.

Door op je opt-in-pagina niet direct te laten zien dat er een naam en e-mailadres nodig is om je weggever te downloaden, maar een bezoeker eerst de keuze te laten maken dat ze het willen hebben (door op de knop te klikken), maak je de eerste stap een stuk laagdrempeliger. Door te klikken op de eerste CTA-knop start de bezoeker een nieuwe taak en geeft hij een micro-commitment aan zichzelf af.

De vervolgstap (het invullen van de gegevens) voelt daardoor logischer en is nodig om de taak af te ronden. Wat meehelpt is om de consistentiebehoefte van de bezoeker ook visueel te prikkelen door met een voortgangsbalk aan te geven dat diegene al halverwege is. Opt-in-pagina's met zogeheten *two-step opt-ins* - waarbij de invulvelden niet direct zichtbaar zijn - converteren over het algemeen beter dan pagina's met een *one-step opt-in* waarbij het formulier direct te zien is.

Afbeelding 13.7 Two-step opt-in

HET PRIVACYVRAAGSTUK

Maar mag je die gegevens wel verzamelen? Rond 25 mei 2018 was ondernemend Nederland in rep en roer. De nieuwe AVG (Algemene Verordening Gegevensbescherming) zou alles veranderen voor online marketeers. Gelukkig is de paniek snel gaan liggen en hoef je je als ondernemer geen zorgen te maken bij het verzamelen van persoonsgegevens, zolang je maar binnen de grenzen van de wet blijft.

De namen en e-mailadressen die je verzamelt sla je op in je *E-mail marketing Service Provider* (ESP). Bekende tools hiervoor zijn MailBlue, ActiveCampaign, Aweber, GetResponse, Enormail, Drip en MailChimp. Gebruik hier altijd professionele software voor. Gebruik dus niet een eigen formulier en een bestand met e-mailadressen die je in een bcc-veld plakt om ze te mailen. Het is verplicht om in iedere e-mail die je verzendt een uitschrijflink te hebben waarmee je abonnee zich met één klik uit kan schrijven (zonder te hoeven inloggen). Ook is het belangrijk dat de data die je verzamelt veilig en versleuteld wordt opgeslagen. Dit regelt een ESP voor je.

Maak ook duidelijk op je opt-in-pagina waar mensen zich voor inschrijven en wat zij na inschrijving van je kunnen verwachten. Vermeld duidelijk dat je na inschrijving voor je weggever ook e-mails zult versturen en laat je inschrijver daar idealiter zelfs ondubbelzinnig akkoord voor geven door een checkbox voor akkoord aan te vinken. Dit laatste doen wij zelf overigens niet, omdat we gemerkt hebben dat het onze conversie extreem omlaag haalt. We voldoen verder netjes aan alle regels en focussen ook op het rondsturen van waardevolle informatie en zodoende krijgen we ook geen klachten. Zonder klachten (op grote schaal) hoef je je hier wat ons betreft ook geen zorgen over te maken.

Zorg ook voor een waterdicht privacybeleid waarnaar je verwijst vanaf je opt-in-pagina. In dit privacybeleid moet duidelijk staan wat je doet met de gegevens die je verzamelt op je website. Wij doen dit vaak met een kleine zin (microcopy) onder de aanmeldknop.

Er zijn twee verschillende manieren om iemand te laten inschrijven op een e-maillijst: *single opt-in* en *double opt-in*. Beiden zijn wettelijk toegestaan in Nederland. Bij een single opt-in staat iemand direct na het invullen van de gegevens op de e-maillijst. Bij een double opt-in moet een inschrijver nogmaals bevestigen dat hij op de e-maillijst wil staan door op een link in de e-mail te klikken die automatisch wordt verstuurd na het inschrijven. Pas daarna is het mogelijk om die persoon meerdere geautomatiseerde e-mails te sturen.

Afbeelding 13.8 Het proces van single versus double opt-in

Beide varianten hebben voor- en nadelen. Het voordeel van de dubbele opt-in is dat je alleen toegewijde mensen op je e-maillijst krijgt. Het percentage mensen dat de mail opent ten opzichte van het aantal mensen dat de mail heeft ontvangen (de *open rate*) is daardoor bijvoorbeeld een stuk hoger. Het nadeel is dat je potentieel geïnteresseerden (ze hebben zich immers aangemeld) niet kunt mailen als zij niet op de bevestigingslink klikken.

Er kunnen legio redenen zijn dat iemand niet op de link klikt. Zo kunnen ze de mail over het hoofd zien, de mail kan in de spambox terechtkomen of ze kunnen vergeten zijn dat ze een weggever hebben aangevraagd. Bij deze dubbele opt-in is er geen mogelijkheid om deze mensen nogmaals te benaderen. Dat probleem heb je niet bij single opt-in en je hebt dus vaker de kans om je potentiële klant te benaderen. Een uitdaging bij single opt-in is echter dat je vaker te maken hebt met neppe (of foutief ingevulde) e-mailadressen.

Toen wij er in 2014 achterkwamen dat ruim 40% van onze inschrijvingen de dubbele opt-in niet aanklikten, zijn we overgestapt naar single opt-in. Onze eerste welkomstmail na inschrijving heeft op dit moment een openrate van 70%+, dus we zijn erg tevreden over die beslissing.

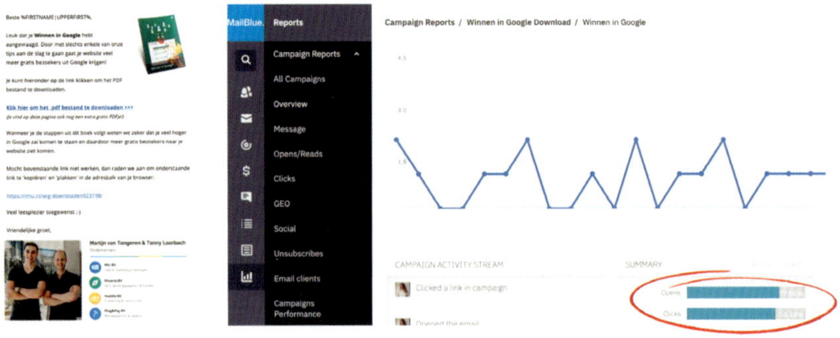

Afbeelding 13.9 Open rate en click-through rate van eerste e-mail na opt-in met het e-book

Over het algemeen raden wij aan om je inschrijvers niet direct toegang te geven tot de weggever op je bedankpagina, omdat je ze het liefst wil 'trainen' om je e-mails te openen. Wij geven daarom op onze bedankpagina's aan dat mensen ons e-book terug kunnen vinden in hun inbox.

Daarnaast wil je op zo'n bedankpagina idealiter iets meer doen dan je bezoeker alleen bedanken voor de aanmelding. Dat is niet sexy en heeft weinig tot geen emotie. Een persoonlijke video waarin je iets over jezelf vertelt en je kersverse abonnee alvast iets vertelt over welke waardevolle informatie hij van jou zal ontvangen is dan al een betere start. Je abonnee zal dan al meer uitkijken naar je e-mails.

BGA'S, OTO'S & SLO'S

Een andere reden om niet meteen een downloadlink van je weggever te tonen is omdat je meer uit het momentum van het inschrijfproces kunt halen. Wanneer iemand een pdf opent zijn ze weg van je website en daarmee afgeleid en 'uit het proces'. Je hebt dan geen controle meer over deze persoon. Omdat hij zich zojuist heeft ingeschreven, weet je dat er interesse is. Je bezoeker is gepromoveerd naar 'koude lead'. Met je e-mailmarketingfunnel kun je deze lead gaan opwarmen zodat het een klant wordt, maar het is ook mogelijk om hem direct de stap van lead naar klant te laten maken.

Je kunt hiervoor gebruik maken van wat wij een 'Belachelijk Goed Aanbod' *(*BGA*)* noemen. Dit is een laagdrempelig en eenmalig aanbod dat je direct doet op de bedankpagina na inschrijving op je e-maillijst. In het Engels noemen ze deze marketingtechniek ook wel een *One Time Offer (OTO)*. Zodra je bezoeker deze pagina wegklikt, vervalt het aanbod.

In afbeelding 13.11 zie je een voorbeeld van zo'n proces. De oplettende kijker zal zien dat wij de voornaam van de bezoeker hergebruiken op de tussenpagina. De bezoeker heeft zijn naam zojuist ingevuld in het opt-in-formulier en op de bedankpagina spreken wij de bezoeker daarna met de voornaam aan. Dit prikkelt het egocentrische oerbrein. De bezoeker kan hier kiezen tussen twee opties: het eenmalige aanbod bekijken via de groene knop, of het aanbod negeren en rechtstreeks naar de pdf via de rode knop.

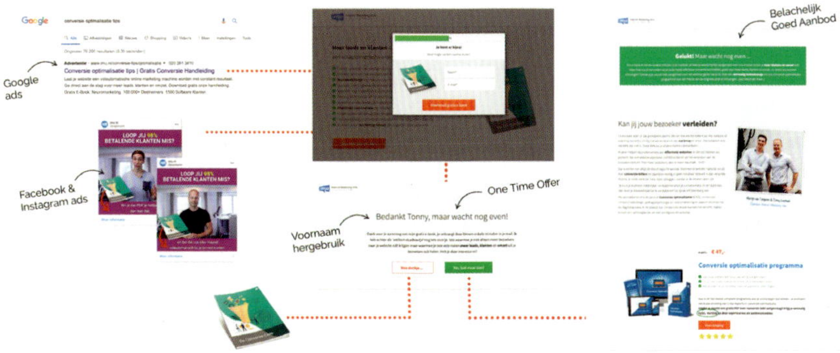

Afbeelding 13.10 Gratis adverteren dankzij een BGA

Het idee van dit aanbod is dat je jouw bezoeker direct een onweerstaanbare buitenkans geeft. Het voordeel voor jou is dat een potentiële lead direct een betalende klant kan worden. Zodra je klant een eerste, kleine financiële transactie maakt, is de eerste grote drempel al genomen. Is je klant vervolgens tevreden over het product of krijgt hij zelfs meer dan verwacht (*underpromise and overdeliver*), dan is de kans veel groter dat hij nogmaals een product bij je aanschaft. Er is dan een vertrouwensbasis gecreëerd, hoe klein de investering ook was. Het kunnen letterlijk een paar euro's zijn. Dit sluit aan op het onderzoek dat we eerder deelden rondom het plaatsen van het 'Drive Safely' bord. De klik op de groene knop voor het aanbod is eveneens een bijdrage aan dit gevoel van consistentie.

Een ander voordeel is dat je door het plaatsen van zo'n aanbod na inschrijving direct omzet genereert met inschrijvingen voor je e-maillijst. Wanneer je werkt met een advertentiestrategie is het dus ook mogelijk om de kosten van die advertenties direct terug te verdienen via je BGA, waardoor dit in het Engels ook wel een *Self Liquidating Offer (SLO)* wordt genoemd. Zo geven wij op deze pagina een korting van 85% op één van onze onlinemarketingcursussen, alleen voor mensen die zich hebben ingeschreven voor onze e-maillijst. Klikken mensen de pagina weg? Dan verdwijnt het aanbod voorgoed. Deze pagina levert een directe conversie van 4,92% op.

Stel wij adverteren bij Google of Facebook en betalen gemiddeld €0,40 per klik op onze advertentie. Voor 5.000 bezoekers betalen wij dan een totaalbedrag van €2.000,-. Van alle bezoekers schrijven 1.000 mensen zich in voor onze gratis weggever. De conversieratio van de opt-in-pagina is zodoende 20% en de gemiddelde *cost per lead* (CPL) bedraagt €2,-

Van deze 1.000 opt-ins kopen 49 personen onze BGA ter waarde van €47,-. De conversieratio van deze verkooppagina is zodoende 4,9% en de gemiddelde *cost per action* (CPA) bedraagt €40,-. Deze 1.000 opt-ins leveren daardoor per direct €2.303,- omzet op. Minus de kosten komen we op een winst van €303,- en een gemiddelde winst per bezoeker (RPV) van €0,06.

Vrij vertaald betekent dit dat we €2,- betalen om een lead op onze e-maillijst te krijgen en €40,- om een betalende klant te krijgen. We betalen €0,40 per bezoeker en ontvangen daar direct €0,46 voor terug. Dit betekent dat wij ons 'budget' constant kunnen hergebruiken voor onze advertenties om meer opt-ins en klanten te verzamelen, waardoor onze e-maillijst exponentieel zal groeien.

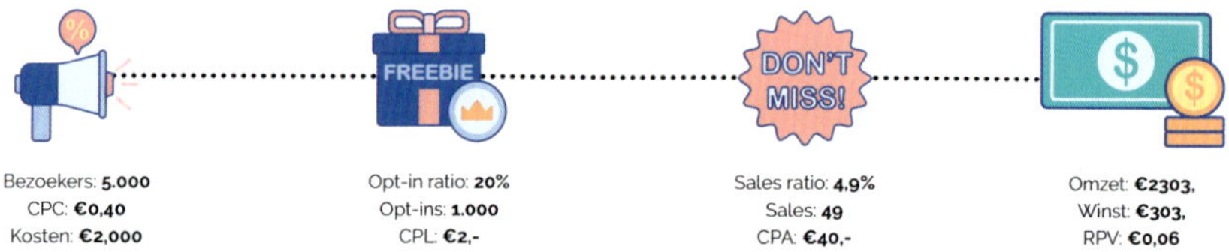

Afbeelding 13.11 Rekenvoorbeeld flow

Bij een nieuwe funnel of een nieuwe BGA zal dit proces niet altijd direct winstgevend zijn. We hebben hier een makkelijk rekenvoorbeeld gebruikt, maar in de praktijk ben je vaak even bezig met testen en optimaliseren van je advertenties, conversiepagina's en prijzen voordat de rekensom helemaal klopt. Andere factoren kunnen er ook voor zorgen dat je niet winstgevend of break-even kunt zijn met je BGA. Zo kunnen Google en Facebook bijvoorbeeld hun klikprijzen verhogen, je advertentie slaat (niet meer) aan of je doelgroep raakt uitgeput.

De e-mailmarketingfunnel die daarna komt is daarom van groot belang. We hebben in dit voorbeeld namelijk alleen de omzet geteld die direct uit slechts 49 van je 1.000 leads is gekomen. Er zijn dus ook nog 951 leads die je product nog niet hebben gekocht en hier pak je de grootste winst. Je e-mailmarketingfunnel heeft als doel om een relatie op te bouwen met deze leads zodat deze in een later stadium je product alsnog aanschaffen en zelfs meerdere producten af kunnen nemen. Het voorspel in deze funnel moet zo goed zijn, dat je lead uiteindelijk tot climax komt.

AUTORESPONDERS

Vanaf het moment dat iemand zich heeft ingeschreven op jouw e-maillijst, kun je e-mails met waardevolle informatie en af en toe een aanbieding sturen. Vanuit de meeste e-mailmarketingproviders heb je twee mogelijkheden voor het versturen van e-mails naar je lijst:

1. Via een directe campagne, waarbij je eenmalig een e-mail verstuurt aan je totale lijst of een bepaald segment daarvan.
2. Via een *autoresponder* die automatisch reageert op een nieuwe inschrijving. Zo'n autoresponder noemen wij ook wel je e-mailmarketingfunnel. Je kunt hier namelijk een serie e-mails klaarzetten voor mensen die zich inschrijven op je e-maillijst, zonder dat jij persoonlijk op de verzendknop hoeft te drukken als een nieuw persoon zich aanmeldt.

Afbeelding 13.12 Autoresponder stuurt automatisch vooraf klaargezette e-mails naar abonnees

Onthoud dat we je aanraden om een value-first strategie te hanteren en dat er een gezonde balans moet zijn tussen waarde en commercie. Je e-mails zijn vooral bedoeld om waarde te geven en een vertrouwensband op te bouwen met je publiek. Naast Robert Cialdini zijn er veel vooraanstaande ondernemers die het principe van wederkerigheid prediken. Gary Vaynerchuck is één van de bekendste met zijn bestseller *Jab, jab, jab, right hook*. Zijn visie in twee zinnen? 'Geef waarde, geef waarde, geef waarde. Vraag daarna pas om zaken met je te doen.'

In het begin van dit hoofdstuk noemden we het eeuwenoude onlinemarketinggezegde 'The money is in the list' al. Dat is waar, maar eigenlijk is daar een toevoeging bij nodig:

"The money is in the relationship with the list"

Je kunt tienduizenden e-mailadressen van potentiële klanten hebben, maar als zij geen band met jou of je bedrijf voelen, is de conversie op die lijst veel lager dan bij een klein lijstje met die-hard fans. Veel mensen ontvangen tientallen e-mails per dag, daarom is het belangrijk om positief op te vallen met de e-mails die je stuurt. Om je alvast op weg te helpen is het in ieder geval belangrijk dat je weet uit welke elementen een effectieve e-mail is opgebouwd.

Mail vanuit een persoonlijk e-mailadres. info@, een bedrijf als afzender en als afbeelding een bedrijfslogo? Je ontvanger weet en denkt (onbewust) direct: 'Dat is een bedrijf'. Hoe graag lees jij e-mails 'van een bedrijf'? E-mail met een persoonlijk e-mailadres en zorg voor een persoonlijke foto. Mensen ontvangen graag e-mails van mensen.

> *"Ik schrijf mijn mailings alsof ik ze naar een goede vriend stuur"*
>
> Eric van Hall

Zorg voor een prikkelend onderwerp. Voordat mensen je e-mail openen zien ze de afzender en het onderwerp van de e-mail. Probeer nieuwsgierigheid op te wekken bij de lezer, waardoor ze verder willen lezen. Leuk feitje? Onze best geopende e-mail aller tijden was uit naam van Sinterklaas met als onderwerp: *'Voor: *voornaam van die persoon*'*

Verwijder HTML-opmaak uit je e-mails. Hartstikke leuk al die opties om je e-mail mooi op te maken, maar zodra je een e-mail opent waar de styling direct zichtbaar is gaat het 'nieuwsbrief-alarm' in het achterhoofd van mensen al af. Drie keer raden hoe lang het duurt voor ze die verwijderen (zonder te lezen).

Maak gebruik van storytelling. We zeiden al eerder in dit boek: informatie leidt tot analyse, emotie leidt tot actie. Statische tips zijn leuk, maar bereiken alleen de ratio van je lezer. Verwerk je een tip in een verhaal? Dan blijft die veel beter hangen, omdat verhalen de emotie van je lezer prikkelen. Vervolgens is het veel eenvoudiger om die lezer tot actie aan te zetten.

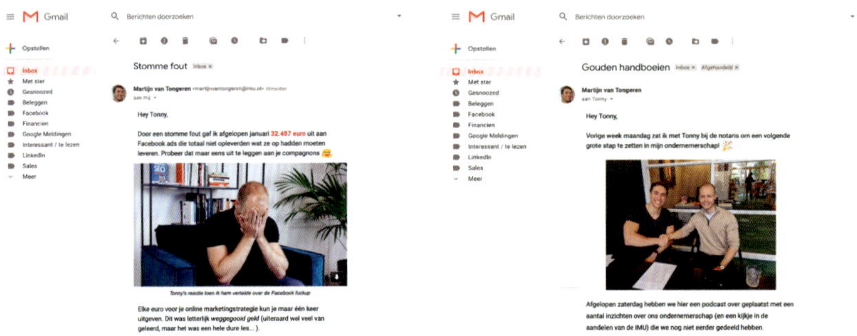

Afbeelding 13.13 E-mails met storytelling

Eindig altijd met een CTA. Zorg ervoor dat mensen altijd weten wat ze moeten doen na het lezen van de e-mail. Mensen onthouden altijd het laatste wat ze horen of lezen. Wil je dat ze reageren? Zorg dan ervoor dat dit het laatste is wat ze lezen. Wil je dat ze een pagina bezoeken? Zorg dat onderaan de e-mail nogmaals de link staat.

Eén doel per mail. Net als bij een landingspagina wil je één doel per e-mail hebben. Stuur je lezer naar maximaal één externe pagina. Wil je dat mensen reageren? Zorg ervoor dat je geen externe links in de mail gebruikt. Hoe meer keuzes jij je lezer geeft, hoe minder keuzes hij maakt. Kies wat jij met deze e-mail wil bereiken, zodat dit ook duidelijk is voor je lead.

Zodra je e-mails aan deze standaarden voldoen, kun je aan de slag met het maken van je e-mailmarketingfunnel. Eerder las je al hoe een voorbeeldfunnel eruit zou kunnen zien. In afbeelding 13.14 zie je hoe dat er visueel uitziet in de software die wij gebruiken (MailBlue).

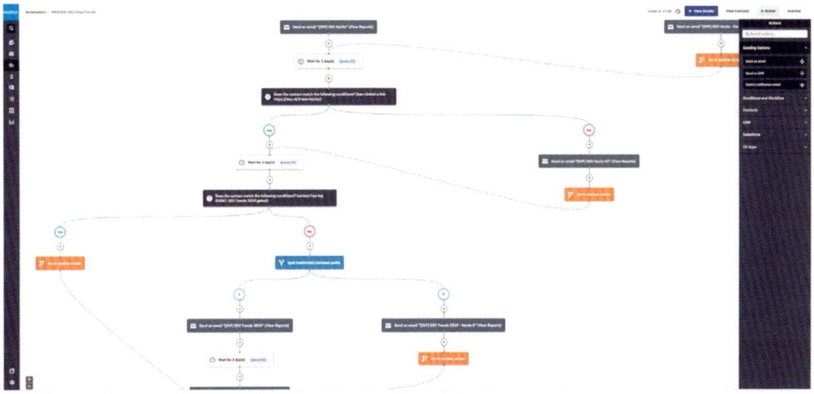

Afbeelding 13.14 Autoresponder in MailBlue

Je e-mailfunnel kun je zien als een *customer journey* van je klant. Stap voor stap loods je jouw lead met je meest waardevolle informatie naar de stap tot klant. In je funnel zorg je ervoor dat je lezer zichzelf - of zijn of haar uitdagingen en behoeften - herkent in je verhaal (steady state emotion). Daarnaast zorg je ervoor dat je lezer zich bewust wordt van je expertise en steeds meer vertrouwen krijgt in je diensten (target state emotion). Zodra dit het geval is, geeft je funnel de spreekwoordelijke voorzet en hoef je de uiteindelijke verkoop alleen nog maar binnen te koppen.

Belangrijk is dus dat je lead de inhoud van je funnel consumeert. Verschillende mensen hebben echter verschillende voorkeuren. De een leest graag (tekst), de ander luistert (audio) en weer een ander kijkt (video). Daarom is het aan te raden om je boodschap op een multimediale manier te verspreiden. In ons voorbeeld van de e-mailfunnel na het downloaden van e-book zie je dat we in verschillende vormen SEO- en conversietips geven. Dit doen we via een pdf, blog en een aantal video's. Daarna gaan we over tot het aanbieden van onze Phoenix-software waarmee onze klanten deze tips gemakkelijk in de praktijk kunnen brengen. Dit doen we eerst via een webinar waarin we naast tips ook een aanbod voor de software doen. Daarna krijgen mensen (die nog niet gekocht hebben) het aanbod nog eens nagestuurd en enkele dagen daarna een interview met een van onze gebruikers om nog extra social proof te geven. Als dat nog niet voldoende is, bieden wij de optie tot een gratis telefonisch strategiegesprek waarin wij zowel advies geven als onze software nogmaals aanbieden.

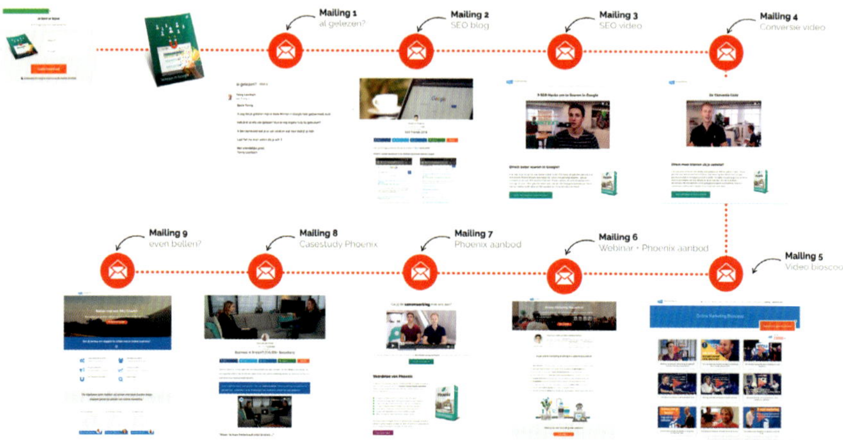

Afbeelding 13.15 Funnel na download *Winnen in Google*

Wanneer er een paar honderd leads door je funnel zijn gegaan, kun je het conversiepercentage van je funnel meten. Hierdoor weet je precies wat een lead oplevert en kun je uitrekenen hoeveel je eventueel uit zou kunnen of willen geven aan nieuwe leads door middel van advertenties.

Laten we weer kijken naar ons rekenvoorbeeld. Door de BGA na opt-in hebben we daar 1.000 leads en al €2.303,- omzet en €303,- winst mee behaald. Stel dat we deze leads in onze e-mailfunnel een digitaal product (met 100% marge) van €400,- aanbieden. Van de 1.000 leads zijn er 29 die dit product aanschaffen. Dit betekent dat de conversieratio van deze funnel 2,9% is en €11.600,- omzet oplevert. In totaal levert deze funnel dus €11.903,- winst op wanneer er 1.000 leads doorheen gaan. Elk lead levert gemiddeld €11,90 op, dit is de *revenue per lead* (RPL) terwijl we deze inkopen voor slechts €2,-

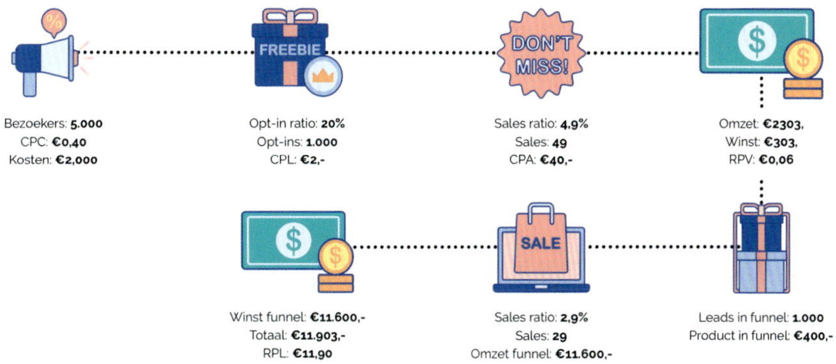

Afbeelding 13.16 Rekenvoorbeeld van een e-mailfunnel met aanbod

In dit rekenvoorbeeld zie je ook dat het niet erg is om niet direct winstgevend te zijn als iemand zijn e-mailadres achterlaat. Stel je hebt nog geen BGA maar wel een funnel, dan zou de omzet met eenzelfde conversieratio €11.600,- zijn, terwijl je kostprijs €2.000,- was. Dat is nog steeds een winst van €9.600,- bij 1.000 leads.

Veel ondernemers hebben meer dan één product en kunnen daarom al snel in de knoop komen als zij een funnel bouwen. Waar begin je en hoe zorg je ervoor dat je alles onder de aandacht brengt? Les één is dat je niet direct alles onder de aandacht moet willen brengen, maar dat had je waarschijnlijk al opgestoken in het onderdeel over keuzestress.

Hoe specifieker je de funnel maakt, hoe beter je deze kunt laten aansluiten op de bezoeker die je weggever heeft aangevraagd. Een aantal jaar geleden keken wij kritisch naar de *open rates* van de funnel die na ons *Winnen in Google* e-book werd geactiveerd:

1. Welkomstmail met pdf-download - 70,81%
2. Mail met SEO-video - 49,18%
3. Mail met conversievideo - 30,44%
4. Mail met SEO-blog - 35,23%

Het verschil tussen mail 1 en mail 2 is erg groot, wat goed te verklaren is. De e-mail met pdf-download komt vlak nadat iemand zelf heeft gekozen om een e-book aan te vragen. Het is vrij logisch om die dan ook daadwerkelijk te willen downloaden. Vooral de *drop* bij de e-mail met de conversievideo was opvallend, omdat de e-mail daarna weer een hogere open rate had. Wij concludeerden dat dit veroorzaakt werd door het wisselen van onderwerp. Iemand die interesse heeft in SEO-tips, zal niet vanzelfsprekend ook interesse hebben in conversietips.

Wij hebben zes onderwerpen waar we in specialiseren en die uiteindelijk ook leiden naar onze coachingsprogramma's enf onze software. Je zult ze herkennen van de zes delen in dit boek: SEO, conversie, betaalprocessen, affiliate marketing, membersites en community building. Daarom hebben we besloten om hier zes funnels voor te maken die zich volledig wijden aan het onderwerp waar iemand zich voor inschrijft. Vraagt iemand een e-book over SEO aan? Dan focussen we ons in de eerste e-mails vooral op het onderwerp zoekmachine-optimalisatie. Conversie-optimalisatie? Dan krijg je extra conversietips van ons (in tekst, video en audio zoals eerder uitgelegd).

Afbeelding 13.17 Specifieke funnels per onderwerp

Vervolgens gebeurde dit met de openrates:

1. Welkomstmail met pdf-download - 71,23%
2. Mail met SEO-video - 48,13%
3. Mail met SEO-blog - 47,58%
4. Mail met SEO-podcast - 44,56%
5. Mail met SEO-casestudy - 42,22%

De casestudy in deze funnel zorgde voor veel extra aanmeldingen voor onze software. Hoe meer je product of merk genoemd wordt door anderen, hoe relevanter je wordt. Daarom zijn interviews, testimonials en casestudies zeer waardevol in een funnel.

Een leuke bijkomstigheid in deze specifieke funnel is dat we onze leads ook langs ons kanaal op YouTube en onze IMU Podcast sturen. Op de pagina met de 9 SEO Hacks staat direct onder de video een knop waarmee de bezoeker zich kan abonneren op ons kanaal. In de derde e-mail verwijzen wij naar onze blog, maar ook direct naar de podcast op iTunes, Spotify en andere kanalen. Zo halen we naast verkopen dus ook nog andere resultaten uit deze funnel.

> *"Today it's important to be present, be relevant and add value"*
>
> Nick Besbeas

Online marketing gaat om herkenning en relevantie. Hoe relevanter je bent, hoe hoger je open rates en hoe hoger je conversieratio. Zorg er dus voor dat jouw e-mails in lijn zijn met wat jouw leads van jou verwachten en waar ze in geïnteresseerd zijn.

Meten is weten, kijk daarom altijd naar je statistieken en probeer je e-mailfunnels te allen tijde te verbeteren. Test met verschillende onderwerpen, diverse media, indelingen, storytelling, intervallen en verschillende vormen van commercie.

DE SLAAPZAKFACTOR

Nu we het hebben gehad over autoresponder keren we nog even terug naar het versturen van losse directe e-mails. Een effectieve manier om meer klanten uit je e-maillijst te krijgen, is bijvoorbeeld door te werken met een productlancering waar je opbouwt naar een climax om mensen jouw product te laten aanschaffen. Dit zul je ook herkennen van de beruchte Black Friday deals of de legendarische productlanceringen van de eerste Apple iPhones en de Nintendo Wii. Er lagen letterlijk mensen in slaapzakken voor de winkel, omdat ze bang waren dat ze een product niet zouden kunnen kopen. Als wij zelf productlanceringen doen, spreken we daarom veelal van de 'slaapzakfactor'. Dit werkt zowel bij het openen van je aanbod als het sluiten ervan.

Wij hebben door de jaren heen tientallen productlanceringen gedaan volgens de methode van de bekende marketeer Jeff Walker. Deze bestaat uit 3 fases: *pre-launch*, *launch* en *post-launch*.

1. De **pre-launch** is de periode dat er marketing wordt gedaan tot het moment dat mensen het daadwerkelijke product kunnen aanschaffen. Bij Apple duurt deze periode vaak meerdere maanden. Bij online marketeers is dit vaak niet meer dan één of twee weken.

2. De **launch** is het moment van lancering: het moment dat de deuren open gaan en mensen naar binnen stormen om het felbegeerde product aan te schaffen.

3. De **post-launch** is de periode tussen het moment van lanceren en het sluiten van je aanbod. Hier valt vaak de meeste winst te behalen, want niet alle warme leads kopen direct op het moment van lanceren. In de post-launch ga je aan de slag met het extra overtuigen van twijfelaars, het weerleggen van bezwaren en wijs je mensen op de deadline.

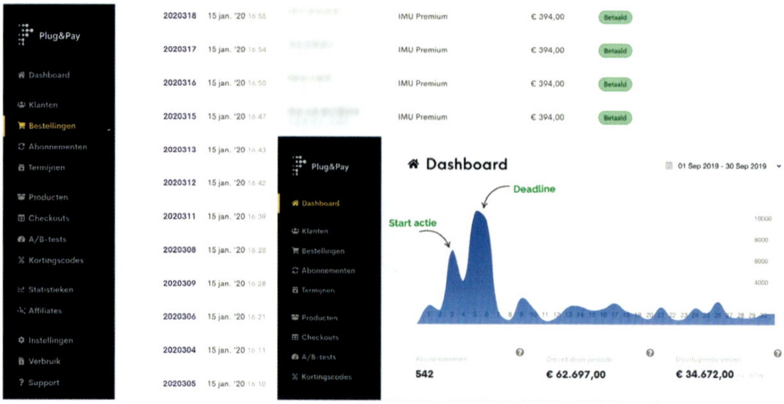

Afbeelding 13.18 Omzetpieken in lanceringen door het gebruik van aftellers

Eerder leerde je al dat het werken met schaarste en aftellers veel impact heeft op het resultaat van een online productlancering. In ons geval betekent het dat wij vaak onze omzet verdubbelen op de *deadline* dag. Zeker het laatste uur is altijd een feestje. Het is dus belangrijk om goed naar dat moment toe te werken. Dat is waar de post-launch fase voor bedoeld is.

Een voorbeeld van zo'n productlancering die wij naar onze volledige e-maillijst stuurden zie je in afbeelding 13.19. We noemen dit *timed content* omdat we verschillende contentdelen met een interval van enkele dagen vrijgeven aan onze achterban. Je ziet een pagina op onze website die net als een conversiepagina volledig vrij is van afleiding. Op deze pagina is een soort adventskalender te zien met vier vakjes die één voor één opengaan. Als je op een gesloten vakje klikt krijgt je een teller te zien die aangeeft hoe lang het nog duurt totdat deze content onthuld wordt. Op deze manier kunnen wij, net als in een autoresponder, onze achterban stap voor stap meenemen door de customer journey.

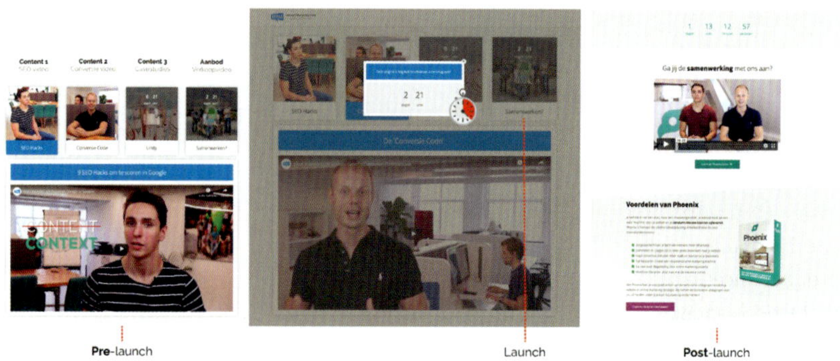

Afbeelding 13.19 Productlancering via timed content

Een korte samenvatting van de opbouw in deze specifieke lancering:

1. Leads krijgen een video met 9 SEO Hacks waarin Martijn onze meest waardevolle SEO-technieken en kansen voor ondernemers laat zien. De video van zo'n 15 minuten is praktisch, diepgaand en bevat nog geen enkele commercie. De video is alleen bedoeld om onze expertise te tonen en leads warm te maken voor SEO.
2. Leads krijgen een video over de Conversie Code waarin Tonny onze meest waardevolle conversietechnieken en kansen voor ondernemers laat zien. Ook deze video bevat nog geen commercie en is bedoeld om de vertrouwensband verder op te bouwen.
3. Leads krijgen twee inspirerende cases van onze klanten die met onze Phoenix-software werken. Een case zoomt specifiek in op een gebruiker met enorm succes op het gebied van SEO en de andere case richt zich juist op een torenhoge conversie.
4. Leads worden via het vierde blokje doorverwezen naar een conversiepagina met een tijdelijk aanbod om onze (SEO- en conversiegeoptimaliseerde) Phoenix-software te kopen. Zolang de afteller loopt is er een korting van kracht en zijn er extra bonussen toegevoegd.

> *"If you want to make your business and your marketing memorable, then your marketing needs to tell a story"*
>
> Jeff Walker

Hadden wij dit aanbod direct gedaan zonder eerst relevante, inspirerende en waardevolle content te delen, dan was er geen slaapzakfactor geweest. Leads die interesse hadden in de voorgaande video's zijn vanzelfsprekend geïnteresseerd geraakt in onze materie en dus wat wij voor hen kunnen betekenen. Sluit het aanbod vervolgens aan op wat zij nu nodig hebben in hun leven, dan wordt de deal tijdens deze fase gesloten.

Een productlancering is vaak op één specifiek moment. Je social media, directe e-mails, website en eigenlijk alle online uitingen die je doet in zo'n periode hebben vaak te maken met die productlancering. Het voordeel daarvan is dat je op alle kanalen het momentum van die lancering hebt en je daarom een enorme piek in je omzet kunt genereren. Maar schrijft iemand zich één dag na het aflopen van je productlancering in op je e-maillijst, dan zal deze persoon nooit weten dat er een fantastisch aanbod online stond. Daarom gaan we nog een stapje verder dan een eenmalige productlancering en kijken we naar het automatiseren van zo'n lancering in je funnel.

EVERGREEN FUNNELS

Een *evergreen funnel* is een tijdloze funnel die altijd actueel of anders gezegd altijd 'in bloei' staat. Vrij vertaald betekent dit een funnel waarbij jij de ideale customer journey maar één keer hoeft te bouwen, en deze vervolgens continu voor je blijft werken. Het betekent dat je een geautomatiseerd systeem hebt dat ervoor zorgt dat je producten automatisch aan je doelgroep worden verkocht, op de meest effectieve manier en op het juiste moment voor hen. Je wil dat het proces in zo'n funnel zo natuurlijk mogelijk overkomt en je leads niet per se door hebben dat zij in een geautomatiseerd systeem zitten.

Hans zit bijvoorbeeld zaterdagavond om 01:07 uur 's nachts nog wat te googlen en komt uit op imu.nl. Hij besluit om *Winnen in Google* te downloaden, want hij wil meer leren over SEO. Twee dagen later, maandagnacht, precies om 01:07 uur krijgt hij een volgende 'persoonlijke' e-mail met onze SEO-video. Drie dagen later, donderdagnacht, precies om 01:07 uur krijgt hij een volgende 'persoonlijke e-mail' met een SEO-blog. Elke e-mail die Hans uit onze funnel krijgt, ontvangt hij precies om 01:07 uur. Zou hij denken: 'Goh, wat een pietje precies zijn die Tonny & Martijn. Omdat ik me om 01:07 inschreef, hebben zij nu elke nacht hun wekker gezet om 01:07 om mij op het juiste moment een e-mail te sturen!' Of zal hij denken als hij 's morgens zijn mail checkt: 'Hmm, weer een geautomatiseerde mail van die gasten die persoonlijk proberen te lijken...'

Het is een kleine aanpassing, maar door je e-mails op specifieke tijdstippen te laten versturen kunnen deze veel geloofwaardiger en persoonlijker overkomen. Probeer daarom te kijken wat een logisch tijdstip is voor jouw doelgroep om je e-mails te ontvangen. Is je doelgroep horecapersoneel? Dan is de nacht misschien zo gek nog niet. Maar bestaat je doelgroep vooral uit ondernemers? Dan is overdag e-mailen (hebben wij gemerkt) het meest lucratief. Bestaat je doelgroep uit hobbyisten? Dan werkt de avond en het weekend misschien het beste. Er is geen algemene waarheid voor het 'beste tijdstip' om op te mailen. Probeer dit dus te testen en op basis daarvan te beslissen rond welke tijdstippen jij je e-mails graag wil verzenden.

In je funnel kun je dat vervolgens verwerken door aan te geven dat een bepaalde e-mail pas op een specifiek tijdstip verzonden moet worden. Ook hier zorgen wij ervoor dat dit niet altijd op precies hetzelfde tijdstip is, maar juist met wat variatie zodat het echt lijkt alsof wij de e-mail handmatig hebben verstuurd.

Afbeelding 13.20 Instellingen in MailBlue voor het timen van je e-mails

Nu snap je het principe van een *evergreen funnel*, maar wist je dat je zelfs elementen zoals schaarste *evergreen* kunt maken? Nadat iemand zich inschrijft en op een pagina landt, kun je er bijvoorbeeld voor zorgen dat een afteller gaat lopen vanaf dat specifieke moment. Het aanbod eindigt dan niet op 27 juni om 23:59 uur, maar het aanbod eindigt 48 uur nadat iemand op die specifieke pagina terechtkwam. Op die manier kun je dus ook je productlanceringen *evergreen* maken in de vorm van een funnel. Deze timer en het moment van 'landen' op je pagina wordt bijgehouden via *cookies* die worden opgeslagen op het apparaat van je bezoeker.

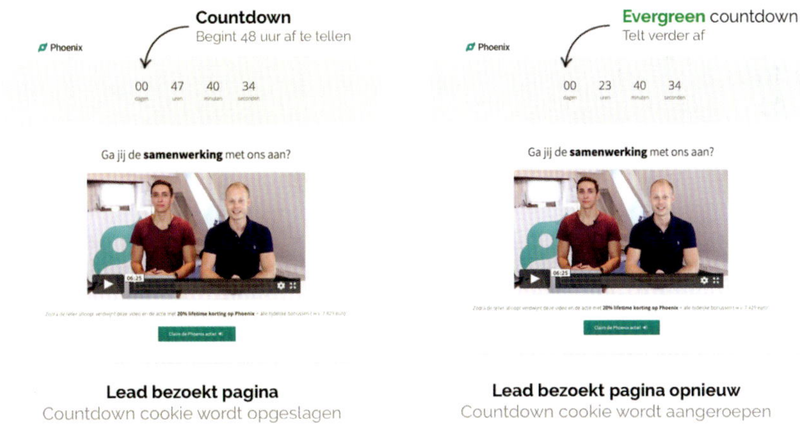

Afbeelding 13.21 Evergreen countdown

14. INTEGRATIE-MARKETING

Wanneer je landingspagina's, conversieprocessen en marketingfunnels goed staan, heb je een schitterende rode loper uitgelegd om leads en klanten van je bezoekers te maken. Er leiden meerdere wegen naar Rome en ook op jouw website moeten meerdere wegen naar je funnel leiden. Soms moet je je bezoeker daar ook een handje bij helpen.

"Attention is a limited resource, so pay attention to where you pay attention"

Howard Rheingold

Natuurlijk kun je jouw funnel vullen door gerichte advertenties voor je landingspagina's te maken. Adverteer bijvoorbeeld via Facebook, Instagram, LinkedIn of Google Ads naar je opt-in- of verkooppagina en kijk of je dit winstgevend kunt krijgen zoals toegelicht in eerdere rekenvoorbeelden.

De meest logische eerste stap is echter om de bezoekers die je op dit moment al op je website krijgt (zoals die uit SEO en de bezoekers die bewust naar jouw bedrijf op zoek zijn) naar je funnel te sturen. Door op strategische plekken in je website instappunten te integreren, zorg je ervoor dat je meest geïnteresseerde bezoekers de eerste stap naar bijvoorbeeld je weggever maken.

ATTENTION GRABBERS

Om de aandacht van je bestaande bezoeker te grijpen, kun je gebruik maken van wat wij *attention grabbers* noemen. In plaats van af te wachten of je bezoeker het pad naar je funnel bewandelt, zorg je er met attention grabbers voor dat je bezoeker de juiste kant op wordt gestuurd. Attention grabbers zijn elementen die meer opvallen dan je reguliere content. Eerder in dit boek hebben we al uitgebreid stilgestaan bij het grijpen, al dan niet verdienen van aandacht maar we zetten afsluitend nog even een paar effectieve aandachttrekkers voor je op een rijtje.

Een veel gebruikte attention grabber die wellicht al in je opkomt, is de alom bekende *pop-up*. Die zag je ook al in de vorm van onze *two-step* opt-in. Je kunt deze echter ook zonder klik laten verschijnen op je website. Pop-ups zijn enorm effectief, maar hebben ook een negatief effect als je ze verkeerd gebruikt. Veel websites laten zo'n pop-up al binnen vijf seconden zien, maar dat heeft een negatieve impact om twee redenen:

1. De bezoeker is nog aan het 'landen' op de website en heeft pas net de eerste indrukken van je website verwerkt. De bezoeker wordt door de pop-up direct uit de flow gehaald en weet nog niet voldoende om te beslissen of deze website goed genoeg bij hem past.

2. Komt een pop-up te snel naar voren, dan is het eerste instinct van mensen om deze direct weg te klikken. Met het wegklikken geven ze daarmee direct het signaal aan hun brein dat ze dit niet interessant vinden, waardoor ze de rest van je website ook met die emotie bekijken.

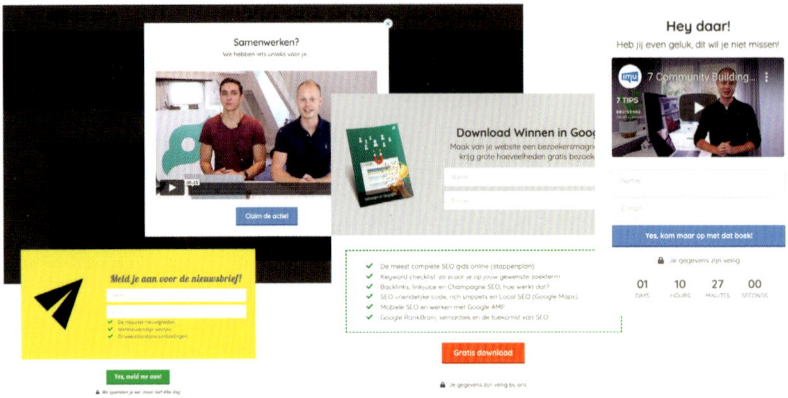

Afbeelding 14.1 Pop-ups op websites

Een pop-up kan nog steeds goed werken, maar je wil hem op het juiste moment naar voren laten komen. Daarover straks meer, laten we eerst naar de overige vormen van attention grabbers kijken.

Een attention grabber die je wel al na enkele seconden naar voren kunt laten komen is de *magnet*. Dit is een soort sticker of post-it die over je website heen komt te liggen en met een schuivende beweging tevoorschijn komt. Door deze beweging en het overlappende effect valt de magnet extra op en wordt het oog van de bezoeker er naartoe getrokken.

Doordat het slechts een klein gedeelte van het scherm overlapt, is de magnet een stuk minder indringend dan de pop-up. De bezoeker heeft daarom zelf de keuze of hij iets wil doen met de CTA van de magnet, of dat hij eerst nog verder wil kijken op de website. Magnets scrollen mee met je bezoeker en blijven daarom continu in beeld tot je bezoeker hem wegklikt of besluit erop in te gaan.

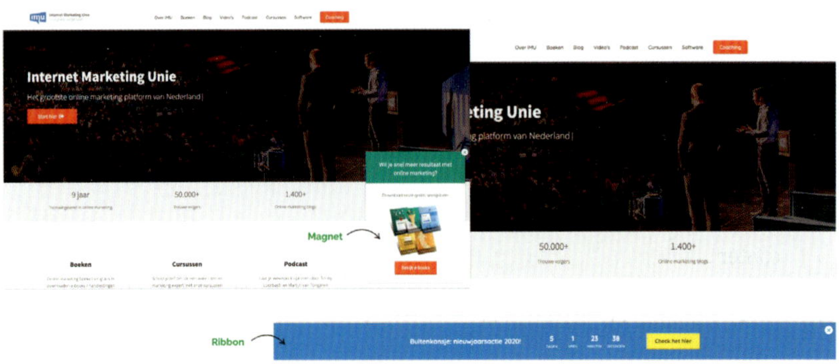

Afbeelding 14.2 Magnet en ribbon op website

Een andere vorm van een subtielere attention grabber is de *ribbon*. Ribbons zijn opvallende balken die je onderaan of bovenaan je website laat zien. Ribbons kun je gebruiken voor specifieke aanbiedingen, om een duidelijke afteller in beeld te tonen of om opt-ins te verzamelen. Aangezien zowel de magnet als de ribbon de flow van je bezoeker niet verstoren, is het belangrijk dat je voor deze elementen gebruik maakt van kleuren die contrasteren met je huisstijl. De gemiddelde webdesigner maakt hier geen vreugdedans om, maar door de resultaten die ze opleveren doe jij dat wel.

Naast de bekende pop-up kun je ook gebruik maken van een *boombox*. Deze kwam eerder in dit deel ook al even voorbij. Een boombox heeft als overeenkomst met pop-ups dat zij over het volledige scherm heen vallen, maar een boombox grijpt meer aandacht door het gehele scherm ook nog eens op te vullen met een felle kleur. Je gijzelt hiermee als het ware het scherm van je bezoeker.

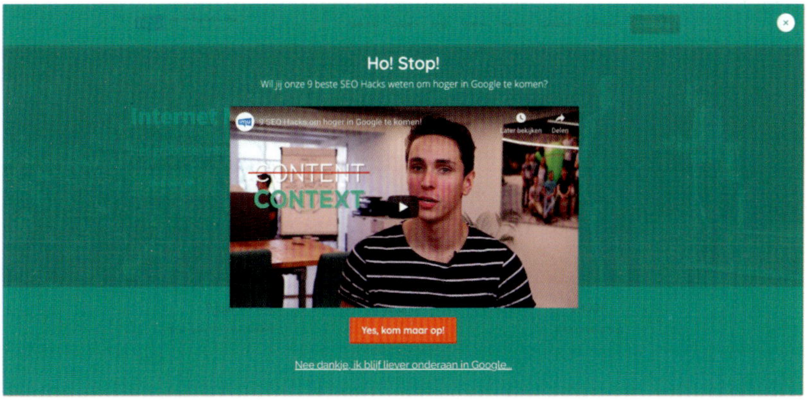

Afbeelding 14.3 Boombox gijzelt het scherm van een bezoeker

Er zijn verschillende triggers die je kunt hanteren om een attention grabber in beeld te laten komen.

1. Op basis van een **timer** houdt in dat je de attention grabber laat zien nadat een bezoeker een X aantal seconden op je website heeft doorgebracht. Bij magnets en ribbons hanteren wij vaak minder dan 20 seconden, maar wil je gebruik maken van een pop-up dan is het verstandig om hier meer tijd overheen te laten gaan. Wist je trouwens dat Google websites afstraft als er een indringende pop-up getoond wordt in de eerste seconden dat een bezoeker op een pagina landt? Bij magnets en ribbons heb je dat probleem niet, omdat de initiële content van de website niet geblokkeerd wordt.

2. Laat je een attention grabber zien op basis van **scroll**? Dan wordt deze getrig-gerd op basis van het percentage dat een bezoeker van je pagina heeft gezien. Pop-ups zijn indringend voor bezoekers die net op je pagina zijn geland, maar wanneer zij meer dan 80% van een blogartikel gelezen hebben kunnen ze nog

wel eens openstaan voor de boodschap die jij te melden hebt in je pop-up (ervan uitgaande dat je waardevolle blogartikelen op je website hebt).

3. Gebruik je de **exit-intent** trigger? Dan wordt de attention grabber getoond op het moment dat de muis van een bezoeker buiten het veld van de website gaat (bijvoorbeeld om op 'vorige' te klikken, de pagina te sluiten of om een andere URL in de adresbalk te typen). Op mobiele apparaten heb je geen muis om te volgen, maar een populair alternatief op de exit-intent voor deze apparaten is wanneer een gebruiker omhoog scrolt. Gebruikersonderzoek heeft namelijk uitgewezen dat mensen vaak eerst omhoog scrollen voordat zij een pagina verlaten.

Aangezien je bezoeker van plan was om de pagina te verlaten, wil je met exit-intent attention grabbers extra opvallen. Je hebt op dat moment eigenlijk niets meer te verliezen, dus hoef je niet bang te zijn om de aandacht te grijpen. Boomboxen komen daar bijvoorbeeld goed tot hun recht, omdat zij het volledige scherm van je bezoeker 'gijzelen' en extra opvallen met hun felle kleur.

SPECIFIEK = SUCCES

Hoe specifieker je aanbod aansluit op je bezoeker, hoe hoger je conversie zal zijn. Dat is altijd een regel in conversie-optimalisatie. Probeer daarom je attention grabbers zo goed mogelijk aan te laten sluiten op de pagina die iemand bezoekt. Wanneer jij een website hebt over fitness, heb je misschien pagina's met informatie over zowel spieropbouw als afvallen. Wanneer iemand op een pagina zit die te maken heeft met spieropbouw, wil je bijvoorbeeld geen attention grabber tonen die te maken heeft met afvallen. Ook hier is relevantie weer de sleutel tot succes.

> *"Personally, I am very fond of strawberries and cream, but I have found that for some strange reason, fish prefer worms"*
>
> Dale Carnegie

We gaven al eerder aan dat wij op dit moment zes verschillende funnels en weggevers hebben. Binnen onze website zorgen we ervoor dat de juiste weggever aan de juiste bezoeker wordt getoond. Bezoekt iemand een blogartikel op het gebied van SEO? Dan zal de getoonde attention grabber gaan over ons *Winnen in Google* e-book. Is iemand een blog over conversie aan het lezen? Dan wijst onze magnet naar onze *Conversie code* pdf.

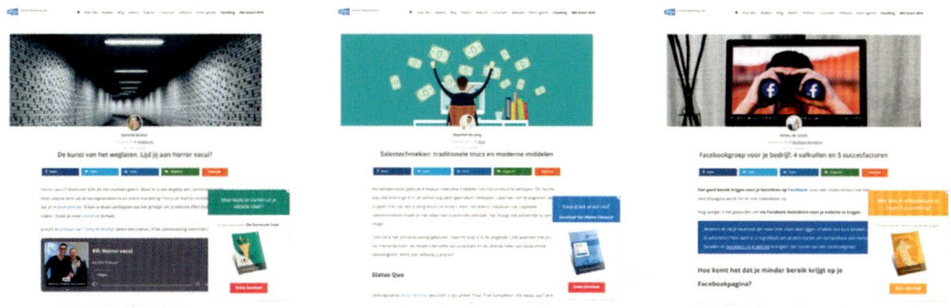

Afbeelding 14.4 Verschillende magnets in verschillende blogcategorieën

Dit kun je natuurlijk doen op informatieve pagina's zoals je homepage, content canon artikelen en blogpagina's, maar ook op specifieke conversiepagina's kan het gebruik van attention grabbers je resultaat enorm beïnvloeden. Zo voegden wij een exit-intent pop-up toe aan onze opt-in-pagina's. Zoals je weet heeft een bezoeker op zo'n pagina maar één keuze: inschrijven, of de pagina sluiten. Zodra iemand besloot om de pagina te verlaten lieten wij de volgende pop-up zien met als titel: 'Vergeet je gratis product niet'!

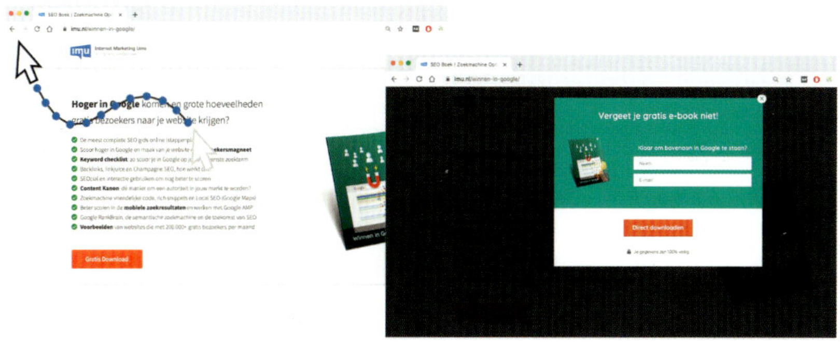

Afbeelding 14.5 Exit intent op opt-in pagina

Het zal je verbazen, maar door het toevoegen van deze exit-intent pop-up verhoogde de inschrijfratio van deze pagina met maar liefst 20,8%. Dit kun je ook heel goed toepassen met een extra kortingscode of downsell wanneer iemand je verkooppagina dreigt te verlaten. Denk bijvoorbeeld aan betaling in termijnen of een reminder van het aanbod dat iemand dreigt mis te lopen. Idealiter heb je voor elke conversiepagina een bijpassende exit-intent pop-up actief, zodat je het meest optimale resultaat uit je bezoekers kunt halen.

TAKE AWAYS UIT DIT HOOFDSTUK

- Online marketing is samen te vatten als de strijd om aandacht. Wij hanteren de drie v's: aandacht verdienen, aandacht vasthouden en aandacht verzilveren.
- Marketing is herkenning. Zorg ervoor dat het direct duidelijk is voor je bezoekers voor wie je website bedoeld is en wat zij er persoonlijk aan hebben om verder te kijken (WII FM).
- Afleiding is de nummer één conversiekiller. Elimineer alle elementen die niet bijdragen aan het primaire doel van je pagina.
- Elimineer keuzestress voor je bezoekers zodat zij makkelijker tot conversie overgaan. Help je bezoeker bijvoorbeeld via de social learning theory of het decoy effect aan de juiste keuze.
- Wees geen internetpannenkoek, want als je tegen iedereen praat, praat je eigenlijk tegen niemand. Kies voor welke bezoeker jij er wel en niet bent, in plaats van iedereen te willen helpen.
- Een complexe website oogst bewondering, maar een herkenbare website oogst klanten. Gebruik de principes van het material design van Google en zorg dat je bezoeker niet na hoeft te denken.
- Maak de stap van user centered naar conversion centered design. Richt je website in op het nummer één doel van je website om je bezoeker te begeleiden naar die conversie.
- Vestig de aandacht op je call-to-actions door het reptielenbrein van je bezoeker te kietelen. Gebruik bijvoorbeeld visuele suprematie, contrast, tastbaarheid en bewegende elementen.
- Maak je website vanuit het mobile first principe. Bezoekers navigeren van boven naar beneden, zorg daarom dat je website scrollbestendig is en 'kill' je zijbalk.
- Zie je website als een collectie landingspagina's waarbij elke pagina één specifiek doel heeft om je bezoeker naartoe te begeleiden.
- Maak gebruik van de TIPS-formule voor optimale conversie op je landingspagina's: Tempt (verleid), Influence (beïnvloed), Persuade (overtuig) en Sell (verkoop).
- Bouw een e-maillijst op via je website en maak gebruik van een e-mailmarketingfunnel. Je funnel is bedoeld om van een lead een betalende klant te maken.
- Maak een waardevolle weggever om e-mailadressen te verzamelen en bied deze aan op een opt-in-pagina. Gebruik een BGA om van je lead direct een betalende klant te maken.
- Hanteer een value-first strategie in je e-mailfunnel. Het doel is om een vertrouwensband op te bouwen met je lezers waarna zij eventueel je product(en) aanschaffen.
- Gebruik timed content en de formule van Jeff Walker voor effectieve productlanceringen in drie fasen: pre-launch, launch en post-launch.
- Integreer dynamische attention grabbers zoals magnets, pop-ups, ribbons en boomboxen om meer conversie uit je bezoekers te halen.

DEEL 3

De ultieme checkout

15. ZO LEK ALS EEN MANDJE?

Je weet nu hoe je met je website de juiste bezoekers aantrekt en hoe je ze vervolgens via conversion centered webdesign, landingspagina's en funnels volautomatisch omzet naar leads en klanten. We hebben het bij de laatste stap (klanten) alleen nog niet gehad over de belangrijkste stap in dit proces: het feitelijk aanschaffen en afrekenen van je product door je klant.

"Selling is something we do for our clients, not to our clients"

Zig Ziglar

We hebben je tot en met de CTA-button op je verkooppagina's laten zien hoe je een bezoeker aan de hand neemt voor een optimale conversie. Wanneer je bezoeker op zo'n button klikt en naar je betaalpagina gaat, start het daadwerkelijke betaalproces en ook daar kun je veel goed maar ook fout doen. Omzet en met name *cashflow* (de hoeveelheid geld die je direct tot je beschikking hebt) is als benzine voor je bedrijf. Zonder omzet moet je zelfs eerder spreken van een hobby dan van een bedrijf; zonder cashflow wordt het lastig ondernemen. Zodoende is je betaalpagina eigenlijk de belangrijkste pagina op je website, want dát is de pagina waarop jouw bezoeker daadwerkelijk besluit om de financiële transactie naar jou wel of niet te maken.

Afbeelding 15.1 - Van opt-in-pagina naar verkooppagina naar betaalpagina

Hoe goed je marketing, positionering, landingspagina en aanbod ook is: elk conversielek in je betaalpagina levert jou een direct omzet- en cashflowverlies op. Je verliest dan namelijk een betalende klant die wel de intentie had om je product te kopen. Hoe zuur dat ook is. Je hoost dan - figuurlijk gezien - met een emmer vol gaten.

In het vorige hoofdstuk hebben we je al laten zien hoe je conversiekillers uit je website kunt halen. Datzelfde geldt voor je betaalpagina's en betaalprocessen, ook hier zien we veel conversiekillers. Dat zit enerzijds in het afleiden van klanten in het aankoopproces, waardoor je conversie daalt. Anderzijds komt dit door het niet effectief begeleiden van klanten in het maken van die daadwerkelijke aankoopbeslissing, waardoor je conversie niet stijgt.

Door deze lekken te dichten voorkom je dat klanten die je product wel hadden willen kopen hun bestelling alsnog niet plaatsen of afronden. Je kunt daarnaast ook nog eens ontzettend veel aan zo'n simpele betaalpagina *tweaken* om je conversie en je orderwaarde verder te verhogen. In dit deel laten wij je stap voor stap zien hoe je minder klanten verliest, hoe je meer omzet maakt én hoe je jouw klantwaarde enorm kunt verhogen.

CONVERSIEKILLERS

We beginnen met het dichten van de gaten. Dat is namelijk het laaghangend fruit als het gaat om het verhogen van je omzet. Je bezoekers op de betaalpagina zijn er al, je moet er alleen voor zorgen dat ze niet afhaken door de falende gebruikservaring van je betaalpagina.

Ook hier wil je focussen op conversion centered webdesign en dus doe je er goed aan om iedere vorm van afleiding die niet bijdraagt aan de aankoopbeslissing van je betaalpagina te verwijderen. Een betaalpagina is namelijk ook een conversiepagina met één specifiek doel. Zo zie je hier op onze betaalpagina's (gemaakt met onze Plug&Pay-software) geen menubalk, zijbalk, interne links of social media buttons. Die leiden je koper namelijk af en halen ze met één muisklik weg uit het betaalproces.

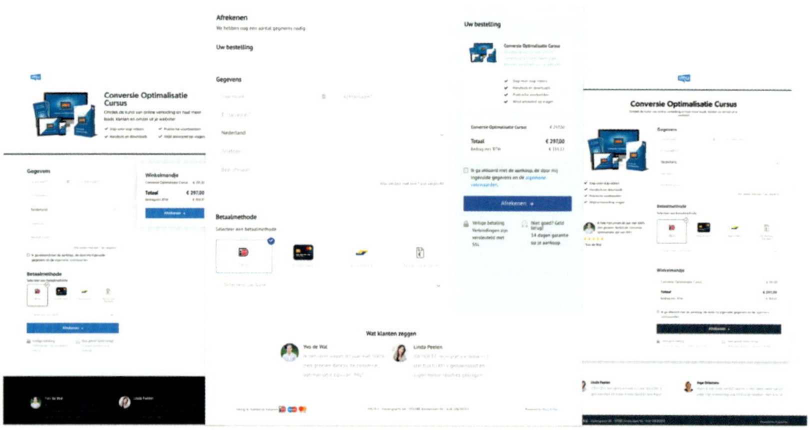

Afbeelding 15.2 - One page checkout zonder afleidingen

Afleiding is de eerste horde die je moet overwinnen. Laten we vervolgens eens kijken naar wat de onderzoeken zeggen over de meest voorkomende redenen waarom klanten afhaken op je betaalpagina.

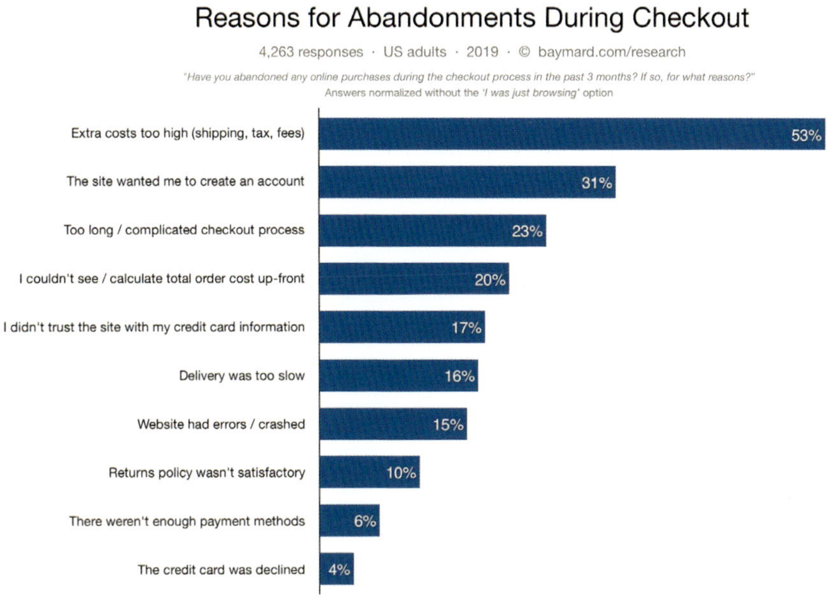

Figuur 15.1 - Onderzoek van Baymard Institute naar redenen om een bestelproces af te breken

Conversiekiller 1: Het kost meer dan je koper dacht. Onvoorziene kosten zijn de belangrijkste reden om af te haken. Vaak komt dat omdat webshops met prijzen exclusief btw, verzendkosten of andere productiekosten werken en deze er pas op de betaalpagina bij vermelden. Klanten vinden dit vervelend, omdat ze gevoelsmatig ineens meer moeten betalen dan ze in hun hoofd hadden. Mensen houden niet van onvoorziene veranderingen.

We noemen dat ook wel 'ankeren' en dit kan twee kanten op werken. Wanneer je denkt dat een product €10,- gaat kosten (en je hebt dat in je hoofd al uitgegeven), maar je komt er bij het afrekenen achter dat het toch €15,- kost, dan ervaar je dit als 'duur'. Wanneer je denkt dat hetzelfde product je €20,- gaat kosten, maar het blijkt uiteindelijk maar €15,- te zijn, dan ervaar je dit als 'goedkoop'. Hoewel het bedrag niet verschilt, is het anders geankerd en ben je teleurgesteld of opgelucht. Daarom tonen wij op onze betaalpagina te allen tijde het winkelmandje met daarin de optelsom van de bestelling voordat een klant bestelt. Je weet waar je aan toe bent en dus ben je *in control*.

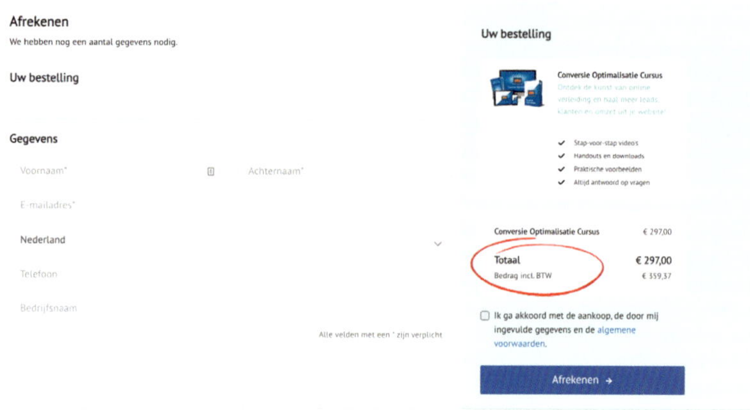

Afbeelding 15.3 - Te allen tijde het totale eindbedrag van de order in beeld op de betaalpagina

Conversiekiller 2: Je koper moet zich verplicht registreren. Met stip op twee zien we de verplichting om een account te maken. Dit zul je wellicht zelf ook herkennen. Hoewel het makkelijker is om in te loggen bij een webshop waar je vaak iets bestelt (zodat je al je gegevens niet opnieuw in hoeft te voeren), vinden we het irritant om dat te doen bij een webshop waar we voor het eerst of eenmalig iets bestellen. Het wordt met name vervelend als we niet snel door kunnen en dit proces over kunnen slaan door 'als gast' een bestelling te plaatsen, zoals sommige webshops gelukkig tegenwoordig doen.

Bij veel webshops ben je echter verplicht om eerst een account aan te maken (registreren), waarbij je veel gegevens moet invullen en bijvoorbeeld ook een wachtwoord moet kiezen wat aan allerlei voorwaarden moet voldoen. Herken je die frustratie? Dat je meerdere malen een van je standaard wachtwoorden probeert, die telkens afgekeurd wordt omdat je per se een hoofdletter, cijfer, vreemd teken en minstens 12 karakters moet gebruiken? Bij je volgende bezoek aan de webshop ben je dat wachtwoord allang weer kwijt en dus verlies je opnieuw veel tijd met bestellen.

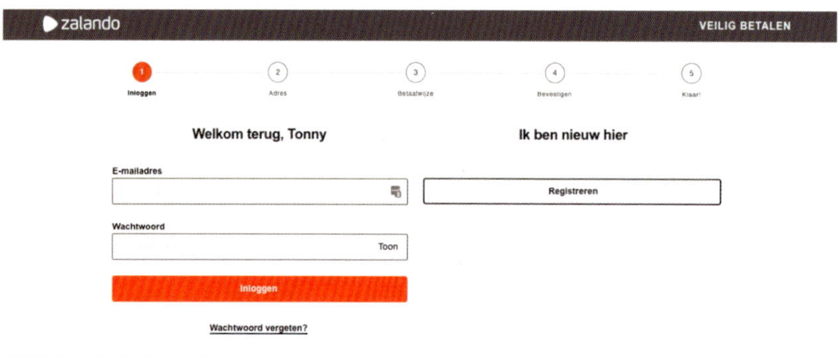

Afbeelding 15.4 - Inloggen of verplicht registreren om af te kunnen rekenen op Zalando

Conversiekiller 3: Je koper snapt je betaalpagina niet. Bij de derde reden zien we dat klanten afhaken bij te lange en ingewikkelde checkouts. Dat sluit aan op het maken van een account, maar is ook van toepassing op het moeten invullen van (te) veel gegevens. Vaak zien we dat we bijvoorbeeld een telefoonnummer of onze geboortedatum moeten invullen wanneer we een product bestellen, terwijl die gegevens niet relevant zijn. Wanneer je een boek of een paar schoenen koopt, heeft de verkoper die informatie in principe niet nodig.

Vraag daarom alleen de gegevens die je echt nodig hebt, ook al vind je het voor marketingdoeleinden nog zo fijn om je CRM-pakket netjes compleet te maken met alle gegevens die je van je klanten kunt verzamelen. Zo tonen wij bijvoorbeeld het veld voor een btw-nummer pas wanneer iemand een bedrijfsnaam opgeeft en dus een zakelijke bestelling plaatst. De btw verleggen we vervolgens automatisch bij een geldig buitenlands btw-nummer. Dat checken we direct al op de betaalpagina. Misschien dat deze daarom ook wel een 'check-out' heet.

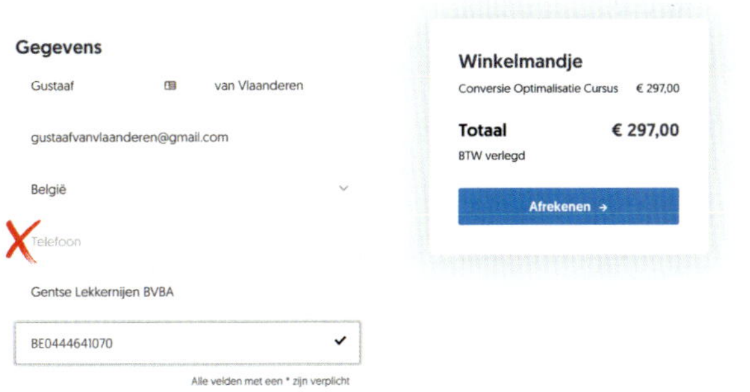

Afbeelding 15.5 - Geen onnodige gegevens vragen en automatische btw-verlegging bij geldig btw-nummer

Plaats je invulvelden het liefst zoveel mogelijk onder elkaar in plaats van naast elkaar. Onderzoek van ConversionXL wees uit dat één kolom met invulvelden veel sneller door een bezoeker te lezen is dan meerdere kolommen. Dit komt overeen met onze eerdere adviezen voor een mobile first design waarin een bezoeker van boven naar beneden leest, en niet van links naar rechts.

Samenvattend voor dit gedeelte over het elimineren van de conversielekken in je betaalpagina is het belangrijk dat je jouw klant een zo **wrijvingsloos** mogelijke ervaring geeft. We zeiden eerder 'zonder wrijving geen glans', maar dat gaat voor je betaalproces absoluut niet op. Elke vorm van frictie is er één te veel en beïnvloedt je conversieratio nadelig.

Een extra tip hierbij: toon geen veld voor een kortingscode wanneer je gemiddelde klant geen code heeft. Je koper zal anders op het idee gebracht worden om te gaan googelen naar een code en je bestelproces verlaten. Heb je wel een code die voor iedereen van toepassing is? Vermeld deze er dan bij of vul deze alvast voor je koper in.

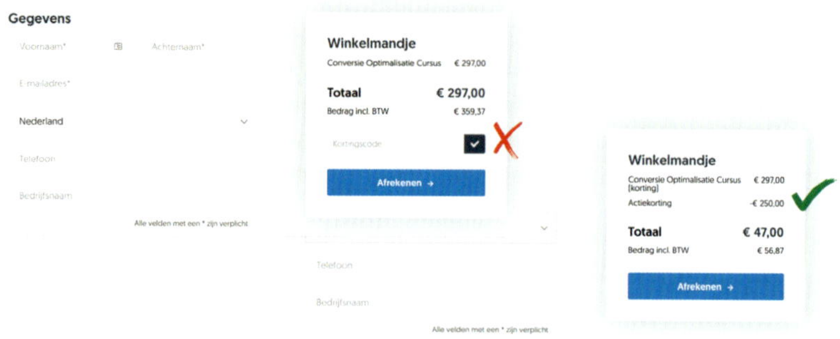

Afbeelding 15.6 - Kortingscodeveld vervangen met vooraf ingevulde kortingscode

Je ziet in ons voorbeeld ook dat we gebruik maken van een *one page checkout*. Alles staat op één pagina. Consumenten hebben de neiging om een order niet af te ronden als ze niet weten wat de volgende stap in het proces is. In de psychologie noemen we dit *neglect of probability*. Ondanks dat een klant een verwachting heeft of kan beredeneren wat een volgende stap in het bestelproces zal zijn, kiest hij vanuit een controlebehoefte er toch voor om niet verder te gaan.

Je kunt wel werken met meerdere stappen, maar zorg er dan voor dat het overduidelijk is wat de volgende stappen zijn. In afbeelding 15.5 zie je een variant van onze bestelpagina waar we de benodigde informatie voor de koper alvast weergeven, zodat hij precies weet wat hem te wachten staat.

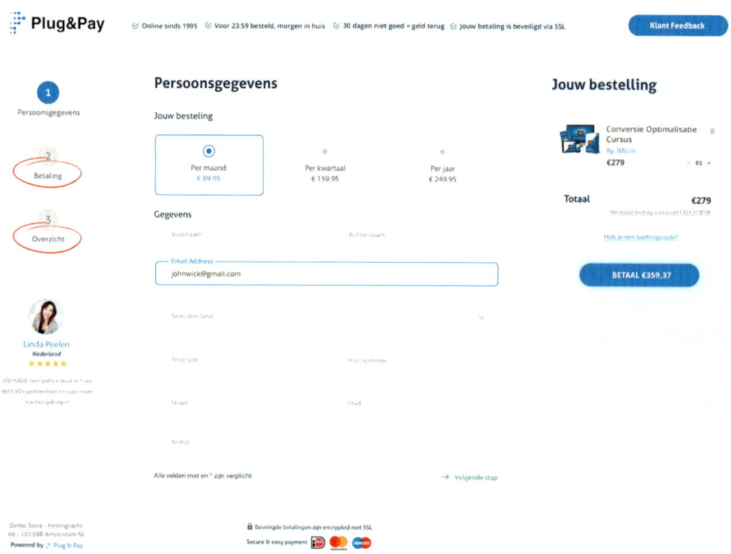

Afbeelding 15.7 - Betaalproces in drie vooraf aangegeven stappen

Conversiekiller 4: Je koper vertrouwt de zaak niet. Dan komen we op het onderdeel veiligheid. Risico-minimalisering is een groot onderdeel van conversie-optimalisatie en voor je bezoeker moet het eigenlijk aanvoelen alsof hij geen enkel risico loopt. In de psychologie noemen we dit de *zero risk bias*. Dit betekent dat online consumenten liever een klein risico volledig gereduceerd zien naar nul, dan een groot risico gereduceerd zien naar een klein risico. Neem daarom elke vorm van risico voor je klant weg.

Het daadwerkelijk afrekenen is het spannendste moment voor je klant. Neem daarom bij de betaalknop de laatste risico's weg door de veiligheid van de betaling te garanderen en een garantie te vermelden. Ook je bedrijfsgegevens en KVK-nummer vermelden draagt bij aan het vertrouwen van je klant.

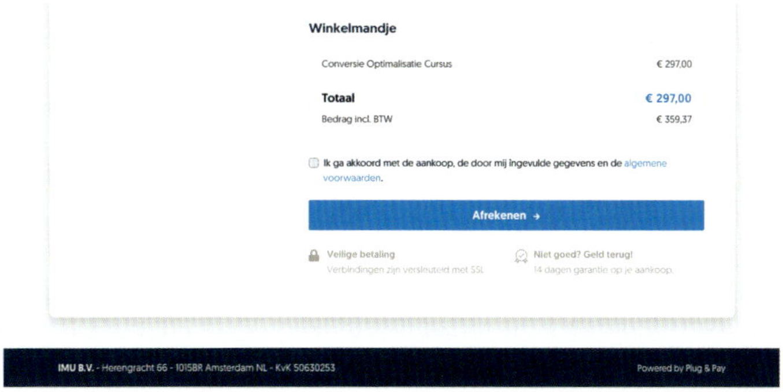

Afbeelding 15.8 - Veilig afrekenen dankzij SSL, garantie en bedrijfsgegevens

Zorg dat je betaalpagina als een veilige plek voelt voor je klant en je conversie zal stijgen. We noemen dit ook wel het *Peltzman effect* of het principe van *risk compensation*. Dit houdt in dat mensen geneigd zijn om minder risico te nemen als zij zich minder beschermd voelen en meer risico nemen wanneer ze zich wel beschermd voelen.

Om deze reden is het hebben van een SSL-certificaat en daarmee een http**s://** domein met een beveiligde verbinding ook een vereiste voor je betaalpagina. HTTPS staat voor 'Hypertext Transfer Protocol Secure'. In het kort is dit een protocol voor de communicatie tussen een browser (zoals Google Chrome, Firefox en Safari) en een webserver. Bij gebruik van https worden de gegevens versleuteld, waardoor het voor hackers nagenoeg onmogelijk wordt om privacygevoelige informatie zoals bank- en inloggegevens te stelen.

Ook het bijvoegen van zogenoemde *trust seals* (veiligheidszegels) dragen bij aan het gevoel van veiligheid bij je koper. De bekendste hiervan zijn zegels van Thuiswinkel Waarborg Nederland, Trustpilot, FeedbackCompany en bijvoorbeeld zegels van virusscanners.

Conversiekiller 5: Je koper ziet zijn favoriete betaalmethode niet. Mensen zijn gewoontedieren en blijven graag bij hun gebruikelijke betaalmethoden. Gemak dient de mens, zo betaalde Tonny jarenlang zijn vaste sushibestelling bij Thuisbezorgd met PayPal, omdat hij geen zin had om zijn ABN Amro e.dentifier te moeten zoeken. Dit tot ergernis van de boekhouder die de PayPal-afschrijvingen maar moeizaam in de administratie kreeg. Toen de ABN Amro met een app kwam was dit euvel gelukkig verholpen.

Idealiter bied je zo veel mogelijk betaalmethoden aan. Wij laten onze klant daarnaast al een betaalmethode kiezen voor het plaatsen van de bestelling, ook dit geeft een koper weer het gevoel van controle. Deze betaalmethoden zijn ook visueel gemaakt, daarmee geef je jouw klant *herkenning*, wat leidt tot *vertrouwen*, wat weer leidt tot *ontspanning*.

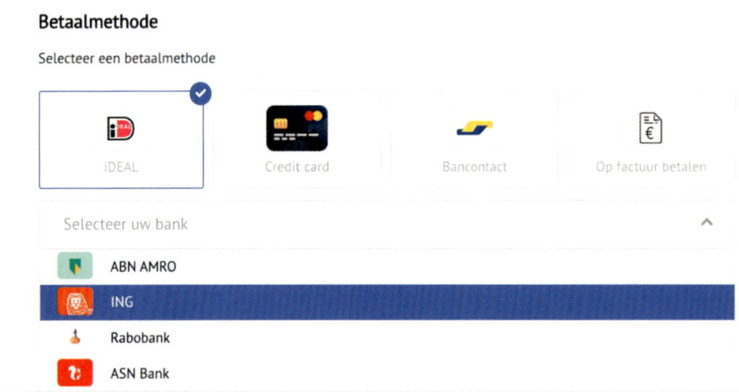

Afbeelding 15.9 - Betaalmethode kiezen op betaalpagina

Let erop dat mensen in verschillende landen andere voorkeuren voor betaalmethoden hebben. In de Amerikaanse markt kun je prima met alleen creditcardbetalingen werken, maar Nederlanders zijn hier nog altijd geen fan van. Zij geven de voorkeur aan iDEAL of zelfs incasso. Duitsers staan dan weer bekend om hun liefde voor achteraf betalen. In 2018 werd maar liefst 56% van alle online aankopen in Duitsland via achteraf betalen gerealiseerd (51% op rekening en zelfs 5% cash). Onderzoek dus altijd welke betaalmethoden gangbaar zijn in het land waarin je jouw producten aanbiedt.

Conversiekiller 6: Je betaalpagina werkt niet fijn (op mobiel). Dan nog even over de gebruikerservaring van je betaalpagina. In het overzicht met redenen om af te haken komt dit deels naar voren onder de noemer 'errors en crashen van de site'. Dat wil je natuurlijk voorkomen, want een foutmelding na het invullen van al je gegevens (zeker wanneer alle velden weer leeggemaakt zijn en je werk voor niks was) resulteert al snel in het afzien van je aankoop.

Een trage betaalpagina, of een pagina die niet eenvoudig werkt op mobiele apparaten kun je hier ook onder scharen. Steeds meer consumenten kopen online via mobiele apparaten en in veel gevallen is dat meer dan 50%. Gebruiksvriendelijkheid en snelheid zijn daarom essentieel voor een hoge mobiele conversie. We werken daarom met een mobile first design van onze betaalpagina. De betaalpagina is speciaal geoptimaliseerd om vanaf een mobiel apparaat snel en eenvoudig te kunnen bestellen.

Ook werken wij bijvoorbeeld met een zogenoemde *autocomplete* voor adresgegevens. Je hoeft alleen je postcode en huisnummer in te vullen, waarna wij automatisch de straatnaam aanvullen. Wanneer je jouw volledige NAW-gegevens en bijvoorbeeld je vaste creditcard al in je telefoon hebt opgeslagen, dan kunnen we ook die automatisch voor je invullen. Zo kun je razendsnel afrekenen.

Afbeelding 15.10 - Automatisch aanvullen van adres na invoeren postcode en mobile first design

CONVERSIEBOOSTERS

Wanneer je de conversielekken op je betaalpagina hebt gedicht, wordt het tijd om te kijken naar je aanbod en het verhogen van je conversieratio zodat je (nog) meer verkoopt. We noemen dit 'conversieboosters'.

Conversiebooster 1: Wat niet weet, wat wel deert. We beginnen met wat relevante informatie over je product. Consumenten hebben een behoefte aan zoveel mogelijk informatie rondom je product, we noemen dit de *information bias*. Hoe meer (relevante) informatie je kunt geven, hoe hoger het vertrouwen in je product is. Natuurlijk heb je het merendeel van alle informatie al op je verkooppagina voor de betaalpagina getoond. Toch is het handig om op de betaalpagina de belangrijkste speerpunten te vermelden, zodat je klant geen twijfel heeft over het product dat hij afrekent. We beginnen daarom altijd met een afbeelding.

Ook in het geval van een digitaal product (zoals dit voorbeeld) is een afbeelding belangrijk. Eerder leerde je al hoe belangrijk het voor een consument is om een gevoel van tastbaarheid te ervaren bij je product. Een digitale productcover zoals dit kan de zogenoemde *perceived value* (de waargenomen waarde) verhogen ten opzichte van enkel een screenshot van je programma.

Afbeelding 15.11 - Afbeelding, titel en unique selling points op betaalpagina

Naast de afbeelding tonen we een titel en omschrijving met enkele uitgelichte voordelen (unique selling points) van het product. 'Repetitio est mater studiorum', zo luidt een bekend Latijns spreekwoord en dat betekent dat herhaling de moeder van educatie is. De kracht zit in de herhaling. Je kunt je sterke punten en je verkoopargumenten niet vaak genoeg herhalen als je een goede conversie wil behalen.

Realiseer je namelijk dat jouw bezoekers je content niet zo zorgvuldig zullen lezen en begrijpen als dat jij dat zelf doet. Zeker bezoekers die je verkooppagina of video niet of niet volledig hebben bekeken, en direct al hebben doorgeklikt naar je betaalpagina, hebben je speerpunten gemist. Met deze korte informatie bevestig je de toegevoegde waarde van je product en focus je nogmaals op het eindresultaat van je aanbod (de target state emotion van je klant).

Gaat het om een complexer aanbod met veel onderdelen, dan kun je dit gedeelte van je betaalpagina gebruiken om je bezoeker extra gerust te stellen dat hij je complete aanbod zal ontvangen. Bij een productlancering of actie met tijdelijke korting of extra bonussen is dat extra aan te bevelen. Een klant kan door de verschillende onderdelen van je product namelijk gaan twijfelen of de genoemde prijs wel voor het totaalpakket geldt. Hij wil later niet voor verrassingen komen te staan.

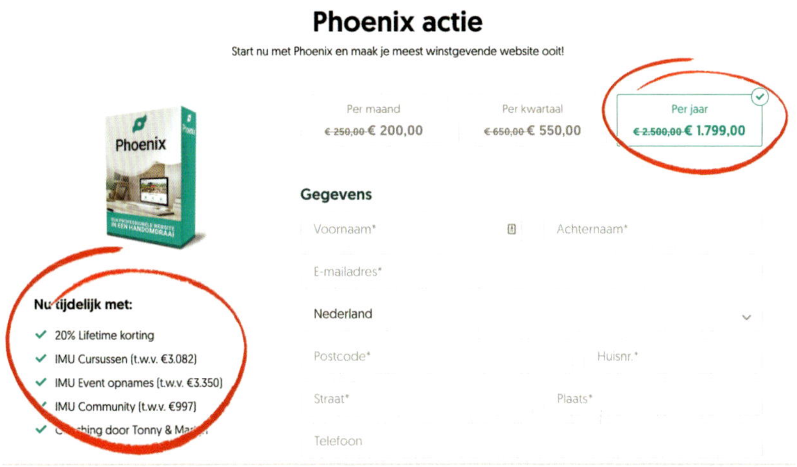

Afbeelding 15.12 - Onderdelen en korting van een actie benadrukt op betaalpagina

Op deze pagina zie je ook dat we gebruik maken van een actiekorting. Je doet er goed aan om een korting al voor je klant te verwerken (in plaats van een kortingscode, zoals hiervoor uitgelegd), maar wel specifiek het voordeel te benoemen. Hiermee draag je namelijk bij aan de zogenoemde *optimism bias* van je klant. Dit betekent dat consumenten die geïnteresseerd zijn in een product, geneigd zijn om extra alert te zijn op redenen om hierover optimistisch te zijn.

Wanneer er op een pakje sigaretten zou staan dat slechts een heel klein percentage van rokers wereldwijd last heeft van schadelijke gevolgen, dan zou dat ook de optimism bias van een roker voeden. Deze is dan nog meer geneigd te geloven dat de negatieve effecten voor hem niet van toepassing zijn. Momenteel staan er echter stevige waarschuwingen en horrorscenario's op pakjes sigaretten, om dat effect juist tegen te gaan.

Overigens is het nu zo dat onderzoeken laten zien dat de witte, zwart omkaderde vakken met grote zwarte teksten het effect hebben dat rokers die ergens anders een soortgelijke vormgeving zien, spontaan zin krijgen in een sigaret. Herkenning blijft zodoende een krachtig wapen. Theo Maassen zei het zowel mooi als deprimerend in zijn cabaretshow: 'Een optimist is een slecht geïnformeerde pessimist.' Wij willen daar echter een eigen versie van maken: 'Een pessimist wordt met de juiste informatie een optimist'.

Conversiebooster 2: Social proof. Naast de statistische informatie rondom je product, kun je meerdere conversietechnieken gebruiken om het optimisme, het vertrouwen en ook de succesgarantie bij je klant te verhogen. Gebruik bijvoorbeeld ook op je betaalpagina weer testimonials om meer social proof te geven.

Consumenten hechten meer waarde aan reviews van andere klanten dan aan informatie van de verkoper. Hier hebben we je in het vorige deel (bij stap drie van de TIPS-formule) uitgebreid advies over gegeven. Albert Sonnevelt poneerde - ongeveer gelijk aan Theo Maassen - ooit deze wijsheid: 'Hoe maak je van een optimist een pessimist? Door er een nog grotere pessimist naast te zetten'. Ook deze stelling draaien wij graag om: 'Hoe maak je van een pessimist een optimist? Door er andere optimisten bij te zetten'.

Plaats je beste testimonial(s) nogmaals op je betaalpagina. Idealiter zijn dit testimonials die zo specifiek mogelijk zijn (*conjunction fallacy*) en de belangrijkste unique selling points van je product en target state emotion van je klant benoemen. Zojuist benoemden we al dat het daadwerkelijke afrekenen in de vorm van het klikken op de knop 'afrekenen' de spannendste stap is voor een klant. Daarom plaatsen wij naast de garantie- en veiligheidsmelding ook extra testimonials direct onder de knop.

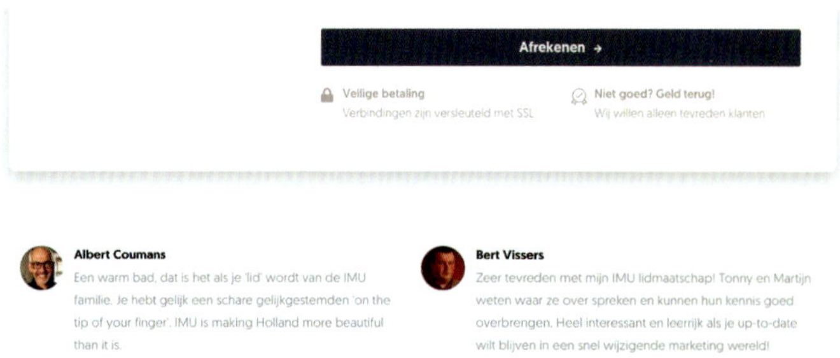

Afbeelding 15.13 - Testimonials op een betaalpagina

Conversiebooster 3: Schaarste. Naast het toevoegen van unique selling points, actiekorting, bonussen en social proof is ook schaarste een krachtige conversietechniek. Ook hierover spraken we eerder al in de vierde stap van onze TIPS-formule. Met een simpele afteller speel je in op de verliesaversie van jouw klant. Consumenten hebben namelijk een grotere angst om iets mis te lopen dan de ambitie om iets toe te voegen.

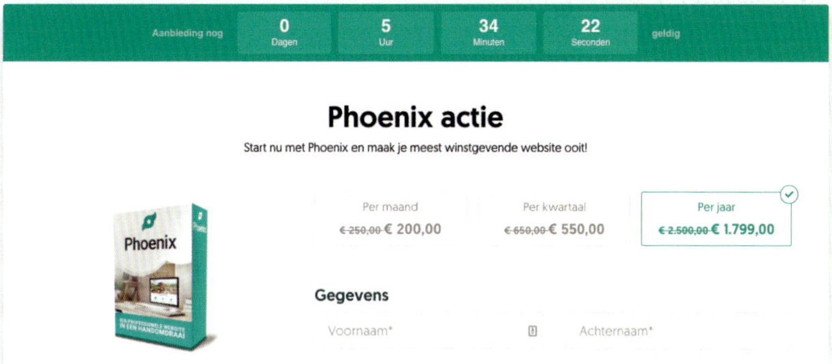

Afbeelding 15.14 - Afteller op een betaalpagina tijdens een actie

Het toevoegen van urgentie is in onze jarenlange ervaring tot dusver altijd de effectiefste conversiebooster gebleken. Ook wanneer je al een afteller op je verkooppagina hebt staan is het belangrijk dat je deze ook op je betaalpagina toevoegt. Je wil het ijzer smeden als het heet is. Dat doe je op je betaalpagina.

Conversiebooster 4: Pijnvrij afrekenen. Verliesaversie komt voort uit het voorkomen van pijn. Iets wat daar heel dicht bij ligt is het uitstellen van pijn. Dit kun je bijvoorbeeld al doen door je klant achteraf te laten betalen door op rekening te bestellen of via een dienst zoals Afterpay of Klarna. De pijn van het betalen komt later. Ook betalen met een creditcard heeft in zekere mate dit effect, wij noemen het daarom ook wel eens gekscherend een 'paracetamastercard.' In Nederland valt dat reuze mee, maar in een land als de Verenigde Staten is het voor veel inwoners heel normaal om met een torenhoge creditcardschuld te leven en de schuld van de oude kaart af te betalen met een nieuwe kaart.

Je kunt de 'pijn' van het betalen en dus het direct verliezen van geld ook verminderen door betaling in termijnen toe te voegen. Wanneer je product bijvoorbeeld €100,- kost, dan kun je jouw klant ook de optie geven om dit in 12 termijnen van €10,- te betalen. Hoewel je klant uiteindelijk 20% meer betaalt (€120,-), zijn veel consumenten geneigd om dit aantrekkelijker te vinden. We noemen dit *hyperbolic discounting*. Je klant betaalt nu direct een lager bedrag (minder acute pijn) en stelt de rest van de pijn uit tot later. Acute pijn weegt zwaarder dan toekomstige pijn.

Afbeelding 15.15 - Betaling in termijnen

Dit fenomeen wordt ook wel beschreven als *hedonistic delay*. Hedonisme is een leer binnen de ethiek die stelt dat genot het hoogste goed is. Pijn doet afbreuk aan genot en moet dus voorkomen, of uitgesteld/vertraagd (*delayed*) worden.

Conversiebooster 5: Meten is weten. *Last but not least* willen we je eraan herinneren dat het raadzaam is om je conversiepagina's (en dus ook je betaalpagina) te allen tijde te splittesten. Door constant te testen houd je zicht op je conversieratio en detecteer je ook eerder een wijziging daarin. Daarnaast kun je de conversieratio constant blijven verhogen door te testen met bijvoorbeeld verschillende templates, teksten, afbeeldingen, kleuren, bonussen en testimonials.

De kleinste details kunnen het verschil maken in je conversie. Zo merkten wij onlangs dat het spiegelen van onze betaalpagina een gunstig effect op de conversie had. De variant waarin wij de informatie en unique selling points links hebben geplaatst, scoorde beter dan de variant in spiegelbeeld.

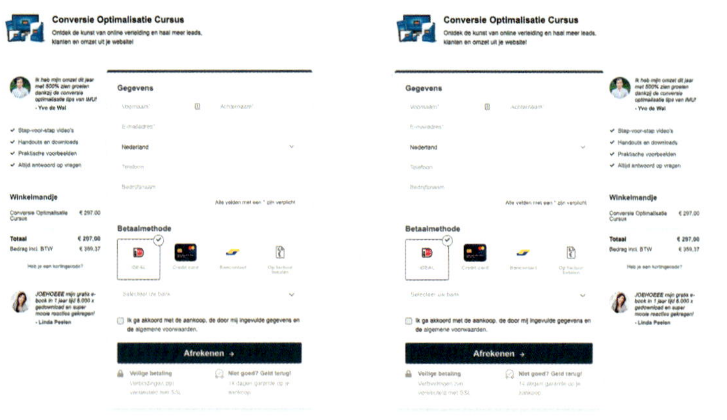

Afbeelding 15.16 - Hebben deze pagina's dezelfde conversieratio?

CONVERSIE-RECOVER

We hebben je een aantal inzichten en technieken gegeven die je kunt gebruiken om je conversielekken te dichten en minder klanten te verliezen. Vervolgens hebben we je enkele conversieboosters gegeven om je conversie verder te verhogen. Ondanks al deze technieken haken er altijd klanten af in je bestelproces. Dat hoeft niet aan je product, design of betaalproces te liggen. Soms raakt een koper gewoon afgeleid tijdens het bestellen, omdat de deurbel gaat of omdat er een appje binnenkomt.

Het kan ook gebeuren dat je koper ondanks alle conversieboosters toch nog twijfelt en er een nachtje over wil slapen. Nog zuurder is het wanneer je betaalpagina een foutmelding geeft, een betaaldienst offline is of wanneer je klant zelf een computercrash of internetprobleem heeft. Zo'n koper sluit dan je pagina zonder de bestelling af te ronden. We noemen dit een verlaten checkout (*abandoned cart*).

We weten uit ervaring dat je er niet op kunt vertrouwen dat zo'n koper zelf de motivatie opbrengt om later terug te keren. Je wil hierin niet afhankelijk zijn van het geheugen van je klant. Wij verzamelen deze verlaten checkouts in een overzicht en sturen om te beginnen automatisch een e-mailherinnering met een betaallink naar zo'n afhaker zodat hij de bestelling alsnog af kan ronden.

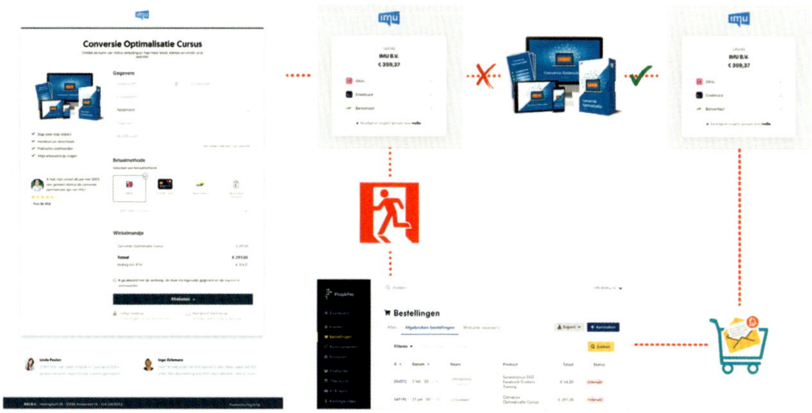

Afbeelding 15.17 - Verlaten checkouts opvolgen en afronden

Zo'n e-mail bevat letterlijk de tekst 'rond je bestelling af'. Eerder hebben we je al uitgelegd dat mensen van nature een behoefte aan consistentie (wie A zegt wil ook B zeggen) en afgeronde taken hebben (het Zeigarnik-effect). Alleen de woordkeuze kan dan al helpen om dit gevoel van afronding op te wekken. Ook Zalando doet dit wanneer je enkele artikelen in je winkelmandje plaatst maar nog niet afrekent.

Nog leuker wordt het wanneer je de verleiding kunt weerstaan om je bestelling af te ronden. Enkele dagen later krijg je namelijk vaak automatisch een extra zetje van

Zalando om dit te doen. Zij wijzen je op het heugelijke feit dat het product in je winkelmandje 'toevallig' afgeprijsd is. Heb jij even geluk!

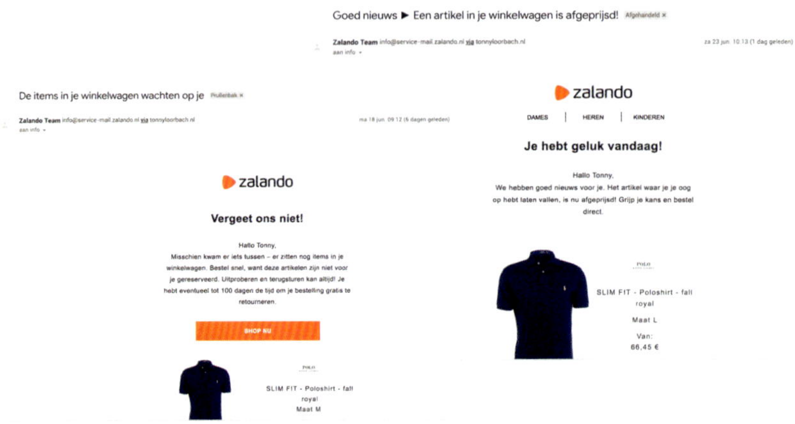

Afbeelding 15.18 - De Zalando lifehack

Een verlaten checkout via e-mail opvolgen werkt alleen wanneer je koper al was ingelogd (zoals bij Zalando) of wanneer hij zijn gegevens al had ingevuld en de checkout pas tijdens de betaling verlaten heeft. Je kunt echter wel altijd gebruik maken van retargeting advertenties op je betaalpagina. In de statistieken met redenen van kopers om af te haken tijdens het afrekenen stond namelijk de nummer één reden niet vermeld: dat zijn de mensen die aangeven dat ze alleen even rond wilden kijken.

16. DE INTERNETSORBET

Nu we hebben gekeken naar het verhogen van de conversie op je betaalpagina, gaan we een stapje verder door te kijken naar het verhogen van de orderwaarde per klant. Wanneer je ervoor kunt zorgen dat je klant meer bij je uitgeeft zul je namelijk naast je omzet ook je winstmarge zien stijgen.

"To sell means to help. Find all the ways you can help your prospect"

Meir Ezra

We pakken hiervoor ons voorbeeld van de webshop met hardloopschoenen uit deel twee van dit boek er weer even bij. Stel dat je (nog steeds) 200 bezoekers per dag via Google Ads naar je webshop trekt. Van hen koopt 2% een paar hardloopschoenen van €49,-. Je betaalt hiervoor een *cost per click* (CPC) van €0,40 per klik op je advertentie. Deze 200 bezoekers kosten je dan €80,- en leveren je vervolgens een omzet van €196,- op en een winstmarge van €20,-.

We lieten al zien wat er gebeurt wanneer je in staat bent om je conversieratio te verdubbelen van 2% naar 4%. Je geeft dan nog steeds €80,- uit voor 200 bezoekers, maar deze leveren jou nu in plaats van €196,- maar liefst €392,- op. Je winstmarge komt daarmee op €120,- en is daarmee gestegen van 10,2% naar 30,6% van je omzet.

Stel nou dat je klant naast een paar hardloopschoenen van €49,- nog een extra product bij je zou kopen, bijvoorbeeld een zweetband van €7,- waar de inkoop slechts €2,- van is. We noemen dit een *upsell*. Je orderwaarde stijgt dan naar €56,- en je omzet van €392,- naar €448,-. Dat is een stijging van 14,3%. Dit verandert niets aan je advertentiekosten en dus heeft het een grotere impact op je winst. Daar waar je eerst €120,- winst maakte, stijgt die nu naar €160,-. Dat is een stijging van 33,3%.

Nu is dit natuurlijk heel kort door de bocht, want niet iedere klant zal je upsell afnemen. Het laat wel al zien dat je winstmarge sneller stijgt dan je omzet, omdat je kosten voor het aantrekken van een klant gelijk blijven. Je verdient simpelweg meer per klant en dat is (afgezien van de kostprijs van je product en verzend- en verwerkingskosten) pure winst. In dit geval zouden waarschijnlijk ook de inpak- en verzendkosten extra ruimte voor marge geven, omdat je zo'n zweetbandje makkelijk bij de schoenendoos (die je toch al moet verzenden) kunt stoppen.

Upselling is al zo oud als het ondernemerschap en zie je overal terug in de samenleving. Denk bijvoorbeeld aan het supersizen van je McDonalds menu (wilt u daar frietjes bij?) of de chocolade die je nog snel pakt bij de kassa in de supermarkt of bij de benzinepomp. En heb je wel eens visitekaartjes besteld bij Vistaprint? Je wordt 'gelokt' met de optie om bijvoorbeeld honderd gratis visitekaartjes te bestellen. Nadat je deze op de site (met bloed, zweet en tranen) hebt vormgegeven en wil bestellen, begint het upsellproces. Je krijgt stap voor stap opties tegen een kleine meerprijs voor luxe papier, een doosje voor je kaartjes, briefpapier, pennen, schrijfblokken, tassen, truien en gadgets waar je jouw logo op kunt laten drukken. Je hebt dat logo natuurlijk al op het design van je oorspronkelijke honderd visitekaartjes geplaatst, een kleine moeite voor Vistaprint om dat overal op te drukken.

Zonder dat je het doorhebt ga je van honderd gratis kaartjes naar een bestelling van tientallen, zo niet honderden euro's. Iedere upsell is namelijk maar een kleine meerprijs vergeleken met het totale bedrag, waardoor je deze upsells al snel toevoegt. Op het einde van het proces komt dan nog het gouden aanbod: je krijgt de optie om je gehele bestelling tot dan toe te vermenigvuldigen voor een minimale meerprijs. In plaats van 100 kaartjes, 10 schrijfblokken, 100 pennen en 5 t-shirts kun je ineens het dubbele krijgen voor slechts een percentage van de kostprijs als meerprijs. Wie wil dat nu niet? Dit is ook de reden dat de garage van de gemiddelde Nederlandse ondernemer vol staat met merchandise. Hoewel we eerder in dit boek hebben aangegeven dat je website niet een 'visitekaartje' moet zijn maar een marketingmachine, geven we Vistaprint het voordeel van de twijfel. Hun visitekaartjes zijn hun machine en hun machine is hun visitekaartje.

Eerder in dit boek hebben we je afgeraden om een 'internetpannenkoek' te zijn. Dit is een ondernemer met heel veel breedte, maar weinig diepgang. Die heeft veel verschillende producten voor verschillende doelgroepen. Wij raden je dan juist aan om een 'internetsorbet' te zijn. Dit is een ondernemer met een specifiek product voor een specifieke doelgroep, met een aantal vervolgproducten (in meerdere lagen) die hierop aansluiten.

Afbeelding 16.1 - Internetsorbet neemt je bezoeker mee in diepere lagen van verleiding

Je kunt dit zien als een sorbet met een brede bovenkant en een smalle onderkant die is opgebouwd uit meerdere lagen van verleiding. Dit is de vorm van een trechter waarin er bij iedere stap meer mensen afvallen, maar de meest ideale klanten steeds dieper komen en meer opleveren. Grappig genoeg is het bij een sorbet niet zo dat mensen meer 'afvallen' naarmate ze meerdere lagen consumeren, maar verder vinden wij dat de vergelijking redelijk netjes opgaat. Als je klanten dan ook nog frietjes bij je sorbet bestellen, heb je het helemaal goed voor elkaar.

De meeste mensen zullen de gratis content consumeren die je plaatst op je blog, socialmediakanalen of in je podcast. Een percentage daarvan zal zich inschrijven (opt-in) voor je gratis weggever en e-maillijst. De content in deze fase gaat al iets dieper dan de gratis content ervoor. Een percentage van je opt-ins zal je product kopen en een percentage daarvan zal ook vervolgproducten aanschaffen. In het vervolg van dit boek zullen we je meer uitleggen over *front-end* producten, upselling en lidmaatschappen.

HET KASSAKOOPJE

Een upsell werkt met name goed wanneer je deze aanbiedt op het moment dat je klant al bezig is met afrekenen. Wanneer je klant namelijk besloten heeft om een bepaald totaalbedrag te betalen, dan beïnvloedt dat zijn referentiekader. We noemen dit ook wel *irrational escalation* en dat betekent dat consumenten minder waarde aan relatief kleine bedragen hechten wanneer zij het vergelijken met een al bestaande hogere investering.

€100,- uitgeven doen we niet zomaar in de supermarkt. Wanneer we een uur later bij de autodealer staan en daar €10.000,- uitgeven, maakt diezelfde €100,- ineens niet zoveel meer uit. Voor de autodealer kan dit op jaarbasis echter een wereld van verschil maken. Dit zien we ook goed bij de kassakoopjes wanneer je in de rij bij de supermarkt staat. Dit zijn vaak aanbiedingen of producten voor een verwaarloosbaar bedrag die je nog net even mee kunt pakken.

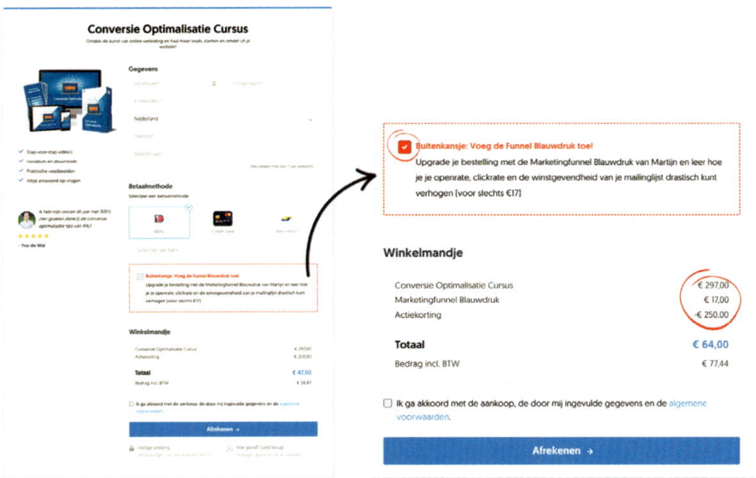

Afbeelding 16.2 - Kassakoopje op een betaalpagina

Hier zie je bijvoorbeeld een kassakoopje (ook wel *order bump*) op onze betaalpagina. Onze koper is bezig om een product van €47,- aan te schaffen. De koper kan na het invullen van zijn gegevens vlak voor het daadwerkelijke afrekenen nog net op de valreep een extra product van slechts €17,- toevoegen aan de bestelling. Het gaat hier dan om een relevante uitbreiding op het product met een hoge waarde (*perceived value*) voor een relatief kleine extra investering. We noemen dit ook wel een 'no-brainer' en het moet voor een koper voelen als een aanbod dat te goed is om te laten liggen, zeker ook omdat dit het totaalbedrag nauwelijks beïnvloedt.

De conversieratio van dit specifieke kassakoopje is bij ons 44%. Dat betekent dat van elke bestelling die wij krijgen voor deze conversiecursus, 44% van die kopers ook het product van €17,- aanschaft. Zij verhogen hun orderwaarde dus met één muisklik van €47,- naar €64,-. Met dit conversiepercentage gaat de gemiddelde orderwaarde ineens van €47,- per verkoop naar €54,48 per verkoop. Dat is een gemiddelde orderwaardestijging van 15,9%.

Goed om hierbij te vermelden is dat dit conversiepercentage op ons kassakoopje bovengemiddeld is. Wij hebben hier veel mee getest en door de prijzen goed op elkaar af te stemmen zijn er veel kopers die dit toevoegen aan hun bestelling. Binnen Plug&Pay meten wij sinds kort de gemiddelde conversie van het kassakoopje over alle shops. In de afgelopen drie maanden werden er 57.164 bestellingen geplaatst op een betaalpagina met een kassakoopje. Bij 9.072 (15,87%) van die bestellingen werd het kassakoopje aangevinkt.

Doordat mensen het kassakoopje pas toevoegen aan het eind van hun customer journey, hoef je hier geen extra moeite voor te doen. Je marketingkosten zijn al gemaakt, je funnel heeft zijn werk gedaan en de bezoeker heeft al besloten om klant te worden. Wij noemen de omzet uit het kassakoopje daarom ook gekscherend 'gratis geld'. Je hoeft er letterlijk niets meer voor te doen.

Wij gebruikten ons eerste kassakoopje in begin 2019 en zoals je weet ondernemen we al sinds 2010. Toen we vervolgens berekenden hoeveel extra omzet we hadden kunnen verdienen in de afgelopen jaren met deze simpele marketingtechniek, stond het huilen ons ineens nader dan het lachen. Door deze techniek niet toe te passen laat je letterlijk bij elke verkoop potentiële omzet liggen. Een betere reden om jezelf voor het hoofd te slaan is er niet.

DE 1-KLIK-UPSELL

Is het dan afgelopen met de pret nadat onze koper betaald heeft? Nee, zeker niet. Direct na een bestelling treedt er bij consumenten een fenomeen op genaamd *buyers remorse*. Het betekent dat een klant direct spijt van zijn aankoop ervaart zolang er geen directe positieve bevestiging op komt. Zeker online is het maken van een financiële transactie door een consument naar een bedrijf een spannend en onzeker gebeuren. Wanneer je vaker bij dezelfde webshop besteld hebt en je weet dat het altijd goed komt, dan verdwijnt die onzekerheid. Wanneer je veel met eenmalige en nieuwe klanten te maken hebt, zul je hier meer rekening mee moeten houden.

Je klant zal dit in eerste instantie zelf aanpakken. Buiten het feit dat we graag consistent zijn, houden we er namelijk ook niet van om terug te komen op eerdere beslissingen. Nog liever praten wij een beslissing waar we niet achter staan achteraf goed, dan dat we toegeven dat we eerst fout zaten. Wanneer blijkt dat we na een aankoop toch minder tevreden zijn of er achter komen dat we te veel betaald hebben, praten we dat vaker voor onszelf recht dan dat we voor de *refund* gaan ('Het was duurder, maar nu heb ik wel kwaliteit'). We noemen dit ook wel een cognitieve dissonantie: je praat jezelf iets anders aan dan je daadwerkelijk voelt.

Dit komt voort uit onze behoefte naar consistentie en het vormt ook deels de basis voor verslavingen. Stoppen met roken bijvoorbeeld is eigenlijk aan jezelf en de buitenwereld toegeven dat je al die tijd fout zat. Je lijdt gezichtsverlies en dat verlaagt je zelfvertrouwen en je sociale status.

> *"Wanneer de vos niet bij de druiven kan, besluit hij achteraf dat hij ze toch niet echt wilde... omdat ze toch zuur waren..."*
>
> Aesopus

Je kunt je klant hier ook mee helpen. Na betaling komt een klant namelijk uit op een bedankpagina. Deze pagina's worden door ondernemers vaak haastig gepubliceerd of zelfs helemaal niet aangepast wanneer er al een standaard bedankpagina in de webshopsoftware wordt geleverd. Veelal wordt een koper op de standaard bedankpagina alleen 'bedankt' en staat er iets in de trant van 'Bedankt voor je order, je hoort van ons'.

Hiermee voed je alleen de onzekerheid van je klant. Eerder gaven wij al aan dat je meer wil doen op je bedankpagina dan alleen iemand 'bedanken'. Wij zeggen daarom bijvoorbeeld 'Gefeliciteerd, je hebt een goede keuze gemaakt'. Het lijkt een klein detail, maar zo'n kleine bevestiging helpt je bezoeker om zijn onrust of spijt te verminderen. We noemen dit de *choice supportive bias* en dat betekent dat we onze koper letterlijk de bevestiging van een goede keuze geven.

Ook willen we een klant in de zogenoemde *buying mood* houden. Wanneer een klant net je product heeft gekocht, dan is hij volledig gefocust op jouw bedrijf en is zijn interesse in jouw diensten op een ultiem hoogtepunt. Het is dan zonde om dit momentum af te doen met een kort bedankje en een doodlopende pagina waar hij verder niets anders kan doen dan de pagina verlaten.

Daarom bieden we ook hier een upsell aan en wij doen dat in de vorm van een 1-klik-upsell. De klant kan hiermee nog een extra product toevoegen aan zijn bestelling zonder opnieuw gegevens in te vullen. Wij incasseren het extra bedrag dan automatisch van het IBAN- of creditcardnummer waar de klant zojuist mee heeft betaald. Dit is zeer effectief.

Afbeelding 16.3 - De 1-klik-upsell

Hoe werkt dit en mag dit dan zomaar? Ja en nee. Wanneer wij bijvoorbeeld een lidmaatschap verkopen, dan laten wij de eerste termijn direct betalen door middel van iDEAL of creditcard. Hiermee geeft de klant een machtiging af voor toekomstige betalingen, zodat wij per maand het bedrag voor het lidmaatschap kunnen afschrijven. Officieel heb je daar een 'natte' handtekening voor nodig, maar in de praktijk voldoet simpelweg het akkoord gaan met de verkoopvoorwaarden door het zetten van een vinkje.

Zo werkt het ook met de 1-klik-upsell. In plaats van een maand later incasseren wij echter direct het extra verschuldigde bedrag voor de extra aankoop. Het is een wrijvingsloze manier om je klant heel eenvoudig een extra aankoop te laten doen, omdat hij niet opnieuw gegevens hoeft in te vullen of zijn e.dentifier of bankgegevens erbij hoeft te pakken.

Laten we nog eens kijken naar het voorbeeld van de conversiecursus die wij als BGA aanbieden na opt-in. Je weet nu dat 44% dit kassakoopje aanvinkt, waardoor de gemiddelde orderwaarde van €47,- naar €54,48 is gestegen. Op de bedankpagina volgt nog een onweerstaanbaar aanbod als 1-klik-upsell in de vorm van onze productlanceringencursus voor slechts €197,-. Het conversiepercentage? 13,1%. Een klant kan door zowel het kassakoopje als de 1-klik-upsell zijn orderwaarde dus verhogen van €47,- naar €261,-. Reken je deze conversieratio mee over alle bestellingen, dan is door het toevoegen van deze 1-klik-upsell onze gemiddelde orderwaarde gestegen van €54,48 naar €80,29.

Ten behoeve van je eigen psychische gesteldheid raden we je aan om dit niet terug te rekenen over alle bestellingen die je tot nu toe hebt gehad. Wij moesten hier ook enkele weken van bijkomen. Het moge duidelijk zijn dat dit één van je belangrijkste actiepunten is om mee aan de slag te gaan.

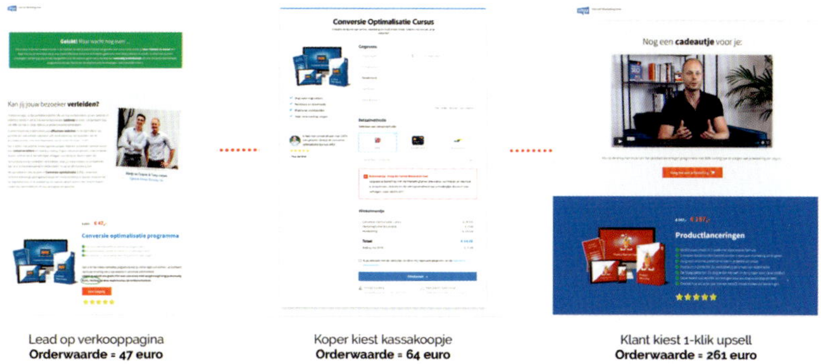

Afbeelding 16.4 - Verhogen van orderwaarde in verschillende stappen

Youri Meuleman, eigenaar van ova.nl, gebruikt deze techniek in combinatie met een zeer effectieve methode om aan waardevolle leads en betalende klanten te komen. Via advertenties op Facebook promoot hij zijn boek. In plaats van die te verkopen, biedt hij deze 'gratis' aan. Geïnteresseerden hoeven enkel de handelings- en verzendkosten van €7,29 te betalen. Dit bedrag is iets hoger dan de daadwerkelijke kosten, omdat er wat ruimte voor extra kosten is meegerekend.

Op iedere bestelling maakte Youri in januari 2019 ongeveer €1,69 marge. Hij verkocht 1.098 boeken en hield dus €1.855,- over. Na bestelling van het boek biedt Youri zijn kopers echter een 1-klik-upsell aan. Dit is een online programma van €47,- dat perfect aansluit op het boek. Van de 1.098 klanten maakten er 114 gebruik van dit aanbod, dat is een conversiepercentage van 10,4%.

Dit leverde hem €5.358,- extra omzet op. Aangezien het om een online programma gaat is dit ook nog eens 100% winst. Hij maakt namelijk geen kosten voor inkoop, voorraad of distributie van deze upsell. Zo verhoogde hij zijn winstmarge van €1.855,- naar €7.213,- en dat is een stijging van 389%!

Je kunt een upsell gebruiken om een ander, aanvullend product aan te bieden, maar je kunt je bezoeker ook meer van hetzelfde product laten kopen. Gebruik op je betaalpagina bijvoorbeeld een staffelkorting waarmee je koper met korting het aantal (stuks) van je product kan verhogen.

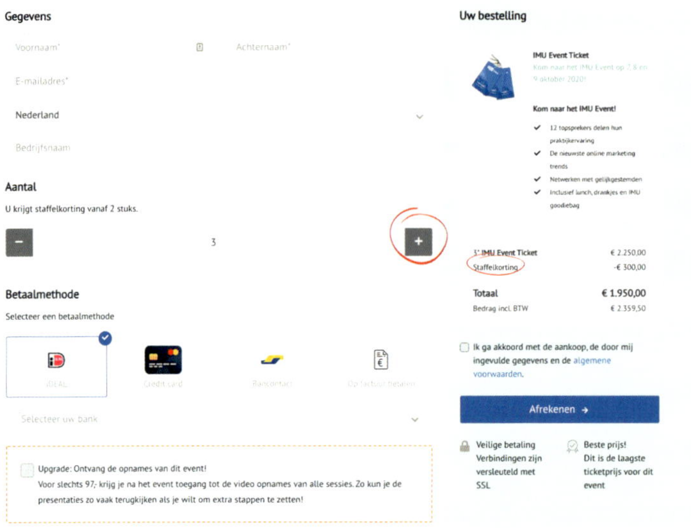

Afbeelding 16.5 - Staffelkorting op tickets voor IMU Event

Aangezien dit proces voor het afrekenen plaatsvindt, werkt het psychologisch gezien iets anders dan wanneer het na de eerste betaling zou plaatsvinden. Voor de betaling ziet je koper het totaalbedrag oplopen en ervaart dit ook als één grote uitgave (opgetelde pijn). Wanneer je koper eerst één product afrekent en vervolgens met korting een tweede kan toevoegen, dan zal dat tweede bedrag als relatief weinig aanvoelen (gedeelde pijn). Gedeelde smart is immers halve smart.

Dit kun je versterken door een goed onderbouwde reden te geven om een extra product toe te voegen. Sowieso is het geven van een korting altijd geloofwaardiger en effectiever wanneer je een duidelijke reden en onderbouwing van de korting kunt vermelden. Zo gaven wij in het vorige deel van dit boek een voorbeeld van Greenjuice. Na betaling van een eerste pot leggen zij uit dat zij de verwerkingskosten (doos pakken, pot erin stoppen) en de verzendkosten toch al moeten maken en dat het daarom relatief goedkoop is om er in dit proces een tweede pot bij te stoppen.

Pas hier echter wel mee op. Een bevriende ondernemer (die in dit voorbeeld graag anoniem wil blijven) voegde namelijk een 1-klik-upsell aan zijn bestelproces toe, maar gaf een klant geen duidelijke feedback dat één klik op de knop voldoende was voor een extra order. Er kwam geen pop-up met bevestiging of iets dergelijks in beeld. Zo bestelde een van zijn klanten maar liefst 30 keer de upsell, omdat zij dacht dat de knop niet werkte. Oeps...

Wij werken daarom met een 2-klik-upsell door eerst een controlebericht te tonen.

Afbeelding 16.6 - Extra bevestiging voor het gebruiken van de 1-klik-upsell

Het principe van het opsplitsen van een betaling en daarmee het verminderen van de pijn voor vervolginvesteringen stamt af van het principe van de *sunk costs* (verzonken kosten). Dit zijn kosten die al gemaakt zijn en onomkeerbaar zijn. Hoewel we deze mee moeten rekenen, zijn we geneigd om ze snel te vergeten en alleen te kijken naar kosten die je nog moet maken. In het Engels heet dit de *sunk cost fallacy* of ook wel *concorde effect*, genoemd naar het vliegtuig waar overheden miljoenen in bleven investeren terwijl duidelijk was dat het nooit rendabel zou worden.

Wij hebben door de jaren heen vaak gezien dat ondernemers grote investeringen maakten voor splinternieuwe websites en daar soms meer dan €50.000,- aan uitgaven. Wanneer zo'n website vervolgens niet het gewenste resultaat gaf door bijvoorbeeld slecht te scoren in Google of weinig tot geen conversie op te leveren, bleven zij hier echter aan vasthouden in plaats van te investeren in een website die wel geld oplevert. Dit doen zij meestal met het argument dat zij eerst hun investering in de falende website terug willen verdienen.

Deels schuilt hierin de cognitieve dissonantie (het was duur, dus het zal wel goed zijn), maar ook hier zie je de irrationaliteit van de verzonken kosten. Een website aanschaffen die wel resultaat geeft vanaf het moment dat je oude website genoeg resultaat heeft opgeleverd is net zoiets als zeggen dat je gaat sporten zodra je daar fit genoeg voor bent, of dat je begint met het plannen en organiseren van je werk zodra je het wat minder druk krijgt.

DE DOWNSELL

Wij hanteren de regel dat we bij onze online verkoop altijd een upsell willen gebruiken. Er is namelijk altijd een conversie en je laat dus erg veel winstmarge liggen wanneer je dit weglaat. Wij hanteren hierin vaak het principe van de 'positieve upsell'. Zo lang als een klant een upsell afneemt, ervaren wij dat als dankbaarheid van de klant en willen wij een volgende upsell aanbieden. Zodra het voor een klant mooi genoeg is, kan hij altijd besluiten om de upsell over te slaan of zijn bestelling volledig af te ronden.

Wanneer een koper geen gebruik wil maken van een upsell, dan betekent dit niet per se dat we dan ook direct stoppen met het aanbieden van extra producten. Zo hebben we als tegenhanger van de upsell ook nog een mogelijke *downsell* als conversiewapen in huis. Stel dat wij een onlinemarketingcursus van €250,- verkopen. Op de bedankpagina na betaling bieden we een upsell aan in de vorm van een entreeticket voor een onlinemarketingseminar van €750,-. Wanneer de koper van deze cursus deze upsell niet afneemt, dan kan dat betekenen dat hij geen interesse heeft om deel te nemen aan het seminar.

Het kan ook betekenen dat hij wel interesse heeft, maar de prijs te hoog vindt. We kunnen onder de bestelknop van de upsell dan bijvoorbeeld een linkje plaatsen met de tekst 'nee dankje' en hem doorverwijzen naar een downsell-pagina. Op deze pagina kunnen wij dan de opnames van dat (of een vergelijkbaar) seminar voor een lagere prijs aanbieden. We kunnen dat bijvoorbeeld voor €350,- doen, omdat we voor de digitale variant niet te maken hebben met zaalhuur, voedsel, schrijfgerei, uurtarieven van personeel en het inhuren van de sprekers.

Zo'n downsell werkt goed als je dit binnen je bestelproces opneemt, omdat je klant na betaling nog in de buying mood zit. Je kunt dit ook via een retargeting campagne aanbieden aan iedereen die je betaalpagina bezocht heeft, maar je product niet heeft aangeschaft.

Probeer er altijd voor te zorgen dat de producten die je aanbiedt als upsell of downsell een logische toevoeging zijn aan het product dat je klant zojuist gekocht heeft. We noemen deze manier van verkopen ook wel *cross-selling*. Zodra iemand werkt met onze Phoenix-software is het bijvoorbeeld logisch om ook met Plug&Pay te werken of om lid te worden van onze community.

Cross-sells kun je doen met producten binnen je eigen bedrijf, maar ook door producten van anderen aan te bieden als affiliate (waarover in het volgende deel meer). Zo is de e-mailmarketingsoftware MailBlue een logische aanvulling op Phoenix, waardoor we dit vaak aanbieden aan klanten die nog geen ESP hebben. Mocht je nog geen account hebben bij MailBlue, ga dan snel even naar https://imu.nl/mailblue/ om een account aan te maken. Dit is meteen een mooi voorbeeld van een affiliatelink. We zullen in het volgende deel uitleggen wat dat is en wat je hieraan hebt.

TAKE AWAYS UIT DIT HOOFDSTUK

- Je betaalpagina is de plek waar je bezoeker beslist of hij wel of niet een financiële transactie bij jou uitvoert. Elk conversielek op deze pagina levert jou een direct omzet- en cashflowverlies op.
- Voorkom de belangrijkste conversiekillers op betaalpagina's: onverwachte extra kosten, het verplicht aanmaken van een account, een ingewikkeld betaalproces, te weinig vertrouwen, het missen van de favoriete betaalmethode en fouten op de betaalpagina zelf.
- Boost de conversie op je pagina door de belangrijkste voordelen te benoemen, social proof, schaarste, actieprijzen en door het betaalproces risico- en pijnvrij te maken.
- Zorg ervoor dat mensen die wel op je betaalpagina zijn geweest, maar niet hebben afgerekend worden opgevolgd. Dit kun je doen met e-mailherinneringen of met retargeting advertenties.
- Wees geen internetpannenkoek maar een internetsorbet. Zorg voor diepgang in je productaanbod en zorg dat klanten meerdere producten bij je kunnen kopen.
- Verhoog je gemiddelde orderwaarde door een kassakoopje toe te voegen dat significant lager geprijsd is dan het originele product.
- Verhoog je gemiddelde orderwaarde door een 1-klik-upsell toe te voegen die in lijn ligt met het zojuist aangeschafte product.
- Voeg optioneel nog een downsell toe met een lager geprijsd product wanneer kopers besluiten om de upsell niet aan te schaffen.

DEEL 4

Affiliate marketing

17. DE IDEALE WERKNEMERS

Tot dusver hebben we je meegenomen in een simpele, maar zeer effectieve strategie voor een vrijwel automatische toevoer van leads en klanten naar je bedrijf. In dit deel zoomen we in op de verdere groei in zowel bereik als resultaat zonder dat je jouw bedrijf met extra personeel of content hoeft uit te breiden. Hiervoor is affiliate marketing een ideale methode.

"Affiliate marketing has made businesses millions and ordinary people millionaires"

Bo Bennet

Affiliate marketing is een vorm van marketing waarbij ondernemers of producteigenaren hun zogenoemde *affiliates* belonen voor de gerealiseerde verkopen of leads die zij aanleveren. Affiliates zijn in dit geval mensen of bedrijven die producten op commissiebasis promoten. Het is een vorm van *borrowed media*, omdat je als producteigenaar gebruik maakt van andermans netwerk.

Affiliate marketing gaat meestal uit van een *no cure, no pay* principe waarbij de affiliate pas wordt beloond bij resultaat. Dit betekent vrij vertaald: geen oplossing, geen beloning. Een resultaatafhankelijke beloning dus, in plaats van de veel meer voorkomende inspanningsafhankelijke beloning.

Bij affiliate marketing draag je in de meeste gevallen een percentage van de verkoopprijs van je product af aan de affiliate die deze verkoop voor je realiseert. Er zijn echter ook andere vormen van beloningen en vergoedingsstructuren die je aan affiliates kunt verstrekken. We zetten er vier voor je op een rijtje.

VIER BELONINGEN

Pay Per Click (*PPC*): Er wordt een vast bedrag (vaak enkele centen) uitgekeerd per klik op het promotiemateriaal zoals de banner of tekstlink van de affiliate. Dit staat los van het aantal gegenereerde verkopen of leads dat voortkomt uit deze kliks.

Pay Per View (*PPV*): Hierbij wordt de affiliate betaald voor het aantal keer dat zijn (banner)advertentie is bekeken. Ook dit staat los van het aantal leads of verkopen.

De meest bekende voorbeelden van deze twee methoden zijn de displaynetwerken van Google en Facebook. Met Google Adsense kun je als website-eigenaar bijvoorbeeld advertenties van Google op je website tonen. Wanneer deze worden vertoond (PPV) of wanneer een van je bezoekers erop klikt (PPC), ontvang je daarvoor een klein bedrag.

Google Adsense is de tegenhanger van Google Ads waar we eerder in dit boek al even bij stilstonden. Adverteerders kunnen Google Ads aanmaken voor zowel het zoeknetwerk als het displaynetwerk. Het zoeknetwerk zijn de Google Ads die verschijnen op de witte pagina van Google met zoekresultaten, de *search engine result page* (*SERP*). Deze worden alleen getoond aan mensen die op een bepaalde zoekterm zoeken. Het displaynetwerk kijkt minder naar specifieke zoekwoorden en meer naar de context van een website of webpagina. Zo kan een Google Ad als Adsense verschijnen op een website die relevant is voor de doelgroep van de adverteerder.

We halen ons voorbeeld van de webshop met hardloopschoenen er weer even bij. Wanneer je een Google Ad voor het zoeknetwerk hebt gemaakt, zal deze bijvoorbeeld verschijnen als jouw bezoeker zelf in Google zoekt op 'hardloopschoenen kopen'. Wanneer je dezelfde advertentie ook in het displaynetwerk plaatst, zal deze bijvoorbeeld verschijnen op een blog over hardlopen. Google plaatst zelf de meest relevante advertenties op websites die ruimte bieden voor Adsense.

Naast Google is ook Facebook een grote speler met een dergelijk displaynetwerk dat zich uitstrekt over talloze platformen. Zo verschijnen je advertenties op het platform van Facebook en Instagram zelf, maar ook op websites met online games, in mobiele apps of zelfs in datingapps zoals Tinder. Zo kregen wij kort geleden een berichtje van iemand, omdat hij onze gezichten vaak voorbij had zien komen bij het spelen van Wordfeud!

Ook Marktplaats is een voorbeeld van een borrowed media displaynetwerk. Als particulier kun je hier je aanbod in de etalage zetten voor de bezoekers van het platform, maar ook als ondernemer heb je deze optie. Marktplaats biedt hiervoor zelfs specifiek een ondernemersportaal. Op handelsplatformen zoals bol.com en Amazon heb je als ondernemer ook de mogelijkheid om je eigen producten toe te voegen. Dit werkt met een combinatie van vergoedingsstructuren. Je draagt een percentage van iedere verkoop af aan het handelsplatform (PPS), maar je hebt ook de mogelijkheid om je producten extra uit te lichten of te promoten binnen het platform (PPC en PPV).

Naast deze grote, veelomvattende netwerken kun je ook specifiek zoeken naar grote websites en mediaplatformen die een relevante doelgroep voor je bedrijf aanspreken en waar je kunt adverteren. We noemen dit *media buying* en vrij vertaald staat dat voor het inkopen van media-aandacht. Dit werkt vaak niet in de vorm van affiliate marketing, omdat je in de meeste gevallen een vaste prijs betaalt voor een dergelijke campagne, ongeacht het resultaat. In sommige gevallen bieden mediaplatformen de mogelijkheid om dit op basis van *PPC*, *PPV* of in heel uitzonderlijke gevallen *PPL* (per lead of inschrijver) te doen. Om deze reden wilden we dit er voor de volledigheid bij vermelden.

Afbeelding 17.1 - Displayadvertentie van een gratis e-book

Pay Per Lead (*PPL*): Een vergoeding wordt uitgekeerd wanneer een bezoeker via de affiliate contact opneemt met de producteigenaar door zich in te schrijven voor diens e-maillijst, funnel of wanneer hij bijvoorbeeld een offerte aanvraagt. Het leveren van een potentiële klant is hierbij genoeg: het hoeft dus nog geen betalende klant te zijn. Het is vervolgens aan de producteigenaar om deze lead om te zetten in een betalende klant, bijvoorbeeld via een telefoontje, e-mails of productlancering.

Pay Per Sale (*PPS*): Bij Pay Per Sale wordt de affiliate betaald zodra een doorgestuurde bezoeker of lead daadwerkelijk iets koopt. De adverteerder keert dan vaak een percentage van het verkoopbedrag uit als vergoeding aan de affiliate. Dit is de meest voorkomende en ook meest ideale vorm voor jou als ondernemer.

Het voordeel van PPS is dat je als ondernemer met een affiliate een soort ideale werknemer hebt. Het maakt niet uit hoeveel tijd, geld en energie je affiliates gebruiken ter promotie van je producten, je beloont ze pas bij een daadwerkelijk resultaat. Zolang een affiliate geen resultaat oplevert heb je dus eigenlijk een 'gratis werknemer'.

Wanneer je dit vergelijkt met een marketingmedewerker in loondienst, die heel druk kan zijn maar weinig kan opleveren, is dat een aantrekkelijk scenario. Het scheelt je zowel salariskosten, verantwoordelijkheid, tijd en overhead in de vorm van huur, hardware en andere bijkomende kosten. Hierdoor kun je met affiliates en externe platformen veel sneller opschalen dan met marketing- en salesmedewerkers.

Een extra voordeel van affiliate marketing op *no cure, no pay* basis is dat je een affiliate betaalt met het geld dat deze affiliate zelf voor je heeft verdiend. De aanleververgoeding is altijd een percentage van de omzet die hij voor je realiseert. Zonder omzet geen betaling en je staat slechts een deel van die omzet af. Een affiliate hoeft daarentegen zelf geen product op de markt te brengen en daar klantenservice voor te leveren. Het is een win-winsituatie.

Veel eigenaren van informatieve websites en blogs rondom specifieke niches vinden affiliate marketing interessant om als (extra) verdienmodel te gebruiken. Er zijn talloze websites van hobbyisten en ondernemers die moeite hebben om daadwerkelijk iets te verdienen aan hun bezoekers. Ze behalen weinig tot geen conversie, zijn zich niet bewust van de fijne kneepjes van conversie-optimalisatie of hebben überhaupt geen eigen producten.

Hier zie je een voorbeeld van onze allereerste onlinemarketingcursus uit 2011. Deze cursus verkochten wij online voor €97,-. Hiervoor gebruikten wij een verkooppagina met een opbouw zoals je dat in deel twee van dit boek hebt geleerd. Dit was weliswaar in een amateuristische variant van de pagina's die we tegenwoordig gebruiken, maar de conversieratio was prima op orde.

We hebben toen besloten om een affiliatecommissie op deze cursus in te stellen van €50,-. Dat was meer dan 50% van de verkoopprijs, maar omdat het een online cursus was konden we dit missen. We maken namelijk 100% marge op digitale producten (wanneer je de de uren voor de klantenservice niet meetelt). Ook boden we toen al vervolgproducten (upsells) aan waardoor onze klantwaarde hoger lag dan €97,-.

Afbeelding 17.2 - Dezelfde cursus op verschillende affiliatewebsites

Al snel kwamen wij onze cursus op talloze websites tegen. Sommigen hadden simpelweg de tekst van onze verkooppagina overgenomen en anderen hadden een eigen samenvatting of review (productbeoordeling) geschreven. Deze websites bevatten allen een unieke affiliatelink waarmee zij hun bezoekers naar onze verkooppagina doorsturen. Wanneer zo'n doorgestuurde bezoeker de cursus aanschafte, ontving de verantwoordelijke affiliate de commissie van €50,-.

Dit fenomeen zagen wij ook na de publicatie van het boek *Doelgerichte SEO*. Door het affiliateprogramma van bol.com hebben mensen de mogelijkheid om dit boek als affiliate te promoten. Zij sturen hun bezoekers dan niet naar onze website, maar linea recta naar het product op bol.com.

We zien dat veel website-eigenaren, met een doelgroep die vergelijkbaar is aan de onze, daarom een korte review, aanbeveling of samenvatting op hun website plaatsen met daarbij hun affiliatelink. Wanneer we in Google ons eigen boek opzoeken, vinden we talloze affiliates met reviews terug.

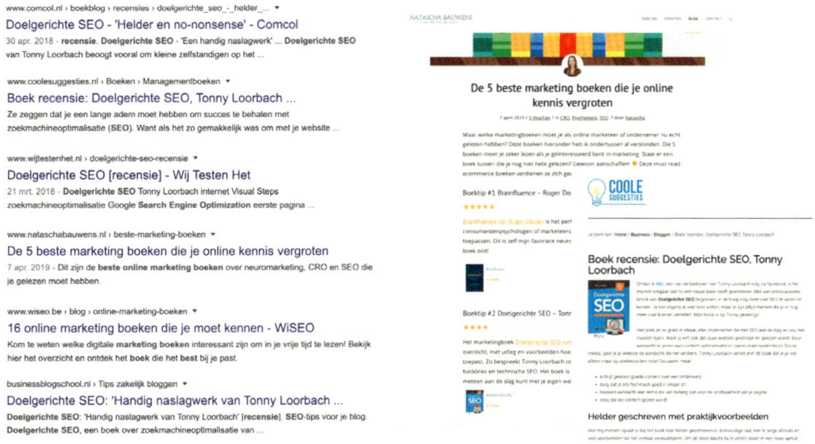

Afbeelding 17.3 - Resultaten van boekreviews door affiliates in Google

Ook onze softwareproducten worden door affiliates gepromoot. In sommige gevallen is dat op een vergelijkbare manier als bij onze boeken en cursussen, namelijk door er een gebruikerservaring over te schrijven. In andere gevallen is dat door affiliates die onze software combineren met een eigen aanvullende dienst en van deze combinatie een aanbod hebben gemaakt.

Zo vinden we al snel een webdesigner die zich specifiek richt op ondernemers die met onze Phoenix-software een website willen maken, maar de bouw en optimalisatie daarvan willen uitbesteden. Ook vinden we een SEO-specialist die gebruikers van onze Phoenix-software helpt met het optimaliseren van de websitecontent voor

Google. Dit soort dienstverleners kunnen naast de verkoop van hun eigen diensten ook een affiliatecommissie opstrijken door onze software aan te bevelen aan ondernemers die van hun diensten gebruik willen maken, maar de software nog niet hebben.

Afbeelding 17.4 - Dienstverleners als affiliates in Google

We hebben zelfs ondernemers gezien die begonnen als gebruiker van onze software, maar al snel merkten dat zij het bouwen van effectieve websites, onlinemarketingprocessen, ledensites en online community's dusdanig leuk vonden dat ze besloten om daar hun werk van te maken. Softwaregebruikers die bijvoorbeeld veel andere gebruikers helpen binnen ons communityforum (hierover straks meer), merken dat daar een verdienmodel in schuilt.

Op deze manier kan een ondernemer zonder eigen softwareproduct, toch een eigen onlinemarketingbedrijf of een webdesignbureau starten. Zij ontvangen een (maandelijks terugkerende) aanleververgoeding voor iedere klant die ze aanleveren. Daarnaast factureren ze extra voor hun eigen dienstverlening, bijvoorbeeld voor webdesign, content schrijven, SEO, landingspagina's maken of funnels inrichten.

Wanneer je de strategie uit dit boek tot dusver hebt gevolgd, zul je zien dat er op maandelijkse basis gerichte bezoekers naar je website komen en dat deze via je conversiepagina's, funnels en onlinemarketingprocessen worden omgezet naar leads en betalende klanten. Dat is al een fijne uitgangspositie voor maandelijkse groei. Nog fijner wordt het wanneer je in staat bent om een 'leger' van affiliates te mobiliseren die jouw marketingmachine bombarderen met extra bezoekers. Dit zal je bedrijf nog sneller laten groeien zonder dat je er zelf de marketinginspanningen voor hoeft te leveren.

Wanneer je in je marketing- en salesdashboard een continue stroom van de door affiliates aangebrachte klanten kunt aanschouwen, weet je dat je iets unieks hebt neergezet. Het lijkt dan bijna op slapend rijk worden, maar we raden je aan om te allen tijde goed wakker te blijven zodat je bedrijf ook gezond door blijft groeien. In de volgende hoofdstukken leggen we je uit hoe je een affiliatemarketingstrategie praktisch gezien implementeert.

Afbeelding 17.5 - Verkopen door affiliates in salesdashboard

18. HOE WERKT AFFILIATE MARKETING?

Affiliate marketing klinkt makkelijker gezegd dan gedaan, want hoe werkt dit nu precies in de praktijk? Hoe zorg je ervoor dat je affiliates je producten kunnen promoten en dat jij vervolgens kunt zien welke affiliate verantwoordelijk is voor welke verkoop?

"Men are only as good as their technical development allows them to be"

George Orwell

Om affiliate marketing te kunnen toepassen heb je om te beginnen affiliatesoftware nodig. Deze software stelt je in staat om een commissie per product in te stellen en vervolgens unieke promotielinks (affiliatelinks) te genereren voor je affiliates. Je affiliate gebruikt zijn eigen unieke promotielink om bezoekers naar je verkooppagina of webshop te sturen. De software kan vervolgens zien welke verkoop door welke affiliate is gegenereerd.

Het *tracken* (volgen) van zo'n bezoeker en het toewijzen van de commissie gaat op basis van een cookie. Dit is een 'geheugensteuntje' dat geplaatst wordt in de browser van de bezoeker zodra hij op een affiliatelink klikt. Zodra deze bezoeker vervolgens het gepromote product afrekent, herkent de software de cookie en wijst de commissie toe aan de verantwoordelijke affiliate.

De meeste *affiliate cookies* hebben een beperkte levensduur. Als je bijvoorbeeld binnen 24 uur na het klikken op de affiliatelink niets koopt, vervalt de cookie. Andere cookies blijven een jaar actief, sommigen zelfs voor onbepaalde tijd. Het maakt dan niet uit wanneer de klant iets aanschaft, je krijgt hoe dan ook betaald voor de link. In afbeelding 18.1 zie je dit proces schematisch weergegeven.

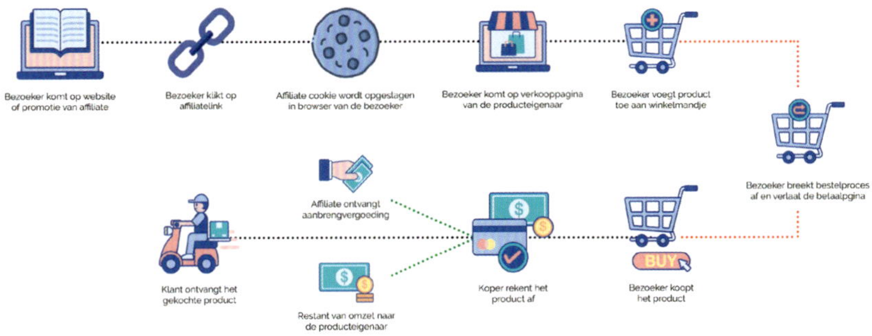

Afbeelding 18.1 - Het affiliatemarketingproces in beeld

Er bestaan verschillende systemen hiervoor zoals Zanox, TradeTracker, PayPro, Daisycon, Cleafs, M4N, TradeDoubler en bovenal natuurlijk onze eigen software Plug&Pay waarvan we eerder ook de oogstrelende betaalpagina's, upsell-opties en dashboards hebben laten zien. Oké, misschien een beetje flauw om het zo te zeggen, maar goed, dit is immers ons boek.

COOKIES VAN EIGEN DEEG

Er zijn verschillende factoren om rekening mee te houden met het tracken van affiliate cookies. Je kunt hier zelf een passend recept voor samenstellen. In je affiliatemarketingsoftware stel je bijvoorbeeld commissies in voor al je producten, geef je aan hoe lang een cookie geldig blijft, of er een indirecte commissie mag worden uitgekeerd en welke affiliate er wordt beloond bij een gezamenlijke promotie. Deze factoren zullen we verder uitleggen.

De affiliate krijgt in het voorbeeld van afbeelding 18.2 een commissie voor ieder product dat hij rechtstreeks promoot. Wanneer een producteigenaar echter meerdere producten aanbiedt (bijvoorbeeld in een webshop of via een upsell), kan een affiliate ook beloond worden voor meerdere of indirecte aankopen. In het vorige deel van dit boek lieten wij zien hoe wij onze betaalpagina's voorzien van een kassakoopje en na de eerste betaling een 1-klik-upsell aanbieden. Zodoende kan een klant in plaats van één meteen drie producten aanschaffen.

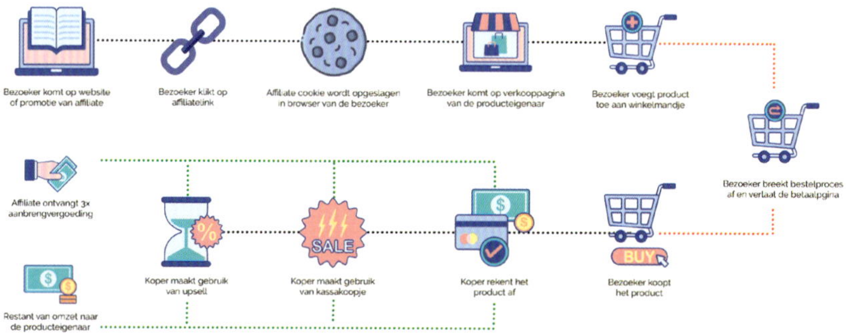

Afbeelding 18.2 - Meerdere affiliate commissies bij meerdere producten

Wij kunnen in onze affiliatesoftware instellen hoeveel commissie wij per product willen geven en hoe we omgaan met indirecte promotie. Afgezien van meerdere producten kan het namelijk ook voorkomen dat een doorverwezen bezoeker van een affiliate besluit om een ander product bij ons te kopen dan de affiliate in eerste instantie gepromoot had. De affiliate is dan nog steeds verantwoordelijk voor het aanbrengen van de klant (ook al is dat voor een ander product) en verdient een commissie.

Het verlengen van de houdbaarheidsdatum van een cookie en het geven van een indirecte commissie komt op meerdere manieren van pas. Eerder in dit boek heb je bijvoorbeeld al kunnen lezen dat wij meer waarde hechten aan het opbouwen van onze e-maillijst en het vullen van onze funnels via gratis weggevers dan aan het linea recta promoten van onze verkooppagina's.

Hierdoor is het voor ons ook wenselijk dat affiliates niet direct onze producten promoten, maar eerder onze weggevers (opt-in-pagina's). Affiliates zullen namelijk een hoger aantal gratis inschrijvingen (leads) dan direct betalende klanten doorsturen. Ook is het voor een affiliate veel aantrekkelijker om een gratis product te promoten (value-first) dan iets commercieels aan te bieden.

Onze funnels - die aansluiten op deze gratis weggevers - zijn dusdanig ingericht en geoptimaliseerd om meer klanten uit leads te halen dan uit directe 'koude' bezoekers op de verkooppagina's. Ook kunnen we via onze e-maillijst meerdere producten aanbieden en gerichte productlanceringen doen waardoor we onze klantwaarde verhogen. Zo maken wij van borrowed media (het netwerk van een affiliate) weer owned media (onze eigen e-maillijst).

Daarom geven wij affiliates de optie om naast een promotielink die naar de verkooppagina verwijst, ook een promotielink te gebruiken die naar de opt-in-pagina verwijst. Deze links bevatten dezelfde affiliate cookie die langere tijd houdbaar is en geldig is voor alle producten waar wij commissie op geven. Zo kan een affiliate naar hartelust promoten en betaald krijgen voor iedere aankoop die een doorgestuurde bezoeker in de nabije toekomst bij ons doet.

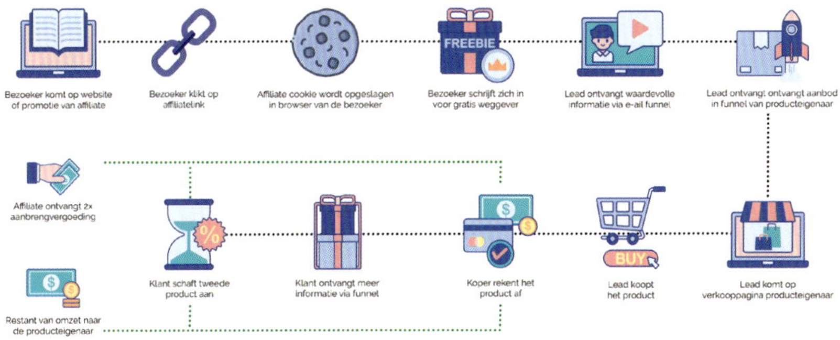

Afbeelding 18.3 - Indirecte en verlate commissie via marketingfunnel

Het kan voorkomen dat er meerdere affiliates actief zijn om hetzelfde product te promoten en ook deels dezelfde doelgroep aanspreken. Zo zullen er verschillende blogeigenaren, influencers en marketingtrainers een doelgroep hebben die overlapt. Zeker bij een grote productlancering zul je wellicht weleens gezien hebben dat je hier door verschillende partijen op geattendeerd wordt. Stel dat er een aantal affiliates zijn die allemaal hetzelfde product promoten en vanwege de overlap ook dezelfde bezoekers doorsturen, dan kunnen we deze niet allemaal de aanleververgoeding geven. We kunnen besluiten om de commissie te verdelen, maar dat is vaak een ingewikkeld proces.

Daarom is het logischer om de eerste ofwel de laatste affiliate te belonen. De eerste affiliate is verantwoordelijk voor de eerste doorverwijzing van een bezoeker. De laatste affiliate geeft het laatste zetje voor de daadwerkelijke verkoop, dat kan soms dagen of weken later zijn. Wij hebben in onze affiliatesoftware voor onszelf ingesteld dat de commissie naar de eerste gaat, maar we hebben gemerkt dat ondernemers hierover van mening verschillen en hierdoor kun je dit zelf kiezen.

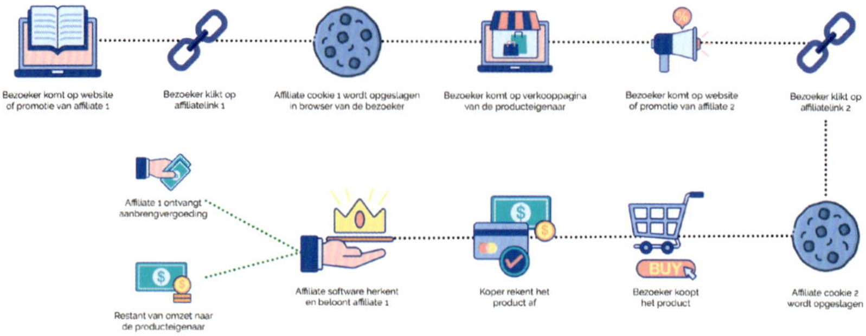

Afbeelding 18.4 - Meerdere affiliates strijden om de prijzen

DELEN VAN DE KOEK

De meest gestelde en wellicht ook wel een oer-Hollandse vraag rondom affiliate marketing is: 'Hoeveel commissie geef ik aan een affiliate?'

In eerste instantie ligt dat aan het soort product dat je verkoopt en de marge die je hierop maakt. Verkoop je bijvoorbeeld hardloopschoenen met een gemiddelde winstmarge van 20% per verkocht paar, dan kun je natuurlijk niet meer dan 20% commissie weggeven, anders zou je verlies maken. Ook bij de verkoop van diensten - of in ons geval software - moet je rekening te houden met de kostprijs. Hoewel je niet met een inkoopprijs per product te maken hebt, maak je wel kosten voor personeel, huur, hardware, software, verzekeringen en andere overheadkosten. Je totale kosten per jaar dien je ook terug te rekenen naar de kostprijs per klant om zo je marge per verkoop te berekenen.

Bij digitale producten, zoals onze cursussen uit een eerder voorbeeld, werkt het vaak iets anders. Een gangbare affiliatecommissie voor digitale producten is bijvoorbeeld 50% of zelfs meer. Deze commissie ligt zo hoog, omdat de affiliate eigenlijk al het werk doet. De producteigenaar hoeft zelf alleen de producten, promotiematerialen en affiliatelinks aan te leveren en kan daarna achterover leunen.

Affiliates bereiken vaak een doelgroep die je zelf niet bereikt. Iedere marge die je aan deze klanten over kunt houden kun je zien als pure winst bovenop je eigen marketingactiviteiten. Dat maakt het de hoge commissie vaak meer dan waard. Door in het geval van digitale producten 50% commissie aan te bieden, maak je het voor affiliates interessanter om jouw product te promoten dan het product van je concurrent. Bij elke verkoop houd je nog steeds 50% van de omzet over en dat is toch 50% van een omzet die je zonder de affiliate helemaal niet had gehad.

Nog even terug naar het eerste scenario met de verkoop van hardloopschoenen. 20% commissie geven aan een affiliate zou in dit voorbeeld betekenen dat je break-even draait en niets aan de verkoop hebt. Behalve dan een blije hardloper, maar verder schiet je er niks mee op. Wanneer je alleen in staat bent om je klantwaarde te verhogen (bijvoorbeeld door gebruik te maken van upselling), dan kan het juist wel weer aantrekkelijk zijn om 20% commissie te geven. Je verdient dan weliswaar niets op de eerste verkoop, maar wel op alle vervolgaankopen.

Ook dit is weer een vorm van het opofferen van je eerste inkomsten (*sacrifice early profits*). Door een simpel digitaal product te maken dat dient als een instapproduct, kun je zelfs een zeer aantrekkelijke affiliatecampagne voeren door maar liefst 100% commissie aan te bieden. Affiliates zullen smullen van een dergelijke belofte. We noemen dit ook wel een *front-end product* en je kunt het vergelijken met de SLO (*self liquidating offer*) uit het tweede deel van dit boek. Het product dient er specifiek voor om meer betalende klanten binnen te halen waar je daarna vervolgproducten aan kunt verkopen.

Afbeelding 18.5 - Aangepaste commissie voor affiliates per product

Naast een eenmalige commissie kun je ook werken met een wederkerende commissie. In het geval van een lidmaatschap kun je affiliates bijvoorbeeld een terugkerende commissie per maand, kwartaal of jaar geven. Veel bedrijven met een lidmaatschap kiezen hier echter niet voor, omdat het veel administratieve rompslomp geeft en omdat ze weten dat hun grootste winst in de lengte van een lidmaatschap zit. Je kent dit principe misschien van de sportschool waar je in veel gevallen een cadeautje of een maand gratis krijgt wanneer je iemand aandraagt. Zo'n sportschool hoeft dan maar een eenmalige investering te doen om jou te belonen en profiteert daarna nog lange tijd van de volle opbrengst van dit nieuwe lid.

Voor serieuzere affiliates die je producten op lange termijn willen promoten is het echter vele malen aantrekkelijker om hiervoor ook wederkerende inkomsten te ontvangen. Zo bieden wij op onze softwareproducten bijvoorbeeld een wederkerende commissie van 30% aan. Zo lang iemand klant blijft en per maand, kwartaal of jaar blijft betalen, zo lang krijgt de affiliate 30% van de omzet uitgekeerd. Over ons lidmaatschapsmodel vertellen we in deel vijf meer.

Een combinatie van beide beloningsmethoden kan natuurlijk ook. Je kunt bijvoorbeeld werken met een aangepaste eerste periode. Je geeft je affiliate dan bij de verkoop een relatief hoge aanleververgoeding en vervolgens per maand een kleinere vervolgcommissie zolang de klant blijft.

Afbeelding 18.6 - Wederkerende maandelijkse commissie met afwijkende eerste maand

Ook kun je de lengte van deze wederkerende commissie aan banden leggen. Voor een bedrijf kan het risicovol zijn om je affiliates tot het einde der tijden een terugkerende commissie te geven, zeker wanneer de kostenstructuur en de marges op je producten door de jaren heen veranderen. Misschien pas je namelijk je prijzen later aan of ben je genoodzaakt om duurder personeel of materiaal in te kopen. Veel bedrijven met wederkerende affiliatecommissies kiezen er daarom voor om dit te limiteren tot bijvoorbeeld twee tot vijf jaar. Daarna vervalt de commissie voor de affiliate op deze klanten.

Tot slot willen we rondom het verdelen van de koek in de vorm van de hoogte van je affiliatecommissie nog even stilstaan bij het maken van onderscheid tussen verschillende affiliates. Het kan namelijk voorkomen dat je niet iedere affiliate evenveel commissie wil uitbetalen.

Stel dat je talloze affiliates hebt die je producten op dagelijkse basis promoten. Denk aan eigenaren van blogs, je eigen klanten, bevriende ondernemers en zelfs professionele affiliates. Op een dag word je benaderd door een groot bedrijf binnen je branche. Dit is een speler van groot formaat die jouw bedrijf met een goed gemikte campagne tot ongekende hoogte kan laten stijgen. In het geval van de webshop met hardloopschoenen kan dit bijvoorbeeld de organisatie van een grote marathon of de Nijmeegse vierdaagse zijn die hun deelnemers graag naar je shop willen doorverwijzen. Het kan bijvoorbeeld ook een bekende sporter zijn die zijn fans wil attenderen op de beste plek om hardloopschoenen te kopen.

Voor zo'n grote speler is het handig om een alternatief affiliateprofiel aan te maken. Misschien wil deze partij namelijk wel een hogere aanleververgoeding ontvangen dan je standaard commissie of een aangepaste deal op vervolgaankopen. In onze software werken wij daarom met verschillende affiliateprofielen voor standaard affiliates, bekende en bevriende influencers in onze markt en grote partijen met wie wij een langetermijncampagne of campagne op maat willen voeren.

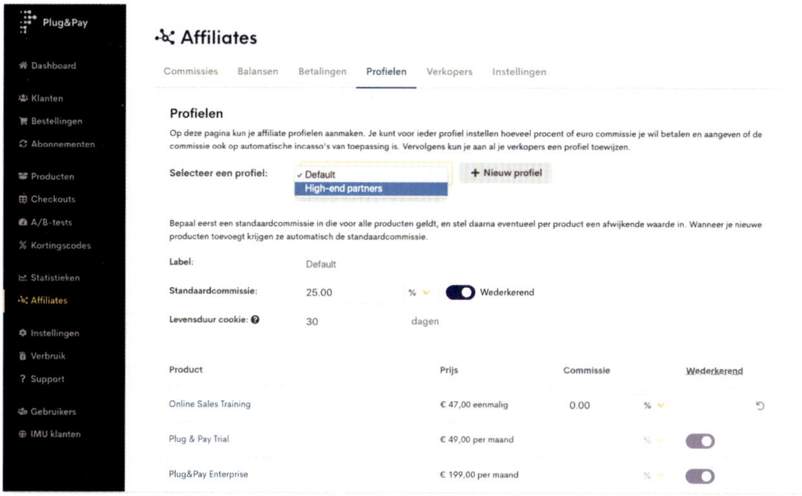

Afbeelding 18.7 - Aangepaste affiliateprofielen instellen

VAN AANDELEN NAAR UITDELEN

We zijn aangekomen bij de laatste en voor affiliates leukste stap van de werking van het affiliatemarketingproces: de uitbetaling. Als je affiliates de promotielinks goed gebruikt hebben en met succes klanten hebben aangeleverd, wordt het tijd om ieders aandeel uit te delen.

In je affiliatesoftware kun je precies zien welke klant door welke affiliate is aangebracht en hoeveel commissie iedere affiliate tegemoet mag zien. Wanneer je met enkele affiliates werkt, is het niet zo'n moeite om deze betalingen handmatig te doen en daar ook meteen een factuur bij te maken. Wanneer je met talloze affiliates werkt, wordt dit al snel onoverzichtelijk en een tijdrovende klus.

Wij werken daarom met creditfacturen en SEPA-bestanden voor batchbetalingen. Wanneer wij commissies uitbetalen, bijvoorbeeld eens per maand, dan genereren wij voor iedere affiliate een factuur voor alle openstaande commissies. Voor ons is dit een kostenpost (of een negatieve omzet) en hiervoor maken we dus een creditfactuur aan. In de administratie van de affiliate is dit automatisch een reguliere verkoopfactuur. Alle uit te keren bedragen worden inclusief bijbehorende rekeningnummers van de betreffende affiliates in een SEPA-bestand geplaatst. Dit bestand kunnen wij vervolgens in één keer uploaden bij de bank en verzenden. Alle bedragen worden dan naar de juiste rekeningen overgeboekt.

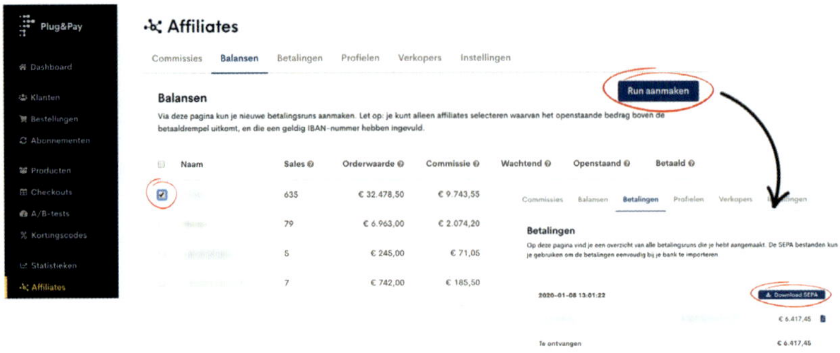

Afbeelding 18.8 - SEPA-batch generen voor affiliatecommissies

Bij het uitbetalen van affiliates is het raadzaam dat je een veilige periode inlast tussen het aanleveren van een klant door een affiliate en het uitbetalen van deze affiliate. Als ondernemer ben je namelijk wettelijk verplicht bij online aankopen om je klant 14 dagen bedenktijd te geven. Daarnaast is de kans op storneringen en andere vormen van wanbetalingen in de eerste 1 tot 2 maanden het grootst. Als ondernemer moet je niet het risico lopen dat je structureel een deel van je inkomsten overmaakt aan affiliates terwijl je die inkomsten zelf niet ontvangen hebt.

We raden je aan om daarom altijd 1 tot 2 maanden te wachten met het uitbetalen van affiliates zodat annuleringen en wanbetalingen ondertussen verwerkt kunnen worden. Daarnaast kan het voorkomen dat je een openstaande factuur van een klant na een lange periode alsnog afboekt, omdat deze oninbaar is gebleken. Ook dan wil je dit met terugwerkende kracht verrekenen met de toekomstige commissies van de verantwoordelijke affiliate. Dit laatste werkt natuurlijk alleen als deze affiliate nog actief is en commissies blijft verdienen, anders zul je zelf een verzoek tot terugbetaling moeten doen.

Daarnaast kan een betalingsdrempel handig zijn. Wanneer je talloze affiliates hebt die zeer kleine vergoedingen open hebben staan, wil je daar je administratie niet mee vervuilen. Je kunt bijvoorbeeld instellen dat je pas vanaf een bepaald bedrag aan opgespaarde commissie uitbetaalt.

19. HOE WERKT AFFILIATE MARKETING?

Zodra je betaalpagina online staat en je een affiliatecommissie hebt ingesteld wordt het tijd om ook daadwerkelijk affiliates te vinden die je product gaan promoten. Er zijn verschillende manieren om aan zowel grote als kleine affiliates te komen.

"Alone we can do so little,
together we can do so much"

Helen Keller

Om te beginnen kun je een oproep op je eigen websites plaatsen. Plaats bijvoorbeeld simpelweg een link met de anchortekst 'Affiliateprogramma' in de footer van je website. Professionele affiliates en mensen die bekend zijn met affiliate marketing zullen hier specifiek naar op zoek zijn. Zeker mensen die die al actief zijn als affiliate en op regelmatige basis met jouw producten werken, zullen bewust op zoek gaan naar je affiliatemogelijkheden. Deze eerste groep wil je sowieso opvangen.

Afbeelding 19.1 - Affiliateprogramma op de site van bol.com

DE ONWETENDEN

Het klinkt misschien vreemd, maar affiliate marketing is een relatief nieuw vakgebied en hierdoor weten veel website-eigenaren en ondernemers niet wat het is. Je kunt dus ook hele goede affiliates voor je aan het werk krijgen zonder dat zij zelf in eerste instantie wisten wat affiliate marketing was.

De eenvoudigste manier om affiliates te werven is om ze simpelweg te zoeken via Google. Je kunt websites benaderen die in dezelfde markt actief zijn. Zoek simpelweg naar zoekwoorden waar je zelf graag op gevonden wil worden of zelfs op woorden waarop je al gevonden wordt, om te zien welke websites daar nog meer actief zijn. Websites met veel bezoekers en zeker websites die een nieuwsbrief aanbieden zijn met name interessant als affiliate. Wanneer je op een website komt waarop al advertenties staan, weet je dat de eigenaar open staat voor promotie van derden.

Je kunt ook concurrenten tegenkomen in je zoektocht naar affiliates. Die hoef je niet uit te sluiten, want het zou goed kunnen dat je product aansluit op dat van je concurrent, in plaats van het volledig te overlappen. Een ondernemer die bijvoorbeeld SEO-trainingen geeft zal minder snel onze online SEO-cursus promoten maar wellicht wel een van onze andere onlinemarketingcursussen of bijvoorbeeld onze software. Ook aan klanten die hun SEO-training al hebben aangeschaft wil een dergelijke ondernemer wellicht graag een extern vervolgproduct aanbieden. Zeker als de ondernemer zelf geen extra producten heeft. Juist je concurrenten zijn vaak de meest logische affiliates. Wij spreken daarom altijd van 'concullega's'.

"Onderneem vanuit samenwerkingen en daarmee de belofte op gezamenlijke winst, in plaats van de angst voor individueel verlies"

Je kunt ook websites benaderen die actief zijn in een markt die aansluit op die van jou. Zo weten wij dat ondernemerschap en persoonlijke ontwikkeling vaak hand in hand gaan. Een ondernemer die trainingen in persoonlijke ontwikkeling of coaching aanbiedt, kan zodoende ook een potentiële affiliate zijn voor onze onlinemarketing-programma's.

DE GEBRUIKERS

Naast het vinden van (onwetende) affiliates via Google, kun je affiliates ook zoeken binnen je bestaande klanten. Zij vinden je producten en diensten namelijk zo waardevol dat ze bereid zijn om ervoor te betalen. Eerder in dit boek hebben we het al gehad over het gebruik van social proof in de vorm van positieve gebruikerservaringen op je website. In plaats van alleen een testimonial te vragen aan je klant, kun je hem natuurlijk ook aanbieden om affiliate te worden. Zo geeft Airbnb zijn gebruikers bijvoorbeeld kortingen bij het doorverwijzen van vrienden en hosts.

Afbeelding 19.2 - Affiliateprogramma op Airbnb

Je kunt je klanten bijvoorbeeld vragen of zij geïnteresseerd zijn om hun aankoop terug te verdienen. Ze kunnen dan het door hun gekochte product als affiliate promoten en zo een commissie verdienen. Dit kun je doen door je klanten een e-mail te sturen, zodat er in één keer een grote hoeveelheid affiliates kan aanhaken.

Je kunt het ook integreren in je bestelproces. Denk bijvoorbeeld aan het plaatsen van een call-to-action naar je affiliateprogramma op de bedankpagina na aankoop. Je klant zal dan direct na betaling de optie zien om het zojuist betaalde bedrag terug te verdienen. Dat is een goed moment, want mensen zijn gevoelig voor behoud en het voorkomen van verlies. Dit is ook waar het bij een casinobezoek vaak mis gaat: bij een groot verlies ben je geneigd om je geduld overboord te gooien en direct de volgende ronde dit volledige verlies goed te maken.

Je kent het misschien van webshops of een website zoals Thuisbezorgd.nl. Direct na je bestelling wordt je de optie geboden om op social media te delen wat je zojuist gekocht hebt. Dit principe gaat uit van een streven naar erkenning bij de klant. Een klant van Thuisbezorgd.nl moet dusdanig trots zijn op zijn bestelling of fan van een restaurant om dit vrijwillig op social media te delen. Maar stel nu dat dit geen deelknop zou zijn, maar een automatisch gegenereerde persoonlijke affiliatelink waarmee de klant een commissie krijgt zodra iemand via zijn link ook een order plaatst. Zou dat een extra motivatie kunnen zijn voor de klant om er iets over te delen?

In plaats van een unieke affiliatelink in combinatie met een geldelijke beloning kun je dit ook op een andere manier toepassen. Voor ons IMU Live event in het circustheater in Scheveningen stelden wij bijvoorbeeld 1.800 gratis plekken beschikbaar. Op de bedankpagina vroegen wij de inschrijver om dit event op social media te delen en daarmee kans te maken op een prijs. Bijna 40% van alle aanmeldingen maakte hier gebruik van en dit droeg bij aan het vullen van de zaal in vier dagen.

Afbeelding 19.3 - Bedankpagina IMU Live met verzoek tot delen in ruil voor een potentiële prijs

In dit voorbeeld hebben wij handmatig uit alle deelacties een aantal prijswinnaars gekozen. Dat is een zeer tijdrovende klus, die je beter kunt automatiseren. Ook is het zaak om je promoters zo veel mogelijk te ontlasten en elke vorm van wrijving te voorkomen. Hoe makkelijker je het maakt om te promoten, hoe meer mensen dat zullen doen (wederom: frictie voorkomen om je conversie te verhogen). Het kan daarnaast ook fijn zijn om iedereen die een significante bijdrage levert aan de promotie van jouw aanbod extra te belonen. Deze verschillende resultaten kun je bereiken door software zoals UpViral.com van Wilco de Kreij te gebruiken.

UpViral is een moderne en ver uitgebouwde vorm van een tell-a-friend-systeem. Het stelt je in staat om je bedankpagina te voorzien van opties voor klanten en inschrijvers om het betreffende aanbod te delen met hun netwerk en daarvoor automatisch beloond te worden. Zo kun je bijvoorbeeld instellen dat een affiliate minimaal vijf mensen moet aandragen om de beloofde beloning te ontvangen. Het delen van de boodschap is dus niet genoeg, mensen zullen zich daadwerkelijk in moeten schrijven. Ook kun je verschillende prijzen uitreiken aan de affiliates die de beste resultaten genereren.

Nieuwe inschrijvers kun je ook belonen door ze punten te geven, bijvoorbeeld voor het volgen van je socialmedia-accounts of per bezoek aan je website. Die punten kan je inschrijver vervolgens gebruiken om verschillende bonussen te ontgrendelen.

Afbeelding 19.4 - Landingspagina van UpViral en opties om punten te verdienen

Wanneer je met UpViral aan de slag wil, dan kun je een account aanmaken via www.imu.nl/upviral. Dat is direct een voorbeeld van een affiliatelink. Wanneer je namelijk via deze link een account aanmaakt, krijgen wij daar een commissie voor van onze goede vriend Wilco. Alvast bedankt!

Veel grote bedrijven en bekende softwareplatformen zijn groot geworden door hun eerste gebruikers als affiliates te mobiliseren. Hotmail begon bijvoorbeeld ooit klein als gratis e-mailprovider. Onderaan elke verzonden mail stond destijds een klein regeltje reclame met de tekst: 'Deze mail werd gratis verzonden via Hotmail'. Hierbij was het woord Hotmail een link naar de website. Dit zorgde voor een viraal effect waarbij gebruikers, vaak zonder het door te hebben, voor nieuwe gebruikers zorgden.

Ook Dropbox gebruikte een affiliatecampagne en groeide daarmee maar liefst 3800% in 15 maanden. Zij groeiden van 100.000 gebruikers in september 2008 naar 4 miljoen in december 2009 en 33,9 miljoen in september 2017. Dit kwam met name voort uit het geven van extra opslagruimte aan gebruikers in ruil voor het aandragen van nieuwe gebruikers. Opslagruimte is iets waar je al snel een tekort aan hebt wanneer je Dropbox actief gebruikt voor het bewaren en doorsturen van al je bestanden. Wanneer je een actieve gebruiker bent en niet 'verder' kunt omdat je ruimte vol is, zul je eerder geneigd zijn om te promoten dan om te stoppen, opruimen of betalen.

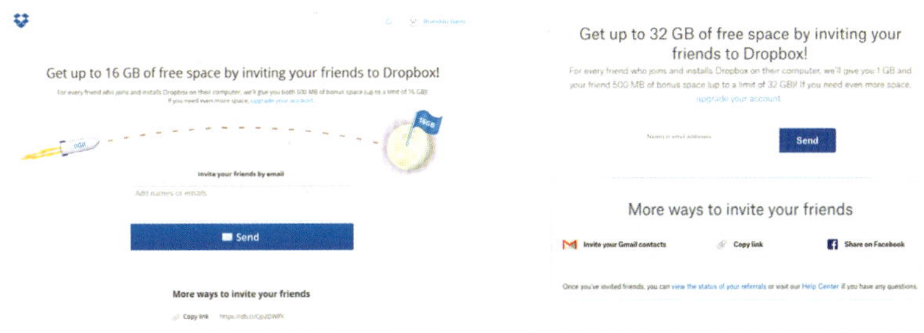

Afbeelding 19.5 - Affiliatepagina's binnen Dropbox

Ook wij gebruiken deze techniek in onze verschillende softwarebedrijven. Zo leveren wij onze betaalpagina's van Plug&Pay standaard met een promotielink naar onze website. Onze gebruiker kan dit linkje uiteraard uitschakelen, maar ook vervangen met zijn eigen unieke promotielink. Aangezien wij een interessante, maandelijks terugkerende commissie geven, vinden veel gebruikers dat interessanter dan het weghalen van de link. Daarnaast laten overigens veel gebruikers de originele promotielink gewoon staan. Dat kan uit luiheid zijn, maar wij hopen dat het door een guneffect komt.

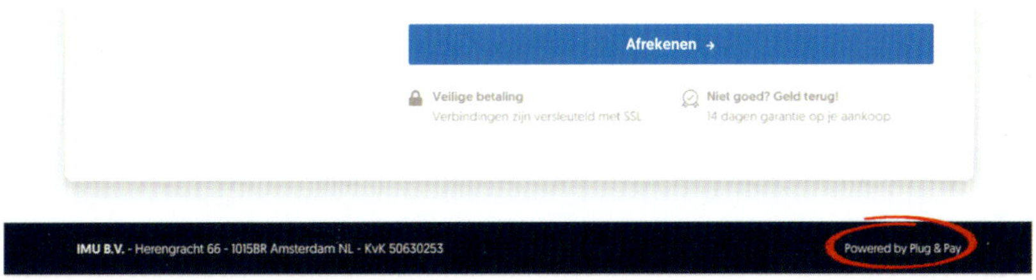

Afbeelding 19.6 - Promotielink in de footer van Plug&Pay betaalpagina

DE INVLOEDRIJKEN

We hebben nu twee groepen van min of meer onwetende affiliates behandeld. Dit zijn namelijk website-eigenaren en gebruikers die nog niet van het bestaan van affiliate marketing af weten, ofwel daar niet actief mee bezig zijn. Er zijn ook affiliates die hier zeer bekend en ervaren mee zijn. Denk bijvoorbeeld aan de zogenoemde *influencers*. Dit zijn de mensen en bedrijven met een groot aantal volgers op socialmediaplatformen of bijvoorbeeld een nationale of internationale beroemdheid.

Nu zul je wellicht meteen denken aan Enzo Knol of Monica Geuze, maar je hoeft als ondernemer niet per se zo'n grootheid te verleiden om je merk succesvol te promoten. Je kunt online duizenden influencers vinden die je bedrijf een enorme boost kunnen geven. Zeker wanneer een influencer een relevante achterban voor jouw producten heeft, hoeft hij geen miljoenen mensen te bereiken. Enkele duizenden kunnen dan zelfs al genoeg zijn. Vaak zie je dat dergelijke 'micro-influencers' meer interactie hebben en daardoor ook meer impact maken bij de mensen die hen volgen.

Influencers kun je vinden door zelf na te denken over beroemdheden die goed bij je producten passen. Je kunt ook op socialmediaplatformen zoeken naar profielen met een grote, relevante achterban. Er bestaan ook bemiddelingsplatformen waar veel influencers bij aangesloten zijn. Plaats daar uitleg van je marketingcampagne en promotiematerialen zodat relevante influencers zich kunnen aansluiten. Bij die platformen kun je ook de betaling regelen.

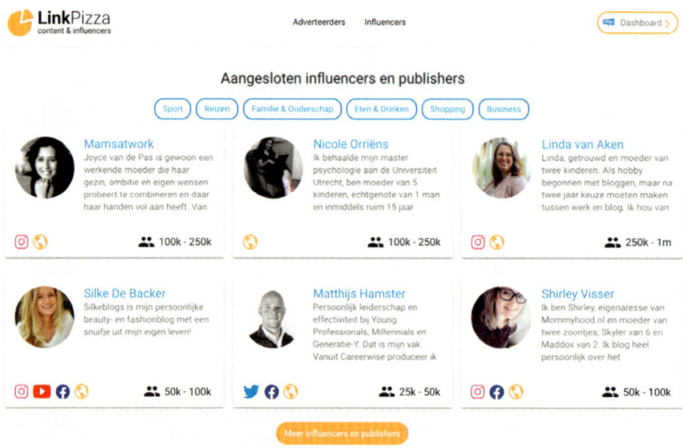

Afbeelding 19.7 - Influencers vinden via LinkPizza

Een mooi voorbeeld van de kracht van een influencer is Marjolein Dubbers met haar website energiekevrouwenacademie.nl. Marjolein werd op haar 52ste ondernemer en startte haar website met tips over vitaliteit en gezondheid voor vrouwen boven de 40. Door waardevolle blogs en video's (letterlijk uit eigen keuken) te publiceren trekt haar (Phoenix)website inmiddels 300.000+ gratis bezoekers per maand uit Google. Ook scoorde ze al twee bestsellers met haar boeken en volgden vele duizenden vrouwen haar online programma's. Door haar enorme achterban is ze een ideale affiliate voor verkopers van producten die aansluiten op haar gezondheidsadviezen.

Afbeelding 19.8 - Promotie van kokosolie door Marjolein Dubbers

Aangezien haar klanten haar vaak vroegen welke producten ze adviseerde, startte Marjolein een aparte website: *Marjoleins Favorieten*. Over de verkoop van veel van haar favorieten ontvangt Marjolein een affiliatecommissie. Als ze een product hiervan extra onder de aandacht brengt, bijvoorbeeld haar favoriete kokosolie, moet ze de leverancier van tevoren waarschuwen, omdat deze anders de overweldigende vraag ervan niet aan kan.

> *"The best marketing doesn't feel like marketing"*
>
> Tom Fishburne

Een ideale vorm van affiliate marketing is het aangaan van samenwerkingen met andere bedrijven binnen je branche. Zeker wanneer je product een aanvulling is op het product van je concullega. Zo zien we hier nog een voorbeeld van een onderne-mer in een branche waarin wij zelf ook actief zijn: community building. Wij verkopen software voor community building (Huddle).

Maartje Blijleven schreef een boek over community building en geeft hier ook trainingen over. We zeggen weleens dat auteur autoriteit maakt: iemand die een boek heeft geschreven wordt vaak gezien als een autoriteit op het betreffende vakgebied. Maartje kan haar lezers en cursisten via een affiliatelink doorverwijzen naar onze Huddlesoftware en daar de maandelijks terugkerende aanleververgoeding voor krijgen. Voor haar boek interviewde ze verschillende community building experts uit Nederland en daarbuiten, zo ook Tonny. In zo'n interview staat waardevolle informatie centraal (value-first), maar wordt ook de Huddlesoftware genoemd en aanbevolen.

Afbeelding 19.9 - Interview met affiliate van Huddle community software

Met influencers kun je de groei van je bedrijf enorm versnellen. In plaats van zelf op zoek te gaan naar je doelgroep via bijvoorbeeld SEA, SEO, of een eigen socialmedia-strategie kun je deze ook direct bereiken via een influencer. Onthoud dat je doelgroep zich altijd al ergens bevindt. In plaats van deze zelf te bereiken kun je dit ook met de hulp van anderen doen.

Een bijkomend voordeel van werken met influencers is dat het de autoriteit van je bedrijf en ook je betrouwbaarheid verhoogt. We noemen dit 'autoriteit door associatie'. Wanneer jouw favoriete sporter, artiest, politicus, ondernemer, trainer of inspirator een product aanbeveelt, dan krijg je direct meer vertrouwen in dat product en het bedrijf erachter. Eerder beschreven we al het wittejassensyndroom en de autoriteit van een dokter die onze keuzestress bij het kiezen van een medicijn laat verdwijnen. Zo werkt het ook met een influencer.

DE NETWERKEN

Als laatste methode voor het vinden van affiliates komen we uit bij de affiliate-netwerken. Dit zijn platformen die zich richten op het bij elkaar brengen van vraag en aanbod op het gebied van affiliate marketing. Hier kunnen adverteerders hun campagnes aanbieden, waarna het netwerk ervoor zorgt dat die campagnes onder de aandacht komen van affiliates. Eerder lieten we al een platform zoals LinkPizza zien waarbij dit specifiek voor influencers het geval is.

In veel gevallen is een affiliatenetwerk ook direct de affiliatesoftware die je gebruikt voor het aanmaken van affiliatelinks, het tracken van cookies en het uitbetalen van commissies. Bekende affiliatenetwerken in Nederland zijn: Zanox, TradeTracker, Daisycon, Cleafs, PayPro, M4N, en TradeDoubler maar ook het internationale Clickbank.com. Met onze eigen Plug&Pay-software bieden we bijvoorbeeld een marktplaats met daarin alle producten en bijbehorende commissies en informatie voor affiliates.

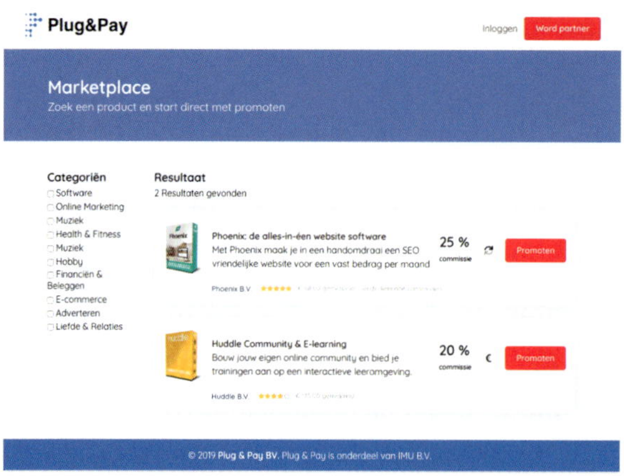

Afbeelding 19.10 - Marktplaats met affiliateproducten in Plug&Pay

Talloze affiliates zoeken in dergelijke overzichten naar geschikte producten met aantrekkelijke verkoopprijzen en affiliatecommissies om te gaan promoten. Zo bestaan er dus ook daadwerkelijk professionele affiliates die geen eigen producten hebben, maar enkel als affiliate actief zijn.

Ook fora en online community's (zoals Facebookgroepen en Google-community's), over affiliate marketing zijn rijkelijk gevuld met (professionele) affiliates. Je kunt je aanmelden of contact opnemen met de beheerder om te zien welke mogelijkheden je hebt om deze op je affiliateprogramma te wijzen.

We raden je echter wel aan om op te passen met deze laatste groep. Er zijn in dit soort netwerken namelijk veel affiliates actief die hun activiteiten puur en alleen richten op het loskrijgen van commissies en daarvoor alle methoden gebruiken die ze kunnen verzinnen. Daarbij wordt de kwaliteit en professionaliteit van de promotie nog wel eens achterwege gelaten. Het laatste wat je wil is een ontevreden klant omdat die van een affiliate een heel andere belofte heeft gekregen dan jij met je dienstverlening kunt bieden.

Wij hebben ook te maken gehad met 'snelle gastjes' die blogs publiceerden over snel geld verdienen en slapend rijk worden via het internet en daarbij naar onze producten verwezen. Zoiets kan je reputatie schaden en het heeft ook invloed op je positionering. Wij hebben zelfs meegemaakt dat dit soort affiliates artikelen publiceerden met titels zoals 'Is de IMU te vertrouwen?' of 'is de IMU een oplichter?'. Dit maakt immers een aantrekkelijke headline (clickbait). Hoewel ze dit in het artikel ontkrachtten en onze producten aanraadden is de schade al gedaan. Onze goede naam is dan al deels aangetast.

Wanneer je de volledige controle wil houden over wie je producten mag promoten, kun je er daarom ook voor kiezen om affiliates handmatig toe te laten. Het kan dan alleen op aanvraag of uitnodiging.

20. AFFILIATES TRAINEN

Nu je weet hoe affiliate marketing werkt en hoe je aan affiliates komt, kun je uit de startblokken schieten en een leger aan affiliates bouwen. Het is wel vaak zo dat affiliates minder affiniteit hebben met online marketing dan je zou verwachten. Ook hebben ze minder verstand van jouw bedrijf en producten dan jijzelf. Het is daarom slim om je affiliates te gaan trainen.

"It's never crowded along the extra mile"

Wayne W. Dyer

Je kunt affiliates helpen om je producten beter te promoten, waardoor zij meer mensen uit hun achterban jouw product laten aanschaffen en zelf dus ook meer geld kunnen verdienen. Dan heb je het pas echt over een win-winsituatie.

DE PARTNERPAGINA

Je kunt dat bijvoorbeeld doen aan de hand van een zogenaamde partnerpagina voor affiliates. Hierop plaats je alle informatie die je hebt over jouw affiliateprogramma, hoe het affiliatemarketingproces werkt en daarbij ook handige promotiematerialen voor je affiliates.

Zo'n partnerpagina kun je meteen zien als een conversiepagina, omdat deze ook een wervende functie heeft. Het doel van de pagina is om een potentiële affiliate dusdanig geïnteresseerd te maken dat deze besluit om zich aan te melden. Het secundaire doel is om die affiliate dan ook direct van alle benodigde hulpmaterialen te voorzien om de promotie zo effectief en efficiënt mogelijk te laten verlopen.

Met een partnerpagina kun je gemakkelijker affiliates werven wanneer je bijvoorbeeld websites of klanten benadert. Je hoeft ze dan alleen nog maar door te verwijzen naar je geoptimaliseerde partnerpagina. Op deze manier hoef je niet alle uitleg in je communicatie mee te nemen en hoef je ook niet bij elke affiliate hetzelfde verhaal te vertellen.

Op de partnerpagina van UpViral zie je bijvoorbeeld een wervende tekst die ook dienst zou kunnen doen als verkooppagina. Daarnaast zie je de verschillende mogelijkheden die je hebt om de software te promoten. Je kunt bezoekers naar de website doorverwijzen, maar ook naar specifieke conversiepagina's of zelfs volautomatische webinars waarin de software verkocht wordt.

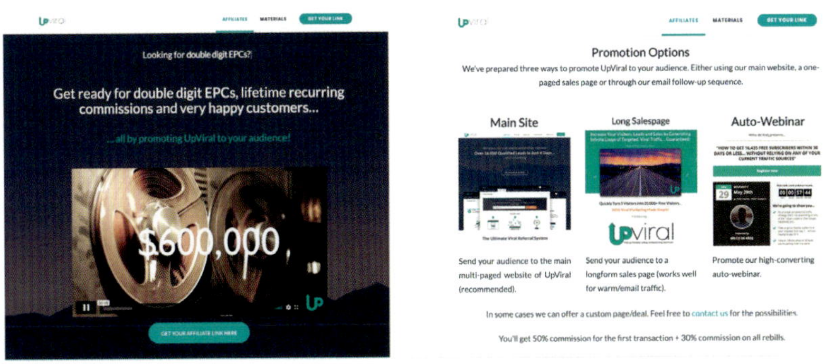

Afbeelding 20.1 - Partnerpagina van UpViral

Naast een wervende tekst en de uitleg van het affiliateproces kun je veel handige promotiematerialen plaatsen die affiliates kunnen gebruiken om je product beter te promoten. Plaats bijvoorbeeld afbeeldingen van je product in verschillende formaten, promotiebanners, advertentieteksten, voorbeelden van nieuwsbrieven, informatieve artikelen en dergelijken.

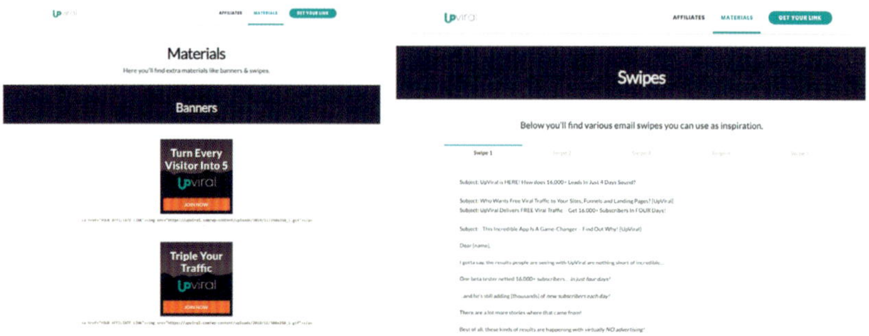

Afbeelding 20.2 - Promotiematerialen op de partnerpagina van UpViral

Je kunt op zo'n partnerpagina ook een aanmeldformulier voor een autoresponder plaatsen. Deze kun je vullen met trainingsmails voor je affiliates zodat ze - verspreid over een door jou gekozen periode - leren over je product en hoe zij het kunnen promoten. Op deze manier kunnen affiliates zich bij je aanmelden voor extra tips voor het promoten van je product. Het voordeel voor jou is dat je dit automatiseert en dat je affiliates over een langere periode nieuwe prikkels kunt geven om je producten te promoten.

Je kunt zelfs zo ver gaan dat je een whitepaper (e-book) ter beschikking stelt. Je affiliate kan die dan voorzien van zijn eigen promotielink en gebruiken als gratis weggever in online campagnes. Bij het ontzorgen van je affiliates gaat eigenlijk geen methode te ver. Alles wat eraan bijdraagt om het voor je affiliate makkelijker en effectiever te maken, is een aanvulling.

SAMEN IN ACTIE

Een partnerpagina en een gestroomlijnd affiliatemarketingproces kun je op doorlopende basis gebruiken om affiliates aan te sluiten en te belonen. Naast doorlopende promotie kun je ook werken met losse campagnes zoals productlanceringen of tijdelijke aanbiedingen. Ook hierbij is het waardevol om te werken met affiliates. Ze kunnen bijdragen aan een nog hogere piek in je bereik en omzet gedurende die specifieke campagne.

Bij een tijdelijke actie is het extra belangrijk om je affiliates stap voor stap te begeleiden en niets aan het toeval over te laten. Conversie-optimalisatie is een specialistische aangelegenheid en zeker het succes van een productlancering staat of valt met de details. Idealiter kijk je daarom mee met elk detail.

Zo lanceerden wij ooit onze Phoenix-software en riepen hiervoor de hulp in van enkele affiliates. Onder hen ook Huub van Zwieten, eigenaar van TalentFirst.nl. Huub besloot om onze lancering als affiliate te promoten. Dit deed hij niet met een directe promotie van ons aanbod, maar door het delen van een interview met Tonny. Hierin gaf Tonny enkele waardevolle tips die aansloten op de voordelen van de Phoenix-software. Een value-first strategie dus. So far, so good.

In plaats van deze video op een (afleidingsvrije) landingspagina te plaatsen met onder de video slechts één call-to-action met daarin de unieke promotielink van Huub, stuurde hij de directe YouTube-link naar zijn e-maillijst. Hoewel dit voor veel bekijks zorgde, hadden kijkers nergens de mogelijkheid om op de promotielink van Huub te klikken en dus ook niet om het product aan te schaffen.

Afbeelding 20.3 - Affiliatemailing met een link naar YouTube

Gelukkig herstelde Huub dit met een tweede e-mail waarin hij specifiek de verkoop-pagina aanprees. Op deze pagina hadden we onze conversieratio op orde en een afteller geplaatst om de actie af te sluiten en dat leidde alsnog tot een piek in de omzet, alsook in de commissie voor Huub.

Het geven van interviews is een fijne methode om je affiliates iets extra's te geven tijdens een productlancering. Zij hoeven dan niet alleen een commerciële boodschap de wereld in te sturen waarmee ze afhankelijk zijn van hun eigen verkooptalent om hun achterban te overtuigen. Daarnaast is het voor een affiliate veel relevanter om een interview in de vorm van een video of bijvoorbeeld een podcast te promoten waarin zij zelf een rol spelen.

Voor de promotie van ons jaarlijkse IMU Event hebben wij bijvoorbeeld interviews met verschillende sprekers opgenomen. Deze interviews bevatten geen commerciële boodschap, maar alleen waardevolle informatie rondom de expertise van de geïnter-viewde spreker. Wij kunnen deze interviews zelf naar onze achterban sturen en daarbij naar het aankomende event verwijzen.

We kunnen deze interviews ook beschikbaar stellen aan de sprekers zelf, zodat zij hetzelfde kunnen doen in combinatie met hun unieke promotielink. Hier zie je bijvoorbeeld dat wij voor verschillende sprekers een eigen landingspagina hebben gemaakt met daarop het interview en een CTA-button die leidt naar de aanmeldpagina van het event. Deze button is voorzien van de affiliatelink van de betreffende spreker in het interview. De spreker hoeft zelf enkel deze pagina te promoten.

Afbeelding 20.4 - Eigen landingspagina's met affiliatelinks voor sprekers van het IMU Event

PRIJS JE PARTNERS

Het is altijd goed om je belangrijkste affiliates te koesteren, veelvuldig te ondersteunen en extra in het zonnetje te zetten wanneer zij veel aan je bedrijf bijdragen. Eerder lieten we met het voorbeeld van UpViral al zien dat je bijvoorbeeld je beste affiliates kunt belonen met verschillende prijzen zodat er zelfs een gezond spelelement ontstaat. Affiliates kunnen dan nog een tandje bijzetten wanneer ze net tekort komen voor een prijs of wanneer ze gelijk opgaan met een andere affiliate.

Je kunt je affiliates persoonlijk bedanken en een extra beloning geven, maar je kunt er ook voor kiezen om daar een openbare aangelegenheid van te maken. Organiseer je bijvoorbeeld klantendagen, bedrijfscongressen of stuur je eens in het jaar een nieuwsbrief met dankwoorden uit? Geef je beste affiliates daarin dan bijvoorbeeld een podium door ze te bedanken, al dan niet om de daadwerkelijke prijs onder luid applaus te overhandigen. Andere aanwezige klanten zullen daardoor ook extra geprikkeld raken om de volgende keer op het podium geëerd te worden.

"I work harder on my affiliates to promote my products than on my customers to buy from me"

Russell Brunson

In 2019 werd het 'grootste onlinemarketingwebinar aller tijden' aangekondigd. Niet zomaar, want de hosts waren Tony Robbins, Dean Graziosi en Russell Brunson. Tijdens dit webinar verkochten zij een online training over hoe je informatieproducten kunt verkopen. Iedere marketeer kon dit webinar als affiliate promoten en een flinke commissie verdienen wanneer een aangebrachte deelnemer het aanbod in het webinar zou kopen. Maar Tony Robbins zou Tony Robbins niet zijn als hij daar niet iets bijzonders aan zou toevoegen. De tien beste affiliates kregen $100.000 en werden beloond met een vlucht naar zijn privéresort op de Fiji-eilanden waar ze een aantal dagen in de watten werden gelegd en een mastermind met Tony en Dean cadeau kregen.

Met zo'n belofte kun je ervan uitgaan dat affiliates keihard voor je aan het werk gaan. Naast de honderdduizenden dollars aan marketingbudget die zij zelf uitgaven, hebben iets meer dan 500 affiliates geholpen bij de promotie van het webinar en het aanbod tijdens het webinar. Bij het webinar waren er meer dan 250.000 mensen aanwezig. De volledige lancering (die 11 dagen duurde) zorgde voor meer dan $30.000.000,- omzet, waarvan meer dan $12.000.000,- aan affiliates werd uitgekeerd.

Dit waren de resultaten:

- 384 affiliates hadden minstens 1 verkoop
- 127 affiliates hadden meer dan 10 verkopen
- 20 affiliates hadden meer dan 100 verkopen
- 6 affiliates hadden meer dan 500 verkopen
- 1 affiliate had meer dan 1000 verkopen

Je ziet dat een aantal affiliates voor verreweg de meeste nieuwe klanten hebben gezorgd, maar onderschat ook niet de impact en kracht van de vele 'kleintjes'. Door affiliates in de watten te leggen, een goede commissie (van 45%) te geven en prijzen uit te delen werd deze training de meest bekeken online training aller tijden in slechts 11 dagen tijd. Hoe ga jij jouw affiliates belonen?

21. AFFILIATE ZIJN

Affiliates hebben of affiliate zijn? Wij merken dat veel ondernemers die onze trainingen volgen dusdanig geïnteresseerd raken in de voordelen van affiliate marketing, dat ze besluiten om te stoppen met het zoeken van affiliates voor hun eigen bedrijf en juist zelf affiliate van een ander worden. Maar is dat slim?

> *"Either write something worth reading or do something worth writing about"*
>
> Benjamin Franklin

Het klinkt erg aantrekkelijk. Je hoeft zelf geen product of website te hebben, geen klantenservice te voeren en vaak heb je dan ook geen kantoor of personeel nodig. Je hoeft alleen maar een onlinemarketingstrategie te gebruiken om bezoekers door te verwijzen naar een ander en dan is het kassa. Zo simpel is het alleen niet. Je zult namelijk, net als voor je eigen bedrijf, nog steeds bedreven moeten zijn in het aantrekken van de juiste bezoekers voor een product.

Dit kun je doen door te adverteren, of bijvoorbeeld via een contentmarketing- of socialmediastrategie. Beiden kosten tijd, geld en energie. In feite ben je daarmee een soort marketingmedewerker van de producteigenaar die je promoot. Zodra je een bezoeker doorstuurt ben je zelf wel de volledige controle kwijt en ben je afhankelijk van de verkooppagina of webwinkel van de producteigenaar. Ook ben je afhankelijk van de prijzen en positionering van de producteigenaar. Wanneer je een maandelijks inkomen verdient met het promoten van een product en de producteigenaar besluit de prijs te verlagen of het product zelfs weg te halen, dan heb je direct een probleem.

Dan hebben we het alleen nog maar over het doorsturen van bezoekers. Zoals je in dit boek hebt geleerd is je conversieratio vaak vele malen belangrijker om succes te behalen. Wanneer je bezoekers 'koud' doorstuurt naar de producteigenaar (bijvoorbeeld via een advertentie), dan zal deze bezoeker geen tot weinig waarde hechten aan jouw aanbeveling. Er is namelijk geen sprake van een vertrouwensrelatie tussen jou en de bezoeker.

Wanneer deze bezoeker eerst een waardevolle blog van je leest, een video bekijkt of je socialmediaposts volgt, dan groeit het vertrouwen en zal deze bezoeker sneller geneigd zijn om je aanbeveling op te volgen. Wanneer je nog een stapje verder gaat en je bezoekers eerst op een eigen e-maillijst verzamelt en door een marketingfunnel laat lopen, dan zal het vertrouwen nog verder groeien en de kans op het opvolgen van je aanbevelingen verder toenemen. Deze methoden zijn eigenlijk alleen succesvol toe te passen wanneer je dit in een markt doet waar je affiniteit mee hebt en waar je hart ligt.

Wanneer je deze stappen toepast, dan doe je in feite alles wat we je in dit boek hebben laten zien. In plaats van je warme leads door te sturen naar je eigen product, stuur je ze weg naar het product van een ander. Dat kan alsnog aantrekkelijk zijn en dit is dan ook wat veel influencers doen, afgezien van de e-mailmarketing in de meeste gevallen.

De vraag die je jezelf als ondernemer na al deze moeite moet stellen is of je jouw leads op geen enkele wijze naar iets waardevollers kan sturen dan naar de website van een ander of in een nog erger geval: een Google Adsense advertentie. Kun je bijvoorbeeld dan niet beter je eigen product maken? Of in ieder geval een combinatie van een eigen product en een product van anderen gebruiken, zoals we je eerder hebben laten zien?

Een derde mogelijkheid is nog het werken met *dropshipping*. Dit lijkt op affiliate marketing, maar het werkt net iets anders. Bij affiliate marketing stuur je enkel bezoekers door. Bij dropshipping verkoop jij zelf het product van een ander. Je rekent zelf af met de klant en stuurt de bestelling vervolgens door naar de leverancier, die zorgt voor de distributie en klantenservice. Je leverancier stuurt je in de meeste gevallen eens per maand een afrekening voor de geleverde producten. Met deze vorm heb je volledig je eigen bedrijf en onlinemarketingproces, maar verkoop je simpelweg het product van iemand anders.

TAKE AWAYS UIT DIT HOOFDSTUK

- Affiliates zijn mensen die jouw producten promoten op een no cure, no pay basis. Het zijn de ideale werknemers voor je bedrijf omdat je ze pas beloont bij resultaat.
- Je kunt gebruik maken van vier soorten beloningen bij affiliate marketing: pay per click (PPC), pay per view (PPV), pay per lead (PPL) en pay per sale (PPS).
- Je maakt geen onnodige kosten bij PPS, omdat je alleen een vergoeding betaalt aan je affiliate als er daadwerkelijk een verkoop wordt gemaakt.
- Maak gebruik van affiliatesoftware. Die stelt je in staat om commissies in te stellen voor je producten en om unieke promotielinks voor je affiliates te genereren.
- Affiliatecookies die opgeslagen worden in de browsers van je klanten zorgen ervoor dat je affiliatesoftware weet via welke affiliate een aankoop is gerealiseerd.
- Geef een commissie die dermate interessant is voor je affiliates om er daadwerkelijk voor aan het werk te gaan, maar verlies je eigen winstmarge niet uit het zicht.
- Idealiter genereert je affiliatesoftware automatisch een SEPA-bestand met alle uitbetalingen, zodat dit geen tijdrovende administratieve klus wordt.
- Ga op zoek naar affiliates door te kijken naar bedrijven die hoog scoren in Google op zoektermen die relevant zijn voor jouw product.
- Makkelijke affiliates kun je vinden in je bestaande klantenkring. Stimuleer ze om nieuwe klanten aan te brengen en beloon ze hiervoor.
- Vind (micro-)influencers en benader ze voor een affiliatedeal. Je kunt ook gebruik maken van bemiddelingsplatformen die influencers en bedrijven met elkaar matchen.
- Meld je product aan bij professionele affiliatenetwerken om affiliates te bereiken die hier hun werk van hebben gemaakt. Pas hierbij wel op voor de kwaliteit.
- Train je affiliates met een duidelijke partnerpagina en zo veel mogelijk kwalitatief promotiemateriaal.
- Betrek affiliates bij promotionele activiteiten zoals een productlancering. Wanneer iedereen op hetzelfde moment een promotie doet, creëert dat extra momentum in je markt.
- Beloon je topaffiliates met extra prijzen om je affiliates een extra reden te geven om jouw producten te promoten.
- Zelf een affiliate worden? Realiseer je dat je voor een optimaal resultaat grotendeels dezelfde marketingstrategie moet hanteren als een producteigenaar.

LOGIN

DEEL 5

Memberships

22. DE LIDMAATSCHAPS-ECONOMIE

Tot dusver hebben we je laten zien hoe je een marketingmachine voor je bedrijf kunt opzetten die op constante basis zorgt voor nieuwe bezoekers, leads en klanten. Hoewel je dit kunt inrichten als een automatisch proces, is er een hogere mate van schaalbaarheid te bereiken door te zorgen voor structurele wederkerende inkomsten.

"Don't celebrate closing a sale, celebrate opening a relationship"

Patricia Fripp

Hoeveel omzet je namelijk per maand ook maakt met het verkopen van losse producten, je begint iedere maand weer op nul. De enige doorloop in cashflow haal je dan uit klanten die te laat of in termijnen betalen.

Resultaten uit het verleden geven geen garantie voor de toekomst. Voor een ondernemer betekent dit vaak een constante druk om te blijven presteren en de financiële stress en onrust die dit met zich meebrengt. Je moet iedere maand weer op zoek naar nieuwe klanten om dezelfde omzet te maken en dat resulteert in een opgejaagd gevoel. Je bent altijd zo goed als je laatste resultaat in plaats van zo goed als de opgetelde waarde van je resultaten door de jaren heen. Dit maakt het ook moeilijker om je omzet structureel te laten groeien. Je begint tenslotte elke maand opnieuw.

Je kunt dit proces vergelijken met de vloek van Sisyphus uit de Griekse mythologie. Hij haalde zich de woede van de goden op de hals die hem vervolgens vervloekten. Als straf moest hij tot het einde der tijden in de Tartaros (onderwereld) een rotsblok tegen een berg opduwen. Telkens wanneer hij bovenaan was gekomen, rolde het rotsblok weer terug omlaag en moest hij opnieuw beginnen.

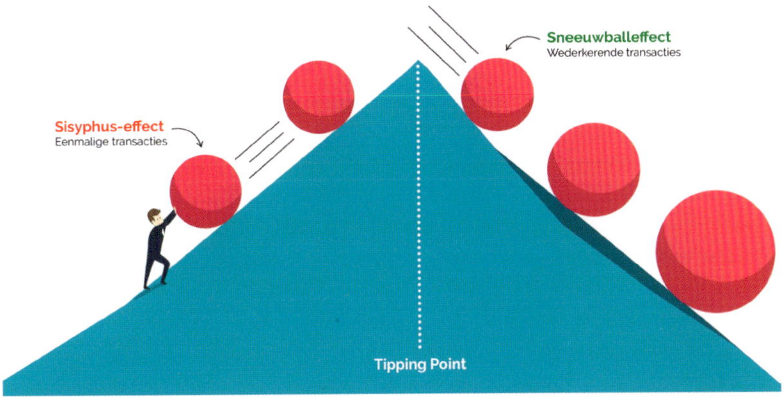

Afbeelding 22.1 - De vloek van Sisyphus versus het tipping point van Malcolm Gladwell

Hoewel je het spreekwoordelijke omhoog rollen van het rotsblok kunt automatiseren met een marketingmachine zoals we die in de eerste vier delen van dit boek beschreven, wil je voor optimale schaalbaarheid en met name de exponentiële groei van je bedrijf eigenlijk over het zogenoemde *tipping point* heen. Malcolm Gladwell beschrijft dit punt in zijn beroemde gelijknamige boek als het punt waarop dingen ineens exponentieel gaan groeien. Vanaf dit moment rolt het rotsblok over de top en creëert het een sneeuwbaleffect. Stel jezelf eens de vraag: wat als je sinds de start van je bedrijf in plaats van *eenmalige* transacties, juist *wederkerende* transacties had gehad? Wat als je al je klanten had kunnen behouden voor een maandelijkse transactie? Hoe had je bedrijf er dan nu voorgestaan?

> *"Wat als je sinds de start van je bedrijf in plaats van eenmalige transacties, juist wederkerende transacties had gehad?"*

Een wereldwijde trend die we bij talloze grote bedrijven zoals Microsoft, Adobe, Netflix, Spotify, Disney, PlayStation, Amazon, Nike, HelloFresh, Swapfiets en vele anderen zien, stelt je in staat om een dergelijke filosofie voor je bedrijf te realiseren. Dit in de vorm van de lidmaatschapseconomie.

Het internet heeft de economie ingrijpend veranderd. Met name door informatie, diensten en contact met andere mensen sneller toegankelijk te maken. Zeker in welvarende landen als Nederland hebben we mede dankzij het internet directe toegang tot alles wat we maar nodig hebben. Deze hoge mate van toegankelijkheid, veelal in combinatie met een hogere levensstandaard, vermindert onze vraag naar bezit. Bezit maakt plaats voor gebruik. Consumenten kiezen steeds vaker voor *toegang tot* een dienst en de directe behoeftebevrediging die dit met zich meebrengt in plaats van het op korte termijn vaak duurdere bezit. Toegang is veel vrijer dan eigendom; toegang minimaliseert stress.

Dit zien we bijvoorbeeld bij het huren van een huis of het leasen van een auto. Je kunt direct profiteren van de hoge waarde van het product voor een fractie van de aanschafprijs. We krijgen die dure iPhone gratis bij ons abonnement en we betalen liever per maand aan de sportschool dan dat we zelf eenmalig die dure fitnesstoestellen aanschaffen. Er is overvloed en we willen daarom ook op de korte termijn zo comfortabel mogelijk leven, in plaats van dat we naar dat comfort toewerken.

Je zou gekscherend haast kunnen stellen dat we een 'tekort aan schaarste' hebben. Schaarste voegt waarde toe en overvloed breekt waarde af. Dit bleek eerder ook al als methode voor conversie-optimalisatie. Het toevoegen van een schaarste-element in je aanbieding zorgt voor urgentie en daarmee flinke conversiestijgingen. Alles wat schaars is, wordt waardevoller en gewilder. Overvloed breekt daarentegen waarde af. Mensen zeggen weleens dat alles waar 'te' voor staat niet goed is. Behalve dan misschien *te*quila, denken wij (tot je ook daar *te* veel van drinkt).

Feitelijk komt het erop neer dat we zaken waar geen gebrek aan is, niet hoeven te bezitten. In dat geval volstaat het gebruik ervan. Het is precies hierdoor dat bedrijven steeds vaker een lidmaatschapsmodel omarmen. Denk naast de sportschool en je mobiele telefoonabonnement bijvoorbeeld ook aan Netflix en Spotify, waar miljoenen mensen dezelfde content delen.

Dit past perfect in de deeleconomie die steeds nadrukkelijker aanwezig is. Een logische ontwikkeling binnen onze consumptiemaatschappij wanneer we ons realiseren dat grondstoffen niet onuitputtelijk zijn. Wat heeft het voor zin als iedereen zijn eigen fitnesstoestellen heeft en daar 90% van de tijd geen gebruik van maakt? Waarom staan auto's het merendeel van de tijd ongebruikt weg te roesten? En waarom zou niet iemand van de gemakken van jouw huis genieten als jij ergens anders verblijft? Kunnen we niet meer delen?

Inspelend op deze ontwikkeling zien we diensten als Uber en Airbnb de wereld veroveren. Deze diensten bezitten niets, maar bieden toegankelijkheid. Ze faciliteren door te laten zien wat er al is en consumenten hier toegang toe te geven op het moment dat het hen uitkomt. Ook socialmediaplatformen kun je hieronder scharen. Ook zij hebben zelf geen content, maar faciliteren een platform waarop gebruikers hun content plaatsen. Hoewel je niet betaalt voor deze diensten, ben je wel degelijk 'lid' ervan.

Bedrijven zoals Uber en Airbnb snappen dat de behoefte van een klant vaak in het eindresultaat van een product zit en niet in het product zelf. Dit hebben we ook laten zien in de opbouw van je conversiepagina's waar de focus ligt op het eindresultaat (de *target state emotion* van je klant). Consumenten willen geen boormachines, maar gaten.

We willen steeds vaker van A naar B in bijvoorbeeld een Uber, zonder de behoefte om zelf die auto te bezitten. We verblijven graag voor een prikkie tijdelijk in een luxe vakantiehuis zonder het zelf te bezitten. Bezit werkt goed wanneer er schaarste is. Toegankelijkheid en de mogelijkheid om te delen werkt veel beter in een wereld van overvloed die op informatie gebaseerd is, zoals het internet.

> *"The share economy blows up the industrial model of companies owning and people consuming"*
>
> Jan Forbes

Zolang consumenten gebruik maken van een dienst, betalen ze daar graag de gebruikskosten (huur, lease of abonnement) voor. Maken ze geen gebruik meer van de dienst, dan willen ze ook direct van de kosten af. Dit geeft ons een gevoel van controle en keuzemogelijkheid. Deze twee behoeften zitten diep in het menselijk brein geworteld. Mensen ervaren namelijk vaak stress zodra zij het gevoel hebben dat ze geen keuzemogelijkheid hebben. Daarnaast is de angst om de controle te verliezen bij ieder mens aanwezig. Deze twee angsten worden in een lidmaatschapsmodel voorkomen.

Als we kijken naar Uber en Airbnb zien we dat ze hun gebruikers eenmalig kosten rekenen voor de dienst die ze afnemen. Dit is een eenmalige transactie. Uber en Airbnb zijn populaire diensten die vaak meerdere malen door dezelfde klant worden gebruikt. Net zoals in het geval van upselling wordt de klantwaarde hiermee per vervolgaankoop verhoogd. Je kunt ook nog een stap verder gaan met structurele, wederkerende transacties.

EEUWIGE TRANSACTIES?

Er is sprake van een wederkerende transactie als de klant periodiek betaalt om gebruik te kunnen maken van de dienst, zoals bij een doorlopend abonnement. Een voorbeeld hiervan is je Netflix-abonnement, maar zo ook het relatief nieuwe SaaS-model (*Software as a Service*) onder software-aanbieders die voorheen met een aanschafprijs werkten. Denk bijvoorbeeld aan Microsoft Office (Office 365) en Adobe. Hun producten zijn tegenwoordig beschikbaar in abonnementsvorm.

Dat is een slimme zet, want voorheen was de hoge aanschafprijs van deze pakketten voor de gemiddelde consument een forse investering en daarmee reden genoeg om ergens een minder legale versie te 'lenen'. Dat zorgde voor een moeilijke verkoop en minder betalende klanten. Nu zijn de abonnementskosten dusdanig laag dat het de moeite en het risico van een illegale download niet meer waard is. Ook kost het Microsoft veel minder moeite om een klant binnen te halen.

Wij hebben onze softwarediensten (Phoenix, Huddle en Plug&Pay) ook omgezet naar het SaaS-model, een win-win voor ons als verkoper en onze gebruikers. Wanneer veel gebruikers een klein beetje betalen, is dat samen genoeg voor de leverancier om het beste product te ontwikkelen en leveren. De individuele kosten zijn dus laag, maar de gezamenlijke slagkracht is groot. Het voelt voor een gebruiker goedkoper, eerlijker, logischer en transparanter.

Wij hebben van 2010 tot halverwege 2015 enkel met een eenmalige aanschafprijs voor onze software gewerkt. Door slim gebruik te maken van productlanceringen zoals we je eerder in dit boek uitlegden, waren we in staat om enorme pieken in onze omzet te maken. Zo bereikten wij in maanden met lanceringen vaak een omzet van boven de €100.000,- en in één incidenteel geval zelfs de grens van €200.000,-. Toen wij in 2015 de nodige tegenslagen te verwerken kregen, stonden we ook voor een financiële uitdaging. Onze vaste kosten van €40.000,- per maand aan onder andere huur en personeel bleven doorlopen, maar onze inkomsten vielen volledig stil. We noemen dit dan ook ons rampjaar.

Vandaar dat we toen overstapten op het SaaS-model. We wilden zo de drempel voor nieuwe klanten verlagen en tegelijkertijd bouwen aan wederkerende inkomsten. Het doel was om zo snel mogelijk een break-even punt te bereiken zodat de financiële druk wegviel en we tijd hadden om te herstellen. Binnen een jaar na de overstap bereikten wij de grens van €100.000,- aan wederkerende inkomsten per maand uit abonnementen. Vanaf dat moment behaalden we dus een maandomzet die gelijk stond aan een eerdere maand met een grote lancering. In het SaaS-model haalden we dit alleen zonder lancering.

Een bijkomend voordeel van een SaaS-model is dat klanten mee kunnen groeien met de leverancier. Ze hoeven zelf geen nieuwe versies meer aan te schaffen en hebben altijd toegang tot de nieuwste versie. Microsoft is bijvoorbeeld gestopt met het uitbrengen van nieuwe versies, eens in de zoveel jaar. Ze gaan volgens het SaaS-model naar een *release early, release often* werkwijze, waarin de gebruiker constant van kleine updates geniet en dus continu meegroeit. Zo wordt een trouwe klant niet eens in de zoveel jaar geconfronteerd met de wrijving van een (pijnlijke) nieuwe financiële transactie, maar is er een gradueel proces van maandelijkse kleinere bijdragen. Dit verkleint ook de kans op kinderziekten in de nieuwe software en de daarbij horende negatieve publiciteit, waarmee je een groot aantal opzeggingen voorkomt.

In het kader van het lidmaatschapsmodel kondigde Nike in 2019 de *Adventure Club* aan: een abonnement op kinderschoenen. Voor slechts 20 dollar per maand krijgt je kind vier keer per jaar een paar gloednieuwe schoenen. Ideaal voor een ouder met een snelgroeiend kind, maar nog idealer voor Nike. Het zorgt er namelijk voor dat de nieuwe generatie van jongs af aan opgroeit met het merk Nike. Daarnaast zorgt Nike hiermee voor structurele, wederkerende inkomsten in plaats van het constant opnieuw moeten overtuigen van nieuwe en bestaande klanten om een vervolgaankoop te doen.

Nike hoeft zich op deze manier al minder te focussen op het aantrekken van nieuwe klanten, maar meer op het vasthouden van bestaande klanten. Ze gaan van eenmalige naar wederkerende, en bij de echte fans zelfs naar *eeuwige* transacties. Wanneer je in staat bent om een dienst te vermarkten waar je doelgroep, hoe klein die ook is, een groot gedeelte van hun leven gebruik van wil maken, dan kun je dit als een eeuwige transactie, of beter gezegd een *eeuwige relatie* beschouwen.

De lidmaatschapseconomie is overal. Je kunt tegenwoordig abonnementen nemen op scheermesjes, onderbroeken, slowjuices, proteïneshakes, personal shopping services, verse groenten en veel Nederlandse steden zien al blauw van de Swapfietsen (kuch... guilty!).

Afbeelding 22.2 - Team IMU op Swapfietsen

Swapfiets is een mooi voorbeeld van *hyperbolic discounting*. In plaats van een fiets te kopen voor bijvoorbeeld €150,- verkiezen we een abonnement voor een leenfiets van €15,- per maand. In plaats van de grote directe pijn kiezen we voor een verminderde directe pijn en schuiven we de rest van onze pijn op naar een later moment. Ook wanneer blijkt dat we op lange termijn duurder uit zijn met deze huurvariant, voelt het toch aantrekkelijk om dit te doen. Zeker wanneer we de rekensom in ons hoofd nog wat gunstiger laten uitpakken (*optimism bias*). Dit kunnen we doen door de aanschafprijs, reparatie- en vervangingskosten en - niet in de laatste plaats - de verantwoordelijkheid over een eigen fiets wat hoger in te schatten.

Het elimineren van wrijving, zeker bij het betalen, is een belangrijke factor. We worden bij Spotify niet voortdurend geconfronteerd met de pijn van een betaling als we iets willen bekijken of luisteren. Dit gaat automatisch en is een dusdanig klein bedrag dat het de meeste gebruikers niet eens meer opvalt.

Veel bedrijven in de lidmaatschapseconomie hebben een prijsstelling gevonden die de klant geen 'pijn' doet. Hierdoor schiet de retentieratio omhoog. Dit is het percentage klanten dat lid blijft van je dienst. Bovendien zijn betaalvormen zoals automatische afschrijvingen via incasso, PayPal en creditcard veel minder pijnlijk dan een bewuste bankoverboeking waar je bankpas aan 'te pas' moet komen. Eerder noemden we dit al het paracetamastercard-effect.

Met een groot aantal klanten dat per maand betaalt en een hoge retentie - waardoor deze klanten ook blijven - is je bedrijf veel toekomstbestendiger. De continuïteit is gegarandeerd en eerder in dit boek gaven we al aan dat continuïteitsgarantie ook de bakermat van de economie is. Dat is ook belangrijk voor de investeringen die je in je bedrijf wil doen en de werkgelegenheid die je creëert. Met structurele, wederkerende inkomsten kun je bijvoorbeeld veiliger investeren in duurdere arbeidskrachten en vaste contracten.

STAPELEN VAN INKOMEN

Een groot voordeel van een lidmaatschap zoals dat van Netflix, Microsoft, PlayStation of die van ons is de kracht van stapelen. Zij creëren een solide stroom aan wederkerende maandelijkse inkomsten die ook nog eens exponentieel groeien. Hier zie je bijvoorbeeld een grafiek uit ons Plug&Pay account met de ontwikkelingen van ons gemiddelde maandelijkse inkomen uit abonnementen.

Afbeelding 22.3 - Groei van maandelijks wederkerende inkomsten uit abonnementen

Zojuist gaven we al aan dat wij met ons lidmaatschapsmodel in staat waren om binnen een jaar van 0 naar €100.000,- aan wederkerend maandinkomen te gaan. Sindsdien is dat alleen maar gegroeid. We werken met een lidmaatschapsmodel voor zowel onze verschillende softwarebedrijven als onze trainingsprogramma's in de IMU. In november 2019 behaalden wij onze hoogste maandomzet aller tijden. Dit kwam door een combinatie van een Black Friday deal (een eenmalige actie met deadline) en onze vaste inkomsten uit abonnementen. Opmerkelijk genoeg waren onze vaste inkomsten verantwoordelijk voor 60% van de totale omzet die maand, meer dus dan we met de actie verdienden.

Zo komen de twee werelden die we ook in dit boek hebben uitgelegd mooi bij elkaar. Met het lidmaatschapsmodel verhoog je bij elke verkoop je maandelijks inkomen, zolang deze klant natuurlijk lid blijft. Wanneer er iedere maand meer leden bijkomen dan dat er weggaan, gaat je inkomen per maand omhoog. Zo simpel is het. Je kunt trends waarnemen op basis van nieuwe aanwas (vanuit je marketingmachine), de gemiddelde retentieratio (hoe lang iemand lid blijft) en de zogenoemde churn ratio (hoeveel leden er gemiddeld afhaken en na hoeveel maanden zij dit doen). Hier zie je bijvoorbeeld hoeveel leden er bij ons voorbeeldabonnement gemiddeld bijkomen en afgaan:

Afbeelding 22.4 - Aanwas, opzeggingen en retentie van abonnementen

Naast het totaal aantal abonnees kunnen we ook kijken naar de retentie van verschillende klantsegmenten. Op deze manier kunnen wij zien hoe lang onze leden gemiddeld blijven, waar het grootste knelpunt zit en of er verschil zit tussen deze segmenten. Wanneer het grootste verlies van leden in de eerste maand zou zitten, dan weten wij bijvoorbeeld dat we meer energie moeten steken in de directe after-sales, verwelkoming en begeleiding van leden in die periode.

In dit voorbeeld is goed te zien dat een grootschalige actie in april 2019 voor een enorme aanwas van nieuwe leden zorgde, maar dat de retentie vele malen lager ligt dan de retentie uit andere segmenten. Dit beïnvloedt natuurlijk onze totalen en wanneer we dit niet opsplitsen in onze statistieken kunnen we een vertekend beeld krijgen.

In dit geval ging het om onze actie in het AFAS Circustheater waar wij 1.800 bezoekers de optie gaven om onze software een maand gratis te gebruiken. Daarbij gaven we ze ook nog eens een extra beloning in de vorm van een gratis cursuspakket. Dit zorgde voor veel 'klanten' die bij voorbaat al wisten dat ze de software na de proefmaand zouden opzeggen. Deze klanten kun je qua intrinsieke motivatie natuurlijk niet vergelijken met een klant die proactief in Google naar onze software op zoek was en lid wordt op het moment dat hij ook daadwerkelijk aan de slag gaat.

Wanneer je kengetallen zoals je aanwas, churn en retentie optimaliseert, zul je snel een exponentiële stijging in je inkomen zien. Je krijgt dan aan de 'voorkant' steeds meer betalende leden binnen (meer aanwas) en daarvan blijven er aan de 'achterkant' steeds meer (lagere churn) langer (hogere retentie) plakken.

CUSTOMER LIFETIME VALUE

Met een succesvol lidmaatschapsmodel gaat ook de zogenoemde *customer lifetime value* (CLV) van je klanten door het plafond. Dit is de gemiddelde waarde van een klant voor jouw bedrijf. Eerder lieten we al zien dat je via een upsell je klantwaarde en daarmee je winstmarge kunt verhogen. Wanneer je marketing- en acquisitiekosten gelijk blijven en je omzet stijgt, neemt je winstmarge enorm toe. Zo werkt het ook met een lidmaatschap: hoe langer een lid blijft, hoe hoger de omzet van deze klant wordt en des te hoger dus ook de klantwaarde.

De CLV is bij creditcard- en verzekeringsmaatschappijen bijvoorbeeld ontzettend hoog, omdat klanten vaak jarenlang loyaal blijven. Hierdoor durven deze bedrijven enorm te investeren in nieuwe klanten en kunnen ze veel meer geld uitgeven aan het binnenhalen van een nieuwe klant, dan dat ze er in eerste instantie voor terugkrijgen. Vandaar ook de vele voordelen en kortingen die je krijgt wanneer jij je als consument aansluit. Dit herken je wellicht ook van het afsluiten van een abonnement voor je mobiele telefoon of bij het overstappen op een andere energieleverancier of verzekeraar. Je krijgt bijna geld toe.

Marketing draait uiteindelijk om cijfers. Wanneer je je proces goed op orde hebt, is het zaak om een aantal belangrijke *key performance indicators* in kaart te brengen. Wij noemen dit wel eens gekscherend het ***'KPI** en **EI**-verhaal'.* **K**ey **P**erformance **I**ndicators geven jou **E**ssentiële **I**nformatie voor je marketing.

"Een slimme kip legt uitgekookte eieren"

Johan Anthierens

Wanneer je weet hoe lang je klanten gemiddeld lid blijven (retentie), dan kun je de gemiddelde opbrengst uitrekenen, ofwel de waarde van een klant (CLV). Wanneer je dat weet, kun je vervolgens bepalen hoeveel geld je uit mag geven aan het binnenhalen van een nieuwe klant.

Stel dat je een lidmaatschap hebt waar je je klant een tientje per maand voor vraagt. Bij de lancering van je lidmaatschap haal je 100 nieuwe leden binnen. Dit levert je €1.000,- omzet op. Na een eerste maand zijn er daar nog 90 van over die ook de tweede maand betalen. Je *churn ratio* is op dit moment 10%, er zeggen namelijk 10 van de 100 leden op. Je retentie is 90%. De totale omzet van de eerste twee maanden komt hiermee op €1.900,- en dat is gemiddeld €19,- per klant. Dit is dan de CLV van alle 100 oorspronkelijke klanten. In afbeelding 22.5 zie je hoe je deze rekensom per maand kunt doorvoeren. Naarmate klanten langer lid blijven, stijgt je CLV.

In dit voorbeeld is de CLV na 9 maanden al opgelopen naar €55,-. Dit is het bedrag dat je vanaf dat moment mag uitgeven om een klant binnen te halen om break-even te draaien. Wanneer je dit combineert met eerdere statistieken - zoals de conversieratio van je verkooppagina of funnel - dan weet je precies hoeveel je aan een bezoeker en een lead mag uitgeven. Ook laat het voorbeeld een opmerkelijk verschil zien in het aantal opzeggingen (churn) in de vijfde en achtste maand. Zo weet je als ondernemer precies waar de *bottleneck* zit en waar je aandacht naar uit moet gaan.

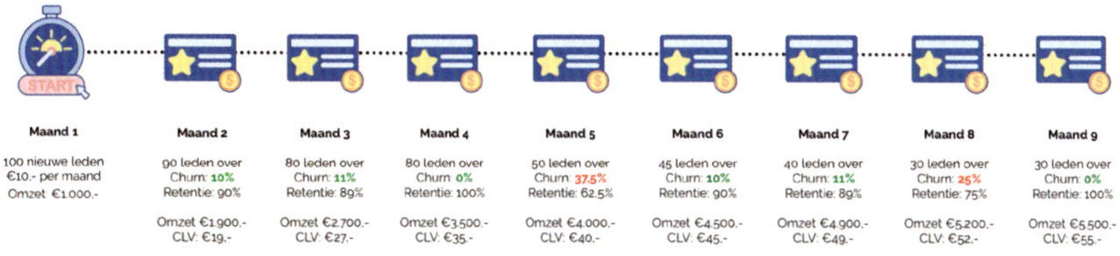

Afbeelding 22.5 - Rekenvoorbeeld van churn, retentie en CLV per maand

MONSTERBEDRIJVEN

Dankzij het stapeleffect kun je beschikken over grote marketingbudgetten. Je kunt meer geld uitgeven aan het aantrekken van nieuwe klanten dan je er direct voor terugkrijgt, omdat je weet dat je er op langere termijn winst op maakt. Je kunt dus letterlijk 'klanten kopen'.

Zo kun je ook affiliates een hogere commissie geven op het eerste product dat zij voor je verkopen, omdat je winstmarge in de vervolgtransacties zit. Ook kun je bijvoorbeeld een hoge eenmalige commissie geven in plaats van een kleine wederkerende commissie. Affiliates hebben vaak liever direct €80,- dan een jaar lang een tientje per maand (totaal van €120,-) met het risico dat het elk moment kan stoppen. Wanneer je als producteigenaar weet dat je gemiddelde klant meer dan een jaar blijft, weet je dat je dit veilig kunt doen.

Sturen op een hoge CLV is ook de strategie van bedrijven zoals Netflix, Spotify, Swapfiets en bijvoorbeeld ook Zalando en Uber. Zij kunnen het zich permitteren om jarenlang verlies te maken zolang het aantal klanten en daarmee hun marktaandeel blijft groeien. Aangezien hun klantwaarde blijft stijgen door het lidmaatschapsmodel of door regelmatige vervolgaankopen, stijgt ook hun wederkerende omzet en zullen ze op termijn steeds winstgevender worden. Investeringen in marketing, branding en acquisitie voor het aantrekken van klanten vallen op een gegeven moment weg tegen de wederkerende omzet en constant stijgende CLV. Zo kunnen dit soort *monsterbedrijven* met een oneindige sloot aan liquide middelen complete markten ontwrichten en opslurpen.

Wanneer je een vaste schare betalende klanten hebt en in staat bent om een CLV te presenteren, kun je ook spreken van een reële verkoopwaarde voor je bedrijf. Stel dat je 10 jaar ondernemer bent geweest en in die 10 jaar 1.000 klanten hebt geholpen die jou allemaal eenmalig een bedrag hebben betaald van €1.000,- voor je diensten. Dit zegt dan iets over je gemaakte omzet (€100.000,- per jaar), maar erg weinig over de toekomstige omzet. Zoals gezegd: resultaten uit het verleden bieden geen garantie voor de toekomst. Voor een koper is het lastig in te schatten wat je bedrijf waard is, want die 1.000 klanten tellen niet meer mee voor de toekomst.

Stel nu dat alle 1.000 klanten een abonnement op je diensten hebben afgenomen van €100,- per maand en dat er na 10 jaar ongeveer 500 actief zijn. Je hebt dan een maandelijks doorlopend inkomen van €50.000,-. Wanneer er daarnaast ook nog sprake is van een stijging van het aantal actieve leden door de jaren heen, wordt het helemaal interessant. Zo'n doorlopende en groeiende trend in je inkomen kun je namelijk ook doortrekken naar de toekomst. Deze garantie op inkomsten is voor een potentiële koper interessant en zal de verkoopwaarde van je bedrijf veel hoger maken.

Moet je dan zelf zo'n enorm monsterbedrijf zijn om dit model succesvol te kunnen toepassen? Zeker niet. Het lidmaatschapsmodel is op vrijwel elk bedrijf toe te passen. Hierbij kun je in eerste instantie natuurlijk denken aan de bekende lidmaatschappen, zoals bij tijdschriften, kranten en de sportschool. Denk bijvoorbeeld ook aan loyaliteitsprogramma's zoals punten sparen bij je aankoop bij Starbucks of Shell of een lidmaatschap bij non-profitorganisaties en verenigingen.

In het vervolg van dit boek gaan we verder met een focus op digitale abonnementen in de vorm van online programma's of diensten en online community's. Dit zijn online netwerken van mensen met dezelfde interesses en eigenschappen. We zullen je zo praktisch mogelijk laten zien hoe je als kleine zelfstandige, vanuit huis, een online lidmaatschap kunt creëren met alle voordelen die we hiervoor benoemd hebben.

23. JE EIGEN MEMBERSITE

Informatiemarketing biedt ondernemers een van de grootste kansen van deze tijd om snel en eenvoudig een eigen online onderneming te starten. Het is tevens de meest laagdrempelige manier om een eigen lidmaatschap op te zetten.

"Approach each customer with the idea of helping him or her to solve a problem or achieve a goal, not of selling a product or service"

Brian Tracy

Wij hebben de afgelopen jaren talloze ondernemers geholpen bij het opzetten van een *membersite* (ledensite) voor de verkoop van digitale programma's. Denk hierbij bijvoorbeeld aan een online muziekles, dieetprogramma's, trainingsschema's, taalcursussen, hobbycursussen, marketingtrainingen en vele andere vormen van *e-learning* (online leren).

Hoewel zo'n digitaal programma eindig kan zijn en voor een eenmalige prijs verkocht kan worden, voelen deelnemers zich toch 'lid' van het programma. Het aanbieden en verkopen van informatie noemen we ook wel informatiemarketing. Zo verkopen wij zelf al jaren onlinemarketingcursussen waarmee we de verschillende facetten van het vak tot in detail aan ondernemers leren.

Afbeelding 23.1 - Onlinemarketingcursussen van de IMU

Digitale kennisproducten zoals e-books, audiobooks, videocursussen en trainingsprogramma's zijn snel zelf te creëren en gemakkelijk up-to-date te houden. Je hebt niet te maken met inkoop, voorraadkosten of kostbare distributie en logistiek om je product te leveren. Alles is digitaal. Je geniet daarom van hoge marges op je verkoopprijs.

Daarnaast zijn digitale producten en diensten ideaal voor een schaalbare én volledig geautomatiseerde *online business*. Je kunt klanten na betaling direct inlogcodes voor je ledensite laten ontvangen. Het maakt niet uit of je programma 1 of 1.000 keer per dag verkocht wordt, jij zult er niet meer uren voor hoeven maken. Behalve dan bijvoorbeeld aan je klantenservice wanneer je cursisten je vragen stellen.

Aangezien je een online programma maar eenmaal hoeft te creëren en vervolgens talloze cursisten tegelijk en jarenlang kunt bedienen, worden er geen directe uren voor euro's geruild. Hierdoor is er geen sprake van een inkomensplafond op je uren. Ook ben je niet locatiegebonden met het geven van je trainingen en daardoor kun je een veel grotere (nationale of zelfs internationale) doelgroep bedienen. Dit maakt jou als ondernemer vrij om te werken waar, wanneer en hoeveel je zelf wil.

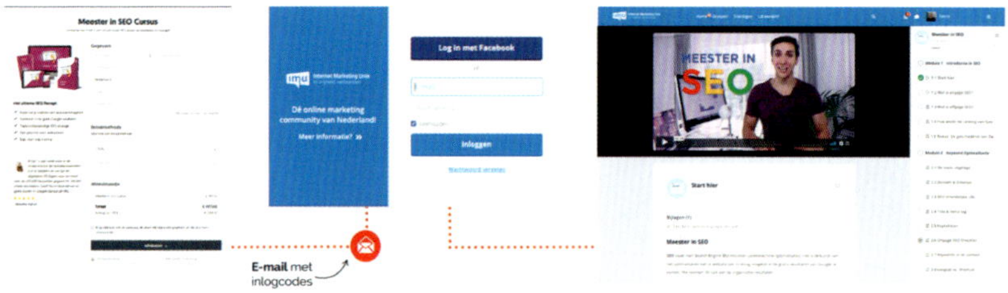

Afbeelding 23.2 - Na betaling inloggen op e-learningomgeving

Hoe specifiek je business ook is: voor ieder onderwerp is er een online markt. Dat bewijst Jeroen Vorstman met zijn online bijenclub. Jeroen is gepassioneerd imker en heeft er zijn werk van gemaakt om anderen dit mooie vak te leren. Hij maakt zijn eigen video's thuis in de achtertuin en in de keuken, waar hij zijn cursisten stap voor stap laat zien hoe zij zelf bijen kunnen houden en hun eigen honing oogsten. Zo zie je maar dat je met een 'bijbaan' toch een zoet belegde boterham kunt verdienen.

Naast een bijenclub is er ook de breiclub van Babette Nijhof. Beiden met dezelfde 'insteek'. Daar waar Jeroen je leert hoe je steken (van bijen) voorkomt, leert Babette je juist de steken voor schitterende breiwerken. Babette verbindt breiend Nederland met naald een draad door instructievideo's, technieken en patronen aan te bieden. Met al meer dan 1.250 leden die een tientje per maand betalen is dit snel uitgegroeid tot een ongekend succesvolle online business.

Afbeelding 23.3 - Online programma's in talloze markten

Het maakt niet uit wat je vak, expertise, passie, hobby of deskundigheid is. Wanneer je informatie hebt waarmee je van waarde kunt zijn voor een ander, dan kun je een informatieproduct creëren. Zo maken er alleen al meer dan 500 ondernemers gebruik van onze Huddle-software voor het aanbieden van een e-learningomgeving met hun online programma's. Daar zitten de meest uiteenlopende onderwerpen en zeer specifieke niches tussen. Opgeteld bevatten deze 500 ledensites al meer dan 440.000 gebruikers. Dat is een gemiddelde van 885 leden per Huddle.

Heb je geen goede camera of durf je nog niet in de spotlight te staan? Maak dan bijvoorbeeld een powerpointpresentatie, speel deze af en neem je beeldscherm op terwijl jij voor de microfoon je training geeft. We noemen dit een *screencapture* en dit is gemakkelijk en snel te gebruiken voor een online programma. Je kunt eventueel je webcam erbij gebruiken om toch ook jezelf als trainer in beeld te brengen.

Ook kun je bijvoorbeeld een workshop organiseren waar je jouw verhaal houdt voor een selecte groep deelnemers. Dat kunnen je eerste klanten zijn, maar ook een groep vrienden of zelfs familie wanneer je nog helemaal aan het begin staat. Plaats een camera (of huur eenmalig een professionele cameraploeg in) en maak van de opnames een online videoprogramma.

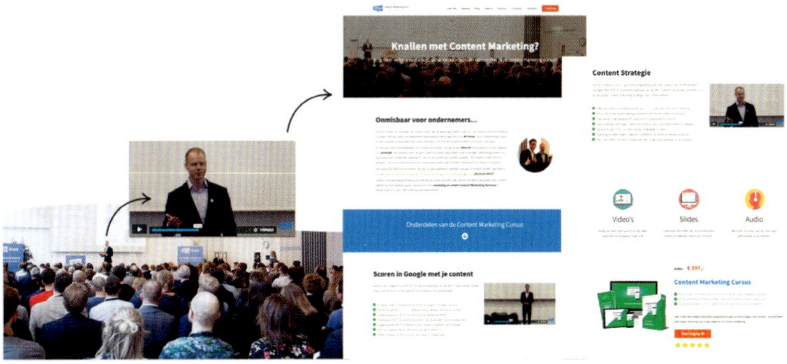

Afbeelding 23.4 Van seminar naar online programma

Voor een fijne klantervaring zorg je voor een strakke ledensite met je video's, teksten, afbeeldingen en handouts waarop je klanten kunnen inloggen en je digitale programma's kunnen volgen. Hier zie je bijvoorbeeld onze ledensite met verschillende onlinemarketingcursussen. Wanneer je een cursus aanklikt, zie je een overzicht van de verschillende modules en lessen in deze cursus.

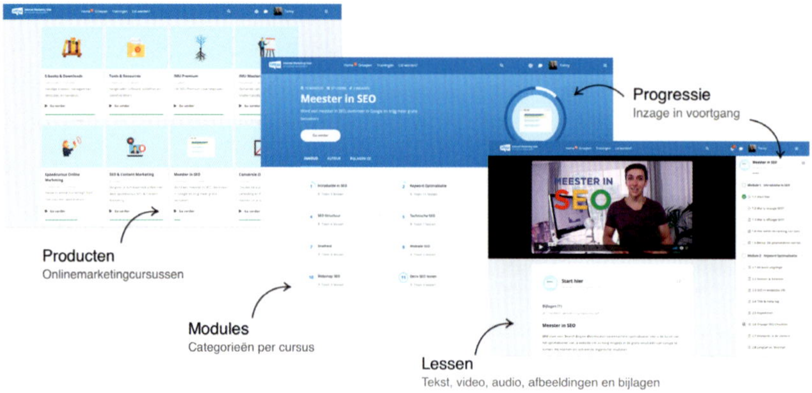

Afbeelding 23.5 Ledensite met producten, modules en lessen op leden.imu.nl

We raden je aan om je klant een zo gebruiksvriendelijke en overzichtelijke ervaring te bieden. Zo zie je in ons voorbeeld dat een gebruiker duidelijk alle lessen per module ziet en tegelijkertijd zijn eigen voortgang.

Je kunt je gebruikers nog verder bij de hand nemen en ze stap voor stap door je programma begeleiden door gebruik te maken van *content dripping*. Een deelnemer krijgt dan bijvoorbeeld elke dag, week of maand toegang tot een volgende module of les in je programma. Een mooi voorbeeld daarvan is Gitaarles.nl van Michel Penterman. Michel heeft een traditionele offline business (gitaarles geven op basis van uurtje-factuurtje) getransformeerd naar een online programma met handige video's waarmee je zelf leert gitaarspelen. Dankzij de schaalbaarheid en automatisering heeft Michel de afgelopen jaren al meer dan 5.000 mensen gitaar leren spelen.

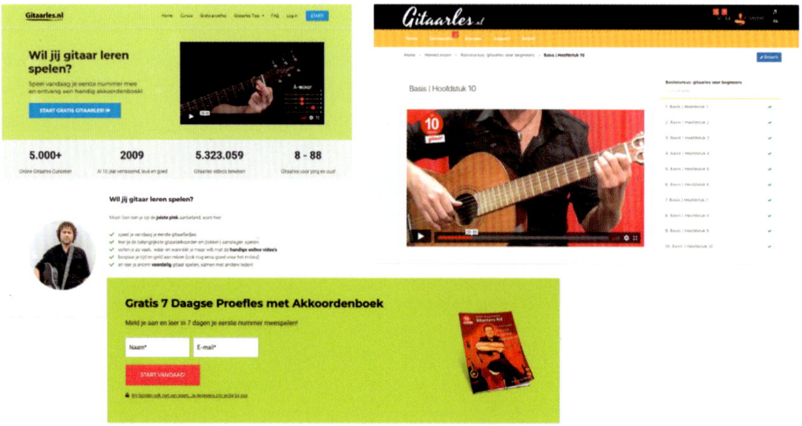

Afbeelding 23.6 Online gitaarles door Michel Penterman

Nu kun je in dit geval je leerlingen direct toegang geven tot de volledige training, zoals ook Netflix dat doet. Logischer is het echter om je leerlingen iedere week automatisch toegang te geven tot een vervolgles. Zo kun je het voor een leerling makkelijker maken om stap voor stap te leren en hem daarbij ook opdrachten te geven.

Huiswerk klinkt niet heel sexy als verkoopargument en zo wil je het dan ook niet op je verkooppagina noemen. Leerlingen zijn er wel blij mee wanneer ze progressie boeken en daar draait het uiteindelijk om. We zeggen daarom weleens dat je klanten moet verkopen wat ze *willen* en vervolgens moet geven wat ze *nodig hebben*. Op een verkooppagina verkoop je het eindresultaat, bijvoorbeeld de belofte dat je na drie weken je eerste nummer kunt spelen voor de open haard en daarmee je vrienden en familie kunt verbazen. Vervolgens geef je jouw klant de middelen om dit te bereiken in de vorm van instructie, didactiek (hoe je het beste kennis en vaardigheden kunt overbrengen) en 'huiswerk'.

Om hier een spelelement aan toe te voegen kun je werken met quizzes of toetsen binnen je ledensite. Leden kunnen zichzelf toetsen op basis van de opgedane kennis in een training en zodoende een toets halen of falen. Zo zie je in afbeelding 23.7 hoe onze cursisten na het volgen van onze Meester in SEO cursus hun eigen kennis kunnen testen. Ze krijgen direct feedback na het maken van de toets en wij kunnen als beheerder zien hoe goed deze toets wordt gemaakt. Op basis hiervan kun je je training ook verbeteren. Als een groot deel van de leden dezelfde vragen verkeerd beantwoordt, weet je dat dit onderdeel wellicht extra uitleg nodig heeft. Daarnaast kunnen wij onze cursisten bij het behalen van een toets ook een certificaat geven.

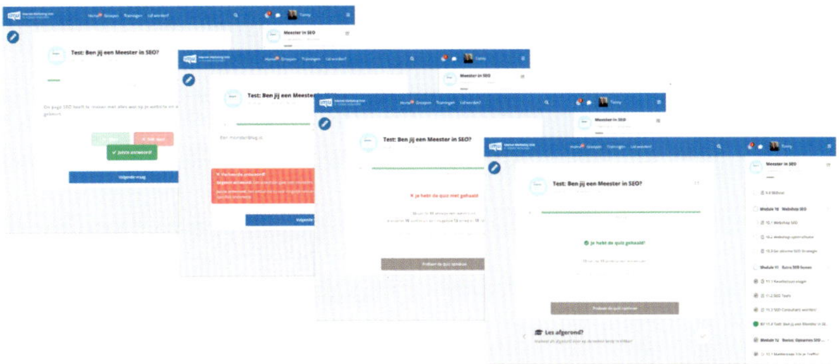

Afbeelding 23.7 Toetsingsmodule voor de Meester in SEO Cursus in leden.imu.nl

Zorg er tot slot ook voor dat je ledensite een goede en vooral snelle mobiele ervaring geeft. In het huidige mobiele tijdperk zullen veel van je klanten jouw programma op hun telefoon en vaak zelfs onderweg willen volgen. Eerder hebben we al aangestipt dat het belangrijk is om te werken met een *mobile first* design waarin de weergave van je website, conversiepagina's en ook je ledensite in de basis vormgegeven is voor weergave op mobiele telefoons. Wij gebruiken daarnaast ook een eigen Huddle-app waarmee onze leden altijd en overal kunnen inloggen op de ledensite.

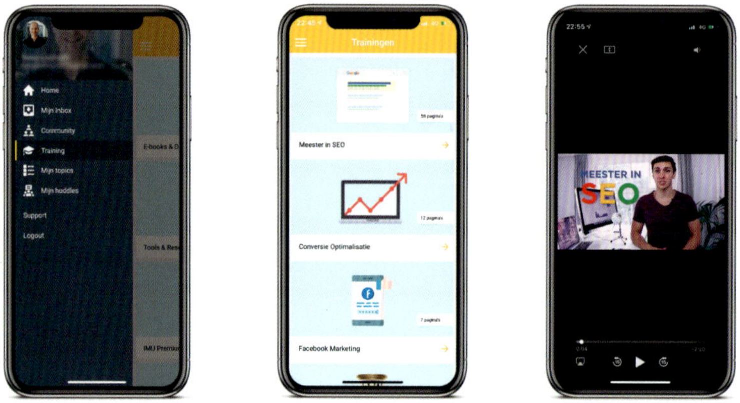

Afbeelding 23.8 Huddle-app met ledenomgeving van de IMU

VERZAMELDRIFT

In het derde deel van dit boek hebben we je laten zien hoe je door middel van upselling je klantwaarde kunt verhogen. In plaats van je marketingactiviteiten te richten op het vinden van nieuwe klanten voor één product, kun je makkelijker je winstgevendheid verhogen door meerdere producten aan dezelfde klanten toe te voegen. Naast een directe upsell zoals een kassakoopje of een 1-klik-upsell na een eerste betaling van je klant, kun je dit heel effectief toepassen in een ledensite. Voeg bijvoorbeeld naast je eerste online programma ook andere (vervolg)programma's toe.

Afbeelding 23.9 Producten beveiligd met levels in leden.imu.nl

Hier zie je bijvoorbeeld onze IMU ledensite. Naast de cursus waar de gebruiker toegang toe heeft, ziet hij ook de cursussen waar hij geen toegang toe heeft. Die zijn beveiligd met verschillende *levels* (lidmaatschapsniveaus). Wanneer de gebruiker erop klikt, verschijnt er een pop-upje met call-to-action die naar de verkooppagina van de cursus leidt. De gebruiker kan de cursus daar kopen en krijgt na betaling automatisch een upgrade met het juiste level. De gebruiker wordt vervolgens automatisch terug-gestuurd naar de ledensite waar hij de cursus direct kan bekijken.

Hiermee triggeren we de verzameldrift van onze gebruikers en verhogen we bij iedere extra aanschaf de klantwaarde. Zeker wanneer je als gebruiker bijna alle vakjes in onze ledensite ontgrendeld hebt, wil je die laatste vakjes ook vullen. Dit vloeit voort uit onze aangeboren behoefte aan consistentie en onze aversie tegen onafgeronde taken. Eerder in dit boek hebben we dit al laten zien aan de hand van het Zeigarnik-effect en het experiment met het 'Drive Safely' verkeersbord. Wie A zegt wil ook B zeggen. Ook verliesaversie speelt hier mee: je ziet welke cursussen je nog mist.

We zien regelmatig dat klanten van een van onze cursussen zich na inloggen op de ledensite bewust worden van het restant van ons aanbod en direct een extra aankoop doen. Ook hebben we meerdere keren e-mails gekregen van klanten die toegaven dat ze het frustrerend vonden om een laatste vakje vergrendeld te hebben en daarom besloten die cursus te kopen. Gelukkig konden ze er zelf ook om lachen!

Ook Booking.com maakt gebruikt van deze behoefte naar consistentie door je bewust te maken van de investering die je al hebt gedaan en een beloning te bieden voor het doorbouwen op die investering. Vooral de zin 'mooi zo, nog even volhouden' mag je toch wel briljant noemen. Zonder dat je er echt over nadenkt is, het dankzij een dergelijke opzet een onlogische gedachte om je volgende reis ergens anders te boeken. Je hebt hier al in geïnvesteerd.

Afbeelding 23.10 Verzameldrift door Booking.com

Heb je alle vijf vakjes voor het boeken van reizen ingevuld, dan stimuleert Booking.com je opnieuw om ook je volgende reis weer via Booking.com te boeken. Zodra je op reis bent geweest, word je namelijk beloond met een volgende korting en de belofte op de zaligmakende status van 'genius'.

Vanuit dit consistentieprincipe kan het interessant zijn om een gratis sectie aan je ledensite toe te voegen waar je jouw leads toegang toe kunt geven. Eerder in dit boek lieten we je zien dat je voor het verkopen van je product (verkooppagina) eerst een gratis weggever (op een opt-in-pagina) aan kunt bieden, zoals een e-book. Door je leads na opt-in automatisch een gratis account in je ledensite te geven kun je ze toegang geven tot de gratis sectie met daarin het e-book. Aangezien je lead nu al 'lid' is en je vervolgprogramma's al kan zien maar niet kan aanklikken, creëer je een *tease effect*. Hiermee vergroot je de kans dat je lead besluit om direct over te gaan tot aanschaf en een klant wordt.

We noemen dit fenomeen ook wel *endowed progress*. Vrij vertaald betekent dit een 'geschonken voorsprong' en dat is gebaseerd op het zogenaamde *endowment effect*. Deze theorie houdt in dat mensen meer waarde hechten aan iets wat zij bezitten dan iets wat ze niet bezitten. We gaan ergens van houden zodra we het idee hebben dat we het kwijt kunnen raken.

Zo maken we bijvoorbeeld meer gebruik van stempelkaarten wanneer deze bij ontvangst al stempels bevatten. Een stempelkaart met 12 in te vullen vakjes waarvan er al twee zijn ingevuld, wordt meer gebruikt dan een stempelkaart met 10 lege vakjes, waarvan er nog geen is ingevuld. Een lege stempelkaart is zo in de prullenbak verdwenen, maar die twee gratis stempels willen we niet kwijtraken, dat voelt als verlies. We zijn dan eerder geneigd om door te bouwen op deze geschonken voorsprong.

DE PLAKFACTOR

Wanneer je een ledensite met een of meerdere digitale programma's hebt, dan kun je ervoor kiezen om de eenmalige aanschafprijs van deze programma's te verwisselen voor een doorlopend abonnement. Hiermee verlaag je in eerste instantie je directe omzet, omdat je eenmalige verkoopprijs normaliter veel hoger ligt dan de maandelijkse vergoeding die je abonnees betalen, maar je verhoogt de potentie.

Wanneer je bijvoorbeeld een cursus van €100,- verkoopt, dan zul je dit niet omzetten naar €100,- per maand. Het is realistischer dat je dit omzet naar bijvoorbeeld €10,- per maand. Dit betekent dat je tien keer zo weinig directe omzet per klant maakt. Het zorgt er desalniettemin ook voor dat je veel meer klanten kunt aansluiten, omdat de instapprijs lager is. Daarnaast zul je op de lange termijn meer overhouden wanneer je abonnees gemiddeld langer dan tien maanden lid blijven.

Voor ons was dit een moeilijke beslissing, omdat we geconfronteerd werden met onze eigen verliesaversie. We voelden een grotere angst om wat we hadden te verliezen, dan de ambitie om iets beters te winnen. Veel ondernemers worstelen met een dergelijke beslissing, maar ook hier weer hanteren wij de filosofie 'sacrifice early profits' zoals we je in deel twee van dit boek hebben uitgelegd.

Eerder deelden wij al dat wij deze transitie voor onze softwarebedrijven hebben gemaakt en hoe dat op de lange termijn heeft uitgepakt. Ook binnen de IMU hebben wij de verkoop van losse cursussen verruild voor een lidmaatschap waarin klanten toegang krijgen tot een soort Netflix-omgeving op onlinemarketinggebied. Leden krijgen toegang tot onze ledensite met daarin al onze cursussen, opnames van seminars en webinars en onze community met (internet)ondernemers.

Deze omgeving wordt regelmatig uitgebreid met nieuwe content en daarnaast geven wij ook online trainingen voor leden. Denk aan Q&A's en thematrainingen per kwartaal waarmee we leden gedurende het jaar bij de hand nemen en coachen. Je kunt dit zien als een combinatie van kennis, coaching en een stimulerende community. Zolang iemand lid is heeft hij toegang tot het volledige pakket.

Een succesvol lidmaatschap staat of valt met de retentie. Wanneer je leden namelijk binnen een maand je programma gevolgd hebben en zich direct weer afmelden, is het niet raadzaam om een lidmaatschap te hanteren. Je verdient dan veel minder per klant dan bij een hogere eenmalige aanschafprijs. Je leden moeten wel blijven 'plakken'. Hiervoor is het belangrijk dat je ze toegang geeft tot iets wat voor hen van toegevoegde waarde is op wat ze eenvoudig ergens anders kunnen krijgen, bijvoorbeeld via Google.

Er wordt wel gezegd dat we in een informatietijdperk leven, maar dat is niet helemaal juist. Op het internet zoeken mensen namelijk niet zozeer naar statische informatie. Daarnaast betalen mensen ook steeds minder voor informatie, omdat vrijwel alles gratis online te vinden is. Mensen zoeken naar (en betalen eerder voor) een toegevoegde waarde op informatie. Deze toegevoegde waarde is wat jij als ondernemer levert en waarvoor je geld vraagt.

Dit kan bijvoorbeeld zitten in ervaringsdeskundigheid. In plaats van informatie door te geven heb je jouw praktijkervaring eraan toegevoegd en dit stelt jou in staat om anderen effectiever te helpen. Ook didactiek of eenvoud kan een toegevoegde waarde zijn. In plaats van het afstruinen van het internet naar alle mogelijke informatie en zelf moeten uitvinden wat het beste werkt, kun jij het voor je doelgroep makkelijker maken. Dit kun je doen door een programma zo op te zetten dat het je klant veel tijd, geld en energie scheelt en dat de kans op succes veel hoger is, bijvoorbeeld omdat je het stap voor stap uitlegt.

In ons lidmaatschap verkopen wij ook niet zozeer de informatie in onze cursussen. Onze toegevoegde waarde zit hem in de begeleiding die wij leveren. Deze begeleiding zit bijvoorbeeld in de manier waarop we complexe materie vereenvoudigen (didactiek) en concrete opdrachten per maand aan leden geven waarmee ze hun resultaat in de praktijk vergroten (succesgarantie). Ook met het beantwoorden van specifieke vragen (steun) voegen we waarde toe aan meer algemene informatie. Onze community zorgt vervolgens voor saamhorigheid en de broodnodige stok achter de deur om het geleerde daadwerkelijk in de praktijk te brengen. Samen staan we sterk.

Kennis + praktijk = wijsheid. Aan kennis alleen heb je niet zoveel en veel van je cursisten zullen ook niet zelfstandig in staat zijn om jouw aangeboden kennis om te zetten in de praktijk. We zien dat veel mensen maar boeken en programma's blijven kopen die vervolgens op de plank belanden. Zogenoemde *self-help* wordt dan al snel *shelf-help*. Idealiter stel je een programma samen waarin de kans op succes zo groot mogelijk is, met een doorlopende impact waar je klant niet meer zonder wil.

"Wat mensen willen is niet kennis, maar zekerheid"

Bertrand Russell

Emoties zoals saamhorigheid, vertrouwen, vermaak, steun, afleiding, veiligheid, troost of emoties die voortkomen uit het behalen van een succes of enige vorm van progressie, zijn allemaal te scharen onder een toegevoegde waarde op informatie. Je zou eerder kunnen stellen dat we in een entertainment-tijdperk leven in plaats van een informatietijdperk. We loggen ook niet in op onze socialmedia-accounts omdat we op zoek zijn naar informatie, we zoeken naar een bevrediging van hele andere behoeften. We willen ons vermaakt, gesteund of bijvoorbeeld geïnspireerd voelen.

Wat achteraf een van de slimste zetten in de ontwikkeling van Netflix is geweest, werd in eerste instantie door iedereen weggehoond. Het bedrijf maakte nieuwe seizoenen van zijn series namelijk ineens beschikbaar, in plaats van aflevering voor aflevering. Dat laatste is gebruikelijker, omdat de gedachte heerst dat hiermee spanning wordt opgebouwd en mensen toe gaan leven naar een nieuwe aflevering. Schaarste voegt waarde toe en overvloed breekt waarde af.

Netflix heeft dit ontwricht door in te spelen op iets wat hun gebruikers ontzettend wisten te waarderen: onbeperkt aanbod. Tevens zorgde het beschikbaar maken van complete seizoenen er ook voor dat gebruikers veel langer achter elkaar gebruik bleven maken van de dienst en er letterlijk verslavingen ontstonden. Jezelf het 'gunnen' om nog één aflevering te kijken, geeft namelijk keuzevrijheid, controle, rust, afleiding, veiligheid (gedachten uitzetten) en in zekere zin ook troost.

Vaak wanneer we naar anderen kijken, kijken we eigenlijk naar onszelf. In soapseries zien we karakters die we met onszelf vergelijken. We ervaren plaatsvervangende emoties doordat onze spiegelneuronen worden geactiveerd. Dat wat we waarnemen, voelen we. Zodoende kunnen klanten van Netflix ook echt 'vluchten' in een serie en is 'een avondje Netflixen' of zelfs 'bingewatchen' ook snel ingeburgerd. Wanneer een bedrijf een werkwoord wordt (denk even terug aan 'Hyven'), weet je dat de inburgering compleet is. Netflix claimt op deze manier veel sneller een groter stuk van ons leven. Er ontstaat een loyaliteit onder gebruikers die je mag vergelijken met die van verenigingen en religies.

ONTZORGEN

Een mooi voorbeeld van een lidmaatschapsmodel met zowel producten als een toegevoegde waarde op informatie zien we bij HelloFresh. Zij verkopen verse en (kort door de bocht gesteld) gezonde voeding en bezorgen dit in ruil voor een maandelijkse vergoeding bij je thuis. Het toverwoord in hun concept is 'ontzorgen'. Zij bieden met hun dienst een oplossing voor drie pijnpunten binnen hun doelgroep. We gaan ervan uit dat deze doelgroep bestaat uit mensen die gezond(er) willen eten.

Pijnpunt 1: In een traditioneel model moet de doelgroep zelf elke dag beslissen om gezond te koken en daarvoor dus ook gezonde ingrediënten kopen.

Pijnpunt 2: Om dit te kunnen doen moeten zij zichzelf bijscholen of in elk geval verdiepen in gezonde voedingswaren en recepten. Het gros is zelf namelijk geen diëtist of voedingsdeskundige en heeft ook niet de ambitie om dit te worden.

Pijnpunt 3: Vervolgens moeten ze zelf op pad om het gezonde voedsel ook echt te bemachtigen. Hierbij lopen ze het risico dat de kwaliteit niet optimaal is. Je kent namelijk niet altijd de achtergrond en samenstelling van alles wat je uit het schap pakt.

Traditionele marketing leert een marketeer om naar de behoeften van de klant te kijken. Wanneer onderzoek uitwijst dat consumenten graag gezonder willen eten, denken marketeers vaak enkel in het aanbieden van gezonde producten. Een aanbod passend bij de behoefte. Sommige aanbieders gaan hierin een stap verder door ook relevante informatie te leveren, zoals in dit geval gezonde recepten. HelloFresh gaat nóg een stap verder en biedt niet alleen een aanbod voor deze behoefte, maar ontzorgt je volledig op alle drie de pijnpunten. Zij doen het onderzoek, vertellen je wat je zou moeten eten en sturen jou vervolgens de recepten en verse ingrediënten toe.

Via een maandelijkse vergoeding heb je alle behoeftes gedekt, weet je zeker dat ze consequent worden ingevuld en hoef je niet langer op je wilskracht te vertrouwen. Met name dat laatste is belangrijk voor het succes van HelloFresh. Je hoeft zelf geen expert te zijn of te worden om een consequente, gezonde levensstijl te hebben. Het eindresultaat (een gezondere versie van jezelf) is ook nog eens iets dat je als klant actief uitdraagt (trots) en dat je een diepere voldoening geeft (zelfvertrouwen).

Als marketeer is het altijd goed om verder te kijken dan de simpele (materiële) behoeften van je doelgroep. Mensen zoeken namelijk niet naar een product, maar naar een oplossing voor hun probleem. HelloFresh lost niet alleen een gewone frustratie op ('ik moet naar de winkel om gezond eten te kopen'). Ze lossen ook meteen een geaccepteerde frustratie op ('ik weet niet wat goed voor me is en dus ook niet wat ik moet kopen'). Soms moet je een stapje verder denken en iets aanbieden waar je klant zelf nog niet aan heeft gedacht. Je lost het probleem op waarvan je klant niet wist dat hij het had.

"If I had asked people what they wanted, they would have said faster horses"

Henry Ford

Een mooi voorbeeld van een online lidmaatschap in een vergelijkbare branche als HelloFresh is Goherbie. Elke Aerts leert mensen hiermee hoe zij veganistisch kunnen leven. Voor slechts €9,- per maand biedt zij online trainingen aan in haar ledensite met onder andere handige recepten en instructievideo's. Zo hoeven haar klanten zelf geen expert te worden.

Afbeelding 23.11 Goherbie.nl door Elke Aerts voor een veganistisch leven

Naast al haar eigen informatie biedt ze leden de mogelijkheid om in de ledensite hun eigen recepten en tips toe te voegen. Binnen de Huddle-ledensite faciliteert ze een online community voor alle leden met daarin zowel een forum als een moodboard voor foto's en recepten. Zo ontzorgt ze haar leden op drie vlakken:

1. Je hoeft zelf geen *vegan* expert te zijn of te worden om veganistisch te kunnen leven
2. Je hoeft zelf niet creatief te zijn in het verzinnen van nieuwe recepten of bereidingswijzen
3. Je wordt gesteund en geïnspireerd door gelijkgestemden waardoor je minder wilskracht nodig hebt om een veganistische lifestyle vol te houden. De succesgarantie gaat hiermee omhoog.

Over deze derde factor, de online community, zullen we in het volgende deel verder gaan. Binnen een ledensite en een online lidmaatschap overlappen deze twee gebieden regelmatig, omdat consumenten veelal lid worden vanwege de informatie die je als ondernemer biedt (je digitale programma's). Consumenten blijven vervolgens vaak niet plakken voor enkel de informatie, maar eerder voor de toegevoegde waarde op die informatie. Naast begeleiding komt deze veelal voort uit een community.

LEDEN WERVEN

Als afsluiter van dit deel willen we nog even inzoomen op het werven van leden. Je weet nu wat de voordelen van een lidmaatschapsmodel en een ledensite zijn. Ook hebben we laten zien hoe de retentieratio de sleutel is tot een succesvol lidmaatschap met structurele, wederkerende inkomsten. Wanneer dat gedeelte klopt, is het zaak om de aanwas van leden op te schroeven zodat je een exponentiële groei door kunt maken.

Om meer leden te werven kun je gebruik maken van de marketingtechnieken die je in de eerste vier delen van dit boek hebt geleerd. Eén effectieve conversiepagina of funnel kan al voldoende zijn om je ledenaantal iedere maand te laten groeien wanneer je in staat bent om daar continu bezoekers naar toe te sturen. Je hebt dan een ideaal businessmodel met minimale afleiding. Je kunt je bijna volledig toeleggen op het verbeteren van je product en het verblijden van je leden zodat je ze ook vasthoudt.

Je kunt vervolgens een aantal technieken toepassen om de aanwas van leden sneller te verhogen. We kijken hiervoor naar een *freemium* variant van je lidmaatschap in vergelijking met een proefperiode.

Freemium is een volledig gratis en min of meer uitgeklede versie van je dienst. Je gebruikers kunnen er gratis gebruik van maken, maar lopen wel snel tegen een aantal beperkingen op. Spotify is bijvoorbeeld in eerste instantie gratis, maar je hebt dan wel te maken met reclame, je kunt niet offline luisteren, je hebt geen shufflefunctie, enzovoorts. Voor de volledige ervaring zul je moeten upgraden naar een premium-account, dit is wel een betaald abonnement.

De bedoeling van een freemium, wanneer het goed gebruikt wordt, is dat de gratis variant gebruikers zonder wrijving binnenhaalt. Naarmate gebruikers de gratis variant meer gaan gebruiken wordt dit een gewoonte en (of verslaving) en willen ze niet meer zonder. Zo worden zij automatisch steeds verder opgeleid van gratis gebruiker tot betalende klant. Dit werkt het best wanneer:

1. De dienst zelf goed bevalt
2. De betaalde variant een duidelijke en gewenste uitbreiding is
3. De meerprijs in verhouding is met wat er extra wordt geboden

Het grote voordeel van een freemium-account van je dienst is dat je razendsnel kunt groeien in het aantal gebruikers en daarmee ook in marktpenetratie ten opzichte van een betaalde variant. Het maakt namelijk niet uit hoe goedkoop je dienst is, al is het maar 1 cent. Zodra er een betaaldrempel is zul je een heel andere acquisitie meemaken dan bij een gratis variant. Het doen van een financiële transactie is namelijk een ingrijpende, emotionele beslissing en handeling voor een gebruiker.

Bij freemium moeten gratis leden zorgen voor de naamsbekendheid, marktpenetratie en zelfs in zekere mate de marktwaarde. Een bekende leus in de onlinemarketing-wereld luidt ook: 'Eerst massa, dan kassa'. Veel start-ups gebruiken dit principe alleen verkeerd. Zij bieden in de beginfase hun hele dienstverlening gratis aan om zo snel mogelijk een groot aantal gebruikers te krijgen. Pas daarna gaan ze nadenken over een verdienmodel en weten ze vaak niets van waarde meer toe te voegen waarvoor gebruikers bereid zijn om te betalen.

Google had bijvoorbeeld grote problemen met het vinden van een verdienmodel voor hun volledig gratis zoekmachine voordat ze met Google Ads kwamen. Was dat er niet gekomen, dan had de wereld er nu heel anders uitgezien. Facebook heeft deze strategie later gekopieerd, zeker na de beursgang toen aandeelhouders eieren voor hun geld wilden zien. Ook Skype had aanvankelijk moeite om winst te maken, terwijl al miljoenen mensen gebruik maakten van de dienst. Het kan zelfs voorkomen dat je de gebruikers van je dienst hebt 'opgevoed' met het idee dat je dienst gratis is en zij daarna niet meer willen veranderen. Het was altijd gratis, dus nu wil ik er niet ineens voor gaan betalen.

Een andere valkuil die je moet vermijden, is dat je juist de andere kant op doorslaat. Wanneer je freemium-account dusdanig uitgekleed is dat een gebruiker nog maar een fractie van de waarde ervaart, kan die gebruiker jouw dienst niet op de waarde schatten die het verdient. De kans dat je gebruiker op basis van zijn gratis ervaring vervolgens besluit om te gaan betalen wordt dan kleiner.

Pas dus op met een freemium variant van je dienst. 'Gratis' moet je als tactiek gebruiken, niet als strategie. Vergelijkbaar met een gratis weggever als instappunt van je funnel, moet je een gratis variant enkel hanteren om gebruikers binnen te krijgen als eerste stap in de customer journey. Daarom is een proefperiode vaak effectiever dan een freemium-variant.

"Gebruik 'gratis' als tactiek, niet als strategie"

Bij een proefperiode bied je jouw dienst bijvoorbeeld een maand lang volledig gratis aan, zodat gebruikers zonder pijn of wrijving kunnen instromen en kunnen uitprobe- ren. Consumenten kijken graag even de kat uit de boom voordat ze iets kopen, dus dit kan erg effectief zijn.

Het is daarbij wel belangrijk dat de gebruiker in deze proefperiode een zo volledig mogelijke ervaring van de waarde van je dienst ervaart. Het moet een zo smakelijk mogelijk voorproefje zijn. Op basis van die ervaring gaat de gebruiker namelijk besluiten of hij 'nog zonder kan' of dat hij bereid is om ervoor te betalen. Netflix gebruikt bijvoorbeeld een proefmaand en dat is zeer effectief. Wanneer je namelijk in die maand een serie bent gestart, is de verleiding groot om lid te worden. Dan kun je namelijk de serie afkijken.

Voor onze eigen lidmaatschappen hebben we geëxperimenteerd met een proefmaand in de vorm van een afwijkende eerste periode. Ons IMU lidmaatschap kostte bij de eerste lancering in 2017 slechts €45,- per maand. Klanten konden de eerste maand 'proberen' voor slechts €1,-.

Afbeelding 23.12 €1,- proefmaand voor leden van IMU Premium

Geen gratis maand dus, maar een minimale financiële transactie. Daarmee maakten we de instap laagdrempelig. Mensen moeten bij hun eerste aanmelding wel hun betaalgegevens doorgeven. Dit zorgt enerzijds voor minder aanmeldingen (ten opzichte van gratis aanmelden), maar anderzijds voor een hogere retentieratio. Een klant betaalt €1,- met iDEAL of creditcard en machtigt ons daarmee automatisch voor de maandelijkse vervolgincasso's. Dit werkt op dezelfde manier als de 1-klik-upsell die we eerder lieten zien. Zolang iemand lid blijft, wordt er iedere maand een nieuwe factuur gegenereerd en de incasso automatisch afgeschreven.

In afbeelding 23.13 zie je het verschil tussen de dagomzet en de verwachte doorlopende omzet op de dag dat we open gingen. De direct omzet is laag, omdat vrijwel iedere klant maar €1,- betaald heeft, op twee uitzonderingen na die toch alvast een kwartaal vooruit betaalden. Wanneer iedere klant lid blijft, zitten we er een maand later warmpjes bij.

In eerste instantie viel de retentie overigens wat tegen. Van de eerste 250 klanten bleven er 'slechts' 120 plakken na de proefmaand. We hebben zelfs van enkele klanten de vraag gekregen of zij hun euro terug konden krijgen, omdat ze het in een impuls hadden gekocht maar toch geen tijd hadden om ons programma te volgen. Daaruit leren we dat een goedkoop product niet altijd de leukste en meest kwalitatieve klanten aantrekt. Toch maakten we met één gerichte productlancering wel een vliegende start met ons lidmaatschap.

Afbeelding 23.13 Resultaat op de eerste dag van de lancering van het IMU lidmaatschap met proefperiode

Door de jaren heen hebben we onze retentie steeds verder kunnen verbeteren en ook onze prijsstelling kunnen testen voor een optimale balans tussen ledenaantallen en rendement. We houden onze leden dus steeds langer vast en maken meer rendement. Ook hebben we onze aanwas van nieuwe leden steeds verder kunnen uitbouwen door onze funnels te optimaliseren en periodieke productlanceringen te doen waarmee we voor pieken in het ledenaantal zorgen.

> *"Make a customer, not a sale"*
>
> Katherine Barchetti

In ons dashboard kunnen we naast de gemaakte omzet per dag ook de verwachte inkomsten per dag in de toekomst zien. Dat geeft een ontzettende (financiële) rust. Het helpt ons om minder gejaagd van actie naar actie te leven en meer energie te investeren in structurele processen die het bedrijf op de lange termijn verder helpen.

Afbeelding 23.14 Verwachte inkomsten in Plug&Pay dashboard

Wij zien dat veel ondernemers die de overstap maken van eenmalige verkopen naar een lidmaatschapsmodel, na een eerste maand teleurgesteld zijn in de tegenvallende omzet en het hoge aantal opzeggingen. Zij schakelen dan veelal uit paniek direct weer terug naar hun oude vertrouwde model. Vaak overschatten we als ondernemer alleen wat we in een maand voor elkaar kunnen krijgen en onderschatten we wat we in een jaar kunnen bereiken.

Toegegeven: wanneer je een product van €100,- verruilt voor een abonnement van €10,-, verdien je in de eerste maand per klant 10 keer minder en moet je 10 maanden wachten totdat je evenveel omzet hebt. Dat klinkt niet aantrekkelijk. Maar wanneer je klanten blijven, blijft die €10,- elke maand weer terugkomen en daar zit de grote kracht van dit model. Een succesvol lidmaatschap is een spel van de lange adem. Het is een formule die jou als ondernemer in staat stelt om je bedrijf te sturen en op te schalen op basis van cijfers. Dit zorgt voor een exponentiële groei van je inkomen.

Voor een optimale retentie doe je er als ondernemer goed aan om onderscheid te maken tussen een 'abonnement' en een 'lidmaatschap'. Een abonnement is niets meer dan een wederkerende financiële transactie. Een lidmaatschap is meer een levenshouding en een stuk van je identiteit, iets wat een onderdeel van het leven van jouw leden is geworden. Ze voelen zich dan verbonden met je merk.

Merkgedreven mensen zorgen dan voor een mensgedreven merk en een bedrijf dat groter is dan jij als ondernemer zelf ooit had kunnen zijn. Je zult dan ook veel meer (positieve) impact kunnen maken op de maatschappij en de levens van anderen. Om dit te bereiken is *community building* het beste recept. Hierover gaat het vervolg van dit boek.

> *"I've learned that people will forget what you said, people will forget what you did, but people will never forget how you made them feel"*
>
> Maya Angel

TAKE AWAYS UIT DIT HOOFDSTUK

- Stel jezelf de vraag hoe je bedrijf eruit zou zien wanneer je enkel wederkerende transacties van je klanten zou krijgen in plaats van eenmalige transacties.
- Steeds meer bedrijven kiezen voor een lidmaatschap in de huidige deeleconomie. Consumenten geven de voorkeur aan het gebruik van een product in plaats van het bezitten ervan.
- Wederkerende transacties maken de investering op korte termijn lager (aantrekkelijk voor de gebruiker), maar de inkomsten op lange termijn hoger (aantrekkelijk voor de verkoper).
- Met een lidmaatschapsmodel zorg je voor structurele, wederkerende inkomsten. Je geniet van de kracht van stapelen en steeds hogere customer lifetime value (CLV) waardoor ook je marketingbudget groeit.
- Het aanbieden van digitale producten (informatiemarketing) is een ideale manier om snel en eenvoudig een schaalbare, geautomatiseerde online business te runnen.
- Geef klanten toegang tot een online ledensite waarin ze jouw verschillende digitale producten kunnen zien en kopen om verzameldrift te stimuleren.
- Een succesvol lidmaatschap staat of valt met retentie. Zorg in een lidmaatschap daarom voor een toegevoegde waarde op informatie waardoor je abonnees langer lid willen blijven.
- Ontzorg je doelgroep door met je lidmaatschap een geaccepteerde frustratie op te lossen om klanten voor de lange termijn aan je te binden.
- Laat je leden via een freemium variant of proefperiode kennismaken met je lidmaatschap, maar zorg daarbij wel voor een goede eerste ervaring zodat zij je aanbod op waarde kunnen schatten.
- De overstap naar het lidmaatschapsmodel is een keuze voor de lange termijn. Je zult op de korte termijn minder verdienen, maar op de lange termijn meer.
- Maak onderscheid tussen een abonnement en een lidmaatschap. Leden voelen zich verbonden met jouw merk, terwijl abonnees alleen een financiële transactie doen.

LOGIN

DEEL 6

Community building

24. VAN TRECHTER NAAR TORNADO

We zijn aangekomen in de laatste fase van onze online marketing tornado. We hopen dat het je nog niet begint te tollen voor je ogen maar dat je het tot nu toe een wervelende ervaring vindt. Het beste hebben we uiteraard tot het laatste bewaard. In dit deel laten we je zien hoe je 'magie' in je marketing brengt.

"Loyal customers don't just come back, theydon't simply recommend you, they insist that their friends do business with you"

Chip Bell

In het vorige deel van dit boek sloten wij onze inleiding af met de vraag hoe je bedrijf ervoor zou staan wanneer je in plaats van eenmalige transacties sinds de start van je bedrijf wederkerende transacties had gehad. Daar willen we nu een prikkelende vraag aan toevoegen:

"Wat als je toekomstige omzet 100% 'referral-only' zou mogen zijn, hoe zou je dan je bedrijf runnen?"

Stel dat je alleen nog nieuwe klanten zou mogen verkrijgen door aanbevelingen van je bestaande klanten. Zou je dan anders met je bestaande klanten omgaan?

In het vorige deel hebben we met ons eigen voorbeeld en het voorbeeld van de Goherbie ledensite voor veganisten al kort een voorsprong genomen op het verbinden van je klanten in een community van gelijkgestemden. Community building wordt steeds belangrijker in de lidmaatschaps- en deeleconomie. Moderne bedrijven richten zich steeds meer op het vasthouden van hun bestaande klanten (retentie) en gebruiken community building om fans en ambassadeurs te creëren.

Daar waar klantenservice in de 20e eeuw altijd een noodzakelijk kwaad en met name reactief was, vormt het voor moderne organisaties tegenwoordig juist de basis onder de marketingmachine en is het belangrijkste ingrediënt voor een krachtig merk. Zo schreven Salim Ismail en Yuri van Geest in hun boek *Exponentiële organisaties*. Zij beschrijven een transitie in dit belangrijke fundament van je bedrijf.

Klantenservice, oftewel het reactief beantwoorden van vragen, behoedt een klant van ontevredenheid over zijn aankoop. Klantsucces en klantgeluk, oftewel het proactief begeleiden van de klant bij het gebruik van het product en het gelukkig maken van de klant, zorgt voor loyaliteit, fans en zelfs ambassadeurschap. Zodoende heb je je klantenserviceafdeling tegenwoordig niet om woede te minimaliseren, maar juist om loyaliteit te maximaliseren. De marketing komt van binnenuit, vanuit een focus op het product en de klant en niet zozeer vanuit de *leads* en *prospects*.

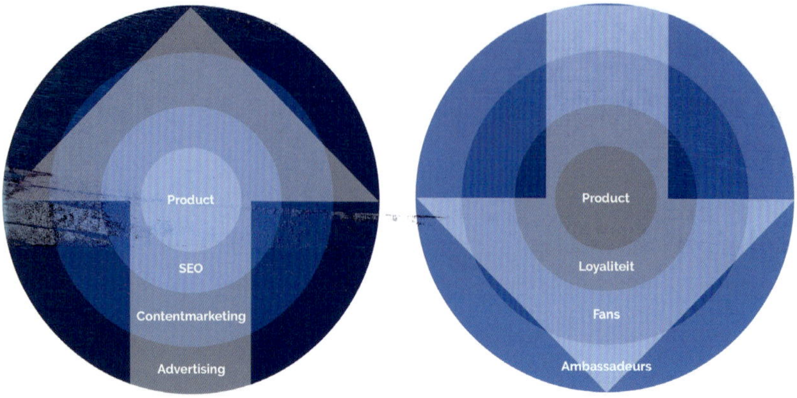

Afbeelding 24.1 - Van buiten naar binnen en van binnen naar buiten ondernemen

Dit principe zien we ook duidelijk terug bij HelloFresh. Zij zijn erbij gebaat dat hun klanten succes boeken met hun dienst. Hoe meer resultaat klanten behalen, hoe gezonder ze worden, hoe beter zij zich voelen, hoe meer eigenwaarde zij voelen, hoe langer ze lid blijven en hoe meer zij het product zullen aanbevelen bij anderen. Coolblue is hier ook een mooi voorbeeld van met hun credo 'alles voor een glimlach'. Veel klanten van Coolblue zijn fan van het bedrijf.

"Customer service shouldn't just bea department, it should be the entire company"

Tony Hsieh, CEO of Zappos

Toch zien we in de praktijk dat veel traditionele bedrijven van buiten naar binnen werken en enkel focussen op het binnenhalen van nieuwe klanten. De relatie met de klant eindigt bij de transactie of in sommige gevallen bij een vervolgtransactie (de upsell). Het grootste deel van het budget gaat naar de marketingafdeling, om de buitenkant van het bedrijf zo aantrekkelijk mogelijk te maken. Vaak leggen bedrijven je tot aan de aanschaf van hun product in de watten en word je daarna compleet vergeten. Kledingzaken maken dit bijvoorbeeld zelfs fysiek duidelijk wanneer je met een roltrap omhoog kunt (de winkel in), maar enkel met een vaste trap naar beneden (de winkel uit) kunt gaan.

Nu betekent dit natuurlijk niet dat het niet goed zou zijn om te focussen op het binnenhalen van nieuwe klanten. Daar hebben we immers het merendeel van dit boek aan besteed. Hoewel het lekker rustig is, wordt het zonder klanten lastig ondernemen. Maar als je klant eenmaal binnen is, moet je doorgaan met hen in de watten te leggen. Juist je bestaande klant verdient je aandacht en energie. In een moderne organisatie moet de bekende marketingfunnel eigenlijk uitgebreid worden met een tweede fase na de aankoop. Wij zetten de onlinemarketingwereld graag op zijn kop en dus werken wij met onze tornado als upgrade van de funnel. Bij iedere fase in onze tornado groeit je bedrijf exponentieel. In de laatste fase (en tevens de laatste fase van dit boek) komt je marketing van binnenuit.

Afbeelding 25.2 - Van trechter naar tornado

Ouderwetse bedrijven baseren hun verkoopprijs op kosten. Moderne bedrijven baseren hun verkoopprijs op waarde. Er is voortdurende innovatie in plaats van onthulling na onthulling. De transactie, of beter nog de relatie met de klant, is eeuwig en eindigt dus niet met de eerste transactie. Zo stopt ook de marketing niet bij het moment van aanschaf. Wanneer je namelijk ook binnen je klantenbestand marketing blijft toepassen door middel van de bovenkant van de tornado, dan zul je zien dat:

- Klanten succesvoller met je product en dus tevredener zijn
- Klanten loyaler zijn (hogere retentie en meer vervolgaankopen)
- Klanten binnen je community met elkaar in contact komen
- Klanten meer betrokken raken bij je bedrijf of merk
- Klanten fan van je bedrijf worden en over je gaan spreken
- Fans ambassadeurs worden en actief je merk promoten

In de bovenkant van de tornado zorgen je eigen klanten voor de uitbreiding van je naamsbekendheid en je klantenbestand. Zo groeit je bedrijf van binnenuit, omdat je huidige klanten zorgen voor nieuwe klanten. Zeker wanneer je dit combineert met een affiliatemarketingstrategie en dus een aanleververgoeding voor je klanten, kun je snel groeien.

"If you have more money than brains, you should focus on outbound marketing. If you have more brains than money, you should focus on inbound marketing"

Guy Kawasaki

DIEHARD FANS

Mensen vallen niet zozeer voor een merk, maar meer voor de mensen om het merk heen. Dat zien we aan het gebruik van beroemdheden in reclamespots, evenals bij toonaangevende bedrijven wereldwijd met een hoge *Net Promoter Score* (NPS). Dit is het percentage klanten dat fan of ambassadeur van een merk is en het merk aan anderen aanraadt. Harley Davidson is bijvoorbeeld een bedrijf met een van de hoogste scores ter wereld. Hun klanten zijn niet alleen fan van Harley, maar zelfs tamelijk kritisch op wie er verder nog meer fan van Harley mag zijn.

Er zijn vast ook mensen die jou, je product of je bedrijf een warm hart toedragen. Bijvoorbeeld de klanten die zo enthousiast over je product zijn dat ze over je gaan spreken, wij noemen ze de promoters. Daarnaast heb je nog zogenoemde 'superpromoters' (naar het gelijknamige boek van Rijn Vogelaar). Die gaan een stapje verder. Ze zijn de belangrijke schakels die zorgen voor virale marketing. Dit stamt af van het woord 'virus' en betekent dat je marketingboodschap zich als een epidemie van mens tot mens in rap tempo verspreidt. Superpromoters zijn de mensen die dankzij hun netwerk of positie in jouw markt kunnen zorgen voor een gigantisch bereik.

Laten we dit illustreren met een voorbeeld. Na het grote succes van de Harry Potterfilms besloten Warner Brothers en Universal een attractiepark te openen: *The Wizarding World of Harry Potter*. Om dit onder de aandacht van de fans te brengen, werd besloten geen marketingbudget uit te trekken voor een grootse campagne. In plaats daarvan zouden ze gebruik maken van slechts zeven mensen om het park te promoten. Deze zeven personen waren fanatieke Harry Potterfans en nog belangrijker: in het bezit van een blog of veel volgers op Twitter met een groot bereik onder de *Harry Potter community* op het internet. Deze zeven mensen waren superpromoters. Met één inspanning konden ze met een tweet of blog de complete community (bestaande uit echte Harry Potterfans) bereiken.

De tactiek was als volgt: alle zeven werden ze persoonlijk op de hoogte gebracht dat er een attractiepark zou openen met daarbij natuurlijk alvast wat vrijkaarten als beloning voor hun publicatie daarover op het internet. Ze kregen te horen dat het eerst nog strikt geheim moest blijven tot de officiële aankondiging. Vlak voor die aankondiging ontvingen zij echter allemaal het nonchalante bericht dat ze het eventueel wel vooraf mochten delen, omdat het toch snel openbaar zou worden gemaakt. Je kunt je voorstellen dat deze superpromoters gebruik wilden maken van het feit dat zij als allereerste het goede nieuws mochten brengen. Binnen 24 uur bereikten deze zeven bloggers maar liefst 350 miljoen mensen!

Zodoende was in één klap de hele community op de hoogte van de opening van het nieuwe park, zonder dat de organisatie erachter ook maar één dollar had uitgegeven aan marketing. Dit is duidelijk de kracht van superpromoters en het belang van persoonlijke aandacht hiervoor. Daar waar merken voorheen duizenden euro's uitgaven (en sommigen nog steeds doen) aan dure marketingcampagnes en *brand ambassadors*, kun je in de huidige wereld met een slimme tactiek en enkele cruciale influencers je hele doelgroep bereiken. Deze vorm van marketing is ook kenmerkend voor een populaire stroming genaamd *Growth Hacking* die sinds 2010 de kop opgesteekt onder marketeers.

> *"The end goal of every growth hacker is to build a self-perpetuating marketing machine that reaches millions by itself"*
>
> Aaron Ginn

Nu klinkt een verhaal zoals dat van Harry Potter natuurlijk prachtig, maar veel ondernemers zullen niet zo snel in staat zijn om dit op een dusdanig grote schaal te modelleren. Je hoeft ook geen honderden miljoenen mensen te bereiken. Je hoeft zelfs geen duizenden mensen te bereiken om impact te maken en een bovengemiddeld succesvol bedrijf op te te zetten.

Kevin Kelly, voormalig hoofdredacteur van het tijdschrift Wired, publiceerde in 2008 een inmiddels beroemd artikel getiteld *A thousand true fans*. Voor iedere ondernemer zou dit artikel eigenlijk verplichte kost moeten zijn. Hij beschrijft hierin het verschil tussen een fan en een 'echte fan'. De Nederlandse vertaling is helaas niet zo sexy. De echte fans zijn je klanten die je op alle socialmediaplatformen volgen, je artikelen lezen, je video's bekijken en werkelijk waar alles van je kopen wat je maar op de markt brengt. Misschien herken je deze klanten wel. Je ziet ze regelmatig in je mailbox, in reacties op blogs en socialmediaposts voorbij komen. Ze komen naar borrels, volgen webinars en staan altijd in de orderlijsten bij een productlancering of actie die je online promoot.

Kelly stelt dat je een ton per jaar verdient en financieel vrij bent wanneer je in staat bent om 'slechts' 1.000 van dit soort fans te creëren, die gemiddeld €100,- per jaar opleveren. Dat klinkt lekker makkelijk natuurlijk, maar toch zit hier een interessante boodschap in. Het gaat namelijk niet om het precieze aantal van 1.000 fans en die €100,-, maar meer om te realiseren dat je geen beroemdheid hoeft te zijn of de halve wereldbevolking hoeft te bereiken om bovenmodaal succesvol te zijn.

Wanneer je bijvoorbeeld een baan hebt die je niet leuk vindt en daar ongeveer €30.000,- per jaar mee verdient, dan heb je maar 300 mensen nodig die jou €100,- per jaar betalen om hetzelfde financiële resultaat te behalen. Stel dat je tien keer een workshop voor dertig personen organiseert, dan ben je er al. Wanneer je het boek *Een fan per dag* van Jos Burgers zou volgen en in de praktijk zou realiseren, dan heb je dit in theorie binnen een jaar voor elkaar.

Je kunt beter focussen op een relatief kleine groep echte fans in plaats van het bereiken van zoveel mogelijk mensen bij wie je minder impact maakt. Wanneer je in staat bent om echte fans te creëren, dan kun je die ook bij je houden naarmate je bedrijf en je productaanbod verandert.

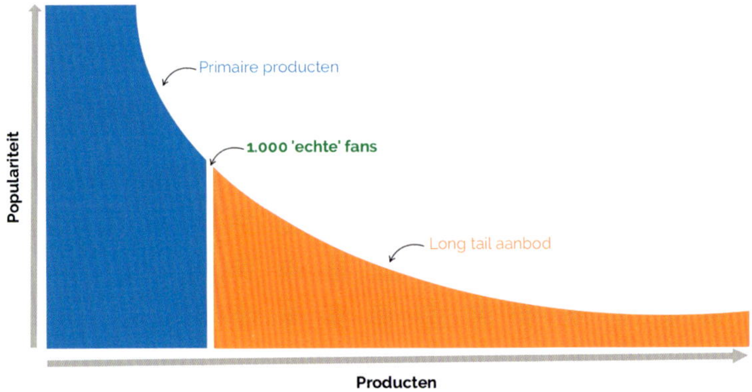

Afbeelding 24.3 - Verdeling primaire producten en vervolgproducten voor 1.000 echte fans

Met je primaire producten en inkomsten uit verkopen aan nieuwe klanten zul je het grootste deel van de markt bestrijken. Met vervolgproducten, bijvoorbeeld via een lidmaatschap, zul je echter over langere tijd inkomen halen uit je echte fans. Ook hiervoor wordt de term *long tail* gebruikt. Zolang je producten blijft uitgeven, zullen je fans deze blijven kopen. Dat zien we ook goed bij de producten van Apple. Ook wanneer je product zijn marktwaarde verliest omdat de vraag vermindert, je concurrent het beter doet of zelfs omdat je het niet leuk meer vindt om te verkopen, is een fanbase ideaal voor het snel vermarkten van nieuwe producten. Zo hebben wij bijvoorbeeld drie softwarebedrijven en een coachingsprogramma waar voor een groot deel dezelfde klanten in zitten.

> *"Build something 100 people love, not something 1 million people kind of like"*
>
> Brian Chesky, cofounder Airbnb

Fans en ambassadeurs ontstaan aan de top van de tornado en met name wanneer je product meer emotie losmaakt en meer betekenis heeft voor de klant. Dat zagen we bijvoorbeeld bij HelloFresh: klanten nemen niet alleen de dienst af, maar verhogen tegelijkertijd hun eigenwaarde. Ze groeien in zelfvertrouwen en uitstraling en dat heeft weer impact op hoe ze door het leven gaan.

Philp Kotler beschreef in zijn boek *Marketing 3.0* het feit dat marketing tegenwoordig niet meer om het product (marketing 1.0) of om de klant (marketing 2.0) draait, maar veel meer om de waarde en betekenis die een consument toedraagt aan een product of dienst. De 'betekenis van marketing' in het 3.0-tijdperk is eigenlijk meer 'de marketing van betekenis' geworden. We zijn dusdanig ver ontwikkeld dat we minder zoeken naar het materiële, maar meer naar het spirituele en emotionele. Dit zit hem vaak in de verbondenheid met een merk, of in de verbondenheid met de mensen om het merk heen.

> *"You can never go wrong by investing in communities and the human beings within them"*
>
> Pam Moore, the Marketing Nut

NOODZAAK TOT GROEPSVORMING

Mensen kunnen niet zonder andere mensen. Die toenadering is niet alleen makkelijk, maar ook noodzakelijk, simpelweg om te overleven. Sterker nog: een pasgeboren baby die verstoken blijft van menselijk contact overleeft het niet. De meest toonaangevende wetenschappers op het gebied van groepsvorming, Baumeister en Leary, publiceerden in 1995 een baanbrekend artikel onder de noemer: *The need to belong: Desire for interpersonal attachments as a fundamental human motivation*. Zij schrijven hierin over een evolutionaire noodzaak tot groepsvorming.

Vroeger was groepsvorming noodzakelijk om te overleven. Mensen leefden, jaagden en verzamelden voedsel in groepen. Groepsvorming stelde individuele leden van een stam in staat om werk te verdelen en elkaar te beschermen. Sterker nog: alles was eraan gelegen om elkaar te beschermen, omdat zij afhankelijk waren van de bescherming van de rest. Mensen zijn namelijk fysiek veel zwakker dan bijvoorbeeld een leeuw of mammoet.

Tegenwoordig is dit natuurlijk minder essentieel voor onze overlevingsdrang. Toch bestaat dit oerinstinct nog steeds. Onze hersenen zijn procentueel gezien namelijk maar minimaal gewijzigd ten opzichte van onze verre voorouders. We hebben nog altijd die aangeboren behoefte om onderdeel te zijn van een groep en om andere leden van onze eigen groep te beschermen of voor te trekken.

Dit verklaart waarom mensen gelukkiger en gezonder zijn wanneer zij een gevoel van saamhorigheid ervaren. Met name mensen die getrouwd zijn en betekenisvolle relaties hebben, zijn - zo blijkt uit onderzoek - gezonder, minder gestrest, hebben een beter immuunsysteem en leven zelfs langer. Wanneer dat gevoel ontbreekt, ontstaan er gevoelens van angst, schaamte, boosheid en depressie, zo schreven Newman, Lohman & Newman in hun artikel *Peer group membership and a sense of belonging: Their relationship to adolescent behavior problems*. Wetenschappers hebben altijd van die mooie korte, pakkende namen voor hun publicaties. Deze behoefte om onderdeel te zijn van een groep zien we ook terug in de piramide van Maslow.

Afbeelding 25.4 - Piramide van Maslow

De piramide van Maslow laat zien dat we, zodra we ons veilig voelen, ons focussen op sociaal contact. Wetenschappers zoals Baumeister en Leary beweren echter dat deze verweven zijn. We voelen ons met name veilig (zowel fysiek als emotioneel) wanneer we ons beschermd voelen door een groep waar we onderdeel van zijn.

"A deep sense of love and belonging is an irreducible need of all people. We are biologically, cognitively, physically, and spiritually wired to love, to be loved, and to belong.

When those needs are not met, we don't function as we were meant to. We break. We fall apart. We numb. We ache. We hurt others. We get sick"

Brene Brown

Dit groepsgevoel kun je ook meenemen in je (marketing)boodschap. Je herinnert je vast de uitspraak van Barack Obama: 'Yes we can!' Drie simpele woorden die een complete campagne omdraaien van 'ik' ga het doen naar 'wij' gaan het doen. Het verbindt een volk in de diepste regionen van het brein qua overlevingsdrang, namelijk de noodzaak tot groepsvorming. Amerikanen zijn hier sowieso gevoelig voor. Niet voor niets is hun nationale credo 'e pluribus unum' wat staat voor 'uit velen, één'.

Dit vormt ook een interessante paradox. De Verenigde Staten vinden hun oorsprong namelijk in de *Declaration of Independence* (onafhankelijkheidsverklaring). Hierin staat de gelijkheid tussen individuen centraal, maar bovenal ook het nastreven van individuele vrijheid. 'Vrijheid' is al sinds mensenheugenis onze meest nagestreefde waarde. Onafhankelijkheid leidt echter niet automatisch tot vrijheid, want onafhankelijkheid impliceert dat je uit contact bent met je medemens en jezelf in zekere mate isoleert. Het kost mensen van nature meer moeite om uit contact te zijn dan om in contact te zijn. Afhankelijkheid, of beter gezegd: het volledig accepteren van het feit dat je afhankelijk bent van andere mensen (en andere mensen van jou), belooft daarom een grotere mate van vrijheid. Jij kunt niet zonder anderen en anderen kunnen niet zonder jou.

"Afhankelijkheid van elkaar is en zou evenzeer het ideaal van de mens moeten zijn als onafhankelijkheid"

Mahatma Gandhi

Ken je bijvoorbeeld ook de film *Cast Away*? Tom Hanks zit zo lang alleen op een onbewoond eiland dat hij uit pure wanhoop maar een gezicht op een volleybal tekent en die Wilson noemt. Wilson wordt zijn beste vriend en je krijgt als kijker kippenvel wanneer hij op een ruige zee omslaat en Wilson niet kan redden omdat deze te ver afgedreven is. De roep 'I'm sorry Wilson!' heeft menig kijker in beroering gebracht. Je voelt zijn verlies en een plaatsvervangende emotie. Mensen kunnen niet zonder andere mensen of zoals een of andere Zoeloe dat ooit zo mooi zei:

"Umuntu ngumuntu ngabantu" (Een mens wordt pas mens door andere mensen)

Bovenstaande quote is tevens de slogan van Ubuntu, het open source besturingssysteem van Linux. Dit komt uit de Oosterse culturen waar de Ubuntu-filosofie het leven bepaalt. Vrij vertaald: het één zijn, ofwel het menselijk worden door anderen.

Geluk komt dus meer voort uit de groep dan uit het individu. Passen we dit principe toe op ons bedrijf en onze klanten, dan luidt de eenvoudige conclusie dat groepsvorming onder hen, bijvoorbeeld in de vorm van een online community, een recept voor klantgeluk is.

WIE DIT LEEST IS GEK

Mensen willen dus ergens bij horen. Je ziet het overal om je heen, het zal ook altijd zo blijven, groepsvorming is een oerinstinct. Kijk maar naar mensen die zich aansluiten bij een geloof of zelfs een vereniging. Mensen hebben de behoefte om onderdeel te zijn van iets dat groter is dan henzelf. Vaak ontlenen we daaruit onze identiteit. Denk maar eens terug aan je middelbareschooltijd, wie was jij toen? Hoe vormden de individuen uit de eerste klas zich door de opvolgende jaren tot groepen? Welke groepen waren er? Waren er gothics, skaters, hipsters, ballen, nerds, gabbers en gangsters?

Neem bijvoorbeeld een gothic, een duidelijk voorbeeld van iemand in de pubertijd (je ziet ze zelden op latere leeftijd) die op zoek is naar een identiteit waarmee hij geaccepteerd wordt in een groep. Door je te kleden en gedragen volgens de normen van een bestaande identiteit - die bewezen heeft dat je er connectie met en acceptatie van anderen voor terugkrijgt - garandeer jij jezelf van dit resultaat. Het is een manier om geliefd te zijn. Waarschijnlijk in eerste instantie wat minder bij je ouders, maar daardoor juist meer bij andere gothics en misschien zelfs je leeftijdsgenoten (de mensen waar je in deze fase meer goedkeuring bij zoekt).

"Those who have a strong sense of love and belonging have the courage to be imperfect"

Brené Brown

Dit hoeft niet altijd zo zwaar te zijn als een religie of het vormen van je volledige identiteit zoals bij een gothic. Het kan ook een klein onderdeel van je leven zijn. Denk bijvoorbeeld aan fans van dezelfde voetbalclub. Ook zij hebben een band met elkaar, simpelweg omdat ze hetzelfde team leuk vinden. In de meeste gevallen is dit alleen gebaseerd op de stad waar ze (zonder eigen inbreng) toevallig geboren zijn. Zo heeft een klant van ons coachingsprogramma ooit opgezegd, omdat Tonny een foto met een Ajax-sjaal op zijn LinkedIn plaatste. Ergens is dat heel irrationeel. Deze persoon wil dus geen onlinemarketingadvies meer krijgen, omdat de adviesgever fan is van een andere voetbalclub.

Afbeelding 24.5 - Hater op Linkedin

De gedachte 'jij lijkt op mij, dus jij hoort bij mij' is onbewust maar zeer bepalend. Voor dit fenomeen bestaat zelfs een naam. In wetenschappelijke kringen wordt dit het *minimal group paradigm* genoemd. De Britse sociaal psycholoog Henri Tajfel stelde vast dat vreemden groepen kunnen vormen op basis van volledig irrelevante criteria. Toch draagt het identificeren met een dergelijke groep dus wel bij aan de eigenwaarde en trots van de onderlinge leden.

> *"An atheist, a vegan and a crossfitter walk into a bar, I know this because they told everyone within 2 minutes..."*
>
> Onbekend

Dit principe werkt ook andersom, Wanneer we ons juist verbonden voelen met anderen, ontstaat er een fenomeen wat *cognitive merging* wordt genoemd. Je neemt dan onderdelen van andermans identiteit over in die van jezelf. De grenzen van de eigen identiteit vervagen en je gaat meer op elkaar lijken. Dat zie je zeker bij wat oudere mensen die al tientallen jaren bij elkaar zijn. We noemen dit ook wel het *proximity effect*. Mensen die dicht bij je staan, hebben meer invloed op je.

Wij hebben dit zelf altijd weten te gebruiken als een slimme manier om te ontwikkelen. Jim Rohn stelde ooit dat je het gemiddelde bent van de vijf mensen waar je het meest mee omgaat. Wanneer je dus iets aan jezelf wil veranderen, verander dan simpelweg je omgeving. Door je te omringen met mensen die al bereikt hebben wat jij wil bereiken, groei je automatisch mee.

In het kader van klantgeluk en community building wil je dus een specifieke doelgroep of klantengroep verbinden rondom de gedeelde interesses en eigenschappen die zij hebben. Dit zien we ook terug in het boek *We are all weird – The Rise of Tribes and the End of Normal* van Seth Godin. Hij stelt dat massamedia en massamarketing steeds vaker falen en daarmee ook de marketeers die proberen om iedereen te bereiken. Mensen zijn immuun geworden voor massamarketing en voelen zich niet meer aangesproken door boodschappen die voor iedereen gelden. Die immuniteit voor advertenties en interruptiemarketing stipten we in deel één van dit boek ook al even aan.

Godin beschrijft de ontwikkeling van massamedia en socialmediaplatformen zoals Facebook of de voorgangers daarvan als een sneeuwbal die de heuvel afrolt en daardoor steeds groter wordt en steeds sneller groeit. Juist wanneer we verwachten dat het nog groter groeit, knalt de sneeuwbal uit elkaar en splitst zich op in miljoenen kleinere sneeuwballen. Dit in de vorm van (niche)groepen met specifieke kenmerken. Godin stelt dat het juist het 'vreemde' is waar mensen zich toe aangetrokken voelen. Dat vreemde zit hem vaak in specifieke afwijkende eigenschappen of boodschappen die we niet bij anderen zien en waar we onszelf in herkennen.

Ben je geïnteresseerd in het doen van een detox? Dan vinden sommigen je raar. Ga je een week op stilteretraite? Raar. Wil je alleen nog veganistisch eten? Raar. Ben je geïnteresseerd in het beklimmen van een berg in alleen je korte broek? Gekkie! Heb je ADHD of ben je een alleenstaande moeder? Ook dan ben je 'raar' in de ogen van iedereen die deze eigenschap niet met je deelt. Mensen die deze eigenschap wel delen vinden je juist 'normaal'. Zo is eigenlijk iedereen wel op een bepaalde manier een buitenbeentje, of noem het maar een 'gekkie'. Vandaar ook de titel van dit hoofdstuk van het boek.

We volgen liever een specifiek gezelschap waar we ons mee identificeren dan een algemeen, allesomvattend gezelschap zonder specifiek karakter. Het internet heeft het veel makkelijker gemaakt om dit soort specifieke groepen met elkaar te verbinden. In plaats van één grote allesomvattende community is het daarom veel effectiever om een specifieke nichecommunity voor jouw doelgroep met gelijkgestemden te faciliteren. Wij zeggen daarom met trots:

"De eerste volger maakt van een gekkie een leider"

In onze community komen bijvoorbeeld (internet)ondernemers in contact met gelijkgestemden die met dezelfde uitdagingen zitten. Elke ondernemer zal zich erin herkennen dat hij door zijn omgeving (van niet-ondernemers, zoals familie en vrienden) wel eens als een gekkie wordt bestempeld. Je hebt allerlei wilde plannen en ambities, je spreekt over succes, geld verdienen, je leest er boeken over, je bezoekt seminars over persoonlijke groei, enzovoorts. Jij zult het wel even gaan maken.

Je omgeving geeft je hiervoor niet altijd het begrip en de steun die je nodig hebt om door de zware opstartfase voor het feitelijke succes heen te komen. Ze houden je bewust of onbewust tegen door je op risico's te wijzen en de voordelen van een baan in loondienst te benoemen. Vaak is dat omdat ze van je houden en niet willen dat je faalt (angst om te falen) óf bang zijn dat je wel degelijk slaagt en jij daardoor verder van hen af komt te staan (angst voor succes). Daardoor heb je als ondernemer vaak het gevoel dat je er alleen voor staat.

In onze community komen gekkies als deze echter in contact met andere ondernemende gekkies die met dezelfde uitdaging zitten. Ze voelen zich gesteund en begrepen in zo'n omgeving. Wanneer je dergelijke emoties als eindresultaat of bijeffect van je aanbod weet te creëren, dan komt er magie in je marketing. Klanten komen oorspronkelijk voor de informatie (zoals je cursus of trainingsprogramma), maar blijven voor de toegevoegde waarde die je hen daar bovenop biedt. We vergelijken dit wel eens met een zandloper waarin leden als individu binnenkomen en daarna een blije eenheid vormen.

Afbeelding 24.6 Reactie van IMU-lid over de waarde van een community met gelijkgestemden

Wanneer een groep mensen met een sterke overeenkomst zoals een gedeelde interesse, een vergelijkbare geschiedenis of een gezamenlijk doel bij elkaar komen, ontstaat er vaak iets bijzonders. De gezamenlijke zingeving en het wij-gevoel wordt hier namelijk sterk geprikkeld. Vaak vinden we meer begrip, steun en praktische hulp voor de uitdagingen in ons leven bij andere ervaringsdeskundigen, dan bij de geschoolde specialisten. Zoals we eerder al aanhaalden: herkenning leidt tot vertrouwen en vertrouwen leidt tot ontspanning.

Het extra gevoel van veiligheid die een omgeving met gelijkgestemden biedt is hierbij belangrijk. Ouders met gehandicapte kinderen bijvoorbeeld, willen meer delen in een omgeving met enkel lotgenoten dan in een openbare omgeving zoals Facebook. In een besloten community met enkel lotgenoten durven leden meer openheid van zaken te geven. Hier durven zij de kwetsbaarheid te tonen die noodzakelijk is voor intiemer contact en daarmee verbinding.

Dit geldt bijvoorbeeld ook voor de *Happy Single Moms* community van Myra de Wildt. Ook zij is door haar eigen ervaring gemotiveerd om mensen die in dezelfde situatie zitten bij elkaar te brengen, te verbinden en elkaar te laten helpen. Het soort vragen dat in deze community gesteld wordt, laat al een stukje van de kracht zien. Denk bijvoorbeeld aan vragen over alimentatie, wat te doen bij de verjaardag van je kind en hoe je aan je kind de situatie met papa uitlegt.

Er ontstaat in zo'n geval een gevoel van *unity* (eenheid). Dit slaat op de gedeelde identiteit tussen mensen. Robert Cialdini benoemt *unity* in zijn boek *Pre-Suasion* als één van zijn zeven beïnvloedingswapens. Wanneer we iemand als een van ons beschouwen, kan diegene veel meer invloed op ons uitoefenen. Zo werkt dat ook bij het verkopen van een product. We zeggen sneller 'ja' tegen mensen met wie we een identiteit delen, dan tegen mensen die voor ons gevoel tot een andere groep behoren.

Wanneer je als ondernemer of leider in staat bent om zo'n identiteit openlijk herkenbaar en tastbaar te maken (bijvoorbeeld via het internet), zul je zien dat mensen zich hier onderdeel van gaan voelen en sneller geneigd zijn om je te volgen. Bijkomend voordeel: ze zullen eerder positief reageren op jouw aanbiedingen of meningen.

ZWERMINTELLIGENTIE

Groepsvorming is essentieel en bepalend voor het geestelijk welzijn van mensen. Het heeft ons helpen overleven in vroegere tijden, maar het helpt ons ook om meer te bereiken. Wanneer je met gelijkgestemden samenkomt en onder het 'yes-we-can-credo' gezamenlijk voor hetzelfde doel gaat, ontstaat er veelal synergie. Het totaal is dan meer dan de som der delen. Vergelijk het maar als een kudde die doordendert en alle deelnemers meeneemt in het momentum.

Wanneer een groep samenkomt, hebben leden niet zozeer een cumulatieve bijdrage, maar meer een exponentiële. De handeling van een individu kan in de groep zelfs zorgen voor een onevenredig sterke reactie en kan een hele groep in beweging brengen. Denk maar eens aan iemand die aan het eind van een concert begint te klappen en hiermee een hele zaal activeert. Veelal synchroniseert het klappen.
De magie van een dergelijk momentum binnen groepen werd door Len Fisher in zijn boek *Zwermintelligentie* duidelijk gemaakt door te kijken naar de botsingsvermijdingsstrategieën van sprinkhanen. Hoe kan het dat sprinkhanen, of vogels, in een zwerm

niet met elkaar botsen? Ze lijken deel te zijn van een groot superorganisme zonder individuele leider. Het is niet zozeer een optelsom van de afzonderlijke sprinkhanen, het gedraagt zich als een collectief.

Emergentie is daarbij blijkbaar de sleutel. Dit slaat op de aanwezigheid van regels in een groep, die niet terug te vinden zijn in het individu. Vissen kijken bijvoorbeeld enkel naar de collega voor en naast zich om hun eigen beweging te bepalen. Zij voelen zich van nature aangetrokken tot gelijksoortigen die verder weg zijn (voorop zwemmen) en voelen de behoefte om zich parallel te bewegen aan de vis naast zich.

> *"No man is an island entire of himself, every man is a piece of the continent"*
>
> John Donne

Je kan het ook herkennen van de wave in een voetbalstadion. Je hoeft alleen te letten op degene naast jou om feilloos mee te kunnen doen met de totale groep. Onze spiegelneuronen spelen een grote rol bij deze synchronisatiekracht. Ze stellen ons zelfs in staat om het gedrag van een ander te spiegelen (na te doen). Daarnaast stellen spiegelneuronen ons in staat om plaatsvervangende emoties te voelen, simpelweg door deze emotie bij iemand anders te observeren. Denk bijvoorbeeld aan de tranen die je, namens Simba, wegveegt in de Disneyklassieker *The Lion King* op het moment dat zijn vader doodgaat. In dit geval, geheel toevallig, overlopen door een kudde.

Een dergelijk momentum binnen een groep van gelijkgestemden hebben wij ervaren toen we geheel per ongeluk onze eerste online community realiseerden. Vanaf 2010 zijn wij begonnen met de verkoop van onze websitesoftware. Tegenwoordig heet deze software Phoenix, maar destijds noemden wij dit nog het Winstmodel. Met deze software kan een ondernemer zijn eigen website opzetten en optimaliseren op het gebied van SEO en conversie zoals je ook in dit boek hebt geleerd. De verkoop ging prima en het aantal gebruikers liep al snel op.

Een jaar na de start constateerden we dat niet alleen onze gebruikers en omzet in een rechte lijn omhoog gingen, maar het aantal binnenkomende e-mails in onze klantenservice ook. Daarom besloten we een andere oplossing te proberen. We hebben al onze klanten toen toegevoegd aan een besloten groep op Facebook en ze vervolgens verzocht al hun vragen in deze groep te stellen. Dat verzoek stuurden wij als antwoord op elke e-mail die we binnen kregen. Daarnaast vroegen wij ze ook om elkaars vragen te beantwoorden wanneer ze ertoe in staat waren. Hierdoor verdween binnen enkele dagen 90% van de hoeveelheid e-mails die wij dagelijks binnenkregen. Een enorm verschil.

De vragen hadden zich verplaatst van onze e-mailbox naar de Facebookgroep. Natuurlijk moesten we alle vragen daar nog steeds beantwoorden, maar we konden ineens een-op-velen communiceren in plaats van een-op-een. Dat voorkwam veel gelijksoortige vragen en dat scheelde al een hoop tijd. Het ging alleen verder dan dat. Al heel snel gebeurde het dat 'leden' elkaars vragen gingen beantwoorden en wij alleen nog maar hoefden te controleren of het antwoord klopte. Ideaal.

Het ging zelfs nóg een stap verder. De individuen vormden een groep. Ze noemden zichzelf ineens 'Winstmodellers' en ze creëerden gemeenschappelijke doelen. Ineens hadden we een community van gelijkgestemde internetondernemers die elkaar meetrokken naar hogere niveaus. Individuele blokkades, uitdagingen en twijfels over te nemen stappen verdwenen als sneeuw voor de zon. Allemaal geholpen door het momentum van de kudde in deze groep.

Dit momentum was zo aanstekelijk dat onze leden meegezogen werden in de bezieling en resultaten van anderen, waardoor ze zelf meer succes behaalden. Dit simpelweg door de gedeelde activiteiten van anderen te kopiëren, al dan niet 'na te doen'. Onze reactieve klantenservice was ineens proactieve begeleider en stimulator geworden. Klantenservice begon klantsucces en zelfs klantgeluk te worden.

"Niets is zo aanstekelijk als het voorbeeld"

François de la Rochefoucauld

Ditzelfde fenomeen vond plaats in de community van Djack Littel. Met defensiefit.nl brengt hij mensen bij elkaar die zichzelf klaarstomen voor de fysieke standaard die Defensie hanteert. Djack is zelf jarenlang werkzaam geweest bij Defensie en heeft daarnaast in de spaarzame uurtjes zijn online platform met instructievideo's, trainingsschema's, voedingsadviezen en community online gezet.

Door de kracht van de community (waarin leden elkaar helpen) heeft hij zijn uren enorm kunnen beperken en was zelfs in staat om zijn fulltime baan te verruilen voor een fulltime inkomen uit zijn onderneming.

Afbeelding 24.7 Djack Littel loste met zijn Defensiefit.nl zijn e-mailuitdaging op

Een dergelijk momentum kun je ook tijdelijk creëren. Bij het achtjarig bestaan van de IMU besloten wij om acht dagen op een rij gratis onlinemarketingtrainingen te organiseren, live via Facebook. In iedere training gaven wij acht tips en daarom noemden we dit de '8x8 challenge'.

Het doel? Ondernemend Nederland laten zien hoe je in slechts acht dagen, vanuit het niets een online business kunt bouwen waar je zelfs binnen die acht dagen al je eerste omzet mee maakt. Wij bouwden gedurende deze dagen een gloednieuw onlinemarketingproces als voorbeeld en haalden daar zelfs binnen vier dagen al onze eerste omzet mee binnen. Deelnemers konden iedere dag met ons meedoen en kregen na de uitzending huiswerk mee om voor de volgende dag af te ronden.

In totaal hadden meer dan 4.500 mensen zich aangemeld. Elke ochtend waren we van 10 tot 12 live. De reacties waren enorm positief. We merkten echter dat de magie van de trainingen niet per se uit de onlinemarketingtraining zelf kwam, maar juist ontstond zodra we de interactie aangingen met de mensen die online waren. Er begon een echte 'Tonny & Martijn' fanbase te ontstaan. Bij elke training waren meer dan 600 live deelnemers (en anderen keken de opnames achteraf terug) die we 'per ongeluk' verslaafd hadden gemaakt aan onze hulp en onlinemarketingmaterie. Toen de laatste dag van de challenge was aangebroken, kregen we meerdere reacties van mensen die niet meer wisten wat ze met zichzelf aan moesten om 10 uur 's morgens 'zonder Tonny & Martijn bij de koffie'.

Afbeelding 24.8 8x8 challenge op Facebook

Daarom hadden we enkele dagen na de 8x8 challenge een productlancering gepland om mensen de gelegenheid te geven om in te stappen bij onze Phoenix-software met een bijzonder aanbod. Dit aanbod stuurden wij naar de hele e-maillijst. Wat bleek? Ruim 85% van de mensen die klant werden tijdens die lancering had meegedaan met de 8x8 challenge, terwijl de mensen die zich hadden aangemeld voor de challenge nog geen 20% van onze volledige e-maillijst was. Het momentum dat we gecreëerd hadden met de community had gezorgd voor onze beste lancering aller tijden.

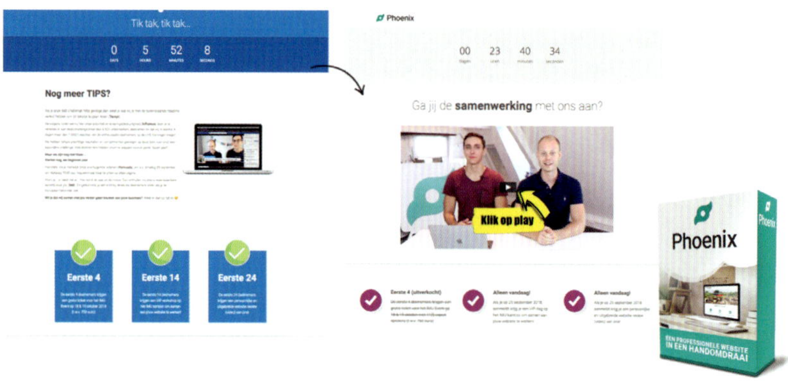

Afbeelding 24.9 Productlancering na 8x8 challenge

IN VRIJHEID VERBONDEN

Het starten van een community kan alles voor je veranderen en wij zijn zeker niet de enigen die hiervan een belangrijk bedrijfsonderdeel hebben gemaakt. Kijk bijvoorbeeld naar wereldberoemd ondernemer Gary Vaynerchuck. Gary nam de slijterij van zijn vader over en besloot zijn marketing online te gaan doen. Hij startte *Wine Library TV*, een show waarin hij simpelweg wijnen proefde en vragen van kijkers beantwoordde. Zijn hoge entertainmentgehalte maakte dit tot een groot succes en hij liet het bedrijf groeien van 3 miljoen naar 60 miljoen dollar omzet per jaar.

Gary sprak zijn grote fanbase aan als 'Vayniacs'. Dat klinkt misschien gek, misschien zelfs ietwat narcistisch. Toch had hij een punt. Het geven van een naam aan een groep versterkt de onderlinge band en het commitment aan de groep. Wanneer iets een naam heeft, is het echt. Niet voor niets zeggen we bij iets wat er niet toe doet dat het 'geen naam mag hebben'. Achteraf was het ontstaan van de groep Winstmodellers dus helemaal geen gek begin van onze community.

Onze community is door de jaren heen een belangrijke levensader onder het succes van onze bedrijven geworden. De software en cursussen die we verkopen zijn enkel de *vorm* waarmee we nu werken. De ondernemers en hun binding met elkaar, met ons team en ons merk is de echte *inhoud*.

Daarom hebben wij onze oorspronkelijke bedrijfsnaam Internet Marketing *Universiteit* op termijn verandert in Internet Marketing *Unie*. Daarmee leggen we minder focus op het prediken van statische informatie en meer op onze toegevoegde waarde op deze informatie in de vorm van *unity* (verbondenheid). Onze slogan luidt daarom 'In vrijheid verbonden'.

Wij geloven dat echte vrijheid, zeker voor ondernemers, voortkomt uit verbondenheid met gelijkgestemden. Samen sta je sterker. Zelfs wanneer ons product achterhaald zou raken, we ingehaald zouden worden door de concurrent, of wanneer we een heel ander product op de markt zouden brengen, kunnen we altijd terugvallen op die grote groep actieve leden. Zij kopen niet het product, ze kopen de mensen om het product heen. Een product is makkelijk vervangbaar, zeker in deze tijd. Menselijk contact, steun, vertrouwen, acceptatie, vriendschap en een gedeelde zingeving heeft echter veel meer potentie om de tand des tijds te overleven.

> *"If you leave us our money, our buildings, and our brands, but take away our people, the Company will fail. But if you take away our money, our buildings, and our brands, but leave us our people, we can rebuild the whole thing in a decade"*
>
> Richard Dupree (1947)

In de volgende hoofdstukken zullen we je praktisch laten zien hoe je een eigen community opzet en zorgt voor veel activiteit en betrokkenheid onder je leden.

25. HET STARTEN VAN EEN COMMUNITY

Nu je de waarde van community building voor je bedrijf hebt kunnen inzien, is het tijd om naar de praktische kant te kijken. Hoe start je zelf een succesvolle community?

"If you want to bring a fundamental change in people's belief and behavior... you need to create a community around them, where those new beliefs can be practiced and expressed and nurtured"

Malcolm Gladwell

Voor je eigen community raden we je aan om een eigen platform te starten. In het eerste deel van dit boek wezen we je al op de waarde van *owned media* en de controle die dit voor jou als ondernemer met zich meebrengt ten opzichte van *paid media* en *borrowed media*. Voor een gezonde business moet je zelf de controle hebben over je achterban en virtueel vastgoed. Je mag niet afhankelijk zijn van één grote partij. Als Facebook omvalt, moet niet je community ook omvallen.

Hoewel Facebookgroepen ideaal zijn om snel een online community te starten en daardoor ook vaak als eerste mogelijkheid gekozen worden door community builders, kleven er toch enkele nadelen aan. Het is goed om deze nadelen te overwegen voordat je met community building start. Zodra de sneeuwbal gaat rollen, wordt het namelijk lastiger om hem te verplaatsen.

Afleiding: Op Facebook zijn groepen maar een klein radertje in het geheel. Iemand die je community wil bezoeken, moet inloggen op Facebook en wordt daar geconfronteerd met talloze afleidingen. Eén rood bolletje is voldoende om iemand weg te halen uit je groep. Hierdoor krijgt jouw community niet de onverdeelde aandacht die het verdient. Het is net als in een relatie: daar helpt het ook niet als je partner tijdens het voeren van een gesprek tegelijkertijd naar de televisie of op een telefoon kijkt.

Overzicht: Facebook is een socialmediaplatform, bedoeld voor de actualiteit. Daarom zie je de meest actuele berichten bovenaan in de timeline. Facebook is niet zozeer een forum waarin overzicht centraal staat. Er zijn geen categorieën of een andere vorm van sortering. Alle berichten staan in een lange lijst onder elkaar. Dat maakt zoeken lastig en vermindert de waarde van je community, omdat nieuwe gebruikers de historie niet zien.

> *"A squirrel dying in front of your house may be more relevant to your interests right now than people dying in Africa"*
>
> Mark Zuckerberg

De eerste indruk: Wanneer je nieuwe leden toevoegt aan je Facebookgroep, komen zij binnen in de waan van de dag. Ze zien de gesprekken die op dat moment spelen. Dat maakt het heel moeilijk om je eerste klantervaring te optimaliseren. Deze eerste ervaring is belangrijk. Je wil meteen de toon goed zetten en het warmste bad mogelijk bieden. Ook associëren mensen Facebook met 'gratis' en dat doet afbreuk aan de professionaliteit van je dienstverlening. Dit heeft invloed op de *perceived value* (waargenomen waarde) van je community waardoor leden er minder snel voor willen betalen.

Negativiteit: Platformen zoals Facebook staan bekend om hun soms negatieve karakter. Denk aan nepnieuws en politieke discussies. Deze negatieve tendens kan overslaan op hoe gebruikers van de site zich voelen. We gaan ons pessimistischer gedragen wanneer we andermans pessimisme om ons heen ervaren. Het is jammer als dat linea recta jouw community insijpelt. Daar moet je voor waken. Zeker wanneer je in acht neemt dat negatieve berichtgeving vaak beter blijft hangen dan positieve. In de psychologie noemen we dit de *negativity bias*: je onthoudt negatieve zaken beter dan positieve.

Je wil een *feelgood community*, waar je gebruikers energie van krijgen en waar ze met plezier naar terugkeren. Dat betekent dat je actief moet waken en moet modereren op negatieve energie. Natuurlijk mag iedereen zijn mening hebben en moet je openstaan voor feedback, maar je helpt jouw leden niet met het toelaten van energielekken in de community. Je krijgt wat je tolereert. Wanneer je jouw kinderen niet opvoedt en alles toestaat, krijg je ook geen leuke kinderen.

"'Goed' is wat de kudde samenhoudt. 'Slecht' wat haar ontbindt"

Friedrich Nietzsche

Controle: Facebook geeft je weinig controle. Je kunt geen berichten sturen naar leden, banners plaatsen, je eigen vormgeving hanteren, je eigen gamificatie toepassen (hierover straks meer) of content sorteren. Ook ben je afhankelijk van de koers van Facebook. Zo startte Facebook ooit de fanpagina's als dé plek voor je community. Al snel kregen die een ondergeschikte rol en moest je steeds meer betalen om je fans te bereiken. Facebook wordt steeds meer een pay-to-play-platform voor ondernemers.

Privacy: Tenslotte is het zo dat Facebook *big data* verzamelt uit de activiteit in jouw community. Denk aan klikgedrag, doelgroepanalyse, content, persoonlijke voorkeuren, interesses en demografische gegevens. Maar wat doen ze met deze data? Je hebt er zelf geen toegang toe en geen controle op. Voor jou als marketeer is deze informatie zeer waardevol om zelf te bezitten, zeker wanneer je wil sturen op cijfers en je klantervaring verder wil verbeteren. Je wil deze data dus liever zelf verzamelen. Ook je gebruikers zullen in verband met privacyvraagstukken huiverig zijn om zich helemaal bloot te geven op een openbaar platform. Dat hebben we hiervoor al behandeld.

JE EIGEN PLATFORM

Wij adviseren je om je community op je eigen domein te huisvesten in een eigen, veilige omgeving waar je zelf de controle op hebt. In het vorige deel van dit boek zag je al onze ledensite met cursussen - gebouwd in onze Huddle-software - voorbij komen. Wij hebben naast deze e-learning ook onze online community toegevoegd aan deze ledensite. Daarmee hebben we onze oude Facebookgroep vervangen. Het grootste voordeel van zo'n eigen platform is overzicht en het minimaliseren van afleiding. Ook het terugvinden van informatie en daarmee het voorkomen van dezelfde vragen was een grote winst voor ons. Omdat het platform specifiek voor ondernemers met een focus op online marketing is, kunnen we een veel beter overzicht, veel meer diepgang en een veel intiemer contact tussen de leden faciliteren. Daarmee ontstaat er veel sneller een 'wij-gevoel'.

We begonnen met een forum (klantsucces) waarin gebruikers vragen konden stellen over het gebruik van onze software. Al snel hebben we deze community uitgebreid met andere secties waarin het delen van inspiratie en successen en het helpen van elkaar steeds meer centraal kwam te staan (klantgeluk).

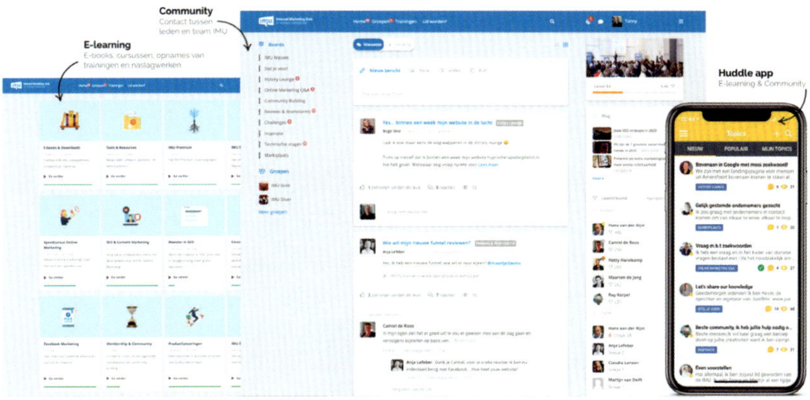

Afbeelding 25.1 - De IMU-community op leden.imu.nl

Ook Spotify, waar we in het vorige deel van dit boek mee begonnen, is een van de duidelijkste voorbeelden van een moderne, exponentiële organisatie gebouwd op de lidmaatschaps- en deeleconomie. Ze bieden gebruikers een platform waarop zij een community vormen. Hier kunnen zij vragen stellen, kennis uitwisselen en gelijkgestemden ontmoeten.

Tui doet dat met het delen van reisverhalen en ervaringen van zijn reizigers. Deze persoonlijke ervaringen zijn veel relevanter en waardevoller voor potentiële reizigers dan de statische lijstjes met faciliteiten en toeristische attracties. Tui weet hiermee ook het grotere segment van informatiegerichte bezoekers aan te spreken, nog voordat zij koopgericht worden. Zo komt de onderkant van onze tornado (SEO en content marketing) perfect samen met de bovenkant (community building). Community building genereert fans die op hun beurt weer zorgen voor *user generated content* en daarmee zorgen voor de aanwas van nieuwe bezoekers.

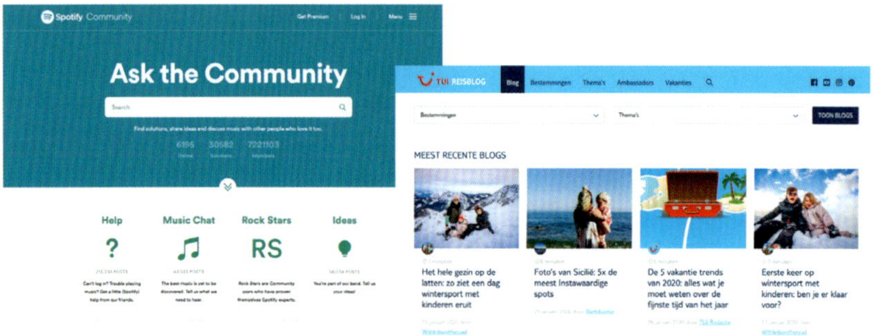

Afbeelding 25.2 - Community van Spotify en Tui

Nog een derde voorbeeld van een specifieke nichecommunity: Harm van Wijk heeft met zijn community voor beleggers een prachtige combinatie van coaching en community opgezet. Hij verrijkt zijn online cursussen om te leren beleggen met een community van actieve beleggers die trends bespreken, vragen beantwoorden, inzichten delen en in zekere zin ook angst wegnemen. De beurs is altijd in beweging en dus leent deze markt zich perfect voor een (betaald) lidmaatschap.

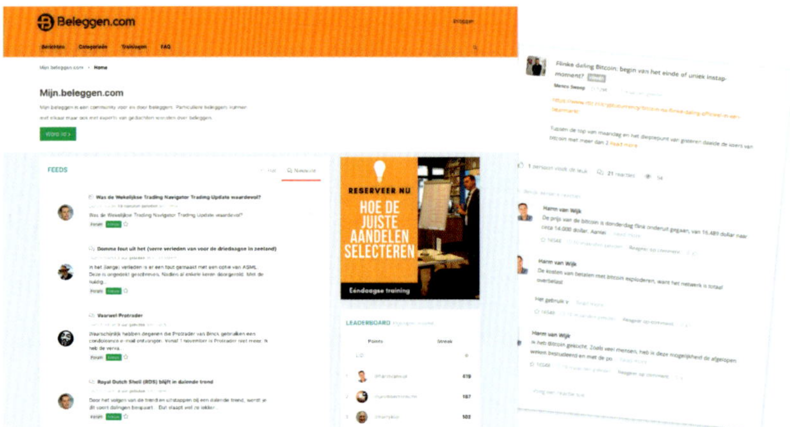

Afbeelding 25.3 - De community voor beleggers van Harm van Wijk op mijn.beleggen.com

Omdat Harm een groot deel van zijn communityforum openbaar heeft gemaakt en heeft ingesteld dat Google alle topics kan indexeren, levert zijn community ook extra bezoekers op. Zijn leden stellen vragen op het forum en Harm en andere leden geven daar antwoord op. Deze vragen van leden komen overeen met *long tail* zoekopdrachten binnen deze branche. Wanneer iemand in Google zoekt op 'wanneer is het een goed moment om bitcoins te kopen?' dan kan een topic van dit forum met een vergelijkbaar onderwerp al snel in de zoekresultaten naar boven komen. Ook hier zie je de krachtige combinatie van user generated content door community building.

DE DOOD VAN HET FORUM?

De dood van het forum, dat is een titel die Thierry Baudet flink zou laten schrikken als we hem tot onze lezers mogen rekenen. We doelen echter op het traditionele online forum waarop bezoekers met elkaar in gesprek kunnen gaan. Zo deden wij in 2010 ook ooit een nobele poging om een openbaar forum over online marketing te starten. Zo karig als de eerste opzet eruit zag, zo teleurstellend bleek ook het resultaat na enige maanden toen we concludeerden dat de gehoopte storm van enthousiastelingen nooit op was komen zetten. We hebben het forum daarom roemloos offline gehaald.

Afbeelding 25.4 - Eerste IMU-forum in 2010

Het is bekend dat het moeilijk is om tegenwoordig een nieuw forum te starten en dit echt actief te krijgen. Zeker wanneer je dit als kleine zelfstandige zonder een grote achterban doet. Op enkele uitzonderingen na zijn fora eigenlijk steeds minder van deze tijd. Wanneer je een traditioneel forum echter combineert met de wetten van social media, krijg je een ander verhaal. Je hebt dan je eigen socialmediaplatform op je eigen domeinnaam. Socialmediaplatformen zijn specifiek ontworpen voor snelle, laagdrempelige consumptie en activiteit.

Een forum kenmerkt zich om te beginnen door een overzichtelijke indeling van categorieën (*boards*) met daarbinnen de verschillende onderwerpen (*topics*) en reacties (*comments*). Een socialmediaplatform slaat deze eerste stap vaak over en laat een gebruiker direct binnenkomen in de meest actuele topics en in veel gevallen zelfs direct bij de meest relevante comments. Dit actuele overzicht van activiteit noemen we een *timeline* of *feed*. Wij combineren deze twee werelden in een centrale *timeline* met actuele conversaties en een specificatie per categorie in de zijbalk. De beruchte rode bolletjes stimuleren hier het consumptiegedrag.

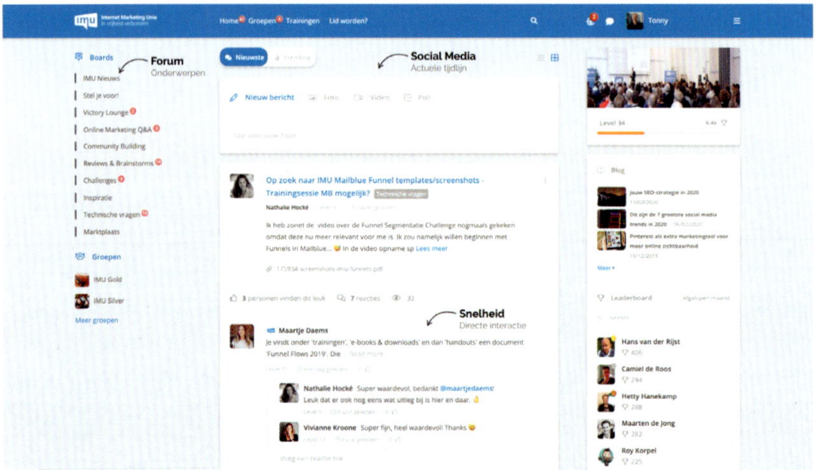

Afbeelding 25.5 - Boards in combinatie met een tijdlijn

Wellicht een open deur, maar zorg ervoor dat je gebruikers hun eigen naam en foto gebruiken.

We leven in de tijd van het sociale web, ook wel *the internet of people* (Iop). In de toekomst zal dat door de komst van *artificial intelligence* meer *the internet of things* (Iot) worden. Het is dan ook belangrijk om je te realiseren dat het web mensen met elkaar verbindt en niet zozeer bedrijven of merken. Om je community levendig te maken en de juiste cultuur te geven, is het daarom belangrijk dat je het persoonlijk maakt. De eerste logische stap is om een gebruiker een eigen profiel te geven.

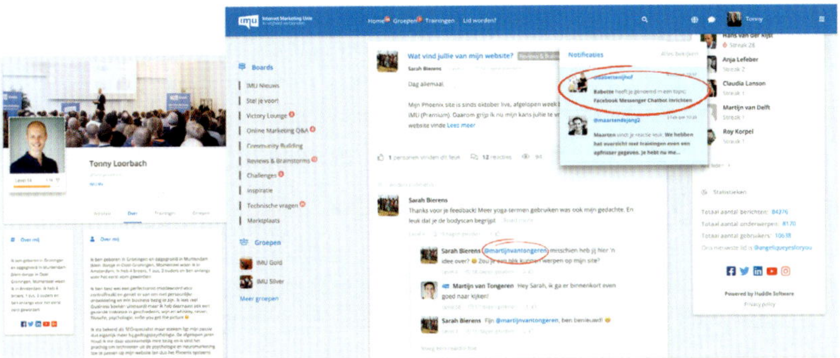

Afbeelding 25.6 - Profielen en taggen van gebruikers

Een belangrijk detail is hierbij dat je jouw gebruikers een naam geeft (zoals @TonnyLoorbach) in plaats van een nummer. Als je gebruikersnamen hebt, kunnen leden elkaar taggen in berichten. Wanneer je iemand tagt, dan krijgt deze persoon daar een notificatie van. Het zorgt ervoor dat deze gebruiker eerder terugkeert naar het betreffende topic en ook eerder geneigd is om te reageren, mede omdat hij zich persoonlijker aangesproken voelt. Taggen helpt de leden onderling ook om elkaar beter te leren kennen. Ze denken bij het plaatsen van berichten namelijk bewust na over andere leden en voor wie de inhoud wellicht interessant kan zijn. Het is een heel bewuste vorm van binding.

Nog persoonlijker wordt het als je leden ook de mogelijkheid geeft om elkaar binnen het platform privéberichten te laten sturen. Wij zijn er al meerdere malen getuige van geweest dat op deze manier vriendschappen onder leden ontstaan. Leden die elkaar in de community ontmoeten, op dagelijkse basis online contact hebben en vervolgens (buiten onze organisatie om) onderling besluiten om ook offline af te spreken.

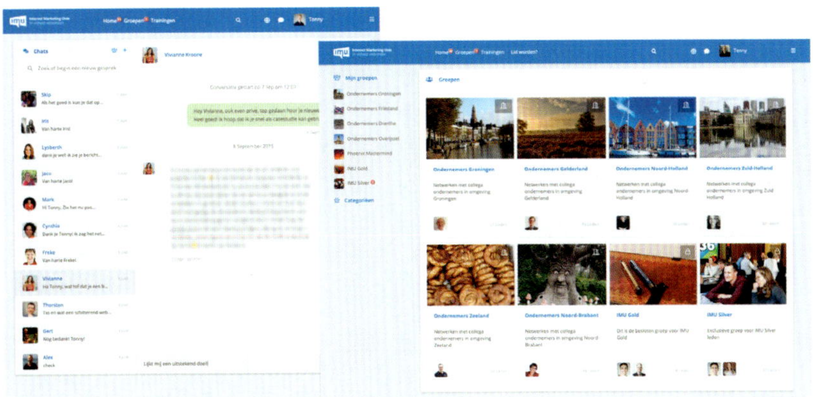

Afbeelding 25.7 - Privéberichten en groepen op leden.imu.nl

Ook het kunnen starten van groepen is een krachtige techniek om leden onderling meer contact te laten maken. Eerder in dit boek vertelden we al dat een specifieke community veel meer kans van slagen heeft dan een breed onderwerp. Binnen je nichecommunity geldt datzelfde principe. Wanneer leden elkaar op nog meer specifieke interesses en overeenkomsten dan jouw niche weten te vinden, wil je dat contact natuurlijk optimaal faciliteren.

Het staat niet in de standaard marketingboeken, maar wanneer je in staat bent om de levens van jouw klanten te verrijken met vriendschappen, heb je een magische factor in je bedrijf. Dan gaat het namelijk over klantgeluk, nog meer dan over klantsucces.

"Vriendschap verdubbelt vreugde en halveert smart"

Francis Bacon

Voor je groepen kan het handig zijn om zowel open, besloten als geheime groepen mogelijk te maken. Deze groepen vormen zo weer een eigen forum, waardoor je specifieke onderwerpen binnen je community goed kunt afbakenen. In een open groep laat je iedereen toe die interesse heeft in het onderwerp van die groep. Besloten groepen zijn enkel toegankelijk voor leden die door de beheerder toegelaten zijn. Zorg er wel voor dat ze door andere leden te vinden zijn, zodat iemand een verzoek tot deelname kan plaatsen. Geheime groepen maak je niet zichtbaar voor andere leden.

Een mooi voorbeeld van het gebruiken van groepen binnen de community is Coachplek.nl van Albert Sonnevelt waarin hij zelfstandig coaches in tal van disciplines samenbrengt. Denk bijvoorbeeld aan kindercoaches, vitaliteitscoaches en anti-stresscoaches. Het is voor een coach nuttig om in contact te komen met andere coaches, omdat er veel gedeelde uitdagingen te bespreken zijn. Denk aan de werving van klanten, coachingsmethoden, verzekeringen, administratie en het creëren van lesmaterialen. Voor een coach is het ook interessant om binnen een dergelijke community specifiek lid te zijn van een groep met coaches met dezelfde expertise, zoals een jongerencoach. Hier kan een coach namelijk nog meer specifieke informatie en *best practices* tot zich nemen.

26. ENGAGEMENT IN JE COMMUNITY

Nu je de basisbeginselen van een socialmediaplatform kent, kijken we verder naar wat je kunt doen om een nichecommunity verder actief te krijgen. Hoe krijg je het vuurtje op gang? Hoe zorg je voor activiteit? Hoe houd je leden vast? Hoe maak je jouw leden positief verslaafd aan je community?

"Good conversation is the equivalent of shared emotion"

Marty Rubin

Een succesvolle online community staat of valt met de hoeveelheid *engagement*. Dat betekent niet dat er veel bruiloften voort moeten komen uit je community, al zou dat een leuke bijkomstigheid zijn die het welslagen van je community extra bevestigt. Met engagement doelen we op de mate van activiteit. Je community moet 'leven' en daarvoor zullen je gebruikers actief moeten deelnemen.

Het activeren van een gebruiker begint bij de *onboarding*. Dit is het proces van registreren, de eerste keer inloggen en de directe acties die daaruit volgen. De onboarding en het participeren moet zo wrijvingsloos mogelijk zijn. Hoe meer obstakels je een gebruiker oplegt, hoe groter de kans dat je gebruiker passief blijft of afhaakt.

In deze fase is het belangrijk dat een gebruiker zo snel mogelijk bewust actief wordt in je communityforum. Dat kan al door in te loggen en content te consumeren (zoals het lezen van een post van iemand anders), maar het liefst door actief iets toe te voegen. Dit kan met kleine, laagdrempelige stapjes. De actie van deze gebruiker beloon je vervolgens direct. Die beloning kan zo simpel zijn als het tonen van een grote groene vink, een volle voortgangsbalk of het geven van punten of trophy's. Wij vragen een gebruiker bijvoorbeeld direct om zijn profiel even compleet te maken. Voor veel gebruikers is een onvoltooide voortgangsbalk al motivatie (of frustratie) genoeg om hierop actie te ondernemen. Eerder in deel twee van dit boek legden we het principe van een voortgangsbalk al uit.

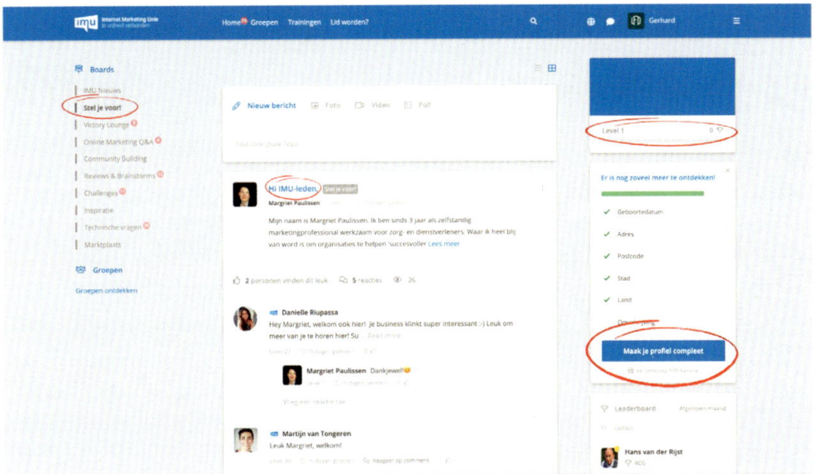

Afbeelding 26.1 - Directe activiteit vanaf de onboarding

Het is zaak dat je de acties van je gebruiker van begin af aan zo klein mogelijk houdt. Laat een gebruiker liever tien keer achter elkaar een mini actie ondernemen, dan in één keer een grote actie. Je zorgt hiermee voor *micro-commitments*. Die triggeren de behoefte aan consistentie en conditioneren je gebruiker: hij wordt beloond voor goed gedrag.

Je kunt vervolgens ook om een iets grotere actie vragen. Zo vragen wij onze leden direct nadat zij toegang hebben gekregen tot de community om een kort berichtje te plaatsen in de sectie 'Stel je voor'. Een gebruiker scoort hiermee ook zijn eerste beloning in de vorm van karmapunten. Het is ons doel dat een gebruiker deze visuele beloning zo snel mogelijk ervaart en er een verzameldrift of prestatiedrang op gang komt.

Naast het geven van punten is een reactie en zelfs een *view* of *like* van iemand anders op zo'n eerste bericht al een vorm van beloning. Dat zien we op alle grote socialmediaplatformen. Veel mensen die bijvoorbeeld een trotse foto van hun zojuist gemaakte groene smoothie of zelf gebakken taart delen, houden deze in de gaten om de likes en reacties te zien binnenkomen. Het is een vorm van erkenning gepaard met *instant gratification* (directe bevrediging).

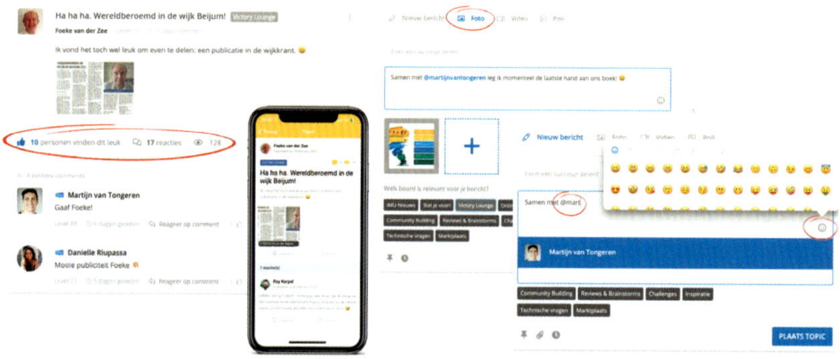

Afbeelding 26.2 Views, likes en een laagdrempelige editor en app

Daarom tonen wij naast het aantal reacties ook het aantal views naast alle topics, dit geeft namelijk eerder resultaat en loopt ook sneller op. Zo wordt iemand die zijn eerste topic heeft geplaatst sneller gevoed met een positieve stimulans om actief te blijven. Laagdrempeligheid is essentieel voor interactie. In een community is een like geven vrijwel de meest moeiteloze vorm van input leveren. Natuurlijk ga je liever verder dan dat en ontvang je ook berichten in je community.

De eenvoud van je editor is hiervoor belangrijk. Denk maar eens aan de succesvolste socialmediaplatformen ter wereld (Facebook, Instagram, Twitter, LinkedIn of Pinterest) en hoe je daar razendsnel een bijdrage kunt toevoegen. Het zijn kleine velden waar je niets meer hoeft in te vullen naast de content zelf. Geen persoonlijke gegevens, geen titel, geen categorie en geen opmaak. Alles draait om snelheid en gemak.

Ook is het belangrijk om in je editor media, zoals afbeeldingen, los te halen van tekstuele content. Wanneer je gebruiker afbeeldingen toevoegt, moeten deze centraal staan. Het begeleidend schrijven is van secundair belang voor de lezer. Ook dat hoort bij deze tijd. Visuele social media krijgen steeds meer de overhand. Afbeeldingen bevatten meer emotie dan tekst en ze zijn sneller te delen.

Daarom is het aan te raden om ook *pinboards* of *moodboards* te gebruiken in je community. Deelnemers willen graag foto's van hun creaties delen (erkenning). Daar zijn ook Pinterest en Instagram groot mee geworden. Hier zie je bijvoorbeeld een pinboard in de eerder genoemde community voor veganisten (Goherbie). Zij delen hun eigen creaties inclusief het recept.

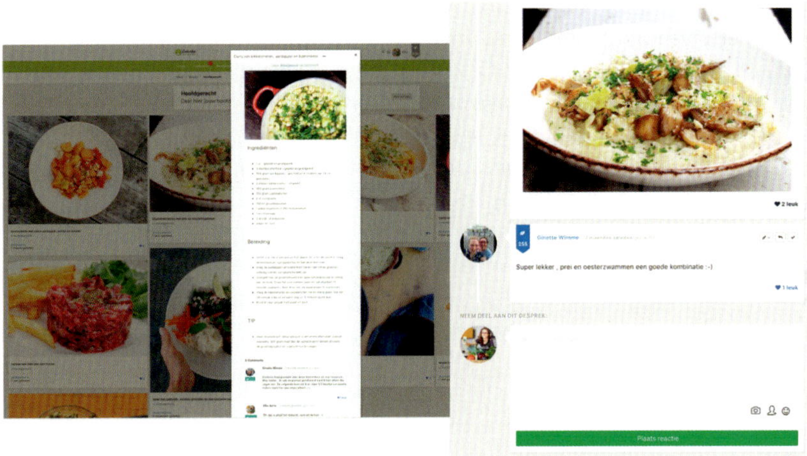

Afbeelding 26.3 Pinboards met recepten in de Goherbie community

DE MACHT DER GEWOONTE

Naast het zorgen voor laagdrempeligheid en een vloeiende onboarding om je gebruikers te activeren is het noodzakelijk dat het voor je gebruikers een gewoonte wordt om regelmatig terug te keren naar je community en verdere activiteit toe te voegen. Na hun eerste bezoek zullen ze vroeg of laat je communityplatform verlaten, al was het alleen maar om te gaan slapen. Je zult ze dus op de een of andere manier een reden moeten geven om terug te keren. Nir Eyal, een van de meest toonaangevende experts op het gebied van gewoontevorming, beschreef in zijn boek *Hooked* een cyclus van vier stappen om een dergelijke gewoonte bij je gebruiker op te wekken:

1. **Trigger**: Zet je gebruiker aan tot het bezoeken van je community
2. **Actie**: Laat je gebruiker iets consumeren of toevoegen in je community
3. **Variabele beloning**: Beloon je gebruiker op verschillende manieren voor de gedane actie
4. **Investering**: Laat je gebruiker dit proces veelvuldig herhalen

Het creëren van een gewoonte begint met het triggeren van je gebruiker. Je wil hem erop attenderen om gebruik te maken van jouw community. Dat kan zowel een externe als een interne trigger zijn. Interne triggers zijn natuurlijk triggers in de persoon zelf.

Externe triggers zijn bijvoorbeeld e-mails, advertenties of meldingen op je telefoon. Het zien van een app op je telefoon (eventueel met een rood bolletje) of het zien van een grote hoeveelheid likes en reacties onder een post op Facebook vallen onder externe triggers, ook al communiceren ze geen directe boodschap tot actie. Ze bevatten wel genoeg informatie en uitdaging om tot actie over te gaan.

Bijna dwangmatig klik je op het app-icoon, al was het alleen maar om van dat rode bolletje af te komen. En dat is het eigenlijk ook: dwangmatig gedrag, oftewel *compulsive behavior*. Rode bolletjes zijn misschien wel het meest sprekende voorbeeld van externe triggers en wellicht ook van de gejaagde maatschappij waarin we leven. Deze gebruiken wij ook in onze eigen community.

Het zorgt ervoor dat leden meer topics openen, daardoor ook meer informatie in de vorm van brainstorms, overleg en succesverhalen meekrijgen en vervolgens meer input en inspiratie voor hun eigen bedrijf krijgen. Deze input en inspiratie kun je al zien als beloning. Hoe specifieker en persoonsgebondener deze notificaties zijn, hoe krachtiger en moeilijker ze te weerstaan zijn.

Dit principe kun je ook toepassen buiten de 'muren' van je community, om zo gebruikers weer actief bij je community te betrekken. Denk bijvoorbeeld aan een functie om te abonneren op topics. Een e-mail met de melding dat er een nieuwe bijdrage is geleverd in een topic dat jij interessant vindt, haalt jou als gebruiker weer terug naar de community. Ook een e-mailnotificatie van een tag kan helpen.

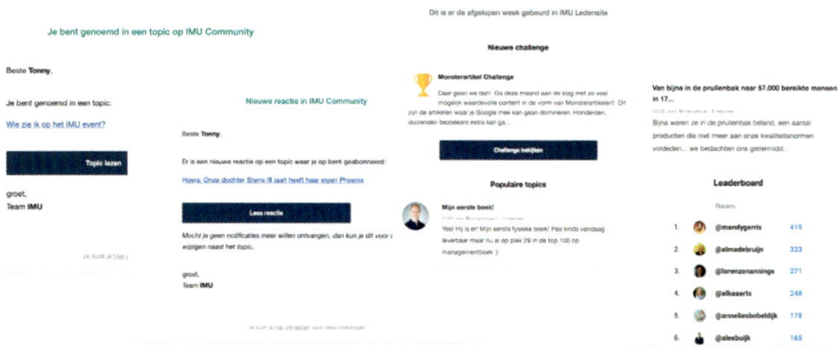

Afbeelding 26.4 E-mailnotificaties halen gebruikers terug naar de community

Het kan in dit geval handig zijn om je community zo in te richten dat je als gebruiker niet automatisch uitlogt. Gebruikers hoeven dan niet meer langs de drempel van een inlogscherm. Dit is belangrijk, omdat veel gebruikers worstelen met het onthouden van gebruikersnamen en wachtwoorden en daardoor vaak niet de moeite nemen om in te loggen. Ook kan een gebruiker zijn bezoek uitstellen op het moment dat hij geconfronteerd wordt met een inlogscherm.

Een *weekly digest* (wekelijkse samenvatting) kan ook wonderen doen. Stuur bijvoorbeeld eens per week (geautomatiseerd) een e-mail naar je leden met daarin de hoogtepunten in je community. Denk aan de populairste topics, nieuwe content en de actiefste leden. Je kunt je community ook zo instellen dat er e-mails verzonden worden naar leden die langere tijd niet ingelogd hebben. Dat verhoogt het gevoel van betrokkenheid en is een ingang om in contact te komen met inactieve leden. Stuur bijvoorbeeld een e-mail met het onderwerp: 'We missen je... :('

Zeker in de opstartfase van je community ben je vaak aangewezen op externe triggers om de engagement op gang te krijgen. Daarmee wakker je het vuurtje aan. Naarmate je gebruikers actiever worden, gaan interne triggers het overnemen.

Interne triggers komen van binnenuit. Je gebruiker wordt vanuit zichzelf aangespoord tot actie. Je kunt dit zien als een intrinsieke motivatie. Emotie speelt hierbij een belangrijke rol, denk bijvoorbeeld aan *fear of missing out* (de angst dat je iets mist). Deze kun je overigens bij je minder actieve leden voeden via een weekly digest, zeker als in die e-mail iets staat wat zij graag eerder hadden willen weten.

Emoties zoals eenzaamheid, onzekerheid, nieuwsgierigheid, verveling of stress zijn krachtige emoties die je aanzetten tot inloggen op een socialmediaplatform, of in een community van gelijkgestemden. Bedenk maar eens hoe vaak je zelf door een van deze emoties getriggerd wordt om je telefoon uit je broekzak te halen en een veelgebruikte app aan te klikken.

Daarom is het belangrijk om duidelijk te hebben welk probleem jij voor je doelgroep oplost. Eerder in dit boek hadden we het al over ontzorgen van je doelgroep en vervolgens het geven van een emotionele betekenis aan je product of dienst. Wanneer je begrijpt welke betekenis je product voor de gebruiker heeft, dan kun je dit extra stimuleren in je community. Zeker onze behoefte tot connectie met andere mensen, die ook voorbijkwam in de piramide van Maslow, is de levensader van elke community. Daarom is de persoonlijke factor, het faciliteren van contact en het maken van vrienden zo belangrijk.

De volgende stap in de gewoontecyclus uit van Nir Eyal is de actie die je gebruiker moet nemen. Hiervoor heb je al gelezen dat het belangrijk is om dit zo laagdrempelig mogelijk te maken. Denk aan voorbeelden als de simpele witte pagina van Google, foto's maken met je iPhone zonder te hoeven ontgrendelen en de infinite scroll op social media (dat er constant meer posts die ingeladen worden zolang je scrolt). Elke vorm van wrijving vermindert de kans op actie. Don't make me think!

Tevens moet je gebruiker een motivatie hebben om actie te ondernemen. *What's In It For Me* (WII FM) uit deel twee van dit boek speelt hierin weer mee. Of anders gezegd: daar waar de trigger de jeuk vertegenwoordigt, moet de actie een belofte tot krabben met zich meedragen. Op dit principe is eigenlijk elke reclamespot gebaseerd. De kijker krijgt het eindresultaat van het gebruik van een product voorgeschoteld en daarmee de (plaatsvervangende) emotie die dit met zich meebrengt. Zelfs als dat zwaar overdreven is. Zo hebben wij bijvoorbeeld nog nooit een groep vrouwen van ons af moeten slaan nadat we AXE-deodorant hadden gebruikt, ook al impliceert de reclamespot dat wel degelijk.

Even terug naar de praktijk van community's. Simpelweg betekent dit het volgende: wanneer iemand zich verveelt (jeuk), zal het participeren in je community tot vermaak (krabben) moeten leiden. Wanneer een gebruiker eenzaam is (jeuk), zal participatie in je community tot direct contact met anderen (krabben) moeten leiden. Wanneer een gebruiker onzeker is (jeuk), zal je community het zelfvertrouwen en gevoel van eigenwaarde van de gebruiker moeten verhogen (krabben).

Een van de moeilijkste aspecten van een community is het krijgen van de eerste actieve gebruikers. Dit is vaak een kip-en-ei-probleem. Gebruikers zullen niet actief zijn in een inactieve community, maar zolang gebruikers inactief blijven wordt je community nooit actief. Soms moet je deze eerste engagement daarom bewust initiëren en voeden. Een handige manier om dat te doen, is bijvoorbeeld met live vraag- en antwoordsessies. Wanneer je als expert bijvoorbeeld een webinar (een online uitzending, bijvoorbeeld voor de webcam) organiseert over jouw vakgebied, kun je naast waardevolle informatie jouw luisteraars ook de mogelijkheid geven om je direct vragen te stellen.

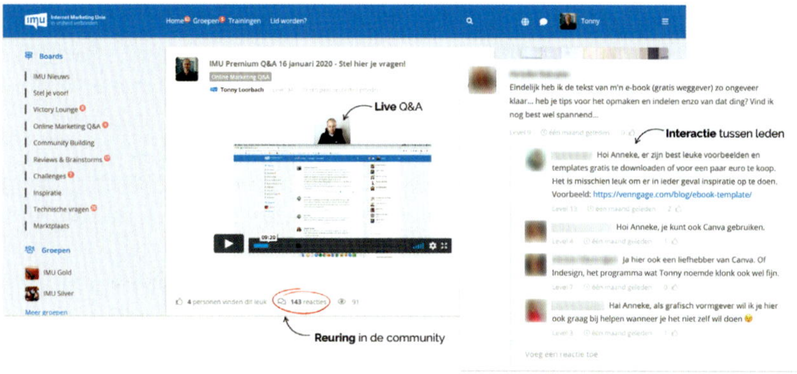

Afbeelding 26.5 Vraag- en antwoordsessie binnen de community

Zo kun je een webinar vullen via een e-mail naar je ledenlijst, dit is dan de trigger. Tijdens het webinar stuur je jouw kijkers naar je community, waar zij hun vragen kunnen stellen. Dat is, samen met het aanmelden, de actie van je gebruiker. De antwoorden die je geeft, maar ook de gezelligheid en het gevoel van verbinding tussen de kijkers onderling (gelijkgestemden) vormen de beloning.

Je voedt je eerste leden op om actief deel te nemen en het eerste ijs is daarmee gebroken. Gebruikers die eenmaal een reactie in je community hebben geplaatst, zullen veel sneller geneigd zijn dat vaker te doen. Ze zijn gemotiveerd om deel te nemen, omdat ze weten dat het hen iets oplevert.

Hiermee zijn we eigenlijk direct al aangekomen bij de derde stap uit de gewoontecyclus: de (variabele) beloning. Wanneer je gebruiker actie onderneemt, zoals het bezoeken van je community of het plaatsen van een reactie, is het belangrijk dat er een beloning is.

Laten we weer terugkomen op de voorbeelden van bekende social media, zoals Facebook en Instagram. Gebruikers blijven daar naar terugkeren (actie). Dat doen ze bijvoorbeeld bij het zien van de app op hun telefoon (externe trigger), maar ook zodra ze zich vervelen of het idee hebben dat ze iets missen (interne trigger). Aangekomen op deze platformen worden zij beloond met een hele schare aan afleiding, vermaak, nieuws en informatie. Hun jeuk wordt gekrabd, zelfs zonder dat ze actief hebben bijgedragen. Onderzoek wijst uit dat ons brein dopamine aanmaakt zodra we een beloning krijgen. Eerder benoemden we dopamine al als het gelukshormoon.

We gaan op dit principe nog iets verder door. Uit recenter onderzoek blijkt namelijk dat onze nucleus accumbens (het genotscentrum in ons brein) niet zozeer wordt gestimuleerd bij het ontvangen van een beloning, maar ook bij het 'verlangen naar' en het 'verwachten van' die beloning. De honden in het beroemde experiment van Ivan Pavlov begonnen immers ook al te kwijlen bij het horen van een rammelende voederbak. Je ergens op verheugen is soms leuker dan het uiteindelijk meemaken.

Charles Duhigg bevestigt deze theorie in zijn boek *The Power of Habit*. Hij beschrijft drie componenten van elke gewoonte (of verslaving) die nauw overeenkomen met de gewoontecyclus van Nir Eyal. Bijvoorbeeld bij rokers:

1. **Trigger** (automatisch gedrag, zoals denken aan een sigaret)
2. **Routine** (fysiek of emotioneel gedrag naar aanleiding van de trigger, zoals een sigaret roken)
3. **Beloning** (positieve stimulans die je brein duidelijk maakt dat de routine werkt en de moeite waard is om te onthouden, zoals je ontspannen voelen na het roken van een sigaret)

Duhigg geeft aan dat de trigger en beloning na verloop van tijd in het brein gaan mengen, waardoor een roker de beloning al voelt bij de trigger in plaats van bij de routine. Denken aan een sigaret geeft dus al het fijne gevoel dat eigenlijk pas bij het daadwerkelijk roken van de sigaret zou moeten komen.

In plaats van de routine aan te passen (wat vaak gebeurt bij therapie en behandeling) is het daarom beter om de beloning te veranderen.

> *"All our life, so far as it has definite form, is but a mass of habits"*
>
> William James

Socialmediaplatformen zoals Facebook en Instagram bieden ons geen vaste maar variabele beloningen. Ze zijn namelijk niet telkens hetzelfde. Je hebt niet altijd nieuwe berichten of interessant nieuws en je krijgt niet altijd evenveel likes en reacties op wat je hebt geplaatst. Het is juist die variatie, en het bijbehorende verlangen naar genot dat het zo verslavend maakt.

Die variatie en onzekerheid maakt ondernemerschap ook zo leuk. Als je altijd precies hetzelfde resultaat zou krijgen, gaat de lol er snel af. Het is juist de onzekerheid en nieuwsgierigheid bij het verwachten van een mogelijk resultaat dat ons dat fijne gevoel geeft. Het voelen van het genot dat je eerder hebt ervaren in de vorm van afleiding, entertainment, erkenning, troost en andere emoties die we eerder behandeld hebben, wordt in je brein gemengd met de trigger. Je kunt het genot dus al voelen bij het zien van een rood bolletje (externe trigger) of zelfs bij het denken aan het platform (interne trigger).

HET SPELELEMENT

We gaan nog even iets dieper in op variabele beloningen binnen je community. Dit kun je doen door gamificatie. Dit is een luxe woord voor het aanbrengen van een spelelement in je bedrijf, product of dienst. In korte tijd is dit fenomeen van vooruitstrevend naar een onmisbaar ingrediënt van elke marketingstrategie van een moderne organisatie gegaan. Gamificatie is de ultieme manier om variabele beloningen voor je gebruikers te creëren. Je maakt er een spelletje van om je community of ledensite zo veel en zo juist mogelijk te gebruiken.

In onze community kun je bijvoorbeeld verschillende karmapunten verdienen voor allerlei activiteiten. Je krijgt punten voor het plaatsen van berichten, reageren, het krijgen van likes, het meedoen aan challenges en het geven van het juiste antwoord. Wij noemen dit 'karmapunten', maar je kunt het natuurlijk noemen zoals je wil.

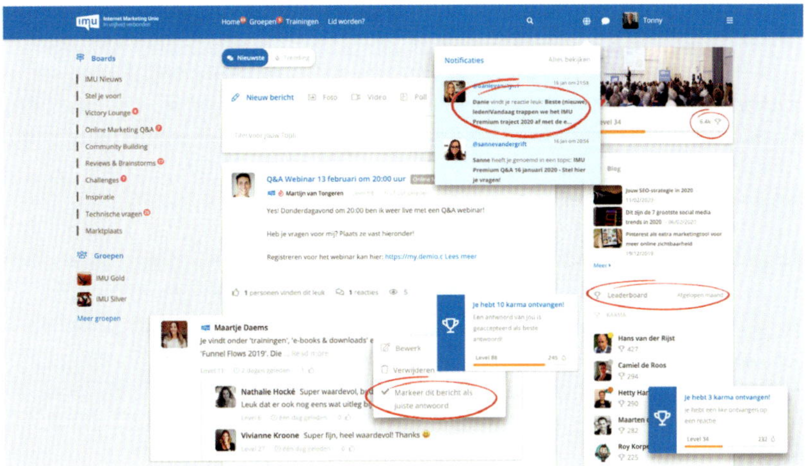

Afbeelding 26.6 Karmapunten verdienen in de community

Elke topicstarter heeft bijvoorbeeld de mogelijkheid om een reactie op zijn topic als het juiste antwoord te kiezen. Het topic wordt vervolgens voorzien van een grote groene vink en daarmee op 'beantwoord' gezet. De verstrekker van het juiste antwoord wordt zichtbaar beloond voor het juiste gedrag en zal daardoor eerder geneigd zijn dat gedrag te herhalen. Het voelt goed om gewaardeerd te worden. Voor een goed antwoord krijgt een gebruiker meer punten dan voor een simpele reactie of een like. Door andere gebruikers te laten antwoorden op vragen, breek je de individuele verkoper-koperrelatie nog verder af en kom je weer iets dichter bij synergie.

In de praktijk zien wij dat gebruikers heel bewust bezig kunnen zijn met het verzamelen en geven van punten. Simpelweg door berichten te plaatsen, die van anderen te liken of vragen te beantwoorden. Dit wordt geholpen door een *leaderboard* waarin de meest actieve (lees: meest waardevolle) gebruikers van de afgelopen maand worden getoond. Ook dat geeft weer een spelelement. Gebruikers halen voldoening uit het bijdragen aan een community waarbij ze zich betrokken voelen.

Daarnaast heeft iedere gebruiker ook een eigen level dat oploopt naarmate je meer punten verzamelt. In afbeelding 26.6 zie je bijvoorbeeld dat 6.4k punten gelijk staan aan level 34 en dat ook hier weer een voortgangsbalk aangeeft hoe ver je onderweg bent naar het volgende level. Deze levels zijn logaritmisch opgebouwd. Dat wil zeggen dat er steeds meer voor nodig is om een volgend level te bereiken en dat het dus steeds moeilijker wordt. Zo kun je bijvoorbeeld met 10 punten al op level 1 zitten, maar heb je er 30 nodig voor level 2 en bijvoorbeeld 60 voor level 3.

Als communityeigenaar kun je jouw meest actieve leden belonen. Zo kun je prijzen uitreiken aan de toppers in het leaderboard of leden vanaf een bepaald level toegang geven tot een extra product, een koffiedate of een ander privilege.

Nog concreter wordt het wanneer je een prijzenkast maakt waarin gebruikers ook met terugwerkende kracht kunnen zien wat ze allemaal behaald hebben. Ze worden hierdoor herinnerd aan wat ze hebben behaald (en de vreugde die dat gaf) en getriggerd om de prijzenkast verder te vullen. Zo delen wij trophy's uit voor talloze mijlpalen zoals het plaatsen van je eerste topic, het meedoen aan een challenge, het behalen van de top van het leaderboard, het geven van vijf reacties, het geven van tien goede antwoorden en ga zo maar door.

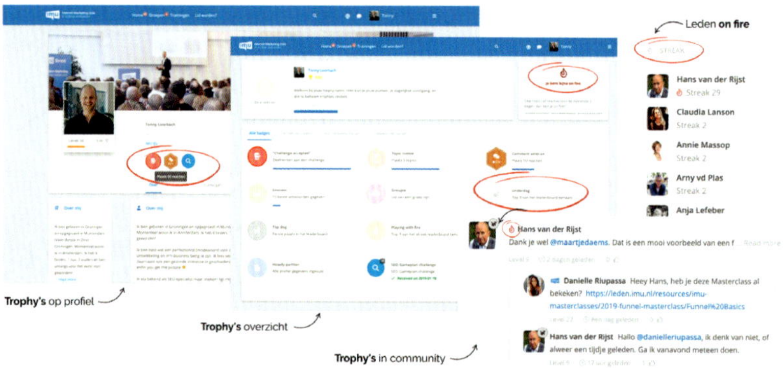

Afbeelding 26.7 Trophy's en leden 'on fire'

Naast de punten, het leaderboard en de trophy's maken wij gebruik van een zogenoemde *streak*. Dit is vergelijkbaar met een leaderboard. De score wordt echter niet bepaald op basis van punten, maar op basis van het aantal dagen dat een gebruiker onafgebroken actief is geweest. Wanneer iemand dus tien dagen op rij minstens één bericht in de community heeft geplaatst, krijgt hij een score van 10. Zodra de gebruiker een dag mist, valt de score terug naar 0. Onderzoek wijst uit dat we ergens van houden zodra we het idee hebben dat we het kwijt kunnen raken. Hierin schuilt weer onze verliesaversie: dat wat je hebt, wil je niet meer kwijt. We hebben gemerkt dat de streak bijdraagt aan het behoud van de activiteit van leden.

Een groot voordeel hierbij is wat professor in de psychologie Albert Bandura de *social learning theory* noemt. Hij stuitte op het feit dat mensen analyseren waarvoor andere leden van de groep worden beloond en al snel geneigd zijn om dat gedrag over te nemen. Leden zonder karmapunten of trophy's zullen eerder geneigd zijn om deze te behalen als ze het gevoel willen krijgen dat ze er echt bij horen.

Hoe raar of kinderachtig dit ook klinkt, we zien dagelijks in de praktijk dat dit zeer effectief is. Wij belonen onze leden die het meest waardevol zijn daarom ook met extra aandacht. We zetten ze in het zonnetje, geven ze prijzen en soms nodigen we ze zelfs uit op kantoor om ze nog verder te betrekken.

Bovenstaande voorbeelden zijn relatief subtiele en organische vormen van beloningsmechanismen. Deze komen voort uit een alledaags gebruik van de community. Je kunt echter ook nog een stapje verder gaan. Met zogenoemde *challenges* (uitdagingen) zorg je voor een nog groter spelelement in je community. Met een challenge organiseer je een soort wedstrijd voor de leden binnen je community met als doel om samen vooruit te komen.

Zo organiseren wij aan het begin van ieder jaar een 'SEO Gameplan challenge'. We helpen onze leden tijdens zo'n challenge om een concreet plan te maken voor de belangrijkste zoekwoorden in hun branche en het soort content dat nodig is om op deze woorden te scoren in Google. Door hier met z'n allen tegelijk mee aan de slag te gaan, merk je dat de volledige community een SEO-focus krijgt en dat gebruikers daardoor op dit gebied grote stappen maken. De extra uitdaging bij deze challenge? Zo veel mogelijk waardevolle content toevoegen aan je website in de eerste periode van het jaar. De winnaars van dit soort challenges worden vervolgens uitgenodigd bij ons op kantoor voor een mini-mastermind met Martijn. Je snapt dat iedereen daar hard voor wil strijden.

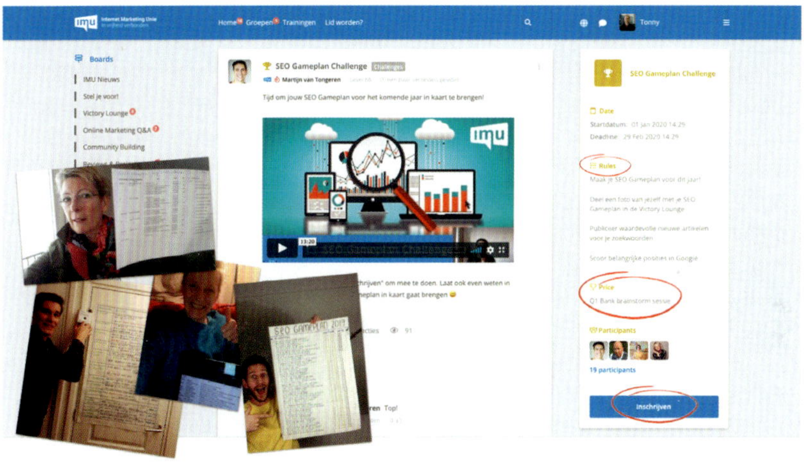

Afbeelding 26.8 SEO Challenge in de IMU-community

Naarmate meer leden hun eerste resultaten delen, ontstaat er een gezonde competitiedrang. Het momentum van de kudde. Toevallige voorbijgangers zagen bij onze eerste challenges het succes van anderen, en besloten spontaan mee te doen. Het spelelement zorgde voor een sterk verhoogde interactie en activering van leden. Moet je voorstellen dat je als ondernemer stappen wil maken op het gebied van online marketing en ineens in een besloten omgeving komt waar tientallen, zo niet honderden collega-ondernemers (lotgenoten) zitten die dit soort inspiratie en een stok achter de deur bieden. Wat zou dat doen met je eigen motivatie?

Een ander mooi voorbeeld van een challenge is de *Mystery Blanket* in de community van breiclub.nl. Tijdens deze challenge is het de bedoeling dat de deelnemers samen dezelfde deken gaan breien. Althans ieder voor zich een eigen deken, anders zou het een hele grote deken worden. Vooraf weten de deelnemers het eindresultaat niet. Ze ontvangen steeds een extra stukje van het patroon en borduren daarop voort. Dit doen ze totdat ze er een einde aan breien en het resultaat kunnen aanschouwen. Er zitten wat haken en ogen aan, maar dit kun je met recht het uitbreien van je engagement noemen. Zeker als je er mooie prijzen aan vast knoopt. Daar is geen speld tussen te krijgen.

Zonder gekheid, zo'n challenge geeft een heel andere betekenis aan je community voor je leden. Saaie, statische informatie zoals enkel het leveren van instructievideo's en breipatronen maakt plaats voor plezier, gezelligheid, verbondenheid, trots en erkenning voor je resultaat. Er komt dus een ander soort emotie bij en deelnemers zijn daardoor veel meer betrokken. Hierdoor stijgt de loyaliteit van gebruikers en daarmee de kans op retentie. Als zij vaker inloggen en een gevoel van vriendschap en gezamenlijke zingeving ervaren, wordt zo'n lidmaatschap meer een onderdeel van het leven van deze gebruikers. Daarmee stijgt ook het aantal fans en ambassadeurs van de community.

Natuurlijk kun je dit principe op allerlei branches toepassen. Zit je in de voeding- of gezondheidsbranche, dan kun je mensen bijvoorbeeld uitdagen om een maand geen suiker te eten of te detoxen. Zit je in de fitnessbranche, dan kun je een *sixpack challenge* doen. Zit je in de interieurbranche, dan kun je gaan voor een challenge met foto's van een interieur of zelfs het gebruik van een bepaald product in een interieur. Zo is er altijd wel wat te bedenken, het kan zelfs off-topic zijn.

EEN BEETJE VAN JEZELF EN...

We zijn aangekomen bij de vierde en laatste fase van de gewoontecyclus van Nir Eyal: de investering. In deze fase is het de bedoeling dat je gebruiker zo vaak mogelijk iets persoonlijks toevoegt aan je community, waardoor het voor de gebruiker zelf nog meer betekenis krijgt.

Dan Ariely, een toonaangevende autoriteit op het gebied van beïnvloeding met name als het gaat om de irrationaliteit van ons brein, publiceerde hierover een interessant inzicht.

Hij vertelde over een fabrikant van cakebeslag in poedervorm. Een product waarvan we er wel meer zien tegenwoordig. Als consument hoef je alleen maar melk, water en eieren toe te voegen en voilà, je hebt het perfecte cake- of pannenkoekenbeslag. De fabrikant geloofde echter in innovatie en verbeterde het product naar een variant waarbij je als consument alleen nog maar water hoefde toe te voegen. De melk en eieren zaten er al in, dus die kon je achterwege laten. Vreemd genoeg resulteerde dit innovatieve product in een daling van de verkoop en eveneens een slechtere klantbeoordeling.

Hoe kan dat? Het antwoord ligt in het feit dat mensen meer betekenis en waardering geven aan iets wat ze zelf hebben gecreëerd. Een koekenbakker is trotser op het resultaat en vindt het resultaat ook beter smaken wanneer hij zelf meerdere ingrediënten heeft toegevoegd. Ook heerst de perceptie dat cakebeslag waar je zelf meer 'echte' ingrediënten aan moet toevoegen, kwalitatief beter is. Hoe meer je van jezelf toevoegt aan een product, hoe meer je ervan gaat houden.

> *"Een beetje van jezelf en een beetje 'Magie' van je gebruiker"*
>
> Maggi & IMU

Terug naar de community dan. Wanneer gebruikers van een community hun profiel hebben ingevuld, berichten hebben geplaatst, karmapunten hebben verzameld, vrienden hebben gemaakt waar ze dagelijks mee in contact zijn, content hebben geconsumeerd en tijd, geld en energie hebben geïnvesteerd, is het moeilijker om dat op te geven dan wanneer ze al deze dingen niet hadden gedaan. Hun profiel op jouw communityplatform voelt dan als iets wat zij 'gecreëerd' hebben.

Durf jij bijvoorbeeld alle 'vrienden' die je hebt op Facebook, maar niet echt kent, te verwijderen? Of je Instagram met al jouw volgers en herinneringen te deleten? Of je website op te zeggen omdat deze niets oplevert, maar waar je toch erg veel tijd in hebt gestoken?

Mensen geven minder snel iets op waar ze in geïnvesteerd hebben. De investering van je gebruiker kan ook een investering in tijd zijn. Hoe meer tijd leden in het gebruik van jouw community investeren, hoe sterker de gewoonte wordt. Zo begonnen wij ooit met het verplaatsen van onze klantenservice van e-mail naar het communityforum zoals je eerder hebt kunnen lezen. Dit was de eerste stap om onze leden naar de community toe te sturen en vervolgens ook - voor het antwoord op hun vraag - terug te laten keren. Hoewel dit goed werkte, bleef een bepaalde groep klanten uit gewoonte gewoon e-mails sturen en maakte niet de stap naar de community. Vaak gaven zij als reden dat ze graag 1-op-1-contact wilden, zonder dat iedereen kon meelezen.

Daarom hebben we een supportsectie in onze community opgenomen. Daar staat om te beginnen een FAQ (veelgestelde vragen) waar we klanten naartoe kunnen sturen. Ook kunnen klanten hier een privétopic openen dat alleen zichtbaar is voor onze teamleden. Een soort *ticket center*. Zo trainen we onze leden om toch gebruik te maken van de community en spenderen ze meer tijd op dit platform.

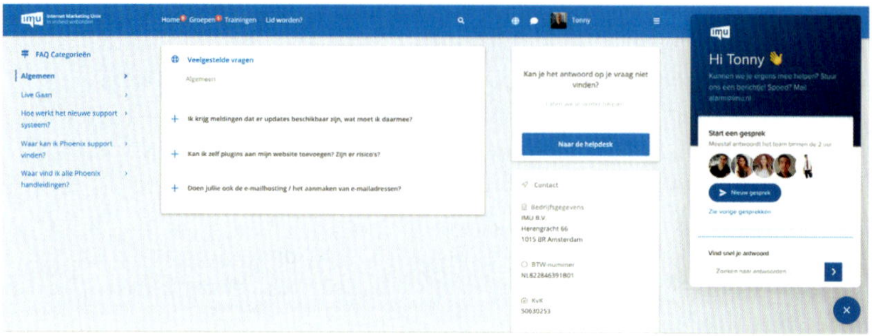

Afbeelding 26.9 Supportsectie en livechat in de community

Dit heeft ervoor gezorgd dat we vrijwel geen e-mails van klanten meer krijgen. Daarnaast hebben we ook ons telefoonverkeer verplaatst naar de community. Via de telefoon kunnen wij namelijk alleen 1-op-1 werken en dat is erg inefficiënt. Daarom hebben we een live chat in onze ledensite geplaatst. Onze supportmedewerkers kunnen zo meerdere gesprekken tegelijk voeren en ook content met uitgebreide uitleg hergebruiken.

Door e-mail en telefoon te elimineren hebben wij alle supportactiviteiten naar één plek gebracht. Dat maakt het efficiënter voor ons en het zorgt ervoor dat klanten en gebruikers opgevoed worden om telkens terug naar de community te gaan. Ze investeren hierdoor (onbewust) veel meer tijd op ons platform en daardoor wordt het gebruik van de community steeds meer een gewoonte. Externe triggers worden zo sneller interne triggers. Eenmaal aangekomen in de community nemen onder andere de rode bolletjes en de timeline met actuele gesprekken het over om een gebruiker te laten consumeren, bijdragen en te belonen.

SUPERGEBRUIKERS

Net zoals er onder je klanten superpromoters zijn, vind je in je community ook supergebruikers. Dit zijn je meest actieve, loyale en waardevolle leden. Ze dragen direct bij een het succes van je community. Dat doen ze in de vorm van het plaatsen van content, het helpen en bijsturen van anderen en het aanbevelen van je community.

> *"Loyal customers don't just come back, they don't simply recommend you, they insist that their friends do business with you"*
>
> Chip Bell

Het is zaak dat je deze supergebruikers gaat herkennen zodat je ze bewust kunt voeden, koesteren en stimuleren om te helpen bij de groei en de kwaliteit van je community. Het is belangrijk om supergebruikers in de watten te leggen en het gevoel te geven dat ze onderdeel zijn van je organisatie. Dat kun je bijvoorbeeld doen door hen complimenten te sturen, zowel openbaar in je community als via privéberichten. Wij sturen af en toe ook cadeautjes op naar onze supergebruikers om ze te laten weten dat wij ze waarderen. Hoe leuk is het als je een bloemetje krijgt van het bedrijf waar je 'klant' bent als beloning voor alle waarde die je hebt geleverd?

Afbeelding 26.10 Blije reacties van een beloonde supergebruikers

Zeker in de beginfase van je community is het belangrijk dat je deze supergebruikers een heel warm hart toedraagt. Persoonlijk contact is hierbij een belangrijke factor. Wij organiseren daarom zeker in de beginfase van onze community regelmatig offline bijeenkomsten voor onze leden.

Tijdens een borrel maak je bijvoorbeeld weer een andere klik met je leden. Ook nodigen wij de winnaars van challenges en de top van het leaderboard uit voor mini masterminds of adviesgesprekken bij ons op kantoor. Dat is een nog intiemere setting en naast het feit dat je waarde levert, bouw je ook weer een sterke band op met deze mensen. Bovendien is het ontzettend leerzaam voor jezelf om te zien welke vraagstukken je leden nog hebben en waar je dus kunt verbeteren.

> *"Get closer than ever to your customers. So close that you tell them what they need well before they realize it themselves"*
>
> Steve Jobs

In de beginfase van onze community gaven wij regelmatig gratis workshops als welkomstcadeau voor nieuwe leden. Zo konden we namelijk laten zien hoe de community werkt, wat er van ze verwacht wordt en wat het belang is van hun deelname. Je maakt ze onderdeel van je filosofie en je team. Je krijgt wat je tolereert, maar ook wat je stimuleert. Wanneer een eerste groep gebruikers in een community actief is en de juiste toon zet, dan gaan nieuwe leden automatisch mee in dit momentum. Zo zie je dan de synergie - al dan niet de zwermintelligentie - ontstaan.

Wij zagen bijvoorbeeld al snel dat er vervolgens in onze community ook door leden onderling bijeenkomsten en masterminds werden georganiseerd, buiten ons om. Natuurlijk sturen wij dan wel een afvaardiging om onze waardering te uiten en bij te dragen aan het succes van het initiatief.

Afbeelding 26.11 Van contact in de online community naar vriendschap in de offline wereld

Je kunt supergebruikers in je community ook meer betekenis geven door ze de status van *moderator* te geven. Een *moderator* heeft de mogelijkheid om het communityforum mede te beheren. Denk aan het verplaatsen van topics naar de juiste categorie, het sluiten van topics die afgerond zijn, het samenvoegen van dubbele topics of het verwijderen van spam of onnodig negatieve berichten.

Een moderator voelt al snel een hoge mate van verantwoordelijkheid en de status die hieruit voortvloeit. Wanneer je een *moderator badge* toevoegt kunnen andere leden deze status ook zien, dat is weer een vorm van erkenning. Je zou misschien denken dat je leden dit niet zo snel vrijwillig voor je doen en dat je ze daarvoor moet betalen, maar niets is minder waar. Iedere community heeft een aantal supergebruikers die er plezier uithalen om andere mensen te helpen.

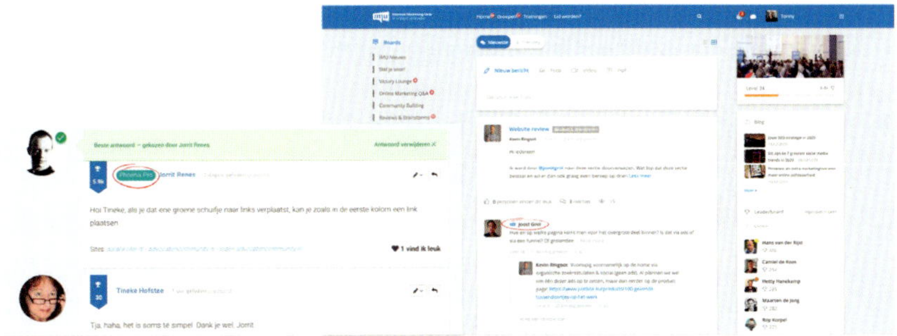

Afbeelding 26.12 Phoenix Pro helpt een klant in de community

Een moderator klinkt als een strenge titel, maar dat hoeft het niet te zijn. Je kunt het beter vergelijken met 'sfeerbewakers' die in Gent door de stad lopen in plaats van politieagenten. Maak je supergebruikers medeorganisator van je feestje. Wij hebben de naam moderator in onze community daarom in het begin vervangen voor 'Phoenix Pro'. Destijds was onze community met name voor gebruikers van onze Phoenix-software. Tegenwoordig zou titel als 'IMU Pro' of 'IMU Hero' wellicht beter passen. Zo'n titel klinkt veel positiever en is meer gericht op waarde toevoegen dan op het corrigeren en censureren. Wij benaderen zelf de meest waardevolle communityleden met de vraag of zij 'Pro' wilden worden en we krijgen daar alleen maar enthousiaste reacties op.

"All of your customers are partners in your mission"

Shep Hyken

Eerder heb je al kunnen lezen dat we meer waarde toekennen aan dingen waar we zelf iets aan toegevoegd hebben (het cakebeslagexperiment). Zo werkt dat op deze manier ook, moderators vinden de community waardevoller omdat ze er zelf aan hebben 'meegebouwd'. Ook voor je retentie is dat van belang, want hoe groot acht je de kans dat iemand zijn abonnement opzegt terwijl hij zelf heeft meegedacht en meegebouwd aan het product?

EEN MENSGEDREVEN MERK

Voor een succesvolle community is het belangrijk dat je jouw community benadert als een grote samenwerking. Uitdrukkingen als 'de klant heeft altijd gelijk' of 'de klant is koning' vinden wij eigenlijk niet meer van deze tijd. Ergens zijn dat vreemde, angstige gedachten die getuigen van weinig vertrouwen in je eigen dienstverlening. Zie je klanten en communityleden liever als samenwerkingspartners, dan als opdrachtgevers. Zo ben je er niet om woede te minimaliseren, maar om loyaliteit en vreugde te maximaliseren. Een community moet alle individuele leden (inclusief jou en je team) waardering, energie, blijdschap, energie, groei, connectie en al met al geluk geven.

> *"If people believe they share values with a company, they will stay loyal to the brand"*
>
> Howard Schultz

In plaats van een *community manager*, is het daarom aan te raden om iemand in je organisatie aan te stellen als *Chief Engagement Officer* (CEO). Deze is verantwoordelijk voor het momentum en de juiste sfeer in je community. Het is belangrijk dat deze persoon erop toeziet dat de community op de juiste manier gebruikt wordt. Denk aan het stimuleren van engagement, het modereren van topics, gebruikers belonen voor goed gedrag en supergebruikers extra aandacht geven. Je kunt ze zien als de coach aan de rand van je voetbalveld. Een 'CEO' bewaakt het spel en de speelwijze, geeft exceptionele spelers meer focus en grijpt in wanneer er een neerwaartse spiraal dreigt te ontstaan.

De leden van je community moet je net als personeelsleden zien als *living assets* (levende waarde). Het moet je doel zijn om constant door te investeren in hun ontwikkeling en met name hun geluk. Hoe beter zij zich voelen, hoe groter je bedrijf zal groeien. Er moet sprake zijn van synergie, maar ook van een warme onderlinge band. Jij gaat voor ze door het vuur, maar je wil dat ze dat ook voor elkaar doen.

Wanneer je alle stappen uit dit hoofdstuk hebt gevolgd, verloopt de betrokkenheid van je leden steeds automatischer. Het positieve momentum in je community en de connectie met gelijkgestemden zal steeds meer aantrekkingskracht rondom je merk geven. Ook heb je met challenges en trainingen goede tools in handen om je leden continu te blijven voeden. Engagement is het sleutelwoord voor het succes in de bovenkant van je tornado. Het is van belang voor de waarde van je community en het vasthouden van je leden. Dit leidt vervolgens tot meer fans en ambassadeurs van je bedrijf. Merkgedreven mensen zorgen voor een waardevol mensgedreven merk.

TAKE AWAYS UIT DIT HOOFDSTUK

- Laat je bedrijf van binnenuit groeien via klantgeluk in plaats van klantenservice. Maak de stap van trechter naar tornado om de loyaliteit van klanten te verhogen.
- Superpromoters zorgen voor een viraal bereik van je marketingboodschap en echte fans voor financiële vrijheid, omdat zij altijd van je blijven kopen.
- Mensen kunnen niet zonder andere mensen en willen graag ergens bij horen. Door groepsvorming onder je klanten te stimuleren zorg je voor klantenbinding en klantgeluk.
- Mensen voelen zich specifiek verbonden met andere mensen die dezelfde 'gekke' eigenschappen delen. Faciliteer daarom een community voor gelijkgestemden.
- Binnen een community ontstaat er een zwermintelligentie en positief momentum. Dit zorgt voor een stukje magie in je marketing en zorgt ervoor dat je kan bijdragen aan de levens van anderen.
- Start je community op een eigen platform, zodat je niet afhankelijk bent van de beslissingen die grote platformen zoals Facebook maken.
- Combineer het traditionele forum met een socialmediaplatform. Maak je community persoonlijk met profielen, tags, notificaties, privéberichten en groepen.
- Engagement is de sleutel tot een succesvolle community. Activeer leden direct bij de onboarding en maak het zo laagdrempelig mogelijk voor hen om actief te worden.
- Gebruik de gewoontecyclus van Nir Eyal om je leden 'positief verslaafd' te maken aan jouw community en vaker te laten terugkeren.
- Maak gebruik van gamification om je leden betrokken en actief te houden. Denk aan punten, leaderboards, trophy's, een 'streak' en gezamenlijke challenges.
- Identificeer en stimuleer je supergebruikers. Zoek een manier om ze te belonen voor hun positieve bijdrage. Die bijdrage zal hierdoor steeds groter worden.
- Zie de leden van je community als onderdeel van je bedrijf waar je continu in wil investeren. Dit zorgt voor blijere klanten en een hogere retentie.

TIJD OM TE VLAMMEN!

"Inspiratie zonder implementatie leidt tot frustratie."

Je begon met het lezen van een onlinemarketingboek. 300+ pagina's later kun je jezelf bijna een onlinemarketingexpert noemen. Voor ons begon het schrijven van dit boek met de gedachte om een simpel en beknopt basisoverzicht te geven van onze strategie, waar we lezers mee wilden inspireren. Tijdens het schrijven ontspoorde deze gedachte echter volledig en evolueerde het in de missie om het allerbeste onlinemarketingboek te maken dat binnen onze mogelijkheden ligt.

We hebben niets achtergehouden in het delen van onze strategieën en hebben het zo concreet mogelijk voor je gemaakt, zodat je na het lezen meteen aan de slag kunt met implementeren. Hopelijk ben je hierdoor enthousiast geraakt en zit je vol energie om te gaan vlammen. Want dit boek lezen is leuk, maar als je het vervolgens aan de kant legt, gaat er weinig veranderen in je onderneming.

Misschien ben je overweldigd door de grote hoeveelheid informatie en weet je niet precies waar je moet beginnen. Sowieso is het goed om je te realiseren en te accepteren dat je altijd meer plannen en ideeën zal hebben dan je kunt uitvoeren. Dat is nu eenmaal de vloek van het ondernemersgen waar wij ook dagelijks mee te kampen hebben. We noemen dit ook wel het 'probleem van potentie'. We kunnen in één dag meer ideeën verzinnen dan we in een jaar kunnen uitvoeren.

Laat je hier echter niet door tegenhouden, de route naar succes begint met de eerste stap. Je hebt in dit boek meerdere strategieën en technieken geleerd. Sommigen zijn echte *quick wins*, anderen zullen iets meer implementatietijd nodig hebben. Waar wil je als eerste mee aan de slag? Is dat de optimalisatie van je checkout? Is dat het maken van een nieuwe landingspagina? Wil je affiliates werven? Of toch liever aan de slag met je eigen digitale programma?

"Contrary to popular wisdom, knowledge is not power- it's potential power. Knowledge is not mastery. Execution is mastery. Execution will trump knowledge every day of the week"

Tony Robbins

Alles tegelijk doen is onmogelijk en dat moet je ook niet willen. Het is net als bij conversie: als alles belangrijk is, dan is eigenlijk niets belangrijk. In dit boek leerden we je in het kader van e-mailmarketing al dat je niet moet kijken naar het motto 'the money is in the list', maar eerder naar de uitbreiding daarop in de vorm van 'the money is in the relationship with the list'. Dat geldt ook voor je to-do-lijst. Het geld (je potentie) zit gevoelsmatig in alle actiepunten die je op je lijstje hebt staan, maar de echte winst zit hem in de relatie die jij met alle punten op je lijst hebt. Niet elke taak is even belangrijk of urgent.

Het is nu aan jou om de eerste keuze te maken en te kiezen wat jij belangrijk vindt. Als jij namelijk niet bewust kiest wat er voor jou belangrijk is en daar je to-do-lijst op inricht, wordt er voor je gekozen. Je merkt dan dat je agenda gevuld raakt met zaken die je overkomen. Kies enkele concrete actiepunten uit dit boek die de grootste directe impact op jouw bedrijf zullen maken. Plan deze in voor de komende maand of het komende kwartaal en vergeet eerst de rest. Zo bouw je aan je bedrijf in plaats van dat je een slaaf van je eigen to-do-lijst wordt. Jij runt je bedrijf, in plaats van andersom.

TEST GRATIS ONZE SOFTWARE!

Kun je een extra vliegende start gebruiken? In het boek heb je veel technieken geleerd die wij automatisch hebben verwerkt in onze softwaretools. Omdat je dit boek hebt aangeschaft, willen we je de mogelijkheid geven om deze tools vrijblijvend uit te proberen zodat je kunt zien of dit bij jou en je bedrijf past. Je kunt je hiervoor aanmelden via deze speciale aanmeldpagina's:

- **Phoenix** (SEO en conversie): https://phoenixsite.nl/tornadotrial
- **Plug&Pay** (betaalpagina's en upsells) https://plugandpay.nl/tornadotrial
- **Huddle** (e-learning en community) https://thehuddle.nl/tornadotrial

WIL JE ONS ALS COACH?

Wil je graag dat wij jou persoonlijk begeleiden bij je onlinemarketingstrategie? Word dan lid van ons IMU Premium Programma. Hierin vind je al onze onlinemarketingcursussen, opnames van seminars en ons coachingstraject dat naadloos aansluit op de strategie uit dit boek. We gaan samen met je aan de slag om de strategie uit dit boek op jouw bedrijf toe te passen. Via live Q&A sessies kun je ons het hemd van het lijf vragen en je hebt daarnaast ook toegang tot onze bruisende online community met honderden gelijkgestemde (internet)ondernemers. Hier kun je vragen stellen, successen delen, inspiratie opsnuiven en feedback vragen op je website en onlinemarketingacties. Samen staan we sterk!

- **Het IMU Premium Programma** vind je op https://imu.nl/premium

ZULLEN WIJ HET ANDERS VOOR JE DOEN?

Wil je zelf helemaal niet bezig zijn met online marketing of wellicht enkele onderdelen hiervan door ons team laten uitvoeren? Dat kan ook. Wij bieden verschillende mogelijkheden om je te ontzorgen. Wij kunnen je helpen om je doelgroep te bereiken, meer bezoekers aan te trekken, meer leads en klanten uit je bezoekers te halen en meer te automatiseren.

- **Onze onlinemarketingdiensten** vind je op https://imu.nl/diensten

Wil je liever even contact met één van onze coaches om te zien wat volgens ons volgende stap moet zijn voor jou? Vraag dan een gratis strategiegesprek aan via https://imu.nl/strategiesessie

CHECK DE IMU PODCAST!

Als je dit boek hebt uitgelezen, kun je wellicht geen genoeg krijgen van ~~ons~~ deze materie. Daarom publiceren we elke week een nieuwe IMU Podcast. Hierin nemen we je mee achter de schermen bij de IMU. We delen onze nieuwste ondernemers- en onlinemarketinginzichten met praktische actiepunten, zodat je elke week een volgende stap kunt maken met je online business. Beluister de IMU Podcast via Spotify, Apple Podcast, Google Podcasts, CastBox, Stitcher of je eigen favoriete podcast-app.

Wij willen je complimenteren en tevens uit de grond van ons hart danken dat je dit boek helemaal hebt gelezen en dat je deze onlinemarketingreis met ons wilde meemaken. Het is ons doel zoveel mogelijk mensen te helpen aan een vrijer leven via online marketing. Hopelijk hebben we daar voor jou ook een bijdrage aan kunnen leveren.

Op jouw succes!

Tonny Loorbach & Martijn van Tongeren

"Als een boek begint te leven moet de schrijver zwijgen..."

Friedrich Nietzsche

BRONNENLIJST

An, D. (2020, 28 januari). *Find out how you stack up to new industry benchmarks for mobile page speed.*

Barden, P. P. (2013). *Decoded.* Hoboken, NJ, Verenigde Staten: Wiley.

Baxter, R. K. (2015). *Het membership-model.* Amsterdam, Nederland: Reed Business Education.

Bradbury, N. A. (2016). Attention span during lectures: 8 seconds, 10 minutes, or more? *Advances in Physiology Education, 40*(4), 509–513.

Bridger, D. (2015). *Decoding the Irrational Consumer* (Annotated edition). Londen, Engeland: Kogan Page Ltd.

Bridger, D. (2017). *Neuro Design.* Londen, Engeland: Kogan Page.

Carr, N. (2011). *Het ondiepe.* Zaltbommel, Nederland: Van Haren Publishing.

Chaffey, D. (2020, 24 februari). *E-commerce conversion rates 2020 compilation - How do yours compare?*

Cialdini, R. (2007). *Influence.* Amsterdam, Nederland: Adfo Books.

Cialdini, R. (2016). *Pre-suasion.* Den Haag, Nederland: Boom Lemma.

Clark, J. (2015). *Designing for Touch.* New York, Verenigde Staten: A Book Apart.

Clark, J. (2015b, 3 november). *How We Hold Our Gadgets.*

Clement, J. (2019). *Global market share of search engines 2010-2019.*

Copyblogger. (2016). *How to Write Magnetic Headlines.*

De Munnik, M. (2012). *De koopknop.* Amsterdam, Nederland: Academic Service.

Dooley, R. (2011). *Brainfluence.* Hoboken, NJ, Verenigde Staten: Wiley.

Dooley, R. (2019). *FRICTION–The Untapped Force That Can Be Your Most Powerful Advantage.* New York, Verenigde Staten: McGraw-Hill Education.

Dooley, R. (z.d.). *It's Time to Forget the Fold.*

Earls, M. (2010). *De Ultieme Kudde.* Zaltbommel, Nederland: Van Haren Publishing.

Edwards, R. (2016). *How to Write Copy That Sells* (1ste editie). Zaltbommel, Nederland: Van Haren Publishing.

Eyal, N., & Hoover, R. (2014). *Hooked.* Amsterdam, Nederland: Adfo Books.

Eyal, N., & Li, J. (2019). *Indistractable* (1ste editie). Culemborg, Nederland: Anderz.

Fisher, L. (2010). *Zwermintelligentie.* Zaltbommel, Nederland: Van Haren Publishing.

Fogg, B. J., Soohoo, C., & Danielson, D. (2002). *How Do People Evaluate a Web Site's Credibility?*

Google. (2016, 23 augustus). *Helping users easily access content on mobile.*

Goward, C. (2013). *You Should Test That.* Hoboken, NJ, Verenigde Staten: Wiley.

Haile, T. (2014, 17 maart). What You Think You Know About the Web Is Wrong.

Hazeldine, S. (2014). *Neuro-Sell.* Londen, Engeland: Kogan Page.

Hoober, S. (2013, 18 februari). *How Do Users Really Hold Mobile Devices?*

Ingram, S. (2016, 19 september). *The Thumb Zone: Designing For Mobile Users.*

Ismail, S., & van Geest, Y. (2015). *Exponentiële organisaties.* Amsterdam, Nederland: Reed Business Education.

Iyengar, S. S., & Lepper, M. R. (2000). When choice is demotivating: Can one desire too much of a good thing? *Journal of Personality and Social Psychology, 79*(6), 995–1006.

Kahneman, D. (2016). *Ons feilbare denken.* Amsterdam, Nederland: Reed Business Education.

Kaptein, M. (2013). *Digitale verleiding.* Amsterdam, Nederland: Reed Business Education.

Keller, G., & Papasan, J. (2014). *The One Thing.* Londen, Engeland: John Murray.

Kolenda, N. (2019). *The Tangled Mind.* Cary, Verenigde Staten: Kolenda Group Llc.

Krug, S. (2013). *Don't Make Me Think, Revisited.* San Francisco, Verenigde Staten: New Riders.

Labay, B. (2017a, 1 december). *Implementing Urgency on eCommerce Product Pages For a 27.1% Lift [Case Study].*

Labay, B. (2017b, 1 december). *Which Types of Social Proof Work Best? [Original Research].*

Labay, B. (2018a, 2 mei). *Form Field Usability: Should You Use Single or Multi-Column Forms? [Original Research].*

Labay, B. (2018b, 2 mei). *Form Field Usability: Should You Use Single or Multi-Column Forms? [Original Research].*

Labay, B. (2018c, 11 oktober). *Which Site Seals Create The Most Trust? [Original Research].*

Lindgaard, G., Fernandes, G., Dudek, C., & Brown, J. (2006). Attention web designers: You have 50 milliseconds to make a good first impression! *Behaviour & Information Technology, 25*(2), 115–126.

Lindstrom, M. (2012). *Buy-ology* (1ste editie). Amsterdam, Nederland: Lev.

Maslen, A. (2015). *Persuasive Copywriting: Using Psychology to Influence, Engage and Sell.* Londen, Engeland: Kogan Page.

Missouri University of Science and Technology. (2018, 21 maart). *Eye-tracking studies: first impressions form quickly on the web.*

Moerman, T. (2019, 28 juli). *Je aandacht is miljarden waard (en niet zonder reden).*

Morin, C., & Renvoise, P. (2018). *The Persuasion Code.* Hoboken, NJ, Verenigde Staten: Wiley.

Nahai, N. (2017). *Webs of Influence.* Londen, Engeland: Pearson Education Limited.

Penzo, M. (2006, 12 juli). *Label Placement in Forms.*

Pinchas, A. (2019, 22 augustus). *How to Create Great Confirmation Emails (with Examples).*

Pulizzi, J. (2013). *Epic Content Marketing.* New York, Verenigde Staten: McGraw-Hill Education.

Safran, N. (2013, 17 juli). *5 Data Insights into the Headlines Readers Click.*

Sillence, E., Briggs, P., Fishwick, L., & Harris, P. (2004). Trust and mistrust of online health sites. *Proceedings of the 2004 conference on Human factors in computing systems - CHI '04.*

Van Erkel, A. (2013). *Verleiden op internet.* Culemborg, Nederland: van Duuren Management.

Van Goethem, P. (2015). *IJs verkopen aan Eskimo's.* Amsterdam, Nederland: Reed Business Education.

Webwinkelsucces. (z.d.). *De belangrijkste Duitse betaalmethoden.*